Regensburger Almanach auf das Jahr 2018

50 Jahre Regensburger Almanach

Für die Freunde des Hauses Haellmigk

Wir wünschen viel Vergnügen
beim Lesen des Regensburger Almanachs

Bibliografische Information Der Deutschen Bibliothek

Die Deutsche Bibliothek verzeichnet diese Publikation in der Deutschen Nationalbibliografie; detaillierte bibliografische Daten sind im Internet über http://dnb.ddb.de abrufbar.
ISBN 978-3-86646-370-7

Martina Osecky

„Aus Fotografie wird mehr!" – so lautet der Slogan von Martina Osecky. Den Grundstock dazu bilden ihre Fotografien, die in einem aufwendigen Verfahren digital mit unterschiedlichen Techniken der Malerei und Typografie weiter verarbeitet werden. So entstehen aus den ursprünglichen Fotografien neue Bilder, die wie „gemalt" wirken. „Malerische Fotografie – damit schafft Martina Osecky klare, starke Bilder. Sie zeichnet Bilder mit der Kamera aus dem Blickwinkel der Künstlerin. Ihre Stadtansichten erzielen von Bild zu Bild eine völlig unterschiedliche Wirkung. Sie nehmen entweder mit hinein in die Stadtarchitektur oder machen uns zum außen stehenden Betrachter. ‚Ein Hauch von Regensburg' fasziniert in seiner Farbintensität. Die graphische Reduzierung rückt die Stadt jenseits der Donau in die Ferne eines festgehaltenen Bildes beim Blick durch ein Kaleidoskop ..." (Dr. Maria Baumann, Leiterin der Kunstsammlungen des Bistums Regensburg anlässlich Oseckys Ausstellung „Ansichtssache" in der Galerie St. Klara, Regensburg im September 2017).

Geboren 1966 nördlich von Prag im böhmischen Mittelgebirge, Emigration nach dem Prager Frühling 1969, aufgewachsen in Nordrhein-Westfalen. Nach dem Abitur Studium der Slavischen Philologie, Ost- und Südosteuropäischen Geschichte in Regensburg, Prag und Moskau. Anschließendes Studium – Grafikdesign, Multimedia und Digitales Publishing – in München, seit fast 20 Jahren als Grafik-Designerin tätig. Lebt im westlichen Landkreis Regensburg, in Hemau. Immer mit dabei: Der Fotoapparat, denn der subjektive Blick durch die Linse war für sie von Kindheit an eine spannende Möglichkeit, die Natur und die Stadt um sie herum zu entdecken. *www.mo-fotografie.de*

Regensburger Almanach auf das Jahr 2018
50 Jahre Regensburger Almanach
© MZ Buchverlag in der Battenberg Gietl Verlag GmbH, Regenstauf
Titelbild/Umschlag: „Ein Hauch von Regensburg" von Martina Osecky
Doppelbelichtungen S. 15, 117, 201, 239: aus der Serie „Ansichtssache" von Martina Osecky
www.battenberg-gietl.de
Alle Rechte vorbehalten.
ISBN 978-3-86646-370-7

LIEBE ALMANACH-GEMEINDE

Peter Morsbach

Fünfzig Jahre Regensburger Almanach 1968 bis 2018. Schauen wir auf 50 Jahre Almanach, sind das im Regal exakt 94 cm Buchrücken. Schauen wir in 50 Jahre Almanach, blicken wir unserer Stadt und ihren Menschen über 50 Jahre in ein sich stetig veränderndes Gesicht, sehen die unvorhergesehenen Wandlungen, die dieses halbe Jahrhundert mit sich gebracht hat. Wir verstehen und bekommen Rückversicherung für unsere eigene Zeit, die so schlecht nicht ist, wie sie oft dargestellt wird.

Der Almanach – ein echter 68er? Er lag 1967 in der Luft, aber rebellisch und umstürzlerisch war er nie. Das garantierten schon die honorigen Herausgeber und ihre honorigen Autoren. Vielmehr verstand er sich als politisch-wirtschaftlich-kultureller Rechenschaftsbericht einer Zeit, aus der sich eine bieder-verschlafene Provinzstadt mit ihrer neuen Universität auf den Weg in die Zukunft machte. Heute sieht er sich als Beobachter, dokumentarisch-leger, objektiv-subjektiv, kritisch-wohlwollend, gegenwärtig-geschichtlich und als zuverlässiger Begleiter durch ein Jahr Regensburg.

Brauchen wir überhaupt noch einen Almanach, ein Jahrbuch? Ist er noch zeitgemäß in einer Zeit, in der die Haltbarkeit der meisten Buch-Neuerscheinungen von den großen Verlagen auf etwa ein Vierteljahr angelegt ist? Ist er noch zeitgemäß in einer Zeit, die, so hat man den Eindruck, hauptsächlich aus „Aufregern" besteht, die am Tag darauf, in der Woche darauf vergessen sind? Ich las vor einigen Monaten in der Internet-Presse, nachdem man beim Ausbau der A 3 eine Fliegerbombe aus dem Weltkrieg entdeckt und entschärft hatte: „Aufregung in Regensburg! Bombenfund!" – kein Mensch hat sich in Regensburg aufgeregt.

Der Regensburger Almanach gehört längst zum Gedächtnis der Stadt und ihrer Gesellschaft. Nicht das flüchtige Tagesgeschehen interessiert, sondern das, was wurde und bleibt und das, was hätte bleiben sollen und leider nicht geblieben oder das, was leider nicht geworden ist. Das Regensburg von 1968, 1975, 1983, 1997, 2008, 2013 – existiert es noch? Ja: im Almanach. Schon deswegen brauchen wir ihn.

Lesen Sie wohl! Mit diesem von Christian Döring, dem Herausgeber Der Anderen Bibliothek, ausgeliehenen Bonmot grüßt Sie herzlich

der löbl. Herausgeber
Peter Morsbach

Regensburger Almanach 2018

INHALTSVERZEICHNIS

50 Jahre REGENSBURGER ALMANACH

8   Benno Hurt
1968 REGENSBURG
Ein Samstag halt

16   Peter Morsbach
„DIE LIEBE UND TREUE DER REGENSBURGER ZU IHRER EINMALIG SCHÖNEN UND LIEBENSWERTEN HEIMATSTADT FÖRDERN UND VERTIEFEN"
Fünfzig Jahre Regensburger Almanach.
Bemerkungen zu etwas unzeitgemäß Zeitgemäßem

28   Gerd Otto
DER MEISTER DES „FEUILLETONS UNTERM STRICH"
Erinnerungen an den Herausgeber der ersten vier Ausgaben des Regensburger Almanachs 1968 bis 1971

30   Reiner Vogel
DER HÖCHERL, DER WIDMANN, DER KRAMPOL UND I'
Erinnerungen an drei Almanach-Autoren

38   Theresa Häusl und Hanna Specht
„REGENSBURGER JUGEND MALT UND ZEICHNET" 1968–2018
Die fünfzigjährige Erfolgsgeschichte eines Malwettbewerbs

48   Michael Scheiner
DER CASPERS KLAUS
Ein Achtundsechziger mit Mehrwert

58   Christine Schimpfermann
EINE UNVERGESSLICHE WIRD WIEDERGEBOREN
Die Instandsetzung der Steinernen Brücke 2010 bis 2018

70   Maria Baumann
DER ZEICHNER DES LEBENS
Rudolf Koller zum 75. Geburtstag

76   Heribert Prantl
HEIMAT OBERPFALZ
Gedanken über die Kraft der Provinz

90   Gerhard Dietel
„NICHT FÜR EINEN ELITÄREN KREIS, SONDERN FÜR EINE BREITE ÖFFENTLICHKEIT"
Ein Porträt des Komponisten Ernst Kutzer anlässlich seines hundertsten Geburtstags

96   Stefan Reichmann
„HOW DO YOU DO? – DU NARRISCHER DEIFI ..."
Monika Mann schreibt ihrem Regensburger Freund

108   Tina Lorenz
„KLAGEN UND WINSELN"
Der Theaterstreit von 1843 und die Entstehung der Regensburger Theaterkritik

114   Josef Ernst Köpplinger
UND DANN WAR DA NOCH DER MOND ÜBER SOHO ...
Erinnerung an Marietheres List

118   Anton Zimmermann
MEIN MENSCHLICHES MASS
Oder: Was mich in Regensburg hält

130   Reiner Vogel
DIE WINZERER HÖHEN
Skizzen zu einem Regensburger Kulturraum

136	Fabienne Englbrechtsmüller **ELLY MALDAQUE – DER FALL, DER GANZ DEUTSCHLAND BEWEGTE** Oder „Wie ein Mensch zugrunde geht, ohne daß einer ihr hilft"	
148	Thomas Muggenthaler **„ICH HAB DIE FRANZOSEN GELIEBT"** Zuchthausstrafe wegen Liebesbeziehung	
152	Andreas Meixner **DIE VERLEGERFAMILIE JOSEF HABBEL UND IHRE ZEIT** Eine Verlegerdynastie zwischen bürgerlichem Leben und gesellschaftlicher Verantwortung	
158	Albert von Schirnding **KATHOLISCHE KINDHEIT IN REGENSBURG** Nie ohne ein geflüstertes Gottschützedich	
162	Lorenz Baibl **GROSSES KINO IM ALTEN RATHAUS** In Regensburg wurde 1952 ein Luther-Film gedreht	
168	Melanie Brunner **AKTION KINDERBAUM – REGENSBURG HILFT** Ein ganz besonderer Weihnachtsbaum	
170	Michael Eibl **RETTUNGSANKER FÜR TRAUMATISIERTE KINDER** Die Clearingstelle im Kinderzentrum St. Vincent	
174	Ludwig Haas **10 JAHRE SCHÖFFENDIENST** Eine Bilanz als Laienrichter am Landgericht	
184	Heiner Gietl **DER SSV JAHN SCHAFFT HISTORISCHES** Ein erfolgreiches Jahr in mehrfacher Hinsicht	
188	Claus-Dieter Wotruba **SPORTSTADT REGENSBURG** Was schon gut ist und was besser werden muss	
196	Claus-Dieter Wotruba **ZWEI AUSSERORDENTLICHE KARRIEREN** Sonja Tajsich und Corinna Harrer nehmen Abschied	

202	Matthias Nagel **„… OBEN BLEIBEN!"** Zum Weggang von Tetsuro Ban
212	Hubert H. Wartner **VOM „NEMETZKY" ZUM HERRN SCHETTL** Ein deutsches Schicksal
218	Werner Chrobak **KUMPFMÜHL – 200 JAHRE STADTTEIL VON REGENSBURG** Die unendliche Geschichte einer Eingemeindung*
228	Erich Garhammer **„LITERATUR FINDET STADT"** Zur Entstehung und Realisierung eines Regensburger Kulturprojekts
236	Regina J. Kleinhenz **AUFGEPASST, SÄNGERINNEN: DIE KONKURRENZ SCHLÄFT NICHT!** Eine kurze Geschichte mit (noch) offenem Ende
240	Wilhelm Amann **LUDWIG VAN BEETHOVEN IN REGENSBURG** Zwei Besuche des großen Komponisten
244	Werner Ludwig Sturm **GENERAL LUDWIG VON DER TANN** Ein Leben zwischen Hofpagerie und Kriegsfront
250	Angelika Sauerer **SIE HIESS EIGENTLICH MARGARETHA** Das rätselhafte Leben der Meisterköchin Marie Schandri
256	Benno Hurt **HALLO LIEBER SEHR GEEHRTER …** Schwierigkeiten beim Briefe- und Emailschreiben
260	Julia Kathrin Knoll und Rolf Stemmle **ES TUT SICH WAS!** Was das Jahr uns brachte
269	**DIE AUTORINNEN UND AUTOREN**

Benno Hurt

1968 REGENSBURG

Ein Samstag halt

Der "Hemauerhof" ist unsere gute Stube. In der wir uns schon wieder einmal viel zu lang aufgehalten haben. Eugen und ich: im Grunde genommen, bei Tageslicht besehen, zwei häusliche Typen.
"Warum so ungemütlich heute? Ist was Besonderes los?", hat mich Sophie gefragt und dabei auf die zwei schwarz-weiß karierten Koffer geschaut.
"Ein Samstag halt", hat Eugen gesagt. Dann hat sie ihren Kofferblick auf mich gerichtet. Und ich habe ganz langsam und bedeutungsvoll, sie ist größer als ich, zu ihr aufgeschaut. "Liebe Sophie, die besten von uns, sie gehen, du weißt wohin."
"Wie leicht sich das anfühlt", habe ich noch zu Eugen gesagt. "Dabei befindet sich in ihnen unser ganzes Regensburg-Leben."
"Sie sind aus Kunststoff und nicht aus Leder."
Ein Samstag halt. Das sagt sich so leicht. Nicht irgendeiner. Der letzte in diesem Ödland, das sich Regensburg nennt. Und in dem wir uns, Eugen und ich, nicht anders als im "Hemauerhof" schon viel zu lang aufgehalten haben.

Dabei lebe ich für den Samstag. Von Sonntag einschließlich Freitag ist meine Sehnsucht vage und irgendwie sündig auf nichts anderes als den Samstag gerichtet. Als würde mein Leben nur an Samstagen stattfinden. Alle Samstage meiner dreiundzwanzig Jahre aneinandergereiht, stelle ich mir vor. Was für eine aufregende Strecke Leben. Wie viele Halbe Helles: Thurn und Taxis mit stolzem Schaum; hopfiger dann das Bischofshof; das Auer-Bräu, feinstperlig moussierend, vielleicht als Aperitif; mit reichlich Stammwürze verwöhnt dich das Emslander; das Dunkle von der Sternbrauerei, die es schon gar nicht mehr gibt, unvergesslich mit seinem voluminös bitteren Gaumenfluss … Wie viele Lokale, die es ebenfalls schon gar nicht mehr gibt … Wie viel Kopfschmerz in meinem Kopf … Die Summe aller Samstagnacht-Kopfschmerzen, die natürlich immer erst am Sonntagmorgen ihre unlustbetonte Reise durch meinen Kopf antreten. So viel Kopfschmerz passt in meinen Kopf auf einmal gar nicht hinein, bringt ihn zum Platzen. Wie viele Packungen Kopfschmerztabletten, in wie viel Liter Leitungswasser aufgelöst, darin grau und traurig zerfallen … Wie viele Beipackzettel voller Nebenwirkungen …
Nicht immer können Eugen und ich nach so einer Nacht uns dort zur Ruhe legen, wo ein Bett für mich steht und

auch eines für Eugen, das mein Bruder Dietmar zurückgelassen hat: im Kinderzimmer, das man ausgerechnet vom Schlafzimmer meiner Eltern aus betritt. Dietmar wohnt jetzt ein paar Straßenzüge weiter, in der Luitpoldstraße. Wird es draußen schon Tag, liegen mein Vater Martin Marschall und meine Mutter Hedwig wie aufgebahrt, aber hellwach, mit abgestellten Ohren, in ihren Hochglanz-Edelholz-Betten, und es ist für Eugen und mich um diese Uhrzeit ratsam, ihnen aus dem Weg zu gehen. In der Luitpoldstraße sind wir auch im Morgengrauen willkommen, ja, für Dietmars Kinder ein gern gesehener Gast.

Der Hemauerhof, die gute Stube von Fritz und Eugen.
Foto: privat

Mit Krüglein randvoll frischen Wassers eilen Dietmars Büblein zwischen Spülbecken und der Ausziehcouch, auf der Eugen und ich liegen, emsig hin und her, ein familiärer Löschdienst, in Dietmars Wohnung. Die Brände, die es zu löschen gilt: alle gestiftet in Samstagnächten.

Andererseits, unübersehbar, all das Samstagabend-Glück: Meine Hand, wie sie sich vorwärtstastet, stumpfaufwärts, hindurch durch die Jahre, das Ende vom Strumpf, Endstation Gummizug, wie sie sich plagt, nestelt, fingert, zupft, zwirbelt und dreht, meine Hand, ihr tragisches Scheitern an Knöpfen, an Häkchen und Ösen. Am Ende meiner Jugend rascheln die Petticoats. Ein Büstenhalter fällt hinein in die Stille eines von den Eltern verlassenen Wohnzimmers. Ein Spätzünder bin ich und erst recht Eugen. Ein Spätzünder, der die nächtlichen Straßen von Regensburg abgrast, „Mu-hu-huun-leit, die Nacht ist schön …" Die Glücksfälle, dass dir, mir nichts, dir nichts – Eugen und ich haben gerade in den Kammerlichtspielen „Die Reifeprüfung" verlassen und schwimmen mit all den Samstagabend-Kinobesuchern in einem Tränenmeer auf die Maxstraße hinaus – das Glück, dass dir, mir nichts, dir nichts, eine Blondine mit seitlichem Pony und toupiertem Dutt in den VW-Käfer steigt, den du Richtung Hohes Kreuz lenkst, um ihn dort beim VFR-Fußballplatz abzustellen, wo Eugen aus dem Wagen klettert, um unter nächtlichem Himmel in einen Dialog mit den Sternen hoch droben zu treten, während ich es mir hier unten mit der doch nicht mehr ganz so jungen Blondine im Fond des Zweitwagens meines Vaters bequem mache: Samstagnacht-Ausnahmeglück auf der VW-Rücksitzbank. Glückliche Zufälle gelegentlich. In ihrer Addition ergeben sie erkleckliches Glück … Summa summarum, sage ich mir, Glück gehabt. Ein schönes Sümmchen Glück. Das dreiundzwanzig Jahre alte glückliche Leben des Fritz Marschall im Ödland Regensburg, Heimatstadt von Eugen und mir, der wir noch heute den Rücken kehren, weil wir nicht auf Glück oder die guten Beziehungen des Rechtsanwalts Martin Marschall setzen.

Sein Marschall-Plan ist nicht aufgegangen: „Sitz nicht mit diesem Studienabbrecher in Wirtschaften herum, studiere Jura und werde Wirtschaftsjurist wie ich!" – „Und selbst am Sonntag möge ich Unrecht haben", zitiert Eugen am Dienstag im „Hemauerhof" einen amerikanischen Dichter, „denn wenn Menschen im Recht sind, sind sie nicht jung."

Wir haben unsere Koffer wieder abgestellt und uns ein letztes Mal in unserer guten Stube umgesehen. Die alles andere als eine schöne ist. Es ist stets finster in dieser guten Stube voll altem braunem Holz. Das Licht bewegt sich in Balken, in gitterartigen Fächern, in Fäden: macht eine gemächliche Reise durch den Raum. Sagt jedem Gast höflich Grüß Gott! Verweilt wie ein Wirt an jedem Tisch. Keiner kommt zu kurz. Jeder kommt an die Reihe. Ich sitze über meinem Hellen und übertrage im Radio die Siege des SSV Jahn Regensburg in alle Welt hinaus, sogar bis hinauf nach München. Die Siege, die jetzt als silbrige Pokale und bunte Wimpel aufgereiht, Schulter an Schulter, wie eine siegreiche Elf, in der Vitrine stehen. Fähnchen zollen dem Gegner Respekt und wechseln artig die Besitzer am Anstoßpunkt, bevor es ruppig zur Sache geht. Die vielen Jubiläen, gefeiert hinter dem Glas. Zahllose Meister mit gekröpfter Spitzsichel in glänzendes Metall graviert. In keinem Wohnzimmer ist Platz für so viele Unbesiegte. Pausenlos kannst du mit deinem Thurn und Taxis auf sie anstoßen. Ein einziges Jubeln und Feiern im „Hemauerhof" das ganze Jubeljahr. Ich fühle mich wohl hier, und meinem Freund Eugen geht es nicht anders. Obwohl wir natürlich über der Sache stehen. Von Arbeitern und Rudi Dutschke ist jetzt sehr viel die Rede im Land, auch in Regensburg.

Benno Hurt mit seinem Freund M. in der Hemauerstraße, wo Benno damals wohnte.
Foto: privat

„Mein Vater war ein Arbeiter. Und deiner?" – „Nein, aber mein Opa war ein echter Arbeiter." Mit etwas gutem Willen, meine ich, lässt sich in jeder Familie ein Arbeiter finden. Hier, im „Hemauerhof", sitzen sie leibhaftig, neben Eugen und mir. Blass, die von der Müllabfuhr, rotgesichtig, mit hohem Blutdruck, die von der Ziegelfabrik Maier & Reinhard. Alle haben sie einen guten Zug. Keinem sieht man an, dass von ihnen der Umsturz ausgehen wird. Eugen als Studienabbrecher und ich als einer, der mit dem Studium noch nicht angefangen hat, sitzen klassenlos mittendrin. Klassenlos, was mich an einen Schlager von Freddy Quinn erinnert „Heimatlos sind viele auf der Welt, heimatlos und einsam wie ich …" Was man von Eugen und mir im „Hemauerhof" nicht sagen kann. Klassenlos, das Licht kennt keine Klassenunterschiede. Es streift jedem einmal über die Schulter, auch über die von Eugen und mir. Es legt sich wärmend auf manche ausgemergelte Hand. Nur die Gläser schnell aus dem Licht gezogen. Dem Bier tut das Licht nicht gut. Schales Bier aber schmeckt grauenhaft. Nur wenn es schnell getrunken wird, also nicht lang im Glas verweilt, erfrischt es dich richtig. Frisch trinken bedeutet immer auch rasch trinken.

An der frischen Luft habe ich gemerkt, wir hatten frisch getrunken, aber zu lang. Jetzt heißt es, die Last erst einmal absetzen.

„Für Mitte Oktober ist es zu kalt", hat Eugen gemeint und mit der Schuhspitze in einem Häufchen Kastanienblätter gestochert. „Die rollen sich nach innen. Als würden sie frieren." Eugen kann ganz schön sensibel sein.

In Höhe der Kinderklinik hat der Linienbus sein langgezogenes Schaufenster langsam an Eugen und mir vorbeigeschoben. Um diese Uhrzeit schon leuchtet drinnen das elektrische Licht und sagt uns, dass die Fahrt unaufhaltsam in den Winter geht. So wie es Wetterstürze gibt, erleide ich in solchen Momenten Gemütsstürze. Von einer Sekunde auf die andere ist alles so, wie es vorher nicht war. Es heißt nach vorne schauen, schließlich glimmt irgendwo immer ein Licht. Eugen ins Gesicht schauen baut mich auf. In sein weißes, zerknetetes Teiggesicht schauen, das immer nach Worten sucht. Solche Blicke brauchen wir in solchen ungebetenen Situationen, Schauer und Angeschauter. Do ut des. Gib, damit ich gebe … habe ich in einem Schriftsatz meines Vaters, der bekanntlich Anwalt in Regensburg ist, gelesen. Eugen hat ein Gespür für die Leistungsabfälle meiner Seele.

Wir halten uns oft in Bahnhofsnähe auf; nur in der Bahnhofsgaststätte gibt es das herbe Scherdel-Edelhell. Spätestens abends sitzen wir dann wieder in unserem „Hemauerhof". Jetzt aber waren wir Reisende, die nichts mehr hält in dieser Stadt. Vor der Unterführung haben wir die Koffer nochmals abgesetzt.

In diesem finsteren Tunnel, der vom Bahnhofsplatz abtaucht, um in steilen Treppenschächten, durch die milchig das Tageslicht fließt, wieder hoch zu den Gleisen zu führen, wird für Regensburger Sehenswürdigkeiten geworben. Unser „Von der Tann" zum Beispiel, in dem seit drei Monaten Madame Sascha de Paris gastiert, wo wir noch um Mitternacht zu Saschas „Alle Laster dieser Welt" uns unser Wiener Schnitzel schmecken lassen, unser vertrautes „Von der Tann" erscheint dir plötzlich hier unten im Tunnel verkommen, verrucht. „In dieser Lasterhöhle verkehren wir!", sagst du dir stolz. Selbst unser „Hemauerhof", ist an der Plakatwand zu lesen, lockt, dass ich nicht lache, mit „herzhaft-pikanten Grillspezialitäten". Auf einem verrußten, ölverkrusteten Metallgrill, über den man leicht stolpert, wenn man unsere gute Stube durch ihren Hinterausgang verlässt, werden am „Tag der Arbeit" und zu Fronleichnam allenfalls Dollmanns Würstchen gebraten. Im Tunnel, zu den Gleisen, die über dir liegen, da holen sie dir das Blaue von einem Großstadthimmel, den es nicht gibt. Da tischen sie dir vielleicht am Ende noch auf, dass im „Hemauerhof" der Fernsehkoch Ulrich Klever Eugen und mir und den Werktätigen ein Pfeffersteak namens Henri Nannen serviert.

Meine Hand hat sich taub angefühlt, vom Koffertragen. Ich habe feine empfindliche Hände, mit denen nicht viel auszurichten ist. Meine Hände sind ihr Leben lang der körperlichen Arbeit aus dem Weg gegangen. Ohne meinen Kopf sähe ich hilflos aus. Ich bin ein Kopfarbeiter. So gesehen lebt auch ein Arbeiter in mir. Für die „Regensburger-Woche" habe ich noch bis vor einem Jahr ab und zu Artikel verfasst, Filmkritiken, Schülertheater und ein bisschen Kulturimport aus München. „Ihre Beiträge richten zwar keinen Schaden an, aber sie kommen beim Leser nicht an", hat mich der Chefredakteur entmutigt. Dabei will ich nicht ankommen. Wegkommen will ich von hier. Wir sind nicht in den Tunnel hinunter. Ich habe es nicht über mich gebracht, ein letztes Mal an der Plakatwand mit der Werbung für unser „Von der Tann" vorbeizugehen. Eugen und ich haben gegenüber Sascha so etwas wie eine Bringschuld und damit verträgt es sich schlecht, die Stadt zu verlassen.

Aber der Reihe nach: Im „Von der Tann" treten die Gäste von der Straße aus direkt auf die Tanzfläche. Ralph, der Türsteher, hat deshalb dafür zu sorgen, dass die Auftritte der Tänzerinnen nicht von Neuankömmlingen gestört werden und keiner das „Von der Tann" betreten darf, wenn der Auftritt unmittelbar bevorsteht. Ein Trompeter küngigt die Künstlerin mit einem Fanfarenstoß an. Eine Idee, die angeblich das „Von der Tann" den Wagner-Festspielen in Bayreuth geklaut hat, behauptet Eugen.

Der Trompeter nahm seine Trompete von den Lippen. Die Farblichtspiele setzten ein. Ich schaute auf Eugen: Das mehlige Weiß seines angespannten Gesichts bildete gewissermaßen die Grundierung für das Rot, Grün, Blau, das durch das Lokal kreiste. Ralph entfernte sich von der Eingangstür und eilte mit einem Leopardenfell auf die Bühne, die nichts anderes ist als ein zwanzig Quadratmeter großes Karree zwischen dem Eingang und den ersten bestuhlten Zuschauerplätzen. Ralph breitete das Leopardenfell aus, pedantisch wie eine Hausfrau ein Bettlaken. Sascha erschien und streifte ihr Lackmäntelchen ab. Sie trug ein Höschen, so winzig, dass es am Hintern kniff. Aus einem Lacktäschchen, das ihr an einem Henkel über dem Unterarm hing, nahm sie eine Spritze und täuschte eine Injektion vor zu einer dissonanten Musik. Plötzlich warf sie sich auf die Leopardenunterlage und begann, sich wie in Ekstase zu winden. Natürlich juckte Sascha nicht der Rücken. Ihre maßlose Erregung wollte sie uns auf diese Weise anzeigen. In diesem Augenblick ging die Tür des „Von der Tann" auf und drei Männer hielten den Windfang auseinander und sahen sich nach einem Sitzplatz um.

„Wo ist Ralph?", flüsterte Eugen.

„Ich glaube, der musste mal dringend wohin."

„Das hat er sich zu verkneifen."

Eugen fühlte sich aufgerufen, für Ralph einzuspringen. Um zur Eingangstür zu gelangen, musste er wohl oder übel über Sascha steigen. Die befand sich gerade im Mittelteil ihrer Vorführung, in dem sie den Unterkörper hochreckt und eine Brücke baut. Dabei massiert sie mit beiden Händen ihre Brüste. Ich saß in der ersten Reihe und sah auf Eugen, der einen fußbreit vor dem Fell stehengeblieben war und bewundernd auf Sascha herabblickte. Als Sascha ihren Körper absenkte, wollte Eugen sie mit einem großen Schritt überqueren. Dabei blieb er mit einem Schuh in dem Leopardenfell hängen und fiel mit der ganzen Kraft seines Übergewichts auf sie. Sie befreite sich, Eugen krabbelte auf allen Vieren aus dem Scheinwerferlichtkreis, und ich brach unglücklicherweise in schallendes Gelächter aus. Sascha warf das Handtuch: sprang auf, griff sich ihr Lackmäntelchen und verschwand.

Wir sind seitdem sicher wieder das eine oder andere Mal im „Von der Tann" gewesen. Zu einer klärenden Aussprache mit Sascha, die selbstverständlich mit einem Besuch an der Bar verbunden gewesen wäre, ist es bis heute aber nicht gekommen.

Nein, wir sind nicht hinabgestiegen. Es war jetzt 19 Uhr. Das Bahnhofsgebäude hatten wir klar vor Augen. Das naheliegende Ziel war ein Zug, von dem wir wussten, dass er um 20 Uhr 15 auf Bahnsteig 1 aus Regensburg hinausfährt. „Wir kürzen ab", schlug Eugen vor. „Wir gehen auf einen Sprung in die 3. Klasse", er meinte die Bahnhofsgaststätte 3. Klasse, „auf ein, zwei Scherdel-Edel Hell; keine zehn Schritte trennen uns von dem Zug, wir hören ihn einfahren."

Wir setzen uns in die Bahnhofsgaststätte 3. Klasse, einen freundlichen, hellen Wartesaal mit Ankunfts- und Abfahrtszeiten neben der Tür, die hinaus zu den Gleisen führt. Abkürzen wollen wir, uns schnell von Regensburg verabschieden, damit sich dieser Abschied nicht in unsere Erinnerung einschneiden kann. Dieser freundlich helle Wartesaal lädt zum bestimmungsgemäßen Gebrauch, zum Warten ein.

... nur in der Bahnhofsgaststätte gibt es das herbe Scherdel-Edelhell.
Foto: Stadt Regensburg, Bilddokumentation

Auf eine schnelle letzte Halbe warten Eugen und ich. Er hat Recht, nirgendwo sonst in Regensburg wird Scherdel-Edelhell ausgeschenkt.

Die Koffer stehen wie vertraute Lebewesen nahe bei uns. Lehne ich mich nach einem kräftigen Schluck wieder in den Stuhl zurück, streift mein Knie meinen Koffer und ich habe Angst, er kippt um. Er ist eigentlich nicht aus Kunststoff, sondern aus Pappmaschee und hat nur eine dünne Kunststoffbeschichtung. Zur Ruhe gekommen, ist Eugen ein guter Erzähler. Er erzählt mir, dass das karierte Muster genau das gleiche ist wie das auf dem Umschlag von „Man nehme". „Man nehme" ist ein Kochbuch von „Libby's", das seiner Mutter gehört. „Mit Libby's hast du die Kuh im Haus", sagt Eugen und schaut lächelnd auf seinen Koffer, der neben ihm aufrecht auf dem sauberen Steinboden steht.

Wir nicken uns zu und heben das Glas. Und stellen es nachdenklich auf den Bierfilz zurück. Der für die Brauerei in Hof wirbt, abgedrängt an den Rand dieser Republik. Was symbolhaft für unsere eigene Lage ist. Die Züge rollen nach Norden. Sie rollen nach Süden. Ihr niedergehaltenes Metallgewitter beruhigt uns und verliert sich an Regensburgs Peripherie.

Alles erscheint dir, wenn du eine Zeitlang über deinem Bier sitzt, so nah. Es vergrößert sich, löst sich aus der bedrückenden Situation, in der du dich gerade befindest, gewinnt ein eigenes, dir freundlich zulächelndes Wesen. Mit einem hässlichen Bild an der Wand kann das geschehen, einer billigen Reproduktion, die dich unter anderen Umständen an das Wartezimmer deines Zahnarztes erinnert; mit einem Stuhl kann das passieren, der auch im Vorzimmer deines Chefs steht; ein schmuckloses Sitzmöbel, auf dem du hockst und mit feuchten Händen auf deinen Aufruf wartest; mit einer Putzfrau kann das geschehen, die dich, es ist spät geworden, in der Redaktion beim Verfassen eines Leitartikels stört.

Die Putzfrau lächelt uns zu, einen Eimer in der Linken, einen Besen in der Rechten. Die Bedienung lächelt uns zu, Eugen und mir. Sie hat ja recht: Es ist schon wieder einmal Sperrstunde. Eugens Hand und meine langen gleichzeitig nach dem Griff unserer Koffer, die noch immer aufrecht stehen und geduldig auf uns warten. Und wir erheben uns und verlassen den freundlich hellen Wartesaal, in dem das elektrische Licht jetzt von der hohen Decke brennt. Und wir haben das Gefühl, von einer langen Reise heimgekehrt zu sein.

„GRÜSS DICH GOTT, REGENSBURG!", sagt etwas leise in mir.

Autorenfoto: Sonja Jauck

Ansichtssache –
Dom zu Regensburg.
Martina Osecky

Peter Morsbach

„DIE LIEBE UND TREUE DER REGENSBURGER ZU IHRER EINMALIG SCHÖNEN UND LIEBENSWERTEN HEIMATSTADT FÖRDERN UND VERTIEFEN"

Fünfzig Jahre Regensburger Almanach. Bemerkungen zu etwas unzeitgemäß Zeitgemäßem

Stellen Sie sich vor, Sie feiern ein großes Jubiläum und merken kurz vor der Feier, dass Sie sich irgendwie und irgendwo verrechnet haben und der Anlass eigentlich schon vorbei ist. So geht es mir: Ich zähle meine Regensburger Almanache, die ich stolzgeschwellt komplett besitze, den vorliegenden nicht inbegriffen, da er ja noch nicht erschienen ist, und komme auf die Zahl 52. „O leck!", entfährt es dem Regensburger. Gut, für das Jahr 1998 gibt es – aus welchen Gründen auch immer – zwei Almanache, die zählen wie einer. Da sind es nur noch 51 Jahrgänge. Der erste Regensburger Almanach datiert 1968 (erschienen ist er allerdings 1967) und wir schreiben das Jahr 2018. Also ergibt das doch 50 Jahre Almanach!? Es ist wie beim Geburtstag: Man feiert den 50. Geburtstag, vollendet in Wirklichkeit das 50. Lebensjahr und tritt ins 51. Man lebt also gar nicht seit 50, sondern seit 51 Jahren. Die Ersterscheinung des Almanachs jährte sich zum ersten Mal 1969 und jährt sich somit 2018 zum 50. Mal. Also ergibt das 51-1 = 50. Oder? Ich war immer schwach im Rechnen und bin es heute noch. Das merkt man. Verleger Josef Roidl und ich haben über dieses Problem diskutiert und uns für „1968–2018" entschieden: Der Almanach 2017 war der fünfzigste, doch das 50. Jahr seines Daseins vollendet sich 2018. Oder?

Aber was soll ich hier eigentlich Neues oder Altes schreiben? Florian Sendtner hat zum 40-jährigen 2007 (!) schon einen schönen und spannenden Überblick gegeben, viel schöner, als meiner es werden kann.

  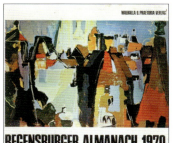 

In unserer Bibliothek daheim sind fünf oder sechs Regalmeter dem Thema „Buch- und Verlagswesen" vorbehalten. Dort reihen sich zahlreiche Almanache, meist Verlags- oder Literaturjahrbücher. Der älteste davon ist der „Musen-Almanach für das Jahr 1800, herausgegeben von Schiller", wie auf dem Titelblatt steht, erstmals erschienen 1796, die letzte Ausgabe 1800. Ein Kalender geht voran, dann kommen als Erstveröffentlichungen: das Epos der jungen Amalie von Imhoff „Die Schwestern von Lesbos", Gedichte und Balladen, darunter „Die Glocke". Seit der zweiten Hälfte des 18. Jahrhunderts gab es unzählige Almanache, aber wenige als Periodika und noch weniger langlebige.

In unseren Regalen stehen Almanache der Rupprechtspresse, der Verlage Kurt Desch, Paul Zsolnay, Diederichs, Atlantis, Vandenhoeck, Luchterhand, Hirt, List, der Greif-Almanach von Cotta, die beiden langen Reihen der Almanache des S. Fischer und des Insel Verlages, teils schlichte Kriegsalmanache, teils in der Blütezeit der Buchgestaltung des Jugendstils der 1910er und 1920er Jahre aufwendig, teils in der deutschen Nachkriegszeit nüchtern gestaltet, aber stets mit spannenden Inhalten.

Auch ein früher Almanach aus Regensburg ist darunter: Verschiedene Jahrgänge des seit 1921 erscheinenden „Almanachs der Deutschen Musikbücherei" des damals nationalen, später nationalsozialistisch gesonnenen Gustav-Bosse-Verlages, wertvoll durch die Illustrationen von Hans Wildermann. Und dann der jüngste der hiesigen Almanache: der seit 1984 erscheinende „Presse-Almanach über die Tage Alter Musik 2018"; er steht sogar online. Gemeinsam ist ihnen allen, dass man sie je älter desto lieber zur Hand nimmt, auf Entdeckungs- und Erinnerungsreise geht und sich festlesen kann.

1968 bis 1971 Werner Huber

Es ist nicht der schlechteste Weg einer Annäherung, die Geschichte und die Entwicklung des Almanachs anhand der Herausgeberpersönlichkeiten aufzuzeichnen, denn jeder prägte ihn in gewissem Umfang nach seinen Vorstellungen, inhaltlich und gestalterisch.

Die Idee kommt 1967 von Hans Bretz, Rechtspfleger und Lehrbeauftragter für das Bürgerliche Recht an der Verwaltungsschule München, der sie standesgemäß in der Gaststätte Justizpalast in der Kumpfmühler Straße 9 äußert (MZ 7.7.2018), die später durch den Neubau des MZ-Verlagsgebäudes hinweggefegt werden wird. Oder ist es auf dem legendären Freitagsstammtisch im alten Bratwursteck in der Fröhlichen-Türken-Straße (MZ, 12.11.2008), an dem auch der Verleger Georg Zwickenpflug, Inhaber des Walhalla u. Praetoria Verlages teilnimmt, bei dem der

oben:
Der Erfinder des Almanachs: Hans Bretz.
Foto: Autorenverzeichnis Ausgabe 1969.

unten:
Werner Huber, Herausgeber 1968–1971.
Foto: Autorenverzeichnis Ausgabe 1987

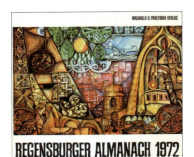   

Gedanke auf fruchtbaren Boden fällt? Als erster Herausgeber fungiert der MZ-Journalist Werner Huber (1922–2004), dem Gerd Otto, sein Kollege und Nachfolger als Almanach-Herausgeber, im vorliegenden Band eine Erinnerung gewidmet hat. Bis 1989 wird der Almanach im Walhalla u. Praetoria Verlag erscheinen.

Der Zweck des Almanachs ist im Vorwort des ersten Bandes zum Ausdruck gebracht und auch in späteren Ausgaben wiederholt: „Der ‚Regensburger Almanach' möchte die Liebe und Treue der Regensburger zu ihrer einmalig schönen und liebenswerten Heimatstadt fördern und vertiefen". So ein Jahrbuch sei von vielen Regensburgern schon seit Jahren erwünscht. Es ist die Zeit, in der verheerende Verkehrsplanungen der Altstadt zu schaffen machen, in der Bagger tiefe, unheilbare Wunden in die Bausubstanz beißen, in der aber auch die Altstadtsanierung einen Aufschwung nimmt und in der Regensburg Universitätsstadt wird.

Zwickenpflug und Huber gelingt es, „Protagonisten" als Autoren zu gewinnen: mit Regierungspräsident Ernst Emmerig, Oberbürgermeister Rudolf Schlichtinger aus der Politik, mit Domkapellmeister Georg Ratzinger, Archivdirektor Max Piendl, Stadtarchivar Guido Hable, Kulturdezernent Walter Boll aus der Kultur, mit IHK-Hauptgeschäftsführer Thomas Brennauer aus der Wirtschaft, mit Theaterintendant Volker von Collande aus den Darstellenden Künsten, mit dem Architekten Peter von Bohr aus dem Städtebaulichen Seminar und anderen mehr. Auch in den folgenden Jahren schreiben nur die „Top-Leute" für den Regensburger Almanach.

Tagesaktualität spielt von Anfang an bis heute keine Rolle, sondern das, was die Stadtgesellschaft nachhaltig bewegt, findet Aufnahme.

Die Chroniken

Der Regensburger Almanach ist eine „Herren-Domäne". Noch bis 1977 braucht eine Frau die Erlaubnis des Ehemanns, um den Führerschein machen und arbeiten zu dürfen!

Eine einzige Frau aber ist von Anfang an dabei: Katrin Arnold, die die Chronik zusammenstellt, Monat für Monat. Ins Autorenverzeichnis schafft sie es erstmals 1970. Irgendwie hinken die Chroniken hinterher: Der Almanach 1970 enthält die Chronik von 1969, der von 1971 die Chronik von 1969/70, der 1972er die Chronik von 1970/71. Akribisch werden alle wichtigeren Ereignisse des Jahres aufgezählt, leider mit nur wenigen Fotos. Eine unendliche Fundgrube! Wo sonst als im Almanach 1970 findet man noch ein Bild der ersten Miss Regensburg? Wobei der OB dabei wichtiger ist als die Miss.

Katrin Arnold, die erste Almanach-Chronistin.
Foto: Autorenverzeichnis Ausgabe 1970

Das seit 2014 übliche Format des Chronik, von dem oder den Chronisten (mehr oder minder subjektiv) ausgewählte wichtige Ereignisse etwas genauer zu beleuchten, stammt vom Journalisten Rolf Thym und ist nicht zuletzt dem Umstand zu verdanken, dass inzwischen einfach zu viel los ist und zu viel passiert. Diese Beschränkung geht deswegen, weil die Chronik die Beiträge im Almanach ergänzt und abrundet.

Verpackung und Inhalt –
Konstanten und Wandel

Schon 1967 werden bis heute gültige gestalterische und inhaltliche Konstanten festgelegt: das Format 23,5 mal 21 cm, die Zweispaltigkeit des Satzspiegels (die nur einmal unterbrochen wird und das völlig misserfolgt), der feste Einband (auch hier gingen zwei Versuche einer Broschur 1993 und 1994 kräftig daneben), das Autorenverzeichnis mit Bild und Lebenslauf, die Spannweite der Themen aus möglichst vielen Bereichen der Stadtgesellschaft. Der alleinige Titel „Regensburger Almanach" bleibt bis 1998, dann kommen erstmals Jahresthemen auf, beginnend mit Goethes „Regensburg liegt gar schön" und der „Märchenbühne der Geschichte"; das ist bis heute so geblieben. Die Einbände zieren bis 1978 Kunstwerke hiesiger, auch überregional bedeutender Maler und Grafiker: 1968 Rupert D. Preißl, 1969 Otto Baumann, 1970 Willi Ulfig, 1971 Xaver Fuhr, 1972 Helmut Heimmerl, 1973, 1975–1978 Peter Löffler, 1974 Winfried Tonner. Dann aber gelangen immer häufiger Fotografien oder Montagen zum Einsatz, nur noch dreimal, 1982 Otto Baumann, 1985 Helmut Heimmerl und 1987 Max Wissner, kommen reine „Künstlereinbände" auf den Markt. Künstler wie Richard Triebe und Helmut Heimmerl steuern auch Illustrationen bei, so illustriert Triebe 1971 Franz Hiltls Geschichten über das, worüber die alten Regensburger gelacht haben. Erst im Almanach 2016 mit Roman Pionke wird diese Tradition wieder aufleben; im Jahrgang 2018 sind es die Illustrationen von Martina Osecky.

OB Schlichtinger gratuliert Elisabeth Stula, der ersten Miss Regensburg.
Foto: Almanach 1970.

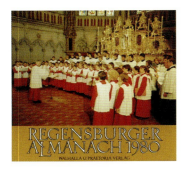  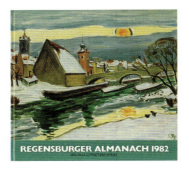 

Gerd Otto, Herausgeber 1972 und bis heute treuer Autor des Regensburger Almanachs.
Foto: privat

Ab dem Almanach 1969 bis 1985 sind die ersten Seiten einer Bilderstrecke, wie wir heute sagen, vorbehalten. Fotografen wie Eduard Dietel, Wilkin Spitta und überwiegend Dieter Nübler zeigen ihre Eindrücke von Regensburg und seiner Umgebung. Mit Ausnahme des Einbandes sind alle Almanache schwarz-weiß gedruckt, denn Vierfarbdruck würde die Kosten extrem in die Höhe treiben. Erstmals im Almanach 1975 kommen zwei Farbseiten hinzu, den Beginn macht ein Beitrag über den Maler Max Wissner. Man achtet damals darauf, dass aus Kostengründen am besten nur eine Seite eines Druckbogens von 16 Seiten vierfarbig gedruckt wird.

Die Almanache von 1967 bis 1987 finanzieren sich nicht nur über den erfreulichen wachsenden Absatz, sondern auch über Werbung. Das Durchblättern der frühen Ausgaben macht heute Vergnügen, Erinnerungen an Einkaufserlebnisse, an längst untergegangene oder noch immer bestehende Firmen und Unternehmen werden wach und der Walhalla u. Praetoria Verlag nutzt den Almanach zur Werbung in eigener Sache. Allerdings machen die vielen und in den Textfluss eingestreuten Geschäftsanzeigen die Almanache teilweise unübersichtlich. Schon 1974 werden die Jahrgänge 1968 und 1970 als vergriffen gemeldet.

1972 Gerd Otto

Von meinen Herausgeber-Vorgängern gibt es noch Gerd Otto, eine der liebenswerten Konstanten in der langen Geschichte der Almanach-Autoren. Er übernimmt als Kollege von Werner Huber 1972 die Herausgabe für ein Jahr. Der Regensburger Almanach ist bis heute „unpolitisch", neutral im parteipolitischen Sinne. Seit Anbeginn haben es sich die Stadtoberhäupter zwar nicht nehmen lassen, Themen ihrer Zeit darzulegen. Doch Parteipolitik soll dabei außen vor bleiben. Ein Thema, die die Bundesrepublik in jenen Jahren bewegt: Studentenproteste, APO, Demonstrationen, Unbotmäßigkeit auch an der hiesigen Uni, bleibt ebenfalls außen vor. Man nimmt Rücksicht auf die konservative Leserschaft – „von Honoratioren für Honoratioren" (Gerd Burger). Das Wort Reform klingt immerhin einmal in einem Beitrag von Aloys Balsamer 1972 an, dem „Grantler" der MZ, aber unverdächtig, illustriert von Helmut Heimmerl.

1973 bis 1984 Josef Ernstberger

Hinter dem Pseudonym Aloys Balsamer verbirgt sich bekanntlich Josef Ernstberger, Präsident der Bezirksfinanzdirektion und guter Freund des Verlegers Georg Zwickenpflug. Er hat die Herausgabe von 1973 bis zu seinem Tod 1984 inne.

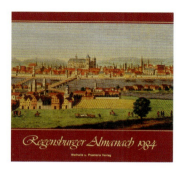 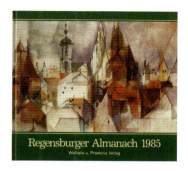  

Wie seine Vorgänger, beschwört Ernstberger die Heimatliebe: Der Almanach „ist Dokument, Zeugnis und Erinnerungskonzentrat der Stadt und ihrer Bürgerschaft geworden. … Er soll … Erinnerungsstütze werden und … Heimatbewußtsein fördern. … Mehr Heimatliebe, mehr Bürgersinn, mehr Zusammengehörigkeitsgefühl und dadurch mehr demokratische Toleranz, aber auch mehr tolerante Demokratie." Diese mahnenden Worte, geschrieben im Jahr des „Radikalenerlasses" von 1972, haben heute, 2018, wieder eine bedrückende Aktualität gewonnen.

Der Charakter des Almanachs ändert sich unter Josef Ernstberger (1922–1984) langsam, aber grundlegend. Seine beiden Vorgänger sind Journalisten und die Beiträge der frühen Bände haben den Charakter von Berichterstattung und Reportage. Belletristisches kommt bis dahin kaum vor. Erst mit dem Almanach 1974 hält das „Schöngeistige" seinen Einzug mit Walther Reinemer, Werner A. Widmann, Hermann Seyboth, Ernst R. Hauschka, Heinz Schauwecker, später Elmar Oberkofler und Anton Schreiegg; doch bleiben diese Autoren noch einige Zeit unter sich.

Gesellschaftliche Wandlungen werden erkennbar. 1973 schreibt Ernst Emmerig über die gravierenden Probleme von Umwelt-, Luft- und Gewässerverschmutzung, nachdem 1972 der Club of Rome sein grundlegendes und zukunftsweisendes Buch über „Die Grenzen des Wachstums" herausgebracht hat.

Bleibt das erste Regensburger Bürgerfest 1973, das die Stadtgesellschaft grundlegend verändert, außer in der Chronik noch unbeachtet, so stellt sich 1974 mit dem Forum Regensburg erstmals eine Bürgerinitiative vor, geschrieben von Helmut Wilhelm und Hans Maier. Überhaupt tut man sich mit Jubiläen noch schwer: Das Festjahr „Castra Regina 179–1979" kommt nur in einer Bilderstrecke von Dieter Nübler im Jahrgang 1980 vor.

Doch kommen mit den Jahrgängen 1979/1980 nun auch mehr kunstgeschichtliche Themen zum Tragen – der Regensburger Kunstgeschichtelehrstuhl macht sich ebenso bemerkbar wie der Aufbau des Domschatz- und des Diözesanmuseums und die Ostdeutsche Galerie, die die Beiträge des Stadtmuseums von Direktor Wolfgang Pfeiffer und dem Leiter der Einmannbehörde Stadtbildpflege, Günter W. Vorbrodt, von Veit Loers und des Archäologen Udo Osterhaus ergänzen.

Unter Josef Ernstberger bleiben die Einbände zunächst „künstlerisch", erstmals kommt 1980 mit den Regensburger Domspatzen die Fotografie zum Einsatz und dann werden historische Ansichten mit Stichen und Grafiken die Künstler-Einbände nach und nach verdrängen.

oben:
Der Grantler Aloys Balsamer, alter ego von Josef Ernstberger.
Zeichnung von Helmut Heimmerl im Jahrgang 1974, S. 251

unten:
Josef Ernstberger, Herausgeber 1973–1974, alter ego von Aloys Balsamer.
Foto: Autorenverzeichnis Ausgabe 1984

 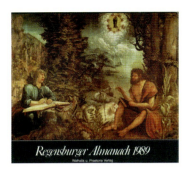  

Der Umfang der anfangs noch schmalen Bände erweitert sich zusehends und gelangt 1975 zu mehr als 250 Seiten.

Männerdomäne Almanach

Personen hingegen werden noch wenig gewürdigt, wenn, dann in erster Linie Künstler. Keine Künstlerinnen. Weiterhin bleibt der Regensburger Almanach nämlich völlig männlich dominiert, ein Produkt seiner Zeit. Nachdem es 1974 die Chronistin Annerose Gottfried ins Autorenverzeichnis und 1975 sogar ins Inhaltsverzeichnis vordringt, wird es erstmals 1976 Cläre Laufer (1905–1988) namentlich sogar an den Kapitelanfang schaffen. Dann in den beiden Ausgaben 1982 und 1983 erstmals zwei Frauen im Autorenverzeichnis, neben Cläre Laufer 1982 Sigrid Mannstorfer und im Jahr darauf Julika Hanekker, beide Journalistinnen. Zunächst ein Ausreißer, denn 1984 ist alles wieder gut, nur noch die Chronistin. (Der gegenwärtige Herausgeber 2018 tut alles, um den noch immer zu dürftigen Autorinnen-Anteil zu erhöhen.)

1984 bis 1992 Ernst Emmerig

Mit Prof. Dr. Ernst Emmerig (1916–1999) übernimmt ein Verwaltungsjurist, Honorarprofessor der Universität Regensburg und pensionierter Regierungspräsident der Oberpfalz (1962–1981) das Ruder des Regensburger Almanachs. 1990 erscheint der Almanach erstmals im Buchverlag der Mittelbayerischen Zeitung, kurz MZ-Verlag.

Auch für Emmerig ist der Heimatgedanke bestimmend: Der Almanach „soll das Gefühl für die Heimat als den Inbegriff dessen, wovon wir leben und worin wir leiden und hoffen, in uns stärken und der zunehmenden Sehnsucht der Menschen nach einer regionalen Bindung an historisch Gewachsenes und eine natürlich erlebte Umwelt entgegenkommen", schreibt er voller Pathos in seinem ersten Vorwort zum Almanach 1986.

Die Bände gewinnen an Umfang, werden umfangreich und gewichtig wie nie zuvor und auch nicht mehr später: Der Jahrgang 1985 umfasst 368 Seiten, davon 32 Seiten Geschäftsanzeigen, und der Jahrgang 1990 kommt nun ohne Werbung auf 352 Seiten. Die „Struktur" der Mitarbeiterinnen und Mitarbeiter wandelt sich, denn immer mehr Studierende und nicht nur Lehrende der Universität berichten aus ihren Forschungen und Interessensgebieten. 1989 darf der Verfasser dieser Zeilen seinen ersten Beitrag über das Bistumsjubiläum verfassen. Was der Almanach eigentlich ist, weiß er zu diesem Zeitpunkt nicht so recht. Und dass er einmal selbst Herausgeber werden wird …

Mit Emmerigs hohem Interesse an Kunst, Geschichte und Kultur setzt ein tiefgreifender Wandel des Almanachs ein:

oben:
Annerose Gottfried, Chronistin des Almanachs 1974–1975
Foto: Autorenverzeichnis Ausgabe 1974

unten:
Cläre Laufer. Chronistin des Almanachs 1976–1988.
Foto: Autorenverzeichnis Ausgabe 1984

  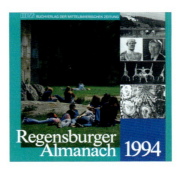 

Einerseits formal, denn im Almanach 1985 gibt es letztmals die Bilderstrecke zum Auftakt des Buches, die Einbände haben kein konsequentes Layout mehr und werden bunter, die Schrifttype des Rückenaufdrucks ändert sich von Jahrgang zu Jahrgang. Andererseits inhaltlich, denn der Almanach wandelt sich bis 1989 mehr und mehr zu einem Jahrbuch für Regensburger Geschichte, Architektur, Kunst, Kunstgeschichte, der Museen, der Kultur. Die Schwerpunkte der früheren Zeit, nämlich die aktuellen Entwicklungen der Stadt und der Stadtgesellschaft werden mehr und mehr in den Hintergrund gedrängt. Soziale Themen und solche, die die Stadtgesellschaft im Guten wie im Schlechten bewegen, erscheinen fast gar nicht. Personen der Gegenwart spielen noch keine besondere Rolle; erst Konrad Färber wird hierauf einen besonderen Fokus legen. Nur noch einmal illustriert 1988 mit Manfred Sillner ein zeitgenössischer Künstler den Einband.

Ernst Emmerig führt im Jahrgang 1985 Themenschwerpunkte ein, wie „Neues aus den Regensburger Museen", „Ein Herr, ein Glaube, eine Taufe – mehrere Kirchen. Zur ökumenischen Situation" oder „Die jüdische Gemeinde" im Jahrgang 1986.

Margot Walter (1920–2013) übernimmt nach dem Tod von Cläre Laufer mit dem Jahrgang 1990 die Erstellung der Chronik, wird diese aber nur bis zum ersten Almanach 1998 (es gab deren bekanntlich zwei) führen, dann erlischt die Chronik in dieser Form bis 2013. An deren Stelle tritt 1990 der Rückblick „Regensburg vor 50 Jahren" von Werner A. Widmann, originell, aber nicht aktuell.

Der Anteil der Autorinnen steigt auf fünf 1990 und sechs 1992, was immerhin schon rund 20 Prozent ausmacht! Die meisten sind angehende und arrivierte Wissenschaftlerinnen, um Elisabeth Fendl und Sabine Rieckhoff (damals noch mit dem Suffix -Pauli) zu nennen.

1993 bis 1995 Ernst Emmerig und Konrad M. Färber

Zur Entlastung des inzwischen 77-jährigen Ernst Emmerig tritt 1993 als Mit-Herausgeber der Historiker und Leiter des MZ-Verlages Dr. Konrad Maria Färber (1941–2013) hinzu. Der Almanach verändert nun für etliche Jahre sein Aussehen völlig, bis man wieder zum Bewährten zurückgeht. Was bleibt, ist das nahezu quadratische Format, denn Konrad Färber weiß: einheitliches Format fördert den Sammlerehrgeiz. Erstmals wird 1993 die Möglichkeit der Bestellung zur Fortsetzung, also des jährlichen Abonnements angeboten.

Sogleich ein jedoch gründlich misslungenes Experiment, das die beiden Jahrgänge 1993 und 1994 vom Haptischen entwertet: der Versuch einer Broschur, das heißt,

oben:
Ernst Emmerig, Herausgeber 1984–1995, Almanach-Autor der ersten Stunde.
Foto: Autorenverzeichnis Ausgabe 1968

unten:
Margot Walter, Chronistin von 1990 bis 1998.
Foto: Uwe Moosburger/altrofoto.de

 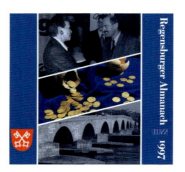  

möglicherweise aus Kostengründen die Hardcover- durch eine Softcover-Bindung zu ersetzen. Auch die Einbandgestaltung ändert sich durch Fotoseiten mit einem Hauptbild und einem rechten Bildstreifen.

Aus das Innenleben ändert sich. Der Satzspiegel wird dreispaltig, das Schriftbild dadurch zwangsläufig kleiner. Der Vorteil: mit Bildern hat man mehr Möglichkeiten, ein-, zwei-, dreispaltig. Kommt das wirklich der Lesefreundlichkeit einer immer betagteren Stammleserschicht entgegen? Wohl nicht, denn 1999 wird man zum zweispaltigen Satz mit größerem Schriftgrad zurückfinden.

Schwerpunktthemen, die eigentlich Aktualität versprechen, bleiben in der Geschichte stecken. 1993 „Frauenleben und Frauengestalten in Regensburg" mit acht historischen und gerade einmal einem aktuellen Beitrag über „Fraueninitiativen im heutigen Regensburg" von Julika Hanekker.

Im Almanach 1994 werden Themen erstmals im Inhaltsverzeichnis zusammengefasst und als „Blöcke" behandelt: Jugend – Natur, Umwelt – Kultur aktuell – Wissenschaft – Freizeit – Geschichte – Menschen von einst – Kirche – Baukunst, Denkmalpflege – Museen – Chronik. Dieses Gliederungsschema wird in den kommenden Jahren so bleiben. Aktuelle Themen der Stadtgesellschaft bleiben weiterhin außen vor.

Konrad Maria Färber, Mit-Herausgeber 1993–1995, Allein-Herausgeber 1996–2013. Bild aus dem Nicht-mehr-und-doch-noch-Almanach 1998, in dem er das Ende des Namens „Regensburger Almanach" verkündigte.

1996 bis 2013 Konrad M. Färber

19 Almanache wird Konrad M. Färber als Allein-Herausgeber verantworten, mehr als alle seine Vorgänger. Seine Herausgeberschaft ist von Experimenten und Rückschlägen nicht unberührt geblieben. So gibt es für das Jahr 1998 zwei Ausgaben: den 30. Band, hergestellt 1997, ohne Vorwort des Herausgebers und mit dem Titel „Regensburger Almanach 1998. Menschen, Themen, Ereignisse", erstmals mit einem starken Fokus auf Personen, wie es so bisher noch nicht der Fall gewesen ist; und dann kommt 1998 ein Band mit dem Titel „Regensburger Almanach. Das war Regensburg 1998. Menschen, Themen, Ereignisse". Das verwirrt noch immer und hat bis heute Konsequenzen, denn seitdem sind das Herstellungsjahr und der Jahrgang identisch; vorher bezog sich die Zählung auf das neue Jahr. Nach alter Zählung müsste in diesem Jahr 2018 also der Regensburger Almanach 2019 erscheinen.

Und auf einmal soll es keinen Regensburger Almanach mehr geben! Er steht kurzzeitig auf der Kippe. Die Rettung bringen Festabnahmen durch Unternehmer, Privatpersonen und die Stadt Regensburg, bis heute eine wichtige Stütze. Gerd Burger, Färbers damaliger Herausgeber-Mitarbeiter, meint, es habe sich wohl um eine momentane Eingebung gehandelt, „da schlug die alte Prägung aus und bei der Bild-Zeitung durch. Das immerhin halte ich

mir zugute, daß ich damals heftigsten Einspruch einlegte." Der im Nachhinein unverständliche Versuch, das Markenzeichen „Regensburger Almanach" abzuschaffen und künftig durch „Das war Regensburg" zu ersetzen, geht daneben und schon im Jahr darauf sind alle Experimente beendet und der Almanach erscheint wieder unter seinem traditionellen Titel und wieder zweispaltig.

Ich muss Gerd Burgers Email zitieren: „Die Formatumstellung und das andere Papier ging selbstredend in dieselbe Richtung. Und die Änderung von der alten, teils unsäglichen Terminrückschau auf Werner A. Widmanns Variante dazu. So oder so: dass er neue Autoren bzw. echt einen andren Schlag Autoren dazugewann, das half dem Almanach, sein altes Geschmackerl des ‚Von Honoratioren für Honoratioren' abzustreifen. Jesses, war Konrad ein beherzter bis gacher bis unverfrorener Lektor und Textabänderer. Aber ihm ließ man eh manches durchgehen." Schöner geht's nimmer.

Konrad Färber ist ist vor allem Historiker und so wird der Almanach unter seiner Ägide mehr und mehr zu einem Geschichtsbuch, mit historischen Schwerpunktthemen, die sich zumeist aus Jubiläen ergeben, wie ein Blick auf die Einbände zeigt. 2007 wird ausführlich die Aufnahme Regensburgs in das UNESCO-Welterbe 2006 gewürdigt, auch des Papstbesuches 2006 wird gedacht, ansonsten aber nehmen die Beiträge aus der Geschichte bis zu Dreiviertel des Umfangs ein, 2012 behandeln 18 von 24 Beiträgen historische Themen, ähnlich 2013, dem letzten Band, den Konrad Färber noch vorstellen kann. Kurz nach der Vorstellung stirbt er unter tragischen Umständen.

Mit dem Tod des Grandseigneur-MZ-Verlegers Karl Esser am 23. Dezember 1995, für den Bücher keine Rendite-Objekte, sondern eine Liebhaberei, eine Passion gewesen sind, ist die starke Stütze des Buchverlags weggefallen. Konrad Färber muss den Almanach durch schwierige Gewässer manövrieren. Der MZ-Buchverlag geht schließlich an den SüdOst-Verlag in Waldkirchen über, der zu Regensburg keine direkte Verbindung hat. Färber sichert dem Almanach ein geradezu wissenschaftlich hohes Niveau, richtet endlich das Augenmerk zunehmend auf Menschen der Stadt. Außerdem hat er regelmäßige Gesamtinhaltsverzeichnisse erstellt (was leider gegenwärtig nicht mehr der Fall ist). Doch die Umsatzzahlen gehen weiter zurück, die Leserschaft schwindet. „Jedes Mal, wenn ich die Todesanzeigen lese", sagt Konrad Färber einmal zu mir, „weiß ich, dass wieder einige alte Leser des Almanachs dabei sind." Die Frage ist: Können Menschen mit dem Almanach noch etwas anfangen, wenn sie an Geschichte nicht so interessiert sind, sondern an sozialen Fragen oder an Sport?

   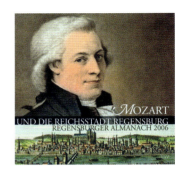

Seit 2014: Peter Morsbach

Genau das beschäftigt den neuen Besitzer und Verleger Heiner Gietl, der 2014 den SüdOst-Verlag und den MZ-Buchverlag kauft und in die Region zurückholt, und den neuen Herausgeber des Almanachs 2014, den er zur Übernahme dieses Amts beschwadert (altbayerisch, vom lateinischen persuadere, überzeugen). Heiner Gietl macht klar: „Wenn der Umsatz weiter zurückgeht, war's das." Eine verlegerisch verständliche Entscheidung.

Wir diskutieren intensiv und kommen zur Überzeugung: Wenn ich heute den Almanach von 2010 aufschlage, will ich wissen, was 2010 passiert ist und nicht, was 1810 los war. Also: die Rückbesinnung auf die Anfänge als Jahrbuch der Stadtgesellschaft, unter vollkommen geänderten Parametern. Das ist im Vorwort zum Almanach 2014 ausgebreitet. Unsere jüngsten Autorinnen sind 10, 14 und 16 Jahre alt und bringen einigen frischen Wind, den der gute alte Almanach braucht. – Ob die Entscheidungen richtig gewesen sind, sollen spätere Zeiten entscheiden. Der Chronist wird sein eigenes Loblied nicht singen.

So viel aus eigener Anschauung: Der Almanach lebt vom intensiven und persönlichen Kontakt zwischen Herausgeber (hoffentlich gibt es auch einmal eine Herausgeberin!) und Autorinnen und Autoren. Er muss sehr gut und in vielen Bereichen vernetzt sein, Bekanntschaften und Freundschaften pflegen. Das wächst über Jahre, Jahrzehnte, deswegen können die Herausgeber auch keine Neu-Regensburger sein.

Es ist mir nicht klar gewesen, welch hohes Ansehen der Regensburger Almanach genießt. Immer wieder danken mir Autorinnen und Autoren für „die große Ehre, für den Regensburger Almanach schreiben zu dürfen".

Verlag und Herausgeber geben ihr Bestes, dass es so bleibt.

oben:
Heiner Gietl holt 2014 den MZ-Buchverlag und den Almanach zurück.

unten:
Josef Roidl, seit 2016 Verleger des Almanachs.

  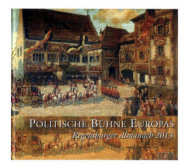 
  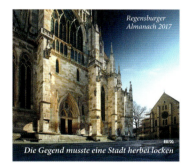 

Gerd Otto

DER MEISTER DES „FEUILLETONS UNTERM STRICH"

Erinnerungen an den Herausgeber der ersten vier Ausgaben des Regensburger Almanachs 1968 bis 1971

Auf einer Glatze Locken zu drehen – womit der Wiener Spötter Karl Kraus die Fähigkeit des Feuilletonisten gerne verglich – hatte der Feuilleton-Chef der Mittelbayerischen Zeitung nicht nötig. Werner Hubers Charakterkopf zierten, so lange ich ihn kannte, ganz und gar natürliche Locken. Und auf etwas anderes als auf Natur, auf Natürlichkeit, auf Inhalte eben statt auf die Form zu setzen, hätte sich Werner Huber ohnehin verbeten. Selbstbewusst, von seinen Stärken überzeugt und die eigene Position beredt verteidigend, ohne die Meinung des anderen gering zu achten – so habe ich Werner Huber in jenen turbulenten späten 60er und beginnenden 70er Jahren als markante Persönlichkeit der MZ-Redaktion in Erinnerung. Und als Autor seines von ihm geleiteten Feuilletons – unterm Strich auf Seite 2!

Diese heute nicht mehr übliche Form des Kulturteils einer Tageszeitung hatte ihre Wurzeln im frühen 20. Jahrhundert, als man an diesem Platz mit Fortsetzungsromanen die Leser binden wollte und dies dann auch mit Theater-Rezensionen versuchte. In der Ära des Werner Huber gelang dies tatsächlich. Auf die Kritik in der Zeitung warteten die Freunde des Stadttheaters Regensburg in der Tat, weil sie davon ausgehen konnten, dass Werner Huber nicht nur mit seiner Meinung keineswegs hinterm Berg hielt. Vielmehr bedeutete der schmale Raum, der dem Kritiker „unterm Strich" blieb, auch eine Herausforderung, nämlich auf den Punkt zu kommen, und bestenfalls tatsächlich mit eigener Handschrift, in einer individuellen, kreativen Gestaltung. Einmal (es war Sonntagvormittag, Premiere am Samstagabend) war ich dabei, als Werner Huber die Kritik – das Stück ist mir entfallen – in Versform zu Papier brachte. In jenen Jahren ließen sich die Menschen von einer Theateraufführung im wahrsten Sinne des Wortes berühren, entsprechend turbulent fielen auch die Reaktionen auf die Kritik in der Zeitung aus. Es gab damals in der Ära von Intendant Volker von Collande sogar Abstimmungen unter den Regensburger Theaterbesuchern, welcher Kritiker der beiden Regensburger Tageszeitungen (bis 1973 gab es neben der MZ auch den Tages-Anzeiger) an diesem Abend „recht" hatte. Vor diesem Hintergrund und dem Engagement von Werner Huber mit Blick auf das Lokale ebenso wie in seiner Eigenschaft als Regensburg-Korrespondent der Süddeutschen Zeitung war es kein Wunder, dass der Verleger des Walhalla u. Praetoria-Verlags, Georg Zwickenpflug, bei der Suche nach dem Herausgeber seines von ihm ins Auge gefassten Projekts „Regensburger Almanach" vor allem an Werner Huber dachte. Der 1922 geborene Redakteur stammte aus einer Journalisten- und Musikerdynastie, war selbst Domspatz, hatte also schon früh eine überaus fundierte musikalische Ausbildung erlangt und studierte Musikwissenschaft, Bayerische Geschichte und Literaturgeschichte. Nach einem Volontariat von 1947 bis Ende 1948 bei der Mittelbayerischen Zeitung war Werner Huber bis 1975 Redakteur der MZ und anschließend Pressesprecher der Energieversorgung Ostbayern (OBAG). Als er mit 82 Jahren starb, hatte er sein Studium noch mit einer Promotion abgeschlossen.

So vielfältig seine eigenen Interessen waren, so vielfältig gestaltete Werner Huber auch die vier ersten Ausgaben des „Regensburger Almanachs". Inhaltlich konnte ihm, dem langjährigen Lokalchef der MZ, ohnehin keiner etwas vormachen, und bei der Auswahl der Autoren fand er ebenfalls stets die richtige Mischung aus einheimischen Gesprächspartnern wie auch externen Beobachtern mit dem Blick von außen. Jedenfalls finden sich unter den Autoren Persönlichkeiten wie Georg Ratzinger, Alfons Goppel, Otto Schedl, Johann Vielberth, Volker von Collande, Hermann Höcherl oder auch Walter Boll und Thomas Brennauer, die alle auf ihren unterschiedlichen Tätigkeitsfeldern einiges zu sagen hatten und bewegen konnten. Für mich, der die Almanach-Ausgabe 1972 als Herausgeber verantworten durfte, war Werner Huber jedenfalls ein Vorbild.

Huber, Werner, geboren 1922 in Regensburg; Studium von Musikwissenschaft, Bayerischer Geschichte und Literaturgeschichte in München, Regensburg und Erlangen; Leiter des Lokal- und Kultur-Ressorts der „Mittelbayerischen Zeitung" bis 1976; seitdem Pressesprecher der „Energieversorgung Ostbayern" (OBAG) in Regensburg.

Werner Huber, Herausgeber 1968–1971. Biografie im Autorenverzeichnis des Regensburger Almanachs 1987

Reiner Vogel

DER HÖCHERL, DER WIDMANN, DER KRAMPOL UND I'

Erinnerungen an drei Almanach-Autoren

Es kommen die Jahre, da beginnt man etwas in der Vergangenheit zu blättern. Was wäre für einen Regensburger Journalisten besser dazu geeignet als der Regensburger Almanach? Wenn man selbst Jahrzehnte lang das Geschehen hier und in Ostbayern miterlebt, kommentiert und darüber berichtet hat, erinnert man sich vieler Personen. Darunter sind dann wiederum einige Persönlichkeiten, denen ein besonderer Winkel in den eigenen – aber auch in den gesellschaftlichen – Erinnerungen reserviert ist. Dies trifft sicherlich auf die drei Menschen zu, die ich in den nachfolgenden Zeilen gerne und voller Wohlwollen betrachte.

Hermann Höcherl (1912–1989)

Es war ein Freitagnachmittag Mitte der 1970er Jahre, als ich Hermann Höcherl zum ersten Mal leibhaftig gesehen habe. Mit einer übergroßen Tasche unter dem Arm kam der kleine Mann erstaunlich behände ins Café Orlando di Lasso am Alten Kornmarkt und verlangte ein Kännchen Kaffee – mit Kognak. Ich kannte seine rundliche Erscheinung lediglich aus der Mittelbayerischen Zeitung und aus dem Fernseher. Den übrigen Cafégästen ging es wohl ähnlich – sie tuschelten und schauten etwas ehrfürchtig auf den bundesweit bekannten Politiker. Der wiederum las seelenruhig in irgendwelchen Akten und rauchte filterlose Zigaretten. Höcherl war nach einer Sitzungswoche aus Bonn gekommen und hatte wahrscheinlich bis zum Bahnhof Regensburg mit anderen, ebenfalls heimreisenden Abgeordneten im Zug Schafkopf gespielt. Jetzt also ein kurzes Intermezzo im Café, später sicherlich noch der ein oder andere „Heimattermin", der zu absolvieren war. Hermann Höcherl war bei aller Lebenslust ein akribischer und ausdauernder Arbeiter – das sollte ich später noch eindrucksvoll erfahren.

Der verschwundene Hut

Einige Jahre später, an der Jahreswende von 1983/84 veranstaltete die regionale Handwerkskammer im stilvollen Parkhotel Maximilian einen Empfang zum zehnjährigen Bestehen der gemeinsamen Kammer Niederbayern/Oberpfalz. Ich war als junger Reporter des Bayerischen Rundfunks dabei und konnte im Laufe des Abends dem ebenfalls anwesenden Ex-Minister Höcherl etwas näher rücken. Dies geschah umso direkter, als die Zahl

rechts:
Hermann Höcherl,
bekannt als „Schlitzohr".
Foto: altrofoto.de

links:
Hermann Höcherls
kritischer Blick.
Foto: altrofoto.de

der Gäste immer kleiner wurde. Als es auf Mitternacht zuging, hielt Höcherl immer noch an einem der Tische Hof. Die Verbliebenen wollten von ihm Bonner Neuigkeiten oder die Einschätzungen zu aktuellen Themen hören. Vollste Konzentration war alleine schon wegen Höcherls schwer verständlicher Nuschelei erforderlich. Erinnern kann ich mich noch an den Arbeitsamtsdirektor Schwab, den Bauunternehmer Stanglmeier, den Kammerpräsidenten Scheid und an ein immer müder dreinblickendes Bedienungspersonal. Es war ein feuchter Abend und es wurde immer schwieriger, Höcherl zu verstehen. Kurzum: Vom Gesprächsinhalt weiß ich nichts mehr – ich war aber trotzdem beeindruckt. Schließlich brachte uns in den frühen Morgenstunden der Fahrer des Arbeitsamtsdirektors nach Hause – zuerst seinen Chef, dann den Höcherl und schließlich den Reporter. Als ich einige Stunden später mit brummendem Schädel aufwachte, bemerkte ich einen fremden Hut im Flur und wusste sogleich, dass ich wohl in der Verwirrung der Nacht Höcherls Hut aufgesetzt hatte. Dieser hatte wohl auch kein verbotenes Tun (mehr) bemerkt. Was tun? Mir war die Sache sehr peinlich. Höcherl gleich anrufen? Das erschien mir nicht sinnvoll, denn der in meinen Augen alte Mann wäre sicherlich noch erschöpft vom langen und weinseligen Empfang. Ich wartete also noch bis ca. 16 Uhr. Dann meldete ich in Brennberg die Sache mit dem Hut. „Ja, ja", murmelte Höcherl ins Telefon, „ich habe den Hut schon vermisst. Ich komme gerade aus Nürnberg von einer Gerichtsverhandlung zurück." Ob dieser Regenerationsfähigkeit war ich dann schon sehr erstaunt.

Ein unabhängiger Geist

Später lernte ich Hermann Höcherl näher kennen – aus unserer Bekanntschaft entstand eine Biografie, die im Pustet-Verlag erschienen ist. Ich besuchte den „Alten von Brennberg" sehr oft in seinem Haus. Er thronte dann am Schreibtisch vor Tausenden von (gelesenen) Büchern, während ich an einem Besuchertisch notierte, was er von sich gab. Obligatorisch dabei war, dass er jedes Gespräch mit der Frage nach Neuigkeiten einleitete. Hermann Höcherl war und blieb sein Leben lang stets neugierig. Das begann bei dem kleinen Buben, der als lediges Kind bei seinem Großvater in einem kleinen Dorf bei Cham aufwuchs, das ging weiter, als er aufs Gymnasium durfte, Jura unter anderem in Frankreich studierte, Staatsanwalt und Richter war und dann Politiker wurde – bis hin zu seiner nachpolitischen Zeit als anerkannter Schlichter, Rechtsanwalt und Ratgeber. Es ist dabei nicht sicher, ob seine wichtigste Zeit die als einflussreicher Bundesminister war oder diejenige als Mann hinter den Kulissen. Das soll heißen: Höcherl brauchte kein Amt, um gefragt und gehört zu werden. Ich war mehrmals Ohrenzeuge, wenn ihn amtierende Kanzler anriefen – unabhängig von deren „Gebetbuch". Der eigensinnige CSU-Mann genoss parteiübergreifend hohes Ansehen – zum Beispiel auch, weil er als einziger Unionsmann zu Willy Brandts privater Friedensnobelpreisfeier ging. Das war eine Geste, die ihn bei den Sozis in den Rang einer Kultfigur erhob, so schrieb ein Kenner der damaligen Bonner Szene. Überhaupt: Höcherl war ein derart unabhängiger Abgeordneter, wie es das Grundgesetz eigentlich vorsieht. Auch sein Verhältnis zum übermächtigen Franz Josef Strauß erlebte manch rauen Sturm. Erinnert sei an die SPIEGEL-Affäre, als der Innenminister Höcherl dem Parteivorsitzenden Strauß attestierte, dass dessen Verhalten „etwas außerhalb der Legalität" gewesen sei. Er und Strauß wurde niemals mehr beste Freunde.

Ein fleißiger Almanach-Autor

Hermann Höcherl war im Laufe der Jahre ein sehr fleißiger Autor des Regensburger Almanachs. Das mag auch daran liegen, dass dessen ehemaliger Herausgeber Josef Ernstberger, stimmgewaltiger Bezirksfinanzpräsident, ein Stammtischfreund von ihm war. Ich lese Höcherls Artikel in den alten Ausgaben immer noch und immer wieder gerne. Sie vermitteln einen augenzwinkernden Einblick ins Bonner Leben der frühen Bundesrepublik. Auch zwischen den Zeilen steht da vieles, was wir heute leider weitgehend vermissen: Überzeugungen und Überlegungen, Menschliches und allzu Menschliches, leben und leben lassen. Hermann Höcherl hat dafür gelebt und gearbeitet. Und er führte daneben – wie es in einem Nachruf hieß – „einen erbitterten Vernichtungskampf gegen den Frankenwein". Dies war sogar noch auf dem Sterbebett bei den Barmherzigen Brüdern in Regensburg im Jahre 1989 der Fall. Wir rauchten im Krankenzimmer und er forderte mich auf, eine der besseren Weinflaschen zu öffnen. Kurze Zeit später kamen zu einem Staatsakt in den Regensburger Dom die höchsten Repräsentanten Deutschlands – Bundespräsident und Bundeskanzler an der Spitze. Sie erwiesen damit einem unabhängigen, klugen Kopf die letzte Ehre.

Werner A. Widmann (1926–2010)

Es gibt mehrere Übereinstimmungen von Werner A. Widmann mit Hermann Höcherl: Auch er ein unabhängiger Geist, belesen und geistreich, auch er Mitglied beim Meier'schen Bratwürstl-Stammtisch am St.-Peters-Weg und auch er: durstig. Ich denke, dass man das sagen darf, weil es einfach wahr ist. Ich mag über die Gründe gar nicht spekulieren, aber Bier und Wein gehörten vor wenigen Jahrzehnten mehr dazu als heute – was nichts beschönigen soll. (Heute ist man ja leicht empört über alles Mögliche und es scheint manchmal, als seien lauter fehlerfreie Moralisten unterwegs.) Werner Widmann war bestimmt nicht fehlerfrei – aber: er war ein originelles, teils lautes, dann wieder sentimentales, auf jeden Fall aber herzliches Individuum. Auch deswegen war er als Gesicht der Sendung „Zwischen Spessart und Karwendel" als Fernsehjournalist so überzeugend. Auch ich habe ihn gemocht, diesen Widmann Werner und was die Arbeit betraf, war er mir auch ein Vorbild. Wenn er da stand mit seinem grauer gewordenen Schnauzer und ausholte über Bayern und den Rest seiner Welt – also wieder Bayern – dann sprudelte es aus ihm nur so heraus, klug, engagiert und überzeugend.

Das Wolpertinger-Symposion in Fronberg

An einem Samstag in den 1990er Jahren waren wir beide Gäste bei einem Wolpertinger-Symposion in Schwandorf-Fronberg. Ein uriger Verein lud jedes Jahr einen Festredner zum Thema: „Sein und Wesen des Wolpertingers" ein

So kannte man Werner A. Widmann bei seinen Auftritten, irgendwo zwischen verlegen und hinterkünftig.
Foto: altrofoto.de

– ich hatte besten Gewissens den Widmann Werner empfohlen. Deswegen saß ich auch mit den örtlichen Honoratioren und dem Festredner am Tisch. Es war noch früher Vormittag, die Veranstaltung sollte um 10.00 Uhr beginnen. Alle waren da – und der Vortragende hatte Durst auf Weißbier. Wie viel Weizen binnen einer Stunde durch die Kehle des Referenten rannen, weiß ich nicht mehr. Jedenfalls wurde mir schon etwas bange zumute, wie denn der Vortrag ausgehen würde. Hier war ich aber eindeutig zu kleinmütig gewesen: Werner Widmann trat ans Podium, vollkommen ohne Manuskript, dafür aber mit dem Brustton der Überzeugung. Mit einer launigen Einleitung brachte er den Saal sofort auf seine Seite. Und dann redete er und redete, es ging gar kein Ende mehr her. Und, ich schwöre es: Widmann versprach sich kein einziges Mal und alles, was er sagte, fügte sich zu einer eindrucksvollen Darbietung über Bayern, seine Geschichte, seine Vorzüge und liebenswerten Ausbuchtungen sowie über den Wolpertinger als solchen und dessen einmalige Lebensweise. Die Argumente waren derart zwingend, dass die Vermutung zur Gewissheit wurde: Der Wolpertinger existiert und bestimmt unweigerlich unser aller Leben. Es war eine wunderbare Rede. Nach heftigstem Applaus setzte sich Widmann wieder an den Tisch und genoss routiniert die Ovationen. Auf meine Frage, ob ich ihn jetzt heimfahren sollte, winkte er ab. Er habe schon eine Chauffeuse organisiert. Er müsse nämlich bald in Regensburg sein – hier feiere ein Freund vom ihm Geburtstag. Da müsse er hin, um ein paar Halbe auf dessen Wohl zu trinken.

Das Herz am rechten Fleck

Werner Widmann war zwar in Nürnberg geboren, aufgewachsen aber ist er ab dem Alter von zwei Jahren in Regensburg. Hier hat er auch das Abitur gemacht. Die Beiträge des Werner A. Widmann in den früheren Ausgaben des Regensburger Almanachs sind für einen Regensburg-Interessierten eine vergnügliche Pflichtlektüre. Dabei schrieb der ewige Pfeifenraucher so, wie ihm der Schnabel gewachsen war. Gedrechseltes fehlt, auch Exaltiertes oder Belehrendes – Widmann erklärte halt die Welt so, wie er sie erlebt hatte. Das geht vom Kindheitswinkel Eisbuckl über die einstmals prächtige Maximilianstraße bis hin zur ersten Liebe und zu Porträts über Alltagsmenschen. Mehr als dreißig Beiträge aus der Zeit zwischen 1973 und 2007 stammen aus Widmanns Feder. Schließlich wurde er vom damaligen Herausgeber Konrad Maria Färber in einem typisch Färber'schen „Ehrenvertrag" verpflichtet, bis zum Lebensende jedes Jahr einen Almanach-Beitrag zu verfassen. Solange es möglich war, erfüllte er diese honorarfreie Verpflichtung – schon um recht alt zu werden, wie er durchaus ernsthaft sagte. Sowohl beim Almanach als auch in seiner gesamten beruflichen Tätigkeit halfen ihm sein offenes Auge und das Empfinden für den sprichwörtlichen Kleinen Mann.

Deswegen war er meiner Ansicht nach auch ein wahrer Journalist. Er machte sich nicht mit den Größen der Gesellschaft gemein, denn diese können sich ja selber ganz gut helfen. Widmann schrieb viel mehr stets aus dem Blickwinkel des Normalbürgers. Er hat die Popularität seines Fernsehgesichtes mit Glatze, Schnauzer und Pfeife zwar schon auch genossen, er hat sich aber davon nicht ernstlich beeindrucken lassen. Er blieb Trambahnschaffner, Haus- und Bastellehrer oder Mitarbeiter der Volksbücherei – alles Tätigkeiten, die er in Nachkriegsjahren ausgeübt hatte. Dann wurde er „Schreiber für acht Pfennig pro Zeile" für den Regensburger Tagesanzeiger bevor er schließlich zum Bayerischen Fernsehen kam. Die populäre Sendereihe „Zwischen Spessart und Karwendel" war seine Hauptbühne. Damit nicht genug: der umtriebige Werner A. Widmann war auch Schriftsteller und Autor von rund achtzig (!) Büchern. All das geht natürlich nur mit ernsthaftem Fleiß. Man wollte dies gar nicht glauben, wenn man ihn immer wieder in den Wirtshäusern von Regensburg antraf. Gestorben ist der Widmann Werner dann im Dezember 2010 im Alter von 84 Jahren. Er hat seiner Heimatstadt vieles zum Nachdenken hinterlassen.

Karl Krampol (1928–1997)

Wer in die Internetsuchmaschine Google den Namen Karl Krampol eingibt, findet zunächst werbende Artikel über den Karl-Krampol-Fernwanderweg. Diese Wegstrecke ist achtzig Kilometer lang, durchmisst den Landkreis Schwandorf von Ost nach West und führt noch bis nach Amberg. In Nachrufen auf Karl Krampol ist zwar zu lesen, dass er auch ein „leidenschaftlicher" Wanderer gewesen sei – das mag sein. Wenn ich aber an Karl Krampol denke, dann sehe ich ihn nicht mit Kniebundhosen, Wanderschuhen und mit kariertem Hemd vor mir – obwohl es auch solche Zeitungsfotos gibt. Mir ist Karl Krampol schon äußerlich völlig anders in Erinnerung: perfekt abgestimmte Kleidung, eine Herrentasche unter der Achsel, eine kaum erlöschende Pfeife im Mund oder in der Hand. Dazu ein stets etwas seitlich geneigter Kopf und eine tief in den jeweiligen Raum hineingreifende, sonore Stimme. An diesen Krampol möchte ich hier erinnern.

Karl Krampol,
Regierungspräsident in unruhigen Zeiten.
Foto: Uwe Moosburger, altrofoto.de

Ein Gendarm für die Oberpfalz

Im Jahre 1981 musste die frei werdende Stelle des Oberpfälzer Regierungspräsidenten neu besetzt werden. Professor Ernst Emmerig, hoch aufgerichteter Schöngeist, intellektuell und auch körperlich ein „Leuchtturm", wurde mit 65 Jahren pensioniert und musste deshalb das großzügige Büro am Regensburger Emmeramsplatz verlassen. Die bayerischen Regierungspräsidenten werden von der Staatsregierung auf Vorschlag des Innenministers berufen. Das war damals Gerold Tandler, vormals Generalsekretär der CSU. Als potentielle Kandidaten für den Aufstieg zum prestigeträchtigen (auch höher dotierten) Amt des Regierungspräsidenten galten und gelten Ministerialdirigenten des Münchner Innenministeriums. Es setzten also zum Jahresbeginn 1981 Spekulationen ein, wer denn für die Emmerig-Nachfolge „auserwählt" werden könnte. Bald war klar, dass das Rennen auf den Leiter der Polizeiabteilung hinauslaufen könnte. Die erste Recherche zu Karl Krampol ergab: 53 Jahre alt, Jurist, Polizeidienst mit immer höheren und höchsten Verwendungen, Sicherheitsexperte von bundesweitem Rang. Die Zusammenfassung lautete: „Ein harter Knochen." Ein Kollege, der ihn kannte, meinte kurz und bündig: „Der wird hier die Puppen tanzen lassen." Ich kann nicht sagen, dass ich über Karl Krampols Ernennung anfänglich sehr begeistert war – ich meine dies auch als Oberpfälzer: Hier kommt also wieder einer aus dem ach so überlegenen München und vollzieht in der tollpatschigen Provinz die höheren Einsichten der Zentrale! Solche Beispiele gab und gibt es ja im Bereich des öffentlichen Lebens immer wieder!

Die Mitte des Raumes

Schon nach den ersten persönlichen Eindrücken musste ich mein Vorurteil etwas abändern. Karl Krampol hatte eine zwar unspektakuläre, aber natürliche Autorität. Er bildete die natürliche Mitte eines Raumes. Sicherlich: bei manchen Pressekonferenzen „produzierte" er sich durchaus gerne. Da mussten dann alle Abteilungsleiter mit in die Fragerunde und der Herr Präsident erteilte das Wort. Dabei gab es keinen Zweifel daran, wer der Boss war. Auch die durchsetzungsfähige „Gendarmenstimme" – wie er gerne sagte – half dabei. Krampol setzte nach meiner Ansicht schon sehr auf sein Vermögen, Situationen schnell zu erfassen und geschickt zu lenken. Bald konnte man aber auch hören, dass er bei den niedrigeren Chargen der Bezirksregierung höchste Bewunderung genoss. Diese Damen und Herren behandelte Krampol mit äußerster Höflichkeit und mit echtem Interesse. Vom Pförtner über den Fahrer bis hin zu Büroboten und jüngeren Beamten – nur wohlwollende Worte über den Chef. Eine gute Bühne hatte Krampol darüber hinaus unter anderem als Vorsitzender des Tourismusverbandes Ostbayern. Dieses Terrain genoss er förmlich. In der Vollversammlung hatten die Bürgermeister oder Touristiker als Mitglieder des Verbandes Sitz und Stimme. Hier ging es manchmal kontrovers zu, aber auch schlitzohrig. Krampol sorgte als Sitzungsleiter immer wieder für zusammenführende Beschlüsse, wenn es sein musste, „rasierte" er auch den einen oder anderen. Warum Krampol diese Versammlungen genoss, liegt auch daran, dass er ein besonders Verhältnis zu Bürgermeistern hatte. „Die haben bei mir immer am schnellsten einen Termin bekommen" sagte er in einem Zeitungsinterview zu seinem Abschied. Dabei ging es oftmals um unbürokratische Lösungen für gemeindliche Anliegen – hierfür war der Jurist Krampol durchaus zu haben. Überhaupt hat der Präsident wesentlich dazu beigetragen, dass eine Art Glasnost auch durch die Behörde Bezirksregierung ging. Dabei war sein Wahlspruch: „Immer hart an der Wahrheit blieben." Persönlich fügte er gelegentlich dazu: „Irgendwann kommt ja die Wahrheit sowieso heraus." Auf jeden Fall war Krampol nicht der sture Polizeichef, den manche in ihm gesehen hatten. Je öfter ich ihn beobachtet und mit ihm gesprochen habe, desto differenzierter wurde auch mein Bild von ihm. Nicht, dass er sich jemals auf eine plumpe Vertraulichkeit eingelassen hätte. Was er allerdings sagte, hatte Hand und Fuß, war durchdacht und immer an der Realität orientiert. Kurzum: Man konnte sich stets auf das verlassen, was Karl Krampol sagte. Das war auch zunehmend wichtig für die Region. Hauptsächliche Aufgabe eines beamteten Regierungspräsidenten ist es ja, ein Mittler zu sein zwischen den Vorgaben der Staatsregierung in München und den Anliegen einer Region wie der Oberpfalz. Hier wurde Krampol wohl immer mehr zum stimmgewaltigen Anwalt der Oberpfalz. Der dreißigste Regierungspräsident der Oberpfalz schlug immer tiefere Wurzeln in der Region.

Meilensteine: WAA und Eiserner Vorhang

„Die WAA hat ihm das Genick gebrochen", so wird der ehemalige Pförtner der Oberpfälzer Bezirksregierung zitiert, der seinen Dienstherrn stets im Blick hatte. Sicherlich: die leidenschaftliche Auseinandersetzung um den Bau und schließlich das abrupte Ende der Atomfabrik in Wackersdorf hat auch den Regierungspräsidenten stark mitgenommen. Er war der Prellbock zwischen München und der Oberpfalz, er musste auch dann Rede und Antwort stehen, wenn der politische Tross wieder verschwunden war. Und natürlich: er hatte als Beamter zu „vollziehen", auch das höchst angreifbare Vorgehen gegen den unbestritten integren Widerstandshelden Hans Schuierer, den Schwandorfer Landrat. (Die Kontrahenten sprachen übrigens immer mit persönlichem Respekt voneinander.) Krampol geriet immer mehr zwischen die Fronten – das hätte schwächere Persönlichkeiten aus der Bahn werfen können. Krampol hat sich nicht beschwert, er war loyal, fraß vielleicht so viel in sich hinein, dass die Gesundheit einen Knacks erhielt – vielleicht. Jedenfalls hat die WAA auch bei ihm fahle Spuren nicht nur im Gesicht hinterlassen. Gefreut hat ihn dagegen Ende der 1980er Jahre auch ganz persönlich der Fall des Eisernen Vorhangs. Krampol war 1928 im mährischen Brünn geboren, wo er auch noch zur Schule gegangen ist. Mit der Neuordnung Osteuropas hatte sich auch für ihn ein Lebenskreis geschlossen. Nach seinem Ausscheiden aus dem Amt als Regierungspräsidenten der Oberpfalz widmete sich Karl Krampol engagiert seiner ehrenamtlichen Tätigkeit beim Bayerischen Roten Kreuz und er blieb auch dem Universitätsverein herzlich verbunden. Drei Jahre nach seiner Pensionierung erlag Karl Krampol in Bad Reichenhall den Folgen eines Herzanfalles. 25 Jahre lang hatte er im Hotel Sonnenbichl zusammen mit seiner Frau die Aufenthalte als Kraftquelle genutzt. Karl Krampol fand in München-Pasing seine letzte Ruhestätte.

Theresa Häusl und Hanna Specht

„REGENSBURGER JUGEND MALT UND ZEICHNET" 1968–2018

Die fünfzigjährige Erfolgsgeschichte eines Malwettbewerbs

Abertausende haben daran teilgenommen, Tausende von ihnen Preise gewonnen: Der Malwettbewerb „Regensburger Jugend malt und zeichnet" bringt die Menschen zusammen. Seit nunmehr 50 Jahren wird er unter der Trägerschaft des Donau-Einkaufszentrums (DEZ) zusammen mit der Vereinigung der Kaufleute im Donau-Einkaufszentrum e.V., dem Kulturreferat der Stadt Regensburg und dem Berufsverband Bildender Künstler Niederbayern/Oberpfalz (BBK) veranstaltet. Mit seiner Gründung im Jahr 1968 ist der Wettbewerb des DEZ der vermutlich am längsten bestehende seiner Art in Deutschland und darf durchaus als Vorbild für andere Malwettbewerbe gelten. Anlässlich des Jubiläums entstand die Idee, die Menschen hinter dem Erfolgsprojekt zu treffen – darunter solche, die es mit aus der Taufe gehoben haben, die es schon seit vielen Jahren begleiten, aber auch frühere und heutige Teilnehmende –, um so ein Porträt dieser zur festen Institution im Regensburger Kulturleben gewordenen Initiative zu schaffen.

Wie alles begann

Ins Leben gerufen wurde der Wettbewerb Anfang 1968, erinnert sich Max Vielberth im Gespräch. Nur wenige Monate zuvor, im September 1967, war das DEZ als das erste überdachte und vollklimatisierte Einkaufszentrum in Europa eröffnet worden, und schon im Januar konnte man dort die allererste Kunstausstellung realisieren. Im Anschluss an die Vernissage saß man noch in kleiner Runde zusammen und freute sich über den gelungenen Auftakt: die Gründer des DEZ, die Brüder Dr. Johann und Max Vielberth, der damalige BBK-Vorsitzende Rupert D. Preißl († 2003) und der Direktor der Städtischen Kunstsammlungen Dr. Walter Boll († 1985). Man resümierte und schmiedete weitere Pläne, wie man das DEZ und die Regensburger Kunst- und Kulturszene eine langfristige Symbiose eingehen lassen könnte – und kam dabei auf die Idee eines großen regionalen Malwettbewerbs, so Max Vielberth, der die Sache sogleich höchstpersönlich in die Hand nahm. Wir erfahren, dass die Organisation des allerersten Wettbewerbs eine echte Herausforderung war, denn damals durften noch keine Klassenarbeiten außer Haus gegeben werden. Doch der zuständige Mann im Kultusministerium sei sehr aufgeschlossen gewesen und habe sich richtig ins Zeug gelegt, kommt Max Vielberth beinahe ins Schwärmen: „Dr. Dr. Keim, den Namen werde ich mir immer merken."

Die Voraussetzungen waren bestens: Das DEZ bot genug Ausstellungsfläche, das Kultusministerium stellte den Kontakt zu den Schulen her, und auch das Kulturamt der Stadt Regensburg und der BBK unterstützten das Projekt von Beginn an. „Die wichtigsten Beteiligten waren und sind jedoch die Schüler und ihre Kunsterzieher", betont Max Vielberth. 1968 seien durchaus nicht alle Schulen begeistert gewesen, erzählt er weiter. Ergebnisse aus dem Kunstunterricht einander gegenüberzustellen, sorge natürlich immer für Druck auf die Lehrer – bringe aber auch Chancen. Man müsse es so sehen, dass die Kunsterziehung durch den Malwettbewerb viele Vergleichsmöglichkeiten und Anregungen bekomme. Während bei der ersten Ausstellung noch Perlhühner omnipräsent zu sein schienen – Thema in der 5., 6. und 8. Klasse – berraschte bereits im folgenden Jahr die Bandbreite an Motiven. Der Gründervater ist stolz auf die Vielfalt, die der Malwettbewerb im DEZ seit Jahrzehnten zu Tage fördert, und ist überzeugt, dass der Regensburger Raum hinsichtlich der Kunsterziehung eine Spitzenposition in Deutschland habe.

Der erste Malwettbewerb 1968 – ein bewährtes Konzept

Noch im selben Jahr konnte der erste Wettbewerb „Regensburger Jugend malt und zeichnet" veranstaltet werden – mit etwa 3500 eingegangenen Arbeiten, erinnert sich Max Vielberth, „das war fürs erste Mal sehr viel, später waren es dann immer zwischen 5000 und 7000". Das Konzept funktionierte gleich so gut, dass es bis heute gültig ist: Der Wettbewerb wird öffentlich ausgeschrieben, teilnehmen können daran alle Schülerinnen und Schüler der Stadt und des Landkreises Regensburg. Dabei

Max Vielberth im Sitzungssaal der Jury, rechts über seiner Schulter das Plakatmotiv 2018.
Foto: Theresa Häusl

herrscht immer freie Themenwahl. Angenommen werden flächige, zweidimensionale Arbeiten – Malerei, Zeichnung, Grafik, Collage sowie inzwischen auch künstlerische Fotografie und Computergrafiken. Kann oder möchte die Schule des Kindes nicht am Wettbewerb mitwirken, so ist es auch möglich, auf eigene Initiative teilzunehmen – rund 70 bis 80 Prozent der Schulen beteiligen sich jedoch regelmäßig. Die von den Schulen eingereichten Arbeiten werden nach Altersgruppen durch eine Fachjury beurteilt und die auserkoren Ergebnisse ausgestellt. Unverzichtbar natürlich eine feierliche Eröffnung mit Preisverleihung – zu der 1968 auch der vom Regens-

Ausstellungseröffnung 1972 durch Oberbürgermeister Rudolf Schlichtinger, in der linken Bildhälfte Max Vielberth.
Foto: Archiv Donau-Einkaufszentrum

Preisverleihung 1971 im ersten Flur des Donau-Einkaufszentrums.
Foto: Archiv Donau-Einkaufszentrum

burger Pionierprojekt überzeugte Dr. Dr. Walter Keim vom Kultusministerium aus München anreiste.

Dort also, wo über Jahrzehnte auch Kunstausstellungen von Weltformat gezeigt wurden wie Edvard Munch, Picasso, Marino Marini, stellen seit 50 Jahren Kinder und Jugendliche „wie die Großen" aus. Eines hat sich aber doch geändert, wie wir von Vielberth erfahren, der amüsiert ausholt und uns ein schönes Gedankenbild skizziert: „Zu Beginn hat es noch Sachpreise gegeben. Ein vielleicht Siebenjähriger hat damals ein aufgeblasenes Schlauchboot gewonnen, es auf den Kopf genommen und ist damit durch das Haus stolziert." Er lacht. „Sie merken, nach wie vor macht mir der Wettbewerb viel Freude!" Heute bekommen alle Preisträger einen Einkaufsgutschein für das Donau-Einkaufszentrum. „Teil des Erfolgs ist der Anspruch, ordentliche Arbeit von Anfang bis zum Schluss abliefern zu wollen", ist sich Vielberth sicher. So gibt es unter anderem auch einen Rückbring-Service, der die eingereichten Bilder zurück an die Schulen befördert.

Ein Blick hinter die Kulissen

Die organisatorische Arbeit im Hintergrund liegt beim DEZ. Dort in den Geschäftsräumen finden auch die Sitzungen der Jury statt, die sich aus knapp über 20 Personen zusammensetzt. Geschäftsführer Thomas Zink zufolge wird der Wettbewerb jedes Jahr im Januar ausgeschrieben. Die Arbeiten können dann bis Mitte April abgegeben werden, sodass die Schülerinnen und Schüler genug Zeit für ihre künstlerische Produktion haben. Dann beginnt eine intensive Auswahlphase, in der sich die Jury zwei- bis dreimal pro Woche zu mehrstündigen Sitzungen trifft, damit die Entscheidungsfindung vor Pfingsten abgeschlossen werden kann. Über tausend Kinder müssen schließlich benachrichtigt werden! Die Preisverleihung findet immer am zweiten Mittwoch nach den Pfingstferien im DEZ statt, wo die Schülerarbeiten zweieinhalb Wochen lang ausgestellt werden. „Der Malwettbewerb ist schon die aufwendigste aller unserer DEZ-Ausstellungen", schmunzelt Zink, „liegt uns aber auch besonders am Herzen. Denn durch genau diesen Aufwand ist er zu einer festen Größe in der Regensburger Schullandschaft geworden." Zink ist als Geschäftsführer des DEZ zugleich Vorsitzender der Jury, ein Doppelamt, das zuvor Max Vielberth selbst und für viele Jahre dessen Nachfolger Gerd Temporale innehatten. Vielberth war es immer wichtig, dass die Juroren ganz unterschiedliche Perspektiven mitbringen: Kunsterzieher natürlich, freischaffende Künstler, Architekten, Kunsthistoriker, aber eben auch die DEZ-Verwaltung.

Über jedes Bild wird einzeln per Hand abgestimmt und die Mehrheit entscheidet – das erklärt die vielen Sitzungen! Vorsortiert wird immer nur nach Altersgruppen, von welchem Kind und welcher Schule die Bilder stammen, erfährt die Jury erst hinterher. Bei der Abstimmung gibt es die Unterscheidung in Aussteller (dieses Jahr 1200 Bilder) und Preisträger (dieses Jahr 163 Bilder); nur Letztere erhalten auch einen Einkaufsgutschein. „Die Preisträgerbilder werden bei uns alle gleichbehandelt, da gibt es

Preisübergabe 1969 durch Kulturamtsleiter Erwin Gruber, am Rednerpult Dr. Johann Vielberth.
Foto: Archiv Donau-Einkaufszentrum

keinen ersten oder letzten Platz", betont Max Vielberth. „Das Plakatmotiv hat aber natürlich eine besondere Position, auch wenn es keineswegs das Gewinnerbild ist." Vorschläge für das Plakat können von allen Jurymitgliedern jederzeit eingebracht werden; über diese wird dann am Schluss gesondert abgestimmt. Laut dem Künstler Ludwig Bäuml, der über den Vorsitz des BBK Niederbayern/Oberpfalz zum Malwettbewerb gekommen ist und nun schon seit 18 Jahren als Juror mitmacht, dürfe das Plakat auch gerne etwas ungewöhnlich daherkommen. Viele tolle Bilder seien als Plakatmotiv weniger gut geeignet, z. B. wenn sie eher kleinteilig aufgebaut sind. Das bestätigt auch der Kunsthistoriker Dr. Herbert Schneidler, langjähriger Leiter der Städtischen Galerie Leerer Beutel, der seit gut 30 Jahren in der Jury sitzt: „Für ein gutes Plakat gibt es kein Patentrezept, aber für eine kraftvolle Fernwirkung ist eine reduzierte Sprache häufig geeigneter."

Modische Strömungen ließen sich in all den Jahren natürlich auch beobachten, lacht Schneidler und erzählt von den vielen Hundertwasser- und James-Rizzi-Anwandlungen, die einige Jahre lang zu sehen waren – und vielleicht eher den persönlichen Geschmack des Kunsterziehers widerspiegelten. Er habe eine Schwäche für individuelle Köpfe und freue sich immer richtig, wenn ein Schüler mit seinem Bild aus dem Klassenverband ausbreche und eine persönliche Note in sein Bild bringe. „Freie Kunst schaut nicht nach dem Lehrinhalt, sondern darauf, was dabei herauskommt – raus aus der Zwangsjacke!", sagt Ludwig Bäuml halb kämpferisch, halb vergnügt. Natürlich entstehen die Schülerarbeiten jedoch unter anderen Bedingungen als die freie Kunst. Dass echte Künstler die Arbeiten hier mit beurteilen, sei für den Stellenwert des Wettbewerbs und die Honorierung der kreativen Leistung der Schülerinnen und Schüler ein zentraler Aspekt, meint Max Vielberth. „Ich liebe die Kunst", betont er, „daher war mir die Kooperation mit dem BBK von Anfang an für das Konzept des Einkaufszentrums sehr wichtig." Er freut sich, dass es ihm gelang, dem DEZ zusätzlich zu dem Image eines Verkaufsstempels auch den einer „Institution, in der Kunst und Kultur Platz haben", zu verleihen.

Ausstellungsbesucher am Eröffnungstag 1971.
Foto: Archiv Donau-Einkaufszentrum

Schüler vor ihren Bildern in der Ausstellung 1978.
Foto: Archiv Donau-Einkaufszentrum

Vorhang auf für ... den Kunstunterricht!

Auf Bitte Max Vielberths begleitete den Malwettbewerb auch Hannes Weikert († 1980) von Beginn an aktiv, der als Professor für Kunsterziehung an der Universität Regensburg lehrte. Er war ein richtiger Multiplikator, wie man das heute nennen würde, und bildete viele Kunsterzieherinnen und Kunsterzieher aus – und deren Engagement trage letztlich den Wettbewerb, so Vielberth.

Wir haben uns daher mit einer Kunstlehrerin getroffen und sie nach ihren Eindrücken gefragt. „Dass die Leistung junger Menschen so honoriert wird, dass das DEZ eigens für sie eine Ausstellung ausrichtet, Einladungskarten verschickt und auch noch einen nicht unerheblichen Preis stiftet – über Generationen hinweg –, das ist einzigartig", sagt Ulrike Heß vom Von-Müller-Gymnasium, die seit bald zehn Jahren Jurymitglied ist. Das Besondere am Malwettbewerb des DEZ sei seine thematische Offenheit, denn es können dort gelungene Arbeiten unterschiedlichster Art eingereicht werden – „Regensburger Jugend malt und zeichnet" bilde somit den laufenden Kunstunterricht der Region ab.

Für schöne, hochwertige, abwechslungsreiche und auch zeitgemäße Schülerarbeiten braucht es motivierte Schulklassen und motivierte Lehrende gleichermaßen. Malen, Zeichnen, Bauen und Formen, das konkurriert bei den Kindern und Jugendlichen heute in der Freizeit stark mit

Smartphones und Spielekonsolen. Der Kunstunterricht ist dagegen in Bayern handyfreie Zone, Zeit und Raum also für kreatives Schaffen. Der Kunsterzieher müsse dabei immer wieder aufs Neue den richtigen Kanal finden, über den die Schülerinnen und Schüler im Kunstunterricht angesprochen werden, meint Ulrike Heß, etwa über „das Bildnerische, das Haptische – und in gewisser Weise auch den Genuss. Ich muss als Lehrerin versuchen, ein Thema zu finden, das sie gerne umsetzen, dabei mit der Zeit gehen und ein lustvolles kreatives Schaffen einfädeln, auch durch eine entspannte Atmosphäre."

Eine Lanze für den Kunstunterricht möchte auch Ludwig Bäuml brechen: „Wir sprechen hier über 50 Jahre Malwettbewerb", mahnt er, „man müsste aber auch darüber reden, dass der Kunstunterricht seither stetig rückgebaut wird und bei den wenigen Stunden in der Woche für ein intensives Arbeiten kaum mehr Zeit übrig bleibt. Dabei ist das Gefühl, etwas aus einer eigenen Idee heraus entwickelt zu haben, das man am Ende in der Hand halten und herzeigen kann und dafür auch gelobt wird, etwas so Positives für das Selbstbewusstsein. Das ist etwas, das einem keiner nehmen kann. Es sind diese Erlebnisse, die einen mit Herzblut an seinen eigenen Projekten sein lassen. Das nützt in jedem Beruf später – ob der dann etwas mit Kunst zu tun hat oder nicht."

Was machen die Ehemaligen eigentlich heute?

Einige frühere Teilnehmende des Wettbewerbs sind dem Malen und Zeichnen in ihrer Freizeit treu geblieben, wie schon eine kleine Umfrage im Bekanntenkreis zeigte. Wir konnten darüber hinaus zwei Preisträgerinnen ausfindig machen, für die der Fokus auf Kunst nie eine Frage war

links:
Plakatmotiv 2003 von Hannah Elsche, das die Künstlerin selbst zeigt.
Foto: Hanna Specht

rechts:
Ann-Kathrin Müller 2018 mit ihrem Preisträgerbild „Verbrannte Liebe" aus dem Jahr 2010.
Foto: privat

und die sich der Kunst auch beruflich verschrieben haben:

Hannah Elsche aus Bad Abbach zeichnete im Jahr 2003 im Rahmen ihres Kunstleistungskurses ein Bild, das zum Plakatmotiv auserkoren wurde. Das Unterrichtsthema war Surrealismus und Selbstporträt, die damalige Abiturientin von Frida Kahlo fasziniert. Das Original hängt heute im Eingangsbereich ihres Elternhauses zusammen mit dem gerahmten Plakat von damals. Elsches beruflicher Werdegang hat sie über Nürnberg, wo sie Kunsterziehung auf Lehramt studierte, nach Berlin geführt, wo sie als Kunsttherapeutin arbeitet. Ihr erstes Bild, eine Aktzeichnung, verkaufte sie über den Wettbewerb im DEZ, der ihr gleich mehrfach Preise beschert hat: „Da kann ich mich besonders an das erste Mal erinnern, als ich völlig überrascht Einkaufsgutscheine für das Donau-Einkaufszentrum in Empfang genommen habe und mein Glück kaum fassen konnte, denn für mich als Jugendliche war Shoppen eine große Sache." Das wohl Aufregendste daran war aber die Möglichkeit, ausstellen zu können und auch ein von Noten unabhängiges Feedback zu bekommen, so Elsche. „Gerade der Kunstunterricht hat es im Schulalltag schwer, ernstgenommen zu werden. Dabei ist die Förderung der künstlerischen Ausdrucksfähigkeit und Kreativität so viel mehr als ein bloßer Zeitvertreib von Schöngeistern. Mittlerweile gibt es in Firmen wieder eine Tendenz dazu, Kreativität zu fördern, denn genau das brauchen wir ebenso in unserer Gesellschaft wie das Wissen um neue Technologien."

Ein weiteres im DEZ preisgekröntes Bild ist das Ölgemälde „Verbrannte Liebe", das die Pentlingerin Ann-Kathrin Müller 2010 im Leistungskurs Kunst malte. Es ist das Stillleben eines einsamen Abendessens, in dem sich materieller Wohlstand und Nachlässigkeit im Umgang mit sich selbst gleichermaßen spiegeln. „Ich denke, der Wettbewerb hat mir gezeigt, dass gut platzierte Kunstausstellungen ein breites Publikum erreichen – dass Kunst Menschen und Ideen verbindet. Die Erfahrung, dass sich auch Leute außerhalb meines persönlichen Umfelds für meine Arbeiten interessieren, hat mich motiviert und sicherlich nachhaltig angespornt, auch weiterhin mit meiner Arbeit die Öffentlichkeit zu suchen und mit ihr in Dialog zu treten." Müller hat zunächst Bildende Kunst und Ästhetische Erziehung an der Uni Regensburg studiert, ein Auslandsstudium in Frankreich inbegriffen, und dieses Jahr ihr Masterstudium der Illustration an der Universität in Edinburgh erfolgreich abgeschlossen. Gerade bereitet sie mit dem schottischen Künstler Mark I'Anson eine Doppelausstellung vor, die im Oktober dieses Jahres in der Tent Gallery in Edinburgh stattfindet und in der sie Ölgemälde auf Glas zeigen wird. Für ihre Zukunft plant sie, weiterhin regelmäßig auszustellen; außerdem fasst sie ein Promotionsstudium der Kunst ins Auge und interessiert sich für Kunstlehraufträge. „Bleib dran, übe und entwickle deine ganz eigene Stimme in der Kunst!", ermuntert sie junge Teilnehmer.

Preisverleihung und Ausstellung 2018

Überall im DEZ ist das diesjährige Plakat zu sehen: Es zeigt ein Sams mit vielen blauen Wunschpunkten in kräftigen Farbtönen von Johanna Mirl, 1. Klasse der Hermann-Zierer-Grundschule Obertraubling. Egal ob 1. oder 12. Klasse, alle Altersgruppen können hier ausgezeichnete Ergebnisse erzielen. Bei der feierlichen Eröffnung gibt es Ansprachen von Geschäftsführer Thomas Zink und Bürgermeister Jürgen Huber sowie schließlich die Überreichung der Einkaufsgutscheine mit persönlicher Gratulation auf der Bühne. Erstmalig werden die Preisträger zusätzlich mit einer Urkunde geehrt. Wie unterschiedlich die Kinder und Jugendlichen mit ihrem Erfolg umgehen,

Bürgermeister Jürgen Huber bei der Eröffnungsfeier 2018 vor Eltern, Kindern, Jurymitgliedern und Big Band.
Foto: Hanna Specht

beeindruckt Zink jedes Jahr in den Momenten der Preisverleihung: Selbstbewusst die Eine, schüchtern der Andere, aber alle hätten strahlende Gesichter und allein dafür habe sich die Arbeit schon gelohnt. Wie bereits seit 1968 kümmert sich auch diesmal das Albrecht-Altdorfer-Gymnasium um die musikalische Umrahmung, schon seit einigen Jahren in Form der AAG RTG Big Band Connection, einer Kooperation mit dem Nittenauer Regental-Gymnasium. In einem Sonderwettbewerb wurde zudem ein Logo ermittelt, das von nun an für „Regensburger Jugend malt und zeichnet" stehen soll. Keine einfache Aufgabe, ein solches Logo zu entwerfen, die aber in der Buntstiftzeichnung von Gewinnerin Annastasia Hochmuth aus der Q 12 des Albertus-Magnus-Gymnasiums – einer optischen Verschmelzung aus Künstlerwerkzeug und der Regensburger Stadtsilhouette – bravourös gelöst wurde! Der abschließende Streifzug auf der großen Ausstellungsfläche im 2. Flur des Einkaufszentrums unmittelbar im Anschluss an die Preisverleihung zeigt uns, welch bedeutendes Ereignis dieser Malwettbewerb nach wie vor für die Schülerinnen und Schüler ist: „Kunst ist mein Lieblingsfach!", lässt uns Theresa Schweiger vom St.-Marien-Gymnasium, Markenzeichen Käppi, wissen. Sie war von der 1. Klasse an mehrmals als Ausstellerin im DEZ mit dabei. Die Mutter bestätigt: „Sie möchte sich, wann immer es geht, kreativ beschäftigen" – das mache ihr Spaß und entspanne sie. Diesmal aber einen Preis zu bekommen, sei schon etwas „ganz Besonderes", und daher haben sich beide Eltern extra freigenommen, damit alle bei der großen Preisverleihung am Nachmittag dabei sein können. Über den Einkaufsgutschein und die Urkunde freut sich die zwölfjährige Theresa riesig und posiert freudestrahlend neben ihrem farbenfrohen Aborigines-Punktbild mit den Hauptakteuren „Flughörnchen, Schildkröte und buntes Pferd". Ein paar Meter weiter treffen wir Andreas Kestl, der uns sogleich zu seinem Bild führt. Es ist ein Selbstporträt aus der 5. Klasse der Realschule Obertraubling, bei dem die Kinder einen bunten, individuellen Rahmen gestaltet haben. Er ist als Aussteller juriert worden – und das gleich bei der ersten Teilnahme. Andreas berichtet, dass er schon immer gerne gebastelt habe, „zum Malen aber bin ich erst später gekommen", sagt er lässig und hofft, dass er beim nächsten Mal auch wieder dabei sein kann.

Dass dieser in Ludwig Bäumls Worten „besonders einmalige Wettbewerb" nun schon seit 50 Jahren stetig wiederkehrt, ist jedem einzelnen der Mitwirkenden zu verdanken: Initiatoren, Lehrer, Schüler, Juroren und natürlich auch Sponsoren, sie alle sind mit ihrem Herzblut dabei. Wie viele von ihnen persönliche Geschichten mit dem Malwettbewerb verbinden, zeigte sich in den angeregten Gesprächen mit den Beteiligten im Vorfeld dieses Artikels. Ihnen allen sei herzlich für ihre Zeit und Mühen gedankt. Auf dass der Malwettbewerb noch weitere 50 Jahre von ihrem Engagement profitieren kann!

Literaturhinweis:
Auch anlässlich des 50. Jubiläums des DEZ erschien ein Artikel zum Malwettbewerb: Claudia Graf (Gründungsmitglied der Jury), „Regensburger Jugend malt und zeichnet. Betrachtungen eines langjährigen Jurymitgliedes", in: Kunst im Donau-Einkaufszentrum Regensburg. Kunst & Ausstellungen von 1967 bis 2017, Regensburg 2017, S. 88–95.

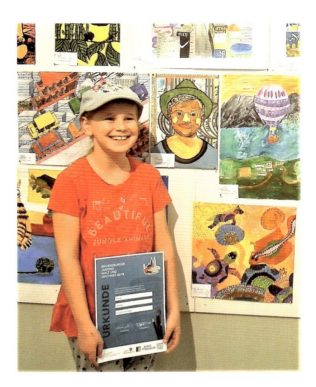

Eine von 163 Preisträgerinnen und Preisträgern in diesem Jahr: Theresa Schweiger neben ihrem Bild.
Foto: Hanna Specht

Blick in die Jubiläumsausstellung 2018.
Foto: Hanna Specht

Michael Scheiner

DER CASPERS KLAUS

Ein Achtundsechziger mit Mehrwert

Im Mundwinkel sitzt ein Lächeln. Eher ein Schmunzeln. Eines, von dem man nicht so recht weiß, lacht einen der Caspers jetzt aus oder vielleicht doch an. Gleichzeitig verschmitzt und ironisch gucken, das kann der „68er" Klaus Caspers bis heute. Jahrgangsmäßig gehört der Regensburger eindeutig zu dieser Generation des Aufbruchs, der Bürgerrechts- und Studentenbewegung. Hat er doch die bewegte Zeit vor dem zum Mythos stilisierten Jahre in München an der Akademie der Bildenden Künste verbracht. Als Meisterschüler von Franz-Xaver Fuhr. Dort hatte es schon vor 1968 zu brodeln begonnen.

So gründete sich 1967 die „Hochschulgruppe sozialistischer Kunststudenten", der Caspers angehörte. Das Anti-Theater von Rainer Werner Fassbinder führte die ersten Stücke auf und der AStA (für die Jüngeren: Allgemeiner Studentenausschuss), damals Studentenvertretung, schoss sich auf Hermann Kaspar ein. Der Maler und Hochschullehrer, auch er ein gebürtiger Regensburger, gehörte zur elitären Kulturprominenz der Nazizeit und war, trotz Protesten, nach versäumter Entnazifizierung wieder zum Professor der Malerei berufen worden. Ihn wollten die 68er loswerden, wie viele andere seiner Generation, die sich demokratische Deckmäntelchen übergeworfen hatten. Die zeitweilige Schließung der Akademie durch das Kultusministerium 1969 bekam Caspers nicht mehr direkt mit. Er hatte, entgegen dem Willen der Mutter, 1961 zu studieren begonnen und 1968 abgeschlossen, wobei er nach der Emeritierung Fuhrs dessen Klasse zwei Jahre weiterführte. Als sein Meisterschüler findet sich der Einfluss des von den Nazis verfemten und mit Berufsverbot belegten Künstlers in älteren Arbeiten seines strebsamen Studenten wieder.

„Absolut frei von Höhenangst"

Finanziert hat sich Caspers das Studium überwiegend selbst. Mit Musik, er spielte Gitarre, Cello, Klavier, später ausschließlich Bass und wollte ursprünglich auch Musik studieren. Öffentlich war er zuletzt im Herbst 2016 zu hören. Bei einem Gedenkkonzert für den Klarinettisten Jürgen Kaiser, dessen Kapelle er einst den Namen „Kaiserjazzer" verpasst hatte, sang er Swingklassiker. Beim 40er-Jahre-Schlager „Hallo, kleines Fräulein" konnte, wer

links:
Klaus Caspers bei der Kulturpreisverleihung am 9. Juli 2018 in der Minoritenkirche.
Foto: Michael Scheiner

rechts:
Später Auftritt bei den Kaiser-Jazzern: Veranstaltung zum 70. Geburtstag von Klaus Caspers mit den Kaiserjazzern am 18. Februar 2011 im großen Saal des Auktionshauses Keul am Haidplatz.
Foto: Michael Scheiner

wollte, Parallelen zu Caspers' Beziehungsleben ziehen, welches immer auch eine öffentliche Komponente hatte. Der im Kriegsjahr 1940 geborene Junge war mit Musik aufgewachsen, meist in der frommen Spielart als Kirchenmusik. Beide Eltern, der Kirchenmusiker und Komponist Josef Caspers, und auch die Mutter Anna Caspers spielten Instrumente. Die Mutter sang zudem im Chor von St. Cäcilia, wo der Vater als Chorregent tätig war. Auf die damit verbundene bürgerliche Repräsentanz legte sie immer großen Wert – und stellte sich ähnliches mit ihrem Sohn vor. Aber „ich war vaterbestimmt", sagt Caspers noch heute von sich. Er hat den Vater verehrt und unter seinem Tod 1990 sehr gelitten. Zum Unterhalt der Familie, die er mit der einstigen Schulfreundin Elly Drechsler 1963 gegründet hatte, trug der als enorm fleißig, geistreich und strebsam charakterisierte Student regelmäßig mit Jobs als Werkstudent bei.

„Absolut frei von Höhenangst" hat er sogar als Maurer am Bau der Sinzinger Autobahnbrücke mitgewirkt, wie sich Jugendfreund Arthur Pfoser erinnert. Die beiden haben oft bei Bällen, Tanzabenden und im Haus der Jugend am Nonnenplatz gespielt, unter anderem mit dem „Hit Blow Quintett". Berauscht von swingenden Schlagern und weiteren Ingredienzien konnte es passieren, dass von den Instrumentenkoffern bis zur Verstärkeranlage das gesamte Equipment am Straßenrand stehen blieb, weil die beiden Freunde vergessen hatten, es einzuladen. In Regensburg angekommen, bemerkten sie ihr Missgeschick und fuhren postwendend zurück, wo noch alles vor dem Tanzlokal in Wörth/D. auf der Straße stand. Es fehlte kein einziges Stück.

Bürgerfest und Brückenfest und die Veränderung der Stadtgesellschaft

Bewunderung hat Klaus Caspers in seinem Leben oft erfahren. Selten allerdings offiziell als Anerkennung, „die Stadt hat nie eine Ausstellung mit ihm gemacht oder etwas gekauft", konstatiert Dr. Sabine Rieckhoff mit spürbarer Verärgerung in der Stimme. Die Archäologin ist eine langjährige Freundin des umtriebigen Kulturmachers

Das Bürgerfest 1973 – die Regensburger entdecken ihre Stadt.
Foto: Stadt Regensburg – Bilddokumentation

und war an etlichen Aktionen beteiligt, wie am Brückenfest und an verschiedenen Ausstellungen. Einen Coup landeten sie bei einem der Brückenfeste mit der fingierten Ausgrabung einer mumifizierten Leiche, die sie in Anlehnung an „Ötzi", den Mann aus dem Eis, „Ratzi" getauft hatten.

Nach dem Regensburger Bürgerfest, das Caspers zusammen mit Gerhard „Zapf" Sandner, Günther Gebauer und weiteren Freunden und Parteigenossen 1973 aus der Taufe gehoben hatte, war das mehrtägige Brückenfest die nächste kulturelle Großtat des kreativen 68ers. Damit festigte er endgültig seinen Ruf als „genialer Kulturaufmischer" und „eines Pionier von Stadtteilarbeit und Soziokultur", wie es Parteifreund Walter Annuß formuliert. „Caspers ist einer, der nicht nur lamentiert, wenn ihm etwas nicht gefällt, sondern der handelt, der weiß, was zu tun ist" und der etwas auf die Beine stellt, lautet die einhellige Meinung unter Wegbegleitern und Freunden. Hinterm ersten Brückenfest 1985 stand die Idee, die Steinerne Brücke vom motorisierten Verkehr zu befreien und dieses Monument mittelalterlicher Baukunst wieder stärker ins Altstadt-Ensemble einzubinden. Gedanken zur Stadtentwicklung standen auch hinter dem ersten „Bürgerfest", das frei von kommerziellen Ambitionen wie ein belebendes und befreiendes Aufputschmittel auf die Stadtgesellschaft wirkte. Weinlokal-Wirt Aki Schindler sieht darin „einen Geniestreich" des Freundes und Annuß gesteht, dass er nur gestaunt habe über die „verrückte Idee". Wie so etwas aussehen könnte, habe er sich aber überhaupt nicht vorstellen können. Das konnten offensichtlich auch viele Parteifreunde aus dem Stadtrat des erst eingetretenen SPD-Mitglieds Caspers nicht, die in einer autogerecht verbetonierten Stadt die Zukunft erblickten. Selbst die Altstadtfreunde, denen Klaus Casper seit Jahrzehnten angehört, zögerten. Von Oberbürgermeister Rudolf Schlichtinger ist überliefert, dass er meinte: „Lass' die Komiker halt machen", als „C&A", wie sich Caspers und Sandner manchmal selbstironisch nannten, die Genehmigung fürs erste Bürgerfest beantragten. Bei der Organisation, für die nur wenige Wochen zur Verfügung standen, kamen Caspers' Talente – Menschen zu motivieren, Helfer und Unterstützer zusammenzubringen, Mittel aufzutreiben – voll zum Tragen. Aki Schindler erkennt in dem dreitägigen Erlebnis einer autofreien Innenstadt und eines großen Miteinanders „eine tiefgreifende Erschütterung des Lebensgefühls der Regensburger – in positiver Weise!"

„Das", so der einstige Szenewirt und zeitweilige Mitstreiter Caspers, „haben die alten SPDler einfach nicht verstanden". In der sozialdemokratischen Partei, der Caspers bis heute angehört, gab es damals zwei Fraktionen, die sich teilweise heftig befehdeten. Zu den links orientierten Jungmitgliedern gehörten Pfarrer Walter Maltz, der Vater der jetzigen Bürgermeisterin, und der Wissenschaftler Walter Annuß, der sich „als U-Boot, als innerparteiliche Opposition im Stadtrat" sah. Dort unterstützte er viele Ideen seines Freundes Caspers, der für sein bürgerschaftliches Engagement 1982 den „Arbeitskreis Kultur Regensburger Bürger e.V." gründete und bis 2008 leitete.

Haidplatz 7 – eine legendäre Adresse

Ab 1978 gehörte Caspers selbst für zwei Perioden dem Stadtrat an und setzte sich – teils vehement – für Stadtentwicklung, Verkehrs- und Kulturpolitik ein. Um seine beruflichen Projekte auf eine zukunftsfähige Basis zu stellen, hatte Caspers ganz oben im Haidplatz 7 bereits 1972 das Planungs- und Architekturbüro „team 72" gegründet, mit dem er architektonische und innenarchitektonische Projekte umsetzte. Gleichzeitig diente es mit allen Ressourcen als Anlaufstelle und Zentrale für seine bürgerschaftlichen Projekte und Aktivitäten.

Diese sind keineswegs, wie es manchmal scheint, nur aus genialen Geistesblitzen heraus entstanden. In München

Afrikanische Maske im legendären Büro überm Goldenen Kreuz.
Foto: Michael Scheiner

hatte Caspers den Kulturwissenschaftler Heiner Zametzer kennengelernt, der mit stadtteilbezogener Kulturarbeit und interdisziplinären Aktionen in Bayern neue Akzente im Geist der 68er setzte. Davon und von Hermann Glasers „Bürgerrecht Kultur" bezog Caspers Inspirationen für eigene Ideen zur Stadtentwicklung. Mit seinen soziokulturellen Aktionen hatte er immer eine Stärkung des Gemeinsinns, ein solidarisches Miteinander und den Respekt vor Architektur und Geschichte im Auge. Dass damit auch Anerkennung, Renommee und ein wenig Glanz auf ihn als Person fiel, nahm der lebensgeile Kulturbaumeister breit lachend gern in Kauf.

Es passierte nicht selten, dass „er abends beim Wein etwas aufschnappte", erzählt Aki Schindler. Da fragte einer am Stammtisch, warum eigentlich so viele Autos über die Steinerne Brücke fahren müssten, das ginge doch in Prag auch anders, „und das gärte dann im Klaus." Am nächsten oder übernächsten Tag hätte er dann plötzlich verkündet: „Ich mach' ein Brückenfest", um zu zeigen, wie das Erlebnis eines dafür motorisierten Verkehr völlig ungeeigneten historischen Bauwerks ohne Autos wäre. Nach und nach hätte er „alles z'sammgfadelt und es dann krachen lassen."

Künstler waren mit einer Fahnenbiennale daran beteiligt, Bürgergruppen, Vereine und viele Bands, die Caspers alle kannte. Obwohl er Jazz spielte, hatte er „keine Berührungsängste" weder mit der Blasmusik noch mit dem Rock, Liedermachern oder mit anderen Szenen. Als alter Regensburger kannte er Hinz und Kunz und wusste, wie man die Leute bequatschte, sinniert Annuß, der „die geniale Schludrigkeit" seines Freundes bewunderte. Der habe nach seiner Rückkehr nach Regensburg 1968 in Kumpfmühl und dem jungen Stadtteil Königswiesen begonnen, „als Pionier Stadtteilarbeit zu machen", das dreimalige Bürgerfest war dann „eine Stufe obendrauf."

Kompromisse oder abwägender Ausgleich waren nie seine Sache

Für den Broterwerb war Caspers damals am Gymnasium der Domspatzen als Zeichenlehrer tätig, was ihm weniger lag. Bereits nach zwei Jahren endete dieses pädagogische Zwischenspiel, weil er – wie Aki Schindler sehr viel später zufällig einmal mithören konnte – eine Durchsuchungsaktion der damaligen Schulleitung von Schülerfächern bei der Polizei angezeigt hatte. Garantiert ein „No go" im damals noch reaktionär und hierarchisch geprägten gesellschaftlichen Klima. Nur aus Rücksicht auf die Verdienste seines Vaters erfolgte keine totale Ächtung des „Verräters".

Kompromisse oder abwägender Ausgleich waren nie Sache des emotionalen und streitbaren Künstlers. Auch das Klein-Klein der mühsamen Vorbereitung eines Events, vom Klohäuserl bis zum Ersatzhahn für die Zapfanlage, gehörte nicht zu seinen Vorlieben. Lieber entwarf er die Ideen, kümmerte sich um die Konzepte und brachte die Leute zusammen, die benötigt wurden, um alles umzusetzen. Die durften dann manchmal ganz schön schuften und litten schon auch mal darunter, wenn die eigensinnige Hauptperson „Besprechungen platzen ließ" oder „alles auf den Kopf stellte".

Fest im Fluss

Dennoch – dann trieb er für eine weitere große Fest-Idee, „Fest im Fluss", wieder enorme Gelder auf, holte Sponsoren wie BMW und Siemens ins Boot – und machte darüber das alte, fast vergessene Flussschwimmbad der Regensburger, die Schillerwiese, wieder zugänglich. Auslöser war der Ruderverein, der Caspers gebeten hatte, ein Fest zu seinem 100-jährigen Bestehen zu organisieren. Das alleine war dem immer ein bisschen größer und in breiteren Zusammenhängen denkenden Macher zu wenig.

Erst als es ihm gelungen war, die Stadtgesellschaft in das Spektakel mit einzubeziehen, startete er mit einer Crew Freiwilliger durch. Caspers „zündete wieder einmal etwas an", klingt Anna Schindler noch heute begeistert und voller Respekt. Als Schülerin war sie hellauf begeistert darüber gewesen, was sie beim ersten Bürgerfest „auf einmal alles an Ecken, Winkeln, Höfen und Häusern entdecken konnte". Auf diese Weise hat Caspers in mehr als drei Jahrzehnten zahlreiche Aktionen, Veranstaltungen und Feste mit und ohne die Altstadtfreunde und den AK Kultur angeschoben, organisiert, mit anderen zusammen auf die Beine gestellt.

„Resolut und wie ein Stier durch"

Seine eigene Kunst hat er zeitweise schleifen lassen oder sie ist stagniert. Verloren gegangen ist sie nie wirklich. So intensivierte er Ende der 70er Jahre im Atelier in der Brunhildstraße seine zeichnerischen und malerischen Aktivitäten. Mit Ludwig „Wigg" Bäuml fuhr er zum Malen ins Atelier „Poggio alle Case" in die Toskana, unterhielt mit ihm das legendäre Atelier „Schmierage" in der Dollingerstraße und quartierte sich später mit Stahlarbeiten und „Kegelflügler" in einem älteren Haus in Heitzenhofen ein. Mit dem Abbruch der alten Kumpfmühler Brücke 1983 begann er, mit Eisen zu arbeiten und große Metallskulpturen zu entwerfen. „In seinen Skulpturen dominieren konstruktivistische Elemente", schrieb Ulrich Kelber zu einer Ausstellung 2011 in der Galerie von Carola Insinger in Distelhausen, „es entstehen verwinkelte Gebilde aus kantigen Stahlträgern." Einige dieser kantigen Gebilde stehen bis heute an verschiedenen Plätzen in der Stadt und an der Donau. Manche davon praktisch „verbotswidrig", da er von der Stadtverwaltung aufgefordert worden war, diese wieder zu entfernen – dem er aber nicht nachgekommen ist.
Hier kommt eine seiner für manchen unangenehmen Eigenschaften zum Vorschein. Völlig undiplomatisch und mit einem überaus gesunden Selbstbewusstsein ausstaffiert, legte sich Klaus Caspers mit Behörden und Vertretern von Verwaltungen an, wenn etwas nicht so ging, wie er es sich vorstellte.

links:
Fest im Fluss. Die Regensburger entdecken ihre Flusslandschaft.
Foto: Aki Schindler

rechts:
Kleines Ölbild „Traum" von Klaus Caspers, das in der Ausstellung „Afrika trifft auf Kallmünz" von Wigg Bäuml April/Mai 2018 ausgestellt war. Entstanden vermutlich in den 60er Jahren oder Anfang der 70er Jahre.
Foto: Michael Scheiner

Typischer geht's nimmer! Klaus Caspers am 27. November 2016 im Leeren Beutel beim Gedenkkonzert für Jürgen Kaiser mit den alten Mitgliedern der Kaiserjazzer.
Foto: Michael Scheiner

Immer wieder „hat er Türen hinter sich zug'haut", erzählt Wigg Bäuml, wenn es um eine Bau- oder andere Genehmigung gegangen ist. Oft sei er da „resolut und wie ein Stier durch", lacht Bäuml vergnügt und etwas gequält auf. „Es war dann oft sehr schwierig", schildert er nachfolgende Verhandlungen und verzieht Luft holend das Gesicht, „diese wieder zu öffnen." Im gleichen Atemzug müssen aber auch die Abneigungen, Ressentiments bis gelegentlich hin zu Feindseligkeiten genannt werden, die Caspers auf sich gezogen hat. Und die er selbst, veranschaulicht unverhohlen grinsend Aki Schindler, „nicht selten leidenschaftlich gepflegt hat". Der Ex-Münchner, dessen Weinkeller in konservativen Kreisen der Stadt als „Rote Kapelle" verschrien war, kennt auch die weniger strahlenden Seiten seines Freundes genau. Er habe alte Artikel im Archiv, wo der Journalist Harald Raab „Caspers als verblendeten Kommunisten" und „als total verrückt" in der Wochenzeitung „Die Woche" abgestempelt habe. Fast 40 Jahre später hat er offenbar seine Meinung geändert. Anlässlich einer gemeinsamen Ausstellung mit Heiner Zametzer im Kunst- und Gewerbeverein schrieb Raab 2006: „Klaus Caspers und Heiner Zametzer. 65 Jahre jung der erstere, Bauplaner, Regensburger Kulturbeweger, dem seine Stadt so viel Kultur-Anregung zu verdanken hat, dass man ihn bis heute noch nicht dafür geehrt hat. Ein sicheres Zeichen, dass er Wichtiges bewirken konnte."

Der späte Kulturpreis –
kein Ruhmesblatt der Stadt

Es dauerte tatsächlich noch einmal zwölf Jahre und einen Wechsel an der Stadtspitze, bis die Stadt soweit war, dem alt gewordenen „Kulturbeweger" den Kulturpreis für sein Lebenswerk zu verleihen. Mehr als ein Vierteljahrhundert zuvor, als schon einmal ein Anlauf unternommen worden war, Caspers für den Preis vorzuschlagen, wird ein Ausspruch Hans Schaidingers kolportiert: „Solange ich Oberbürgermeister bin, bekommt der keinen Kulturpreis!" Was bei dieser hingebungsvoll gepflegten Intimfeindschaft als Gegenreaktion ein „von dem brauche ich keinen Kulturpreis" hervorrief.

Im Juli 2018 nannte Bürgermeisterin Gertrud Maltz-Schwarzfischer, immerhin vor Jahrzehnten einmal mit ihm liiert, Klaus Caspers „eine der bedeutendsten Persönlichkeiten der Regensburger Kunst- und Kulturszene." Die Begründung lieferte ihr die Jury: „Caspers hat sich als impulsgebender Motor in vielen Bereichen um die Stadt verdient gemacht ... hat in und für Regensburg kulturelle und soziale Räume wiedergefunden und auch erfunden: Die Sanierung des Velodroms, die Belebung der Schillerwiese und der Flussauen, das Thema der verkehrsberuhigten Innenstadt oder die langjährige und nachhaltige Initiative ‚Fest im Fluss' sind ... fest mit der Person Klaus Caspers verbunden. Er hat das ‚Wirken' des Theaters ermöglicht ... und sich in seinem Tun immer generationsübergreifend und -verbindend gezeigt. Zudem hat Caspers in kulturellen Fragen stets Haltung bewiesen und den Mut gehabt, sich mit Ansichten und Ideen auch un-

Kulturpreisverleihung am 9. Juli 2018. Klaus Caspers und Gertrud Maltz-Schwarzfischer. Da freute sich einer aber richtig!
Foto. Michael Scheiner

beliebt zu machen. Es steht jedenfalls fest: Ohne ihn würde Regensburg heute anders aussehen."

Ins selbe Horn stieß auch der Bayerische Rundfunk, der in der Sendung kulturWelt am 9. Juli 2018 hervorhob, dass die Stadt wohl heute ohne Caspers kein Weltkulturerbe wäre.

Gezeichnet von seiner Krankheit, die ihn in den letzten Jahren körperlich und mental sichtbar geschwächt hat, erklomm Caspers etwas unsicher die Stufen zur Bühne in der Minoritenkirche und nahm glücksstrahlend Urkunde und Preis entgegen. „Es war bewegend", fasste Angelika Lukesch in der Mittelbayerischen Zeitung zusammen, „als Klaus Caspers (78) am Montagabend die Hände in die Höhe hob, so als könnte er diesen großen Moment … kaum fassen … Die Anwesenden spendeten dem anerkannten Künstler minutenlange Standing Ovations." Dieser lange Moment hat Caspers sichtlich innerlich bewegt und vermutlich manchen alten Zwist vergessen lassen. Dem Anschein nach war es einer der ganz seltenen Augenblicke, in dem das Motto Karls V., „plus ultra" (immer weiter), ausgesetzt war.

Plus ultra!

Caspers hat sich ein Leben lang daran orientiert. Vor nicht allzu langer Zeit hätte er bei einem derartigen Anlass gleich noch einen spöttischen Spruch draufgesetzt. Denn zu einer Portion Selbstironie gehört bei ihm auch die Lust, Leuten eins hinzuwischen, die er nicht ausstehen kann. Dabei spielt es keine Rolle, ob die Abneigung persönlich oder politisch begründet ist. Und wenn er wieder einmal etwas durchsetzen konnte oder – wie beim Kulturpreis – herausgehoben wird, dann gibt es andere, denen das stinkt. Denen kann er dann eine lange Nase zeigen oder mit triumphaler Geste seinen Erfolg kundtun.

Manchmal wechselte der alteingesessene Regensburger, den Annuß wegen seines pragmatisch aktiven Ansatzes, etwas verändern zu wollen „eher für einen Post-68er" hält, seine Haltung radikal. Das hatte dann immer mit etwas Persönlichem, einer Beziehung, einer Verbindung zu tun. So wurde aus dem „überflüssigen Theater, das wir nicht brauchen" eine sinnstiftende und unverzichtbare Kultureinrichtung, als Caspers eine Beziehung mit der Intendantin Marietheres List aufgenommen hatte. Später hat er dann mehrfach Bühnenbilder für Kammeropern und fürs Theater gestaltet.

Eine ähnliche Wendung vollzog er gegenüber dem lange als revanchistisch verdächtigten Museum Ostdeutsche Galerie, das heute Kunstforum Ostdeutsche Galerie heißt. Die Kultureinrichtung dient als Sammlung für die Werke deutscher Künstler aus ehemals deutschen Ostgebieten und der DDR, galt „als Geschenk an die Vertriebenen". Mit dem zupackenden und ideensprühenden Kunsthistoriker Pavel Liška, der das Museum ab 2001 als wissenschaftlicher Direktor einige Jahre leitete und begann, zukunftsfähig zu machen, fand Caspers einen Geistesverwandten. Fortan kämpfte er auch, überall wo es ging und notwendig war, für den Fortbestand und die Weiterentwicklung dieser Kultureinrichtung.

Ein Freund, ein guter Freund

Wer einmal zu seinem Freundeskreis zählt oder zählte, konnte sich „immer hundertprozentig auf ihn verlassen", bestätigt jeder Gesprächspartner und Freund. Er habe „immer geholfen oder Ideen gehabt, wie ein Problem gelöst werden kann", bekräftigt Wigg Bäuml, wenn einer Hilfe benötigt oder etwas gebraucht habe. Auch wenn ein befreundeter Künstler einen Rat gesucht habe, „konnte Klaus ganz klar und absolut begründet sagen, warum etwas in einem Bild oder einer Skulptur nicht passt." Da sei er „ungeheuer scharfsichtig, aber auch schonungslos ehrlich" gewesen. Die Kehrseite solch tiefer freundschaftlicher Verbundenheit sei gelegentlich eine „Art Nibelungentreue gewesen", nickt Aki Schindler nachdenklich. Die habe auch schon mal über massives Fehlverhalten von Freunden hinweggesehen.

Ähnliches findet sich in der früheren Robustheit seines Auftretens, die bis an den Rand von Beleidigungen gehen konnte. Dem gegenüber stand die empfindliche (Künstler-)Seele, die damit zu kämpfen hatte, wenn Arbeiten für eine Ausstellung oder einen Wettbewerb ausjuriert worden waren. Das „hat der Caspers uns manchmal noch nach Monaten vorgehalten: ‚ihr habt mich ausjuriert'", zeichnet Bäuml das empfindsame Bild eines leicht Verletzlichen.

Heute wirkt der 78-Jährige entspannter und gelassener im Umgang. „Klaus ist sehr gefühlsbetont", bestätigt auch Rieckhoff, die ihren Freund immer als „aufgeschlossenen, hellwachen Geist" erlebt hat. Hochintellektuell habe sie mit ihm „über alles diskutieren können – von Kunst, Soziologie, Gesellschaft bis zur Philosophie" und Politik natürlich. Caspers sei „enorm belesen" und habe immer in Gesprächen „originelle Meinungen vertreten, über die ich nur staunen konnte." Dabei – und auch das bestätigen die Freunde des gewitzten Kunstbewegers – ist und war er dem Leben und seinen Genüssen immer zugeneigt.

Bei allem war er auch noch ein zugewandter Vater, der seine wichtige Rolle gegenüber den beiden Kindern ernst genommen und „jederzeit gut ausgefüllt hat", wie Ehefrau Elly bestätigt.

Zu seinem 70. Geburtstag lieferte er selbst einen „lebens.werk.statt.bericht" im Auktionshaus Keup und seinem Atelier am Haidplatz. Vor drei Jahren, zum 75., folgten Würdigungen in allen regionalen Medien. Im Jahr 2018 also endlich der Kulturpreis für ein Lebenswerk, das aufzuzählen und aufzulisten schon alleine ein dickes Buch füllen könnte. Wenig später legte der Kunst- und Gewerbeverein, dem Caspers seit Jahrzehnten fest verbunden ist, noch eine Schippe drauf. In einer Feierstunde verlieh er seinem vielseitig aktiven Mitglied „in Anerkennung seiner großen Verdienste" die Ehrenmitgliedschaft – ein seltenes und schönes Privileg. Bei der für 2019 geplanten Ausstellung wird man darüber vieles im Katalog finden, der dazu erscheinen wird. Hier hat der Künstlerfreund Heiner Riepl, lange Jahre Leiter des Oberpfälzer Künstlerhauses in Schwandorf, das letzte Wort. In seinem Beitrag zum Antrag für den Kulturpreis beschreibt er eine Episode, die charakteristisch für Klaus Caspers ist: „Ein schönes Beispiel für die Art und Weise, künstlerische Projekte mit einem Ertrag für die Stadtgesellschaft zu verknüpfen, war die Kunst-Baustelle am Kartäuserhof 1986, für die Klaus Caspers zusammen mit Manfred Mayerle und Rudolf Pospieszczyk eine eindrucksvolle Installation schuf. Nach einigen Wochen der Zusammenarbeit waren wir alle etwas erschöpft. Klaus Caspers aber blickte nicht zurück, sondern voraus und meinte bei der Schlussbesprechung: aus den Erfahrungen am Kartäuserhof muss für diese Stadt etwas übrig bleiben, wir brauchen ein Künstlerhaus! Bald darauf begann die Suche nach einem geeigneten Projekt. (…) heute steht ein solches Haus, das Künstlerhaus Andreasstadel." Für Riepl war Caspers, der immer mit Notizbüchern rumgelaufen ist, in die er seine Ideen und Skizzen notierte, „immer Apo", also außerparlamentarische Opposition. Das ist nicht die schlechteste Zuschreibung für einen Querdenker und lebenslustigen Freigeist.

Christine Schimpfermann

EINE UNVERGESSLICHE WIRD WIEDERGEBOREN

Die Instandsetzung der Steinernen Brücke 2010 bis 2018*

„Gut Ding will Weile haben", sagt das Sprichwort – und so braucht auch die Instandsetzung einer historischen Brücke Zeit. Von 2010 an sind acht Jahre ins Land gegangen, in denen die Steinerne Brücke saniert wurde. Bis zur feierlichen Rückgabe der Brücke an die Regensburger Bürger im Sommer 2018 ist damit eine Zeitspanne im mehr als 870-jährigen Bestehen des Bauwerks definiert worden, die sich hoffentlich würdig einreiht in die vielen Zeitabschnitte der 2000-jährigen Regensburger Stadtgeschichte.

Regensburg – Zentrum des Fernhandels

Im 12. Jahrhundert war Regensburg die mit am stärksten bevölkerte deutsche Stadt und Zentrum eines ausgedehnten Fernhandels zwischen Donau und Rhein, von Frankreich bis Russland und von den baltischen Gebieten nach Italien.

Ein fester, uneingeschränkt nutzbarer Flussübergang war dringend erforderlich. So wurde zu Beginn des 12. Jahrhunderts der Bau der Steinernen Brücke beschlossen. Über die überregionale Bedeutung der Hauptbrücke wird fast vergessen, dass es noch zwei hölzerne Brücken gab, die das vergleichsweise profane Ziel verfolgten, die Stadtquartiere auf den Wöhrden – wie das Wohngebiet der Fischer und der Schiffsmeister bzw. das Mühlenquartier am Oberen Wöhrd – mit der freien Reichsstadt zu verbinden.

Die Bedeutung der Stadt schwindet – aber der Verkehr bleibt

Der Bau der Steinernen Brücke war eine Folge des Reichtums der Stadt im hohen Mittelalter. Aber kein wirtschaftlicher Aufschwung dauert ewig. Im 15. Jahrhundert geriet Regensburg in wirtschaftliche Schwierigkeiten. Andere Städte, in Bayern Nürnberg und Augsburg und Städte am Rhein waren wirtschaftlich erfolgreicher und hatten bald mehr Einwohner. Die Verkehrswege und Verkehrsströme verlagerten sich.

Hugo Graf von Walderdorff schreibt zum Verkehr der beginnenden Neuzeit: „Die Frequenz auf der Donaubrücke war zur Zeit, als es noch keine Eisenbahn gab, eine sehr bedeutende, ging ja doch hier die Reichsstraße von Italien nach Österreich, nach dem ganzen Norden und Westen durch." Die Verkehrsbelastung auf der Steinernen Brücke mit Fuhrwerken, Reitern und Fußgängern blieb

---

*Dieser Aufsatz ist eine stark gekürzte Version einer ausführlichen Abhandlung von Christine Schimpfermann in: Stadt Regensburg (Hg.), Steinerne Brücke – 2010 bis 2018. Denkmalgerechte Sanierung des Regensburger Wahrzeichens, Regenstauf 2018, S. 11–30.

*Sanierte Bögen
der Steinernen Brücke.*
Foto: Ralf Sollfrank

jedenfalls groß genug, um bis zum Ende des 17. Jahrhunderts die erwähnten jährlichen Ausbesserungsarbeiten an der Brückenoberfläche erforderlich zu machen.

Unter dem Eindruck der weiterhin hohen Verkehrsbelastung und der Anfälligkeit der weichen Pflasterung wurde ab 1709 die Oberfläche der Steinernen Brücke mit Blöcken aus Hirschlinger Granit befestigt. Der harte Granit hatte jedoch wenig Rauigkeit, so dass die Steinoberfläche bald sehr glatt wurde. Letztendlich wurden 1846/47 Rillen für einen besseren Halt der passierenden Zugtiere und Wagen in die Hirschlinger Granitplatten eingemeißelt.

Die Steinerne Brücke spielte im 19. Jahrhundert wieder eine herausragende Rolle für den Straßenverkehr als einziger ganzjährig ohne Beschränkung der Verkehrslast nutzbarer Donauübergang im Königreich Bayern. Zudem war die Brücke für die jetzt zu Bayern gehörige Stadt und für ihre Versorgung aus dem nördlichen Umland von wesentlicher Bedeutung.

Neue Herausforderungen:
Straßenbahn, Kraftwagen und Radfahrer

Am Ende des 19. Jahrhunderts versprach man sich die Lösung der massiven Verkehrsprobleme durch die Ein-

Gesprengter Pfeiler 10: Steinerner Kern aus Gussmauerwerk mit Stirnwänden aus Werksteinen.
Foto: Stadt Regensburg

führung einer Trambahn, die im April 1903 erstmals über die Steinerne Brücke rollte. Hierfür musste das westlich des Brücktors gelegene Anwesen beseitigt werden. Die bauliche Lücke wurde mit einem Schwibbogen geschlossen und der erste Bogen der Brücke mit einer Stahlbetonkonstruktion nach Oberstrom verbreitert.

Eine Verkehrsentlastung für die Brücke brachte erst der Bau der Nibelungenbrücke, die 1938 dem Verkehr übergeben wurde.

Nach der Zerstörung des Zweiten Weltkrieges kamen die erforderlichen Reparaturarbeiten an der Brücke nur sehr langsam in Gang und wurden erst im Jahr 1967 vorläufig abgeschlossen. Bereits im Zuge dieser Wiederaufbauarbeiten war es zu Diskussionen über die künftige Leistungsfähigkeit und die weitere Nutzung der Brücke gekommen. Dies gipfelte Ende 1967 in einem Stadtratsbeschluss, der nach Wiedereröffnung der Brücke für drei Monate ihre probeweise Sperrung für Personen- und Lastkraftwägen vorsah. Es sollte 30 Jahre dauern, ehe ein neuer Ansatz zur Entlastung erfolgreicher war. In der Zwischenzeit befuhren bis zu 7000 PKW und LKW und bis zu 300 Busse täglich die Brücke.

Die Idee des begehbaren Denkmals

Die heutige Nutzung der Steinernen Brücke ausschließlich für den Fußgänger- und Radfahrerverkehr geht unter anderem auf einen Bürgerentscheid vom Januar 1997 zurück. Er war die Grundlage für die Sperrung der Brücke für den motorisierten Individualverkehr ohne vorherige Realisierung einer Alternative. Allerdings befuhren nach wie vor bis zu 300 Busse am Tag die Brücke in beiden Richtungen. Und auch hier stand einem Verzicht auf die Busverbindungen über die Brücke das Fehlen einer Ersatztrasse entgegen. Bereits seit 2003 waren im Zusammenhang mit den bevorstehenden Sanierungsarbeiten an der Steinernen Brücke Busersatztrassen für die über die Steinerne Brücke führenden vier Buslinien untersucht und öffentlich diskutiert worden. Dafür sollte entweder eine Osttrasse über die Eiserne Brücke und den Unteren Wöhrd zum Grieser Spitz und weiter zur Gräßlstraße / Protzenweiherbrücke geführt werden. Alternativ stand eine Westtrasse von der Holzländestraße zum Schopperplatz am Oberen Wöhrd und weiter über den Pfaffensteiner Steg zum Pfaffensteiner Weg / Oberpfalzbrücke zur Debatte.

Beide Trassen erfuhren im Planungs-Dialog „Ein Herz für die Steinerne Brücke" im April 2005 heftigen Widerspruch in der Öffentlichkeit und bei den Anwohnern. Zudem gab es Vorbehalte aus Gründen des Naturschutzes und der Denkmalpflege. Ferner spielte der 2006 erlangte Welterbe-Status der Regensburger Altstadt eine wichtige Rolle. Der Verlust des Welterbe-Titels stand für den Fall der Verwirklichung der Westtrasse im Raum. Auch wenn das Fehlen einer direkten Busführung zwischen der Altstadt und dem Stadtnorden sowie den nördlich gelegenen Landkreisgemeinden mit deutlichen Umwegen für die Menschen und mit erheblichen betriebswirtschaftlichen Mehrkosten für die Regensburger Verkehrsbetriebe verbunden ist, war Konsens, dass der für Regensburg besonders bedeutsame Welterbe-Titel nicht in Frage gestellt werden sollte.

Schließlich war es aus Gründen der Sicherheit erforderlich, Anfang August 2008 den Busverkehr auf der Brücke einzustellen.

Der Wandel der Oberfläche durch die Jahrhunderte

Während das steinerne Tragwerk der Brücke noch in vielen Teilen bis in die Bauzeit im 12. Jahrhundert zurückreicht, sieht dies bei der Oberflächenbefestigung der Fahrbahn und bei den Brüstungen anders aus. Die von Beginn an starke Nutzung der Brücke führte im Laufe der Zeit naturgemäß immer wieder zu vollständigen Erneuerungen. Nur durch eine akribische Spurensuche auf dem Bauwerk und durch die Erforschung der archivalischen Überlieferung konnten Rückschlüsse auf die wechselnden Bauweisen der Oberfläche und der Brüstungen gezogen werden. Jüngste Grabungen am nördlichen und südlichen Brückenkopf zeigen einen Belag mit Kieselsteinen, der wohl der frühesten Bauphase der Brücke zuzuordnen ist. Diese Belagsart wurde jedoch bereits im Laufe des 13. Jahrhunderts durch einen Brückenbelag mit relativ weichen Gallenberger und Kapfelberger Steinquadern abgelöst, der jedenfalls um 1300 vorhanden und auch bald von tiefen Einschnitten der Wagenräder stark gezeichnet war. Diese Wagenspuren waren einerseits zur sicheren Führung der Wagen erwünscht, jedoch zerstörten sie andererseits ab einer gewissen Tiefe die Steinblöcke. Ab 1709 entschied man sich dafür, die Oberflächenbefestigung mit deutlich härteren Blöcken aus Hirschlinger Granit auszuführen. Dieses Material wurde erst im Zuge der großen Sanierungsmaßnahme der Jahre 1877/78 durch sogenanntes Katzenkopf-Pflaster ersetzt. Auch bei der Verlegung der Trambahnschienen im Jahr 1903 fand dieses Kopfsteinpflaster aus Granit Verwendung, konnten doch mit diesem Format die Schienenstränge sehr viel einfacher in den Oberflächenbelag der Brücke eingebunden werden.

Grabungen am südlichen Brückenkopf.
Foto: Peter Ferstl

Steinerne Brücke mit Trambahnschienen, Kopfsteinpflaster und Gehwegen, ca. 1910.
Unbekannter Fotograf

Erstmals sind auf bildlichen Darstellungen ab Ende des 16. bzw. des 17. Jahrhunderts schmale Schrammborde zu erkennen. Mit Beginn der Belagserneuerung in den Jahren 1707 bis 1709 wurden die Hochborde in der Tiefe eines „Werkschuhes" angelegt, also 30 cm breit. Bei der Brüstungserneuerung der Jahre 1877/78 entstanden dann die Gehsteige in einer Breite von 90 bis 120 Zentimeter. Im Zuge von Sofortmaßnahmen nach dem Zweiten Weltkrieg hat man schließlich die beidseitigen Gehwege höhengleich mit der Fahrbahn angelegt.

Die Bauamtschronik vermeldet, dass die Brustwehr der Steinernen Brücke im Urzustand aus Quadern gefertigt war. Tobias Beck geht für das anschließende 16. und 17. Jahrhundert von wuchtigen Geländersteinen aus, die im 18. Jahrhundert durch dünnwandiges Material aus Riegeldorfer und Kelheimer Sandstein bzw. Kalkstein ersetzt wurden. Bei der Brüstungserneuerung von 1877/78 wurden diese dünnwandigen Geländersteine in Flossenbürger Granit ausgeführt. Im Zuge der Maßnahme von 1967, bei der vier im Zweiten Weltkrieg zerstörte Brückenbögen rekonstruiert wurden, fand erneut ein Austausch der Geländersteine statt. Die Granitbrüstungen wurden jetzt durch Betonplatten ersetzt.

1810 war die Steinerne Brücke als Eigentum der Stadt Regensburg mit an das Königreich Bayern übergegangen. In den Jahren 1877/78 kam es zu einer ersten tiefgrei-

Bogengewölbe mit abgearbeiteten armierten Betonergänzungen aus der Nachkriegszeit.
Foto: Peter Ferstl

fenden Sanierungsmaßnahme unter der Federführung des Königreichs Bayern, wobei die bereits genannte Erneuerung der Brüstungen mit Flossenbürger Granit und die ebenfalls bereits dargestellte Verbreiterung der Fahrbahn realisiert wurden.

Das 20. Jahrhundert brachte in den letzten Tagen des Zweiten Weltkriegs eine nachhaltige Zerstörung der Brücke, als deutsche Truppen aus militärischen Gründen vier Bögen sprengten. Von 1951 bis 1962 wurden die übergroßen Beschlächte der Brücke zurückgebaut und Instandsetzungs- und Gründungssicherungsarbeiten mit Stahlspundwänden an den Pfeilern durchgeführt. Erst 1967 war die Stadt in der Lage, die vier gesprengten Bögen vollständig zu rekonstruieren. In diesem Jahr wurde auch die ebenfalls im Krieg teilweise in Mitleidenschaft gezogene Rampenbrücke zum Oberen Wöhrd als Stahl- und Betonkonstruktion instandgesetzt und verstärkt.

Brückensanierung: Wie sollte eine denkmalgerechte neue Oberfläche aussehen?

Seit der Rekonstruktion der im Krieg zerstörten Bögen und der letzten Instandsetzung der Brücke war ihr Zustand nie wirklich befriedigend gewesen. Die intensive Nutzung über die Jahrhunderte hinweg, zuletzt vor allem durch Straßenbahn, PKW, LKW und Busse, hatte der Brücke ebenso zugesetzt wie das beständige Eindringen von

Niederschlagswasser in die Bauwerkskonstruktion über die nicht abgedichtete Oberfläche. Hinzu kam eine permanente Salzbelastung infolge des erforderlichen Winterdienstes. Der Frost- bzw. Eisdruck in dem durchfeuchteten Bauwerk im Winter tat ein Übriges.

Da bereits zu Beginn der Sanierungsplanungen angenommen werden konnte, dass zahlreiche Elemente der Bogenbrückenkonstruktion noch aus der romanischen Bauphase der Steinernen Brücke stammten, war bei der Instandsetzung der Natursteinbögen Wert auf ein besonders umsichtiges Vorgehen zu legen. Der Schutz der originalen Bausubstanz – wo immer vorhanden – sollte im Mittelpunkt der Sanierungsarbeiten stehen.

Während es beim Natursteintragwerk der Brücke um die denkmalgerechte und substanzschonende Sanierung und Wahrung des Originalbestandes ging, stand bei der Planung für die Instandsetzung der Brückenoberfläche der Gedanke einer historisch nachvollziehbaren und technisch ausgereiften Erneuerung im Vordergrund.

Neben der Sanierung des Natursteintragwerkes und der Erneuerung der Oberfläche war es ein wichtiges Ziel der Instandsetzungsmaßnahme, eine funktionierende Abdichtung unter der neuen Oberfläche herzustellen, um ein weiteres Eindringen von salzbelastetem Niederschlagswasser in die Brückenkonstruktion zu verhindern. Für die Instandsetzung der Tragkonstruktion der Steinernen Brücke war Grünsandstein erforderlich. Glücklicherweise hatte die Stadt auf ihrem Bauhof bruchraue Grünsandsteinquader eingelagert, die vom teilweisen Abbruch der Schwabelweiser Eisenbahnbrücke in Regensburg stammten. Dieses Material erwies sich sowohl von der Qualität als auch von der Quantität her als geeignet und ausreichend, um alle erforderlichen Sanierungsarbeiten an den Gewölben und den Stirnmauern der Grünsandsteinkonstruktion der Steinernen Brücke durchzuführen.

Alles auf Anfang:
Das künftige Gesicht der Brücke entsteht

Es symbolisiert die künftige Nutzung der Steinernen Brücke, ein begehbares Denkmal zu sein.

Vor der Erneuerung der Oberfläche mussten die Instandsetzungsmaßnahmen des historischen Brückenbauwerks – und hier insbesondere der Schalenkonstruktion der Bogengewölbe und Stirnwände aus Natursteinquadern – in Angriff genommen werden. Als weiterer Schritt zur Vorbereitung der neuen Oberflächengestaltung war die Entwicklung eines neuen Abdichtungs- und Entwässerungssystems erforderlich.

Die Auswahl an möglichen neuen Baustoffen für die Oberflächengestaltung war enorm. Eine Entscheidung musste nicht nur denkmalverträglich, sondern nachhaltig auf die Bedürfnisse künftiger Nutzer ausgerichtet sein. An einem 15 Meter langen Musterbauwerk im Maßstab 1:1, das im Bauhof Nord des Tiefbauamtes errichtet wurde, konnte das Zusammenspiel verschiedener Belagsmaterialien, Brüstungslösungen und Beleuchtungskonzepte getestet und visualisiert werden. Dabei wurden zusätzlich verschiedene Abdichtungssysteme erprobt. Diese Vorgehensweise optimierte die Abstimmung zwischen allen an der Sanierung fachlich beteiligten Stellen: den Planern, den Denkmalschützern, den zuständigen Ämtern, dem Beirat für Behinderte, dem Stadtrat und anderen interessierten Gruppen.

Der wichtige Beitrag der Denkmalpflege

Die Sanierung der Steinernen Brücke musste drei Ansprüchen der Denkmalpflege genügen:
- dem weitestgehenden Erhalt originaler Bausubstanz;
- dem effektiven Schutz des historischen Brückenkörpers gegen das Eindringen von Oberflächenwasser;
- der historisch nachvollziehbaren Gestaltung von Belag und Brüstungen respektive einem denkmalverträgli-

chen Lichtkonzept für die Verkehrs- und Architekturbeleuchtung.

Am 14. Mai 2012 erteilte die Untere Denkmalschutzbehörde die Genehmigung für die Neugestaltung der Brückenoberfläche. Dabei wurden von Seiten des Denkmalschutzes durchaus Kompromisse eingegangen. Obwohl das Bayerische Landesamt für Denkmalpflege eine Oberfläche mit dem bisher verlegten Kopfsteinpflaster favorisiert hätte, kam der aus dem 18. und 19. Jahrhundert überlieferte Belag mit den Granitplatten zur Ausführung. Naturwissenschaftlich-materialtechnische und statische Gutachten untermauerten die Entscheidung, dass die neue Straßenbeleuchtung nicht mehr auf die neuen Brüstungselemente gesetzt werden konnte, sondern als Mastleuchten neben die Brüstung platziert wurde. Die lichttechnische Inszenierung der Bogenarchitektur der Brücke wurde in das Gesamtkonzept der Beleuchtung integriert.

Transparenz und Missverständnisse – das Bild in der Öffentlichkeit

Eine Vielzahl an Planungs- und Baubeteiligten musste bei der denkmalgerechten Instandsetzung der Steinernen Brücke koordiniert werden. Dabei galt es, Anliegen des Denkmalschutzes mit planerischen, baustatischen und ingenieurtechnischen Aspekten in Einklang zu bringen. Fußgänger, Fahrradfahrer und Rollstuhlfahrer – jeder der künftigen Benutzer hat bestimmte Ansprüche. Am wichtigsten jedoch: Die Steinerne Brücke ist das Wahrzeichen der Regensburger. Die Bürger wollten zu Recht informiert werden, welches Gesicht die prägende Oberflächengestaltung der Brücke künftig geben würde.

Wie hoch die Identifikation der Bürger mit „ihrer" Brücke ist, zeigten zahlreiche öffentliche Diskussionen – und daraus entstehende Missverständnisse. Nicht wenige Regensburger hielten die verwitterten Betonbrüstungen aus den 1960er-Jahren für eine historische Natursteinkonstruktion und störten sich an der Optik der neuen, aber nach überliefertem Vorbild gestalteten Granitbrüstungen. Die stärksten Kontroversen löste das Kopfsteinpflaster des 19. Jahrhunderts aus, das für mittelalterlich gehalten und daher vermisst worden war. Dass die neuen fugenärmeren Granitbelagsplatten eine Rückkehr zu den Vorbildern des 13. bis frühen 19. Jahrhunderts darstellen und gleichzeitig dem heutigen gesellschaftlichen Anspruch einer barrierefreien Stadt gerecht werden, sollte die Kritiker jedoch versöhnt haben.

Für das gesamte Sanierungskonzept erweist sich der 14. Oktober 2008 als entscheidendes Datum. Damals beschloss der Stadtrat die endgültige Sperrung des historischen Brückenbauwerks auch für den ÖPNV. Der Anlass war ein Busunfall im Stadtgebiet einige Wochen zuvor, der die Frage aufgeworfen hatte, ob die Betonbrüstungen der Steinernen Brücke dem Anprall eines Busses standhalten würden. Die Antwort eines Gutachters war ein eindeutiges Nein. Nachdem Gefahr in Verzug war, erfolgte die sofortige Sperrung der Brücke zum 1. August 2008. Am 17. Dezember 2009 beschloss der Stadtrat die Gesamtmaßnahme der Sanierung und den Beginn der Sanierungsarbeiten mit dem 1. Bauabschnitt im Jahr

Personennahverkehr auf der Brücke, 2005. Die statische Beanspruchung des Brückentragwerks ist offensichtlich.
Foto: Peter Ferstl

2010. Bereits am 10. März 2009 hatte man die Herstellung eines Musterbauwerks im Bauhof des Tiefbauamtes beschlossen. Hier sollte neben dem Hauptanliegen der Sanierung – einem effektiven Entwässerungs- und Abdichtungssystem, das den historischen Brückenkern künftig vor Feuchtigkeit schützen sollte – speziell die neue Oberflächengestaltung entwickelt werden.

Historisch, zeitgemäß, barriere- und autofrei – Was muss die Brücke können?

Das gewohnte Bild mit Granitkopfsteinpflaster war also dem Industriezeitalter geschuldet, da dieses Pflastermaterial Mitte des 19. Jahrhunderts Stand der Technik war. Für den feuchtigkeitsempfindlichen Unterbau der historischen Brücke war dieser Belag jedoch ungeeignet, denn die vielen Fugen öffneten sich aus statischen Gründen ständig und ließen viel Oberflächenwasser eindringen. Insofern war die historische Lösung des 18. Jahrhunderts technisch wesentlich besser gewesen, denn zu Beginn dieses Jahrhunderts waren großformatige Platten aus feinkörnigem Regental-Granit mit geringem Fugenanteil verlegt worden. Es war also nicht nur eine historisch-visuelle Entscheidung, im 21. Jahrhundert zu einer ebenen Natursteinfläche zurückzukehren, sondern auch eine ganz klare bautechnische Anforderung. In Zusammenspiel mit der neuen Entwässerung und Abdichtung schützen die fugenarmen größeren Granitplatten den empfindlichen historischen Brückenkern vor Feuchtigkeitsschäden nachhaltig.

Der neue Brückenbelag soll der künftigen Nutzung als begehbares Baudenkmal langfristig gewachsen sein, weshalb witterungsbeständiges und abriebfestes Material zu bevorzugen war. Die Erkenntnisse aus dem Musterbauwerk im Bauhof des Tiefbauamtes führten schließlich zur entsprechenden Materialauswahl. Der Fahrbahnbelag

Der neue Brückenbelag auf dem südlichen Teil der Steinernen Brücke.
Foto: Stefan Effenhauser

sollte jetzt aus gelbgrauem und grauem Flossenbürger Granit und aus grauem Thansteiner Granit bestehen. Verschiedene Plattengrößen wechseln sich wie beim Vorbild aus dem 18. Jahrhundert ab. Die Bettung der 16 Zentimeter dicken Granitplatten auf Splitt soll jahreszeitlich bedingte Temperaturschwankungen durch Längs- und Querbewegungen weit möglichst ausgleichen.

Mit der Sanierung der Steinernen Brücke hält eine Brüstung wieder Einzug, die in ähnlicher Form bereits ab 1877/78 bestand. Auch damals wurde Flossenbürger Granit verwendet. Farblich harmoniert der gelbliche Granit zum gelb-grünen Farbenspiel der grünsandsteinernen Brückenbögen und Stirnwandmauern. Nach einer intensiven Diskussion aller beteiligten Fachstellen haben sich eine Brüstungsbreite von 30 Zentimetern und eine Brüstungshöhe von einem Meter als angemessen für ein begehbares Denkmal herauskristallisiert. Höher waren die Brüstungen auch im Mittelalter nicht.

Wasserschäden durch optimale Abdichtung vermeiden

Speziell das seinerzeit für die Verkehrssicherheit des motorisierten Verkehrs eingesetzte Streusalz stellte eine hohe Belastung für die Grünsteinquader und die Mörtelfugen dar. Der relativ offene Kopfsteinpflasterbelag tat seit dem 19. Jahrhundert ein Übriges für den Eintrag dieses schädlichen Gemisches. Oberstes Ziel bei der Sanierung der Steinernen Brücke war daher, den historischen Brückenkörper künftig vor dem Eindringen schädlicher Feuchtigkeit durch Niederschlagswasser zu schützen.

Eine optimale Abdichtung von oben und eine funktionierende Entwässerung werden verhindern, dass der steinerne Brückenkörper weiterhin mit dem unkontrolliert eindringenden salzhaltigen Oberflächenwasser getränkt wird. Durch die Verwendung der fugenärmeren großen Granitplatten wird dies bereits zu einem nicht unerheblichen Teil erreicht. Es gilt jedoch auch das durch die Fugen eindringende Wasser rest- und schadlos zu den Wasserspeiern hin in die Donau abzuleiten.

Das eindringende Oberflächenwasser wird auf einer darunterliegenden neuen Gussasphaltschicht seitlich zu den Wasserspeiern abgeleitet. Auf der Brückenoberfläche wird das Niederschlagswasser zu den seitlichen Muldensteinen geführt, die das Oberflächenwasser sammeln und es über Einläufe schließlich auch in die Wasserspeier abgeben.

Brückendenkmal „ins rechte Licht gerückt"

Das begehbare Baudenkmal Steinerne Brücke „ins rechte Licht zu rücken", bedeutete eine große Herausforderung. In ihrer optischen Form und Technik folgt die Verkehrs-

Die Ratisbona-Leuchten mit energiesparender LED-Technik schaffen eine Verbindung zur bereits umgesetzten Stadtbeleuchtung. Auch von unten werden die Bögen mit LED illuminiert.
Fotos: Stefan Effenhauser

beleuchtung für die Steinerne Brücke dem Konzept der Regensburger Altstadtbeleuchtung. Es kamen Ratisbona-Leuchten mit einer energiesparenden LED-Technik zum Einsatz. Ziel der Unterbogen-Beleuchtung ist es, die mittelalterliche Bogenarchitektur der Brücke auch in der Nacht in der Nah- und Fernwirkung erlebbar zu machen. Während sich nun die Unterseiten der Bögen mit einer gleichmäßigen Ausleuchtung abzeichnen, bleiben die Schildwände und die Wasseroberfläche im Dunkeln.

Für künftige Generationen und die Entwicklung der Stadt

Wie ein geschliffener Edelstein, so hat die Brücke für die Stadtentwicklung Regensburgs verschiedene Facetten, die das Leben in der Stadt, ihre Geschichte und ihre Zukunft widerspiegeln. Die Brücke verweist auf die große Vergangenheit der Stadt als Handelsmetropole, auf die ingenieurtechnische Meisterleistung der romanischen Baukunst und auf die wechselhafte Geschichte der Stadt in den nahezu neun Jahrhunderten ihres Bestehens. Wenngleich zwar keine kaiserlichen Triumphzüge mehr erwartet werden, wird die Brücke wieder als Ort städtischer Repräsentation und Identifikationsbauwerk unserer herrlichen mittelalterlich geprägten Stadt wahrgenommen werden. Und damit erhält die Brücke etwas zurück, das ihr das Industriezeitalter genommen hat.

Barrierefreiheit ist ein wesentliches Element des begehbaren Denkmals Steinerne Brücke.
Foto: Peter Ferstl

Maria Baumann

DER ZEICHNER DES LEBENS

Rudolf Koller zum 75. Geburtstag

Werden und Vergehen, Alter und Vergänglichkeit, Geburt und Tod, in der Natur, bei Mensch und Tier – es ist der große Kreislauf des Lebens, aus dem der Zeichner, Maler und Bildhauer Rudolf Koller seine Motive schöpft und sie in seiner Bildersprache des Wesentlichen umsetzt. Er ist 75 geworden. Zum Geburtstag ließ er sich – zögernd – auf eine Ausstellung in der Galerie St. Klara ein. Seinen Schülern gibt er mit auf den Weg: „Zieht keinen Strich, den Ihr nicht selber erlebt habt!"

Wie eine Metapher steht das Haus mit seinen bröckelnden Pilastern neben den fein sanierten Fassaden der Lieblstraße. Dort in der Beletage des ehemaligen spätbarocken Maunz'schen Gartenhauses schaut Rudolf Koller aus seinem Atelier auf die stetig weiterfließende Donau. Unverbrüchlich hält er an diesem, seinem Stück Regensburg auf dem Oberen Wöhrd fest. Sein Blick geht hinein in den einst von Friedrich von Dittmer im englischen Stil mit Kleindenkmälern und Aussichtsbalustraden angelegten Inselgarten, in dem rauschende Feste gefeiert wurden und die Gäste in lampionbehangenen Gondeln direkt von der Kaufmannsvilla, dem Dittmer'schen Gartenpalais, in den nördlichen Donauarm glitten. Vergangen … Der chinesische Pavillon ist notdürftig gesichert, die Natur ist längst über das komponierte Ideal des begehbaren Landschaftsgemäldes des 18. Jahrhunderts hinausgewachsen. Rudolf Koller mag das. Liebliche Landschaftsbilder sind nicht seins. Seine Impressionen, ob von der heimischen Donaugegend oder von den Landstrichen seiner zahlreichen Reisen von der Toskana bis Jordanien, bannt er mit expressivem Strich, meist im Schwarz von Kohle, Tusche und Bleistift, manchmal kombiniert mit Aquarell. Die Wasserfarben treiben in Blau und Rosétönen stürmisch über den Himmelshorizont hinter Feldern, Flüssen und Wiesen. Seine abstrakten Kompositionen formen, was das Wort meint: Der Zeichner reduziert das, was er sieht – und er nimmt unendlich viel wahr – auf das Wesentliche. Er konzentriert den Strich auf das, was die vertraute und fremde Landschaft ausmacht.

Lieber Regensburg als New York

Eigentlich fährt Rudolf Koller gar nicht so gerne fort. Ja, er hätte auch nach New York gehen können. Das Angebot war da. Aber er ist geblieben, in Regensburg. Die Weite

trägt er in seinem Herzen und in seinem Kopf. 1943 geboren in Beratzhausen, studierte er von 1964 bis 1969 Malerei und Bildhauerei an der Akademie der Bildenden Künste in München. Es waren intensive Jahre, denn dort traf er auch auf die Kunststudentin Diane aus Kanada, die seit damals mit ihm Malerei und Leben teilt. Nach dem zweiten Staatsexamen als Kunsterzieher 1971 folgten ein Stipendium und Studienaufenthalte in Rom und New York. Neben Lehrtätigkeiten am Goethe-Gymnasium Regensburg sowie am Gymnasium der Regensburger Domspatzen wirkte er von 1982 bis 1989 als Dozent für Malerei, Zeichnerisches Naturstudium und Plastisches Gestalten am Institut für Kunstpädagogik der Universität Regensburg. Vielleicht hat die Stadt tatsächlich früh er-

Rudolf Koller zwischen seiner Skulptur „Frauenportrait Mulu" und der Zeichnung „Sitzende alte Frau".
Foto: altrofoto.de

kannt, dass der bodenständige stille Mann in die Kultur Regensburgs einen unverwechselbaren Ton einbringen wird. 1983 wurde er mit dem Kulturförderpreis ausgezeichnet. Seit 1972 ist er Mitglied der Münchener Secession, einer Künstlervereinigung, die sich 1892 gründete, um gegen eine eingeengte und konservative Kunstauffassung der traditionellen Gründerzeit aufzustehen.

Es war die Bestimmung des Augenblicks, in dem Rudolf Koller seinen Ort in Regensburg fand. Bei einem Gang über den Oberen Wöhrd entdeckte er das imposante Ensemble des Dittmer'schen Gartenpalais aus dem späten Klassizismus, für das sofort sein Herz schlug. Seit 1903 war es im Besitz der Fabrikanteneheleute Gustav und Therese Lauser. Mit ihnen hatte das Gebäude bei den Re-

Dicht an dicht drängen sich im Atelier Rudolf Kollers die kraftvollen Werke aus Jahrzehnten.
Foto: Stadt Regensburg – Bilddokumentation (Peter Ferstl)

gensburgern auch einen neuen Namen bekommen: die Lauser-Villa. Gegenüber im ehemaligen Gartengebäude des Predigers Christoph Jakob hatte die Futtermittelfabrik Lauser ihr Domizil. Rudolf Koller fragte an, ob er in der Villa vielleicht ein Atelier mieten könnte. Während der Hausherr zunächst unwirsch ablehnte, stieß er bei dessen Frau, die im selben Moment aus dem Fenster schaute, auf Entgegenkommen. So zog der junge Künstler in die Lauser-Villa und richtete sein Atelier ein. Schließlich konnte er von der Familie Lauser das erwähnte Maunz'sche Gartenhaus Lieblstraße 13a kaufen. Es wurde zum Zuhause für die eigene Familie, aber der Platz für die Kunst blieb in der Villa, bis diese 2002 verkauft wurde.

Oberflächen mit Schrunden

Nun drängen sich Gips- und Wachsformen, Bronzegüsse und gerahmte Zeichnungen, Tierdarstellungen und Porträts dicht an dicht in den Fluren und Zimmern des Atelierhauses. Das Œuvre aus mehreren Jahrzehnten ist umfangreich. Rudolf Kollers Arbeiten haben Eingang in Privatsammlungen gefunden, aber auch in die Domkrypta, an der Fassade der Kathedrale und in mehrere Museen. Umso faszinierender ist, dass auch jedes einzelne Blatt, jede Plastik, die noch beim Künstler selbst sind, den Betrachter festhält, spüren lässt, wie intensiv der Maler und Bildhauer seine Umwelt in den Blick nimmt, mit wie viel Empathie er Geburt, Werden, Vergehen, Tod, in der Natur, bei Mensch und Tier, dem großen Kreislauf des Lebens folgt. Der Besucher kann nicht einfach an einer Figur vorbeigehen oder in der Fülle der Zeichnungen schnell weiterblättern.

Am Anfang steht die Studie. Mit dem Bleistift erforscht er seine Motive, hält er mit sicherem Strich jedes anatomische Detail fest, folgt Muskeln, Sehnen und Knochen, reduziert die Körper nach und nach auf das, was den Menschen ausmacht. Rudolf Koller ist ein präziser Beobachter der Wirklichkeit, die er manchmal nahezu schonungslos erfasst. Im ganzen Haus begegnet der Besucher Frauenakten in all ihren Lebenszyklen. Es ist keine modellierte Schönheit, die seinen Figuren ihren ganz eigenen Charakter gibt. Der Bildhauer teilt ihre Stärke mit. Schwangere stehen fest, scheinen verwurzelt mit der Plinthe, ganz natürlich richtet sich der Blick sofort auf den sorgsam ausgearbeiteten, kraftvoll gewölbten Bauch, in dem das neue Leben wächst. Wie aus einem Stein heraus gearbeitet stellt er die Frau dar, die ihr Kind beim ersten Schritt begleitet. Die Dynamik zwischen haltender Mutter und strebendem Jungen wird zu einer bewegten Gesamtkomposition, die unverrückbar wie aus einem felsigen Fundament erwächst.

Rudolf Koller fertigt seine Figuren im Wachsausschmelzverfahren. Das Modell wird in Ton oder Wachs hergestellt, in Silikon abgeformt, in der Gießerei eingebettet in ein Tonbett, mehrfach anstelle der Silikonhaut in Wachs maskiert und von Ton umhüllt. Im Brennofen schmilzt das Wachs aus der keramischen Schalenform aus. Diesen Platz füllt beim anschließenden Guss die flüssige Bronze aus. Nach dem Abkühlen wird die Keramikform zerschlagen. Nun würde die Arbeit des Ziseleurs beginnen, der die Figur poliert und schleift. Rudolf Kollers Plastiken aber wollen nicht geglättet sein. Der Prozess des Gießens ist an ihnen ablesbar, die raue Oberfläche trägt die Spuren des Werdens wie Narben des Seins. Die grobe zerklüftete Struktur schafft eine lebendige Ausdrucksstärke. Nichts ist geschönt.

Besonders intensiv wird dies bei seinen Darstellungen des Alters wahrnehmbar. Rudolf Koller scheut sich nicht, die Reife, ja auch schleichende Hinfälligkeit des vergehenden Körpers zu zeigen. Die Verletzlichkeit von Lebewesen wird spürbar, greifbar. Er tröstet nicht mit dem

Ausdruck der Weisheit, sondern offenbart die Zeichen gelebten Lebens. Der alte Mensch als Sujet hat ihn früh fasziniert. Als Schüler zeichnete er das Porträt seiner Großmutter Anna Koller. Ihre im Schoß ruhenden Arbeitshände, die tief in die Gesichtszüge eingegrabenen Falten – schon der junge Rudolf Koller schaut genau hin. Er akzentuiert im Bildnis der einfachen Frau ihr Wesen, das müde Sich-zur-Ruhe-setzen nach den Beschwerlichkeiten der Jahre.

Immer wieder gebeugte Gestalten in seinem Werk, gekrümmt von Lasten, die ihnen das Leben auferlegt hat, oder auch sitzend mit dem Blick nach oben, scheinbar schon hinein in eine andere Welt jenseits der irdischen Existenz: Mit harten Linien zeichnet er Realität bis hin zum Sterben. Seine Bilder und Plastiken sind aber weit entfernt von „Memento mori". Sie mahnen nicht, des unausweichlichen Todes zu gedenken, sondern gehören so natürlich zum lebensvollen Werkzyklus wie eben auch die Schwangere, die Plastik eines neugeborenen Kalbes oder die Zeichnung säugender Hundewelpen.

Seine Kohlearbeiten aus der Anatomie in München, entstanden während seiner Akademiezeit 1964-1966, mit den nackten Leibern auf den im stillen Rhythmus diagonal geordneten Bahrenreihen, Bleistiftskizzen der routinierten Arbeit und des alltäglichen Sterbens der Kreaturen im Schlachthof Regensburg aus den 80er Jahren, ein liebevolles Bronzedenkmal für eine Maus, die Rudolf Koller jeden Tag pünktlich um 10 Uhr in seinem Atelier in der Lauser-Villa besuchte, und für einen Affen, den der Künstler in einem großen Käfig hielt, Zeichnungen seines Hundes, der ihm treu neben der Staffelei Gesellschaft leistete, Tonmodelle von Kinderköpfen – alles vermittelt die Botschaft: Das ist das Leben, voll und ganz, aufblühend und abgezehrt, gefördert und zerstört, verbunden und getrennt, mit aller Freude und allem Leid.

Der geschundene Gott im Dom

So wundert es kaum, dass ein Künstler, der sich so existentiell mit seinen Themen auseinandersetzt, eines immer wieder zeichnet und formt: den gekreuzigten Christus. Er zeigt ihn in seiner erlösten und erlösenden Würde in einem Torso der Kunstsammlungen des Bistums, dem sich der Betrachter nicht entziehen kann, ebenso wie in der Regensburger Domgrablege als Geschundenen und Gemarterten, in dem Göttliches aufstrahlt. Aber auch als schmerzverkrümmten Körper im verdichteten Bild menschlicher Hilflosigkeit in Entwurfsskizzen von eindringlicher Intensität, die nicht nur Gläubige mitleidend hineinnehmen in die Botschaft von Liebe und Hoffnung.

In einer Ausstellung trat Rudolf Koller 2017 in den Dialog mit Kunstwerken des Domschatz- und Diözesanmuseums Eichstätt. Rudolf Koller mag keine großen Worte, schon gar nicht, wenn es um seine eigenen Arbeiten geht. Er steht nicht gern im Mittelpunkt. So kommt es, dass trotz der überzeugenden Qualität seines Schaffens die Liste der Ausstellungen für sein langes Künstlerleben eher überschaubar ist. Eine Präsentation seiner Werke ist für ihn anstrengend. Bei aller bescheidenen Zurückgezogenheit wird er in der Vorbereitung zum Perfektionisten. In der Eichstätter Schau standen seine Zeichnungen, Gemälde und Skulpturen in spannenden Konfrontationen Kunstwerken der vergangenen Jahrhunderte gegenüber. Eindrücklich wurde erlebbar, dass Rudolf Koller im Schaffen der Epochen seine ganz eigene, gehaltvolle Stimme des Heute einbringt. Seine Plastik einer Mutter, die fürsorglich ihr Kind auf dem Arm trägt, stand wie selbstverständlich einer Madonna des frühen 16. Jahrhunderts gegenüber. Die beiden Figuren gaben sich gegenseitig eine neue Bedeutung, die Liebe der Mutter, der göttliche Funke in jedem Menschenkind – sie sind zeitlos gültig.

Frau und Kind ist auch das Thema der Ausstellung zum 75. Geburtstag des Künstlers in der Galerie St. Klara in der Ostengasse: „Hommage an das Leben". Seine Figuren zeigen den Moment des Tragens und Lastens, die innere und äußere Bewegung. All das hat er wahrgenommen, als seine Frau Diane ihre drei Töchter Lijda, Theresa und Verena ins Leben trug, als die Töchter schwanger waren und die sieben Enkelinnen und Enkel geboren wurden. Und das ist es auch, was er seinen Schülern mitgibt: „Schaut's erstmal, geht durch die Landschaft!" Der Künstler muss das Leben erfahren haben, das Mittelbare des Lebens bewusst gesehen und aufgenommen haben. „Zieht keinen Strich, den Ihr nicht selber erlebt habt", sagt Rudolf Koller. Er schaut genau hin, nicht auf reizlose glatte Oberflächen, sondern darauf, was sich dahinter und darunter verbirgt. So braucht es in seinem Schaffen keine durchgearbeiteten Details. Er konzentriert sich auf das Wesentliche und stellt so das Ganze dar, ja vielleicht sogar das große Ganze.

links:
Sitzende Frau mit Kind,
1993, Bronze, H 43 cm.
Foto: Stadt Regensburg –
Bilddokumentation (Peter Ferstl)

rechts:
Torso, Bronze, 1989, H 62 cm,
Kunstsammlungen des Bistums Regensburg

Heribert Prantl

HEIMAT OBERPFALZ

Gedanken über die Kraft der Provinz

Als einst ein Bayer König von Griechenland wurde und 1833 in Nauplia seinen Einzug hielt, da waren unter den wackeren Soldaten, die den jungen König Otto von Wittelsbach begeistert nach Griechenland begleiteten, ganz besonders viele aus der Oberpfalz: 23 Offiziere und 756 Mann vom ersten Bataillon des 10. Infanterieregiments aus Amberg. Erster griechischer Staatskanzler nach dem Ende der Türkenherrschaft wurde ein Niederbayer, Joseph Ludwig Graf Armannsperg, als zweiter folgte Ignaz von Rudhart, ein Oberfranke.

Aus der armen Oberpfalz aber, die man im Gegensatz zur Rhein- und Weinpfalz noch heute die Steinpfalz nennt, kamen die meisten Freiwilligen der bayerischen Griechenland-Truppen. Dreißig Jahre lang, von 1832 bis 1862, war Otto von Wittelsbach der erste König von Griechenland, und in diesen drei Jahrzehnten meldeten sich zum bayerischen Militärdienst in Griechenland sehr viele Oberpfälzer – sie waren so griechenschwärmerisch wie ihr König Ludwig I., dessen Zweitgeborener also nun Hellas regierte, dort an Recht und Verwaltung bastelte, die Akropolis wieder herstellte und das bayerische Weiß und Blau zur Farbe der griechischen Fahne machte.

Nahe an der großen Kultur

Der frühere SPD-Politiker Ludwig Stiegler aus dem kleinen Dorf Vilshofen gebürtig, das zwischen Amberg und Kallmünz liegt, sagt gerne, und das passt zu dieser oberpfälzisch-griechischen Geschichte: „Ich liebe Homer, weil der so oberpfälzisch ist." Er meint: „Die lautmalerische Sprache Homers, diese fast Schmellersche Diktion *(Anm.: Johann Andreas Schmeller ist der Schöpfer des berühmten bayerischen Wörterbuches)*, die hat etwas Ländlich-Bäuerliches." Das hört man aber wohl vor allem dann, wenn man selber ein Oberpfälzer ist. Aber das zeigt an, wie nah die Oberpfalz an der großen Kultur ist – und das meine ich nicht nur im Spaß.

Gerade einmal dreieinhalb Jahrzehnte ist es her, dass der Osten Bayerns, zumal die Oberpfalz, regelmäßig mit dramatischen Schlagzeilen auffiel: Mit einer Winterarbeitslosigkeit von bis zu 46 Prozent Ende der achtziger Jahre – man sprach von verlorenen Regionen. Kaum einer hätte sich damals träumen lassen, dass die bayerisch-böhmische Grenzregion bei der Beschäftigung einmal in die

Kallmünz: Einst Sehnsuchtsort von Künstlern wie Kandinsky und Münter, später Lifestyle-Ort.
Foto: Josef Roidl

Champions League Europas aufsteigen könne. In Ostbayern sind etwa viermal weniger Menschen arbeitslos als in Berlin (9,8 Prozent Arbeitslose gibt es dort), oder in Mecklenburg-Vorpommern (dort sind es 9,6 Prozent) – in der Oberpfalz sind es 2,7 Prozent im Jahresmittel. Aus dem Armenhaus Oberpfalz ist ein wunderbarer Aufsteiger geworden. In der Dekade zwischen den Jahren 2004 und 2014 ist das Bruttoinlandsprodukt in der Oberpfalz, um 41,6 Prozent gewachsen. Die oberpfälzische Provinz steht nicht schlecht da.

Das Gute an der Provinz

Provinz: das ist ein Wort, das oft abwertend gebraucht wird. Ich mag das Wort Provinz, auch wenn bei diesem Wort manche Unternehmer zusammenzucken. In meiner engeren Heimat, in Roding, ärgert sich, so habe ich vor einiger Zeit gelesen, einer der Inhaber von „Roding Roadster", die den gleichnamigen Sportwagen herstellt, wenn sie, etwa auf dem Automobilsalon in Genf, als „Überraschung aus der Provinz" bezeichnet werden. Da muss man sich nicht ärgern, da kann man stolz sein. Provinz ist ein gutes Wort, Provinz hat Kraft, Provinz – das ist die Kraft Deutschlands, sie war es jedenfalls einmal. Es gilt, die Kraft der Provinz zu erhalten oder wieder neu zu entwickeln. Es gilt, die Lebendigkeit des Lebens dort zu bewahren – am besten damit, dass man in der Oberpfalz die Fehler nicht macht, die anderswo gemacht worden sind, dass man zum Beispiel den Dörfern und Kleinstädten nicht den Einheitslook verpasst, der die Kommunen zwischen Kufstein und Kiel ununterscheidbar macht; man muss schauen, wie man die demografischen Probleme in den Griff kriegt, wie Bauland preiswert bleibt und die Verkehrsanbindung an die großen europäischen Straßennetze optimal wird. Das Autobahn-Kreuz A6 / A93 macht diesen Landstrich, wenn man es geschickt anstellt, zur Drehscheibe Europas.

„Provinziell muss die Welt werden, dann wird sie menschlich"

Provinz ist ein gutes Wort; es muss ein gutes Wort bleiben. Provinz ist da, wo die Menschen sich kennen. Provinz ist dort, wo die Zusammenhänge ebenso wie die Machtverhältnisse überschaubar sind. Provinz ist die Welt dort, wo sie kapierbar ist.

Der Schriftsteller Oskar Maria Graf hat einmal geschrieben: "Provinziell muss die Welt werden, dann wird sie menschlich". Wer Provinz gleichsetzt mit Dummsdorf oder mit dem Ort, wo der Hund begraben ist, der ist selbst provinzlerisch. Und wer meint, Provinz sei ein eher geistfreier Raum, der täuscht sich gewaltig. Das große Viergestirn – Wieland, Goethe, Herder und Schiller – wirkte in Weimar, also in der Provinz. Es gibt eine Weimarer Klassik, keine Berliner Klassik. Es gibt Kultur in der Provinz, oft lebendiger als in der Großstadt.

Provinz ist auch nicht automatisch Mauschelei, wie viele meinen, auch wenn in Regensburg gerade ein Korruptionsprozess gegen den suspendierten Oberbürgermeister beginnt. Provinz im wohlverstandenen Sinn ist die Übersichtlichkeit der Verhältnisse. Provinz ist ein gutes Wort und ein guter Platz, um sich heimisch zu fühlen. Zweidrittel der Deutschen leben in Dörfern, in Klein- oder in Mittelstädten – also in der Provinz. Deutschland ist zu gut Zweidritteln Provinz. Diejenigen, die sich für das Wort Provinz schämen, sagen lieber „Region". Meinetwegen.

Wider die Missachtung der Provinz

Der deutschen Provinz, um jetzt einmal nicht speziell von der Oberpfalz zu reden, sondern eine generelle Betrachtung anzustellen, wird aber seit Jahren übel mitgespielt, nicht nur von der Bundeswehr, die so viele Garnisonsstandorte geschlossen hat. Post, Telekom und Bahn haben sich radikal aus der Fläche zurückgezogen, kaum dass sie privatisiert waren. Auch bei den Sparkassen gibt es ein großes Filialschließen; es muss gespart werden – und manchmal sägt man dann aus Spargründen den Ast

Die Fa. Witron in Parkstein ist weltweit einer der Marktführer in der Planung und Realisierung von hochdynamischen Lagersystemen und Kommissioniersystemen in der Intralogistik.
Foto: Drone-Pics.de

ab, auf dem man sitzt. Die Provinz hat es wirklich nicht leicht heute. „Landlust" heißt zwar eine der erfolgreichsten Zeitschriften an den Kiosken. Aber die Landlust gibt es so oft nur auf dem Papier und bei der Nachfrage nach Omas Apfelkuchenrezept und der Landfrauenküche. Ansonsten existiert viel zu oft der Landfrust. Viele Bürgermeister müssen bizarre Kämpfe um schnelle Datenleitungen führen, die in einer hochentwickelten Industriegesellschaft eigentlich überall längst selbstverständlich sein sollten.

Neues Leben im alten Ort

Vielerorts in Deutschland verrotten die Ortskerne. Viele Dörfer, Klein- und auch noch Mittelstädte sehen aus wie ein Donut, also wie dieser amerikanische ringförmige Krapfen – ein abgeflachter Teigballen, der in der Mitte ein Loch hat. Diese Donut-Orte, es gibt hunderte, tausende in Deutschland, sind innen hohl – sie sind entweder voll schlechter, alter Bausubstanz; oder aber wie Puppenstübchen aufpoliert worden, aber dennoch ohne Leben, – weil die Ladenmieten dort aufgrund der Refinanzierung der Sanierungskosten für alte Ladengeschäfte unerschwinglich geworden sind. So entsteht das Loch im Zentrum so vieler Dörfer, Märkte und Städte.

Es gibt in Teilen Deutschlands so etwas wie eine provinzielle Depression. Aber man muss sich ihr nicht ausliefern. Nicht überall in der deutschen Provinz sind die Voraussetzungen so günstig wie neuerdings in der Oberpfalz. Ja, der Einwohnerrückgang und die Veränderung der Altersstruktur haben Auswirkungen auf die Infrastruktur; dabei darf aber nicht vornehmlich der Abbau die Zielsetzung sein, sondern der Umbau. Öffentliche Verkehrsanbindungen müssen funktionieren, Schulen müssen zu neuen Mittelpunkten des Miteinander-und-Voneinander-Lernens umgestaltet werden. Medizinische Betreuung und Pflege müssen neu konzipiert und ausgebaut werden. Der Kampf gegen den populistischen Rechtsextremismus ist auch ein Kampf gegen die provinzielle Depression.

In der Mitte der Dörfer, Märkte und Städte dürfen keine Löcher sein. Man könnte zum Beispiel den alten Gedanken des Austragshäusls wieder aufnehmen und ihn für den Ortskern nutzbar machen: Unter Auszugshaus, Austragshaus oder Ausziehhaus verstand man früher ein auf einem Bauernhof errichtetes kleineres Gebäude, das für die Altbauern, Altenteiler hießen sie auch, errichtet wurde und nach der Übergabe des Hofes an die Erben den Al-

Hohenfels: Traumhaus, leerstehend, sucht Liebhaber.
Foto: Peter Morsbach

ten als Wohnstätte diente. Was bedeutet es, wenn man sich diesen Gedanken nutzbar macht? Heute stehen die Altensiedlungen und die Altenheime an den Ortsrändern, sie sind verkehrstechnisch meist schlecht angebunden. Es wäre sehr viel besser, die alten Menschen in die Ortsmitte zu holen, dorthin, wo die Kirche, das Rathaus und die Sparkassen-Filiale steht und wo in der zugesperrten ehemaligen Schlecker-Filiale ein neuer Dorf- und Tante-Emma-Laden mit Waren für den täglichen Bedarf und mit regionalen Produkten aufgemacht hat. Die Ortskerne in Dörfern, Klein- und Mittelstädten müssen wiederbelebt werden. Die Menschen brauchen eine wohnungsnahe Rundumversorgung. Jeder zehnte Einwohner Deutschlands kann Brot und Milch nicht mehr zu Fuß einkaufen, weil der nächste Laden zu weit entfernt ist.

Wenn eine Sparkasse in einem kleinen Ort wirklich zusperren muss – es reicht doch dann nicht, einfach stattdessen einen Bankautomaten hinzustellen. Es gibt schöne Beispiele, was aus ehemaligen Sparkassenfilialen werden kann. Nicht nur ein Aufstellort für einen Bankomaten. Vielleicht geht es ja, wie im Dorf Barmen an der holländischen Grenze, dass dort, wo einmal die Schalter waren, nun Vitrinen stehen mit Brot, Käse und Fleisch aus der Region; dort kann man auch seine Jacke zur Reinigung abgeben, Briefmarken kaufen, Medikamente auf Rezept und das Nummernschild für das neu zugelassene Auto; und dann kommt einmal in der Woche der Arzt aus dem Nachbardorf zur Sprechstunde her. Wie gesagt: Es gibt schon Orte, wo das wunderbar funktioniert, ich nenne sie „Tante-Emma-Dörfer". Die Kommunen werden zusammenarbeiten müssen, um die Landarztpraxen wieder attraktiv zu machen und Netzwerke zwischen ihnen und den umliegenden Krankenhäusern zu initiieren.

Regionalentwicklung als Realität

Es geht um Regionalentwicklung. Das ist nichts Abstraktes, sondern sehr konkret. Es geht dabei weniger um die Beschilderung von Wanderwegen oder darum, dass die Marktplätze alle zehn Jahre andersherum gepflastert werden. Es geht vor allem darum, wie man junge Menschen zum Bleiben oder, noch besser, zur Rückkehr bewegt. Die Entvölkerung ländlicher Räume ist kein Naturgesetz. Sie ist eine Folge dessen, dass Arbeit und Leben dort nicht oder viel zu wenig vereinbar sind.

Schwerter zu Pflugscharen oder Kasernen zu Hochschulen! Die Ostbayerische Technische Hochschule Amberg-Weiden hat in Amberg die ehemalige Kaiser-Wilhelm-Kaserne übernommen.
Foto: Peter Morsbach

Die Zukunft des ländlichen Raums: Die Gründung von Sozialgenossenschaften kann auch dazu gehören, die Gründung von betreuten Alten-Wohngemeinschaften, von Wohngemeinschaften für demente Menschen oder Projekten des gemeinsamen Wohnens von Alt und Jung. Wenn der alte Generationen-Sozialverbund nicht mehr hält, weil immer mehr Junge in die Großstädte ziehen, dann müssen neue Formen des Sich-Kümmerns um die Alten und dabei Arbeits- und Entfaltungsmöglichkeiten für die Jungen erfunden werden.

Was ist Heimat? Heimat ist, so viel steht fest, mehr als eine Postleitzahl, mehr als eine Adresse, mehr als eine Immobilie. Heimat. Als am Beginn meines Journalistenlebens die deutsche Einheit wiederhergestellt war und die Debatten darüber begannen, ob denn nun Bonn oder Berlin die deutsche Hauptstadt sein solle, habe ich denn auch in der Redaktionskonferenz der Süddeutschen Zeitung – halb im Spaß, halb im Ernst – Regensburg als Hauptstadt vorgeschlagen. Das hatte natürlich auch etwas mit meinem Stolz auf die Heimat zu tun, aber nicht nur – es ist ja so: in Regensburg gingen schon Kaiser und Könige aus und ein, als Berlin noch kein Mensch kannte. Gleichwohl: Mein Vorschlag verfing nicht weiter. Das mag zum einen daran gelegen haben, dass ich damals ein ziemlich neues Redaktionsmitglied war und sich zur Hauptstadtfrage nur die arrivierten Kollegen äußern durften; zum anderen hielt man mein Votum wohl für reichlich absurd. Es war freilich weniger absurd, als es ein paar Jahrzehnte vorher die Adenauer'sche Entscheidung für Bonn gewesen war.

Überhaupt kann von Absurdität nur einer reden, bei dem Geschichte erst mit dem 19. Jahrhundert einsetzt. Damals verschwand in der Tat Regensburg gerade von der politischen Landkarte: Das alte Zentrum des Alten Reiches schrumpfte damals zum Provinznest. Die siebzig Reichsversammlungen, Hof- und Kurfürstentage, welche die Freie Reichsstadt Regensburg beherbergt hatte, gerieten in Vergessenheit. Der Immerwährende Reichstag, der seit 1663 in Regensburg getagt hatte, sperrte die Türen für immer zu. Das war im Jahr 1806. Die Gesandtschaften verscherbelten ihr Mobiliar an die örtlichen Bäcker- und Metzgermeister und reisten ab, die Thurn und Taxis ausgenommen. Und in der Gesandtenstraße, in der Straße, in der die Diplomaten aus ganz Europa residiert hatten, etablierte sich eine Schnupftabakfabrik. Von da an war in Regensburg die Vergangenheit noch viel vergangener als anderswo.

Wo Regensburg aufhört, fängt Berlin allmählich an

Diese Vergangenheit in Regensburg beginnt mit der Dritten Italischen Legion, die an der Mündung des Regens in die Donau ihr Castra Regina gebaut hatte; und die Vergangenheit hört in dieser Stadt etwa dort auf, wo sie in Berlin allmählich anfängt. Atlantis soll einst im Meer versunken sein, Regensburg versank am Anfang des 19. Jahrhunderts in der Provinz und im Plusquamperfekt. Aus der „Metropolis", wie ein geistlicher Geschichtsschreiber im 11. Jahrhundert die Stadt genannt hatte, wurde ein Nest auf römischem Fundament.

Als vor gut fünfzig Jahren die Universität Regensburg ihren Lehr- und Forschungsbetrieb aufnahm, war das das Fundament für eine Renaissance der Stadt. Aus dem miserabelsten Wohnviertel Deutschlands, aus den Slums unter Denkmalschutz der fünfziger Jahre, sind noble Quartiere in geschleckten Straßen geworden. Die Altstadt hat eine Traumsanierung erfahren. In Berlin wohnt man preußisch, in Regensburg gotisch. Wilhelm Ludwig Wekherlin glaubte 1778 in der Stadt Regensburg ein Abbild des „schwermütigen Reichsverfassungskörpers" zu sehen; heute glaubt man sich in einem glanzpolierten Abbild von Siena oder Florenz. Die Geschichte dieser Stadt passt zu diesem Aussehen. Sie ist weniger kleindeutsch denn europäisch. Regensburg ist sozusagen die Vorgängerin von Brüssel als europäisches Zentrum. Regensburg repräsentiert das alte Europa – aber auch das neue Europa: die Stadt schlägt die Brücke nach Böhmen, sie ist das Tor nach Osteuropa.

Was vor fünfzig Jahren in Regensburg mit der Universität im Großen bewirkt worden ist, wiederholte sich vor 25 Jahren in Amberg und Weiden mit der Technischen Hochschule im Kleineren. 1995 wurde der Studienbetrieb mit den Studiengängen Betriebswirtschaft in Weiden und Elektrotechnik in Amberg aufgenommen. 1997 folgten Wirtschaftsingenieurswesen in Weiden, Maschinenbau und Umwelttechnik in Amberg, Patentingenieurwesen und Angewandte Informatik kamen hinzu, dazu der Studiengang Medienproduktion und Medientechnik in Amberg, Internationales Technologiemanagement in Weiden, dazu die Studiengänge Erneuerbare Energien, Handels- und Dienstleistungsmanagement, Kunststofftechnik sowie Medizintechnik. Das sind gar nicht so kleine, aber trotzdem feine Studien, das sind Heimaterhaltungs- und zugleich Zukunftsicherungsprojekte.

Von der Vernichtung der Heimat

Unlängst habe ich die Werke des böhmischen Schriftstellers Johannes Urzidil gelesen. Urzidil war ein Zeitgenosse von Kafka, Brod und Werfel, er ist 1939 vor Hitler erst nach Großbritannien und dann in die USA, nach New York, emigriert. Statt dort seiner verlorenen böhmischen Heimat nachzutrauern setzte er ihr ein Denkmal: Inmitten der Wolkenkratzerriesen von New York beschrieb er den Blick vom Stingelfelsen im Böhmerwald, machte er seine Streifzüge durch seines Vaters Apothekenkästchen und durch die böhmische Geschichte. Er schrieb über Böhmen als „Die verlorene Geliebte der europäischen Geschichte". Er baute seine böhmischen Dörfer in New York wieder auf, nicht als Heimat- oder Heimwehidylle, sondern als Visionen einer unverlierbaren Geschichte – an deren Zerstörung wir Deutsche uns bis 1945 tatkräftig beteiligt haben.

Das alte Prag – es war einmal. Das alte Böhmen – es war einmal. Böhmen, Prag zumal, hat bis tief ins zwanzigste Jahrhundert hinein drei Seelen gehabt: die deutsche, die jüdische und die tschechische. Die jüdische und die deutsche Seele wurden zerstört. Prag war eine Stadt, in der Deutsch geschrieben wurde. Viele der großen Schriftsteller dort, die meisten Juden, schrieben noch in den zwanziger und dreißiger Jahren Deutsch. Max Brod, Franz Werfel, Leo Perutz, Johannes Urzidil. Mein Gott, welche literarische Kraft war hier zu Hause: Rilke kam aus Prag, 1875 dort geboren; Adalbert Stifter, der große Dichter, wurde 1805 im böhmischen Oberplan geboren. Franz Kafka, geboren 1883 in Prag, gestorben 1924 in Kierling, heute ein Stadtteil von Klosterneuburg, erlangte Weltruhm, als Max Brod, sein enger Freund und Schriftstellerkollege, seine Werke gegen seinen erklärten Willen veröffentlichte. Die Nazis haben das alles ausgerottet.

Erst kam Hitler-Deutschland über die Tschechen und zerstörte die jüdische Kultur, dann, nach 1945, trieben die Tschechen die deutsche Kultur aus. Und dann kamen die Sowjets und hätten fast auch noch die tschechische Kultur zerstört. Ein Volk, das vergewaltigt wurde, hat dann selbst vergewaltigt und ist schließlich wieder vergewaltigt worden. Es ist eine furchtbare Geschichte. Die Zerstörung des Deutschen in Böhmen war zugleich die Selbstzerstörung der tschechischen Geschichte, denn die Sudetendeutschen waren Teil der Geschichte des Landes über Jahrhunderte – so wie auch die Juden Teil der Geschichte

Das Oberpfälzer Seenland: eine einzigartige Natur-Kultur-Landschaft
Foto: Zweckverband Oberpfälzer Seenland

des Landes gewesen waren. In Johannes Urzidils Werk blieb die Kraft der drei Kulturen Böhmens erhalten: „Meine Heimat ist", so schrieb der Dichter, „was ich schreibe".

Heimat ist, worüber ich schreibe

„Meine Heimat ist, was ich schreibe": Das ist für einen Journalisten wie mich auch kein schlechtes Motto. Bei mir ist es eher so, dass Heimat das ist, worüber ich schreibe. Ich schreibe als politischer Journalist über die Demokratie, über den Sozialstaat und über Europa – und ich glaube, dass die Konkretisierung dieser abstrakten Begriffe sehr viel mit Heimat zu tun hat. Heimat Demokratie? Wenn Demokratie gelingt, wird sie zu Heimat für die Menschen, die in dieser Demokratie ihre Zukunft miteinander gestalten. Heimat Sozialstaat? Wenn der Sozialstaat funktioniert, ist er Heimat für die Menschen, die sich eine Villa nicht leisten können. Heimat Europa? Europa muss – hoffentlich, bitte – aus seinen Krisen wieder herauskommen. Es kann doch nicht sein, dass die Mitgliedsstaaten dadurch wieder „groß" und „great" werden wollen, in dem sie sich wieder klein machen und auf das Nationale schrumpfen. Heimat Provinz: Die Provinz ist die Urzelle der Heimat. In einer Zeit, in der sich viele Menschen immer unsicherer, also enteimatet fühlen, kann die Provinz ein Anker der Stabilität für den Menschen sein. Dieses Gefühl kann durchaus auch ein ökonomischer Faktor sein – und zu diesem Gefühl der Geborgenheit und des Aufgehobenseins, zum Stolz auf die Heimat, gehört auch das heimatliche Geschichtsbewusstsein. Die Oberpfälzer Geschichte ist eine stolze, auch eine bittere und eine wechselhaft turbulente Geschichte. Regensburg und Prag, die Oberpfalz und Böhmen: Die Geschichte dieser Zwillingsstädte und Zwillingsregionen beginnt geschichtsmächtig im Jahr 845, zur Zeit Ludwigs des Deutschen, als sich 14 böhmische Fürsten in Regensburg taufen ließen. Die ältesten liturgischen Handschriften Prags stammen aus der Schreibschule des Regensburger Klosters St. Emmeram. Böhmen wurde von diesem Kloster und vom Kloster Chammünster aus missioniert, bevor Bischof Wolfgang das Missionsgebiet im Jahr 973 durch die Errichtung des Bistums Prag in die Unabhängigkeit entließ. Im Spätmittelalter drehte sich dann das Dominanzverhältnis um: Das Bistum Regensburg war dem Prager Erzbischof als päpstlichem Legaten zugeordnet.

Regensburg und Prag, die Oberpfalz und Böhmen: Man kann die gemeinsame Geschichte, von der so viel verloren gegangen ist und die wieder gewonnen werden muss, noch sehen, man kann sie besichtigen, bewundern – in den Glasfenstern des Regensburger Doms zum Beispiel: Dort findet man das Wappen des Königreiches Böhmen, den weißen Löwen im roten Feld, an der Ostwand des Hauptchores; den Heiligen Wenzel, den Schutzheiligen Böhmens, findet man im Seitenschiff; und Karl IV., den großen böhmischen König und römisch-deutschen Kaiser findet man im Prophetenfenster des Doms. Dieser Karl IV. hat ab 1355 Sulzbach (heute Sulzbach-Rosenberg) zu einem der Zentren des Reiches erhoben, seine Kanzlei war vorbildlich für die Weiterentwicklung der deutschen Sprache, er hat in Prag die erste Universität Mitteleuropas gegründet. Unter Prager Kaiser Karl IV. wurde die Schriftsprache der Deutschen geboren – und neben dem Latein in den amtlichen Verkehr aufgenommen.

Heimat Europa

Man muss diese Domfenster in Regensburg anschauen, man muss über die Steinernen Brücken von Regensburg

Landespatron und Brückenheiliger: Der „doppelte Johannes Nepomuk" von 1799 südlich von Schönsee (Lkr. Schwandorf) blickt nach Bayern und nach Böhmen.
Foto: AFO Regensburg

und Prag gehen – und dann die Exzesse der böhmisch-oberpfälzischen Geschichte in die Moldau und in die Donau werfen und wegschwimmen lassen; man muss die Fremdheiten überwinden, die die alten Nationalismen aufgetürmt haben. Da es im abendländischen Denken eine metaphysische Dimension gibt, gibt es auch die Auferstehung: die Besinnung auf die Ursprünge abendländischen Denkens, auf die geschichtliche Kontinuität, auf die Klammer der Jahrhunderte, auf das Miteinander.

Man spürt die Heimat Europa zu wenig in den Aufgeregtheiten der Tagespolitik. Dabei ist das neue Europa, die Europäische Union, bei allen Fehlern, die sie hat, und es sind viele, das Beste, was den Deutschen, Franzosen und Italienern, den Tschechen und Dänen, den Polen und Spaniern, den Niederländern, Briten und Griechen, den Bayern und Balten, Württembergern, den Schotten und den Sizilianern, den Böhmen und den Oberpfälzern in ihrer langen Geschichte passiert ist. Europa ist die Verwirklichung so vieler alter Friedensschlüsse, die den Frieden dann doch nicht gebracht haben.

Das Land zwischen den Mühlsteinen der Geschichte

Die Oberpfalz ist ein Land, das Jahrhunderte lang wie kaum ein anderes in Deutschland unter Kriegen gelitten hat. Unter Friedrich Barbarossa war die Oberpfalz noch das prosperierende Reichsland gewesen, später wurde die Oberpfalz der Steinacker des Reichs, das Armenhaus des Heiligen Römischen Reiches Deutscher Nation. Warum? Im Dreißigjährigen Krieg war die Oberpfalz, ihrer Nähe zu Böhmen wegen, das ständige Durchzugsgebiet kaiserlicher und schwedischer Truppen. Die Söldnerheere beider Kriegsparteien plünderten und brandschatzten in den oberpfälzischen Städten, Märkten und Dörfern. Manche Orte wurden nacheinander von Truppen beider Kriegsparteien überfallen und ausgeraubt. Nach dem Dreißigjährigen Krieg war die Oberpfalz wirtschaftlich völlig ruiniert, das einst blühende Ruhrgebiet des Mittelalters hatte jegliche wirtschaftliche Bedeutung und Leistungskraft verloren.

Das Land blieb ein Armenhaus, über zwei Jahrhunderte lang. Als nach 1806 im neu errichteten Königreich Bayern für das Militär Rekruten ausgehoben wurden, gab es nirgendwo so viele untaugliche junge Männer wie in der Oberpfalz. Sie waren unterernährt und kamen aus regelrechten Elendsgebieten. Nirgendwo in Bayern gab es weniger Schulden pro Kopf, nirgendwo gleichzeitig mehr Arme und Mittellose. Für die Oberpfalz hat der Dreißigjährige Krieg nicht nur dreißig, sondern zwei, dreihundert Jahre gedauert. Unter den Wirren der Hussitenkriege und ihren Nachfolgern hat das Land so gelitten, dass diese Kriege sich bis heute ins Bewusstsein eingebrannt haben – dabei ist der fa-

So geht es auch. Ein lebenswertes und belebtes Ortsbild zeigt Neualbenreuth (Landkreis Tirschenreuth).
Foto: Markt Neualbenreuth

Sog. Hussitendenkmal, 1933 errichtet zur Erinnerung an die Hussitenschlacht von 1433 bei Hiltersried (Lkr. Cham)
Foto: Peter Morsbach

tale Ausgangspunkt dieser Kriege schon fast 600 Jahre her: Am 6. Juli 1415 ist der böhmische Reformtheologe Jan Hus beim Konzil von Konstanz auf dem Scheiterhaufen verbrannt, obwohl der König Sigismund, der ein schwacher König war, ihm freies Geleit zugesichert hatte.

Der Aufstand des Gewissens gegen die Macht: Jan Hus

Die Entdeckung Amerikas im Jahr 1492 gilt gemeinhin als die Wende zwischen Mittelalter und Neuzeit. Durch dieses spektakuläre Ereignis wird die wahre Umwälzung verdeckt, die 1415 ihr historisches Datum hatte, als in Konstanz der böhmische Reformator Jan Hus als Ketzer verbrannt wurde. Jan Hus gab dem europäischen Denken jene Richtung, die über Luther und Calvin bis zu uns heute führt. Jan Hus – er steht für den Aufstand des Gewissens gegen die Macht. Der Aufstand des Gewissens ist also eine böhmische Erfindung; er hat sich wiederholt, als sich vor fünfzig Jahren, im August 1968, die Menschen auf dem Wenzelsplatz gegen die sowjetischen Panzer stellten, die den Prager Frühling niederwalzten.

1415: Dieses schreckliche Scheiterhaufen-Datum ist eines der wichtigsten, nein, es ist wohl das wichtigste Datum der oberpfälzisch-böhmischen Geschichte. Jan Hus, mittlerweile von der römisch-katholischen Kirche rehabilitiert, war, hundert Jahre vor Martin Luther, ein Reformator der Kirche. Er hat, wie später Luther, gegen den Ablasshandel gepredigt, er vertrat die Thesen des im Jahr 1384 verstorbenen John Wiclif, er lehnt also den kirchlichen Feudalismus, den kirchlichen Großgrundbesitz und den Zölibat als biblisch nicht vorgegeben ab. Jan Hus lehrte, dass nicht Papst und Klerus, sondern die Gläubigen selbst die Kirche verkörpern. Jan Hus stellte die erkannte Wahrheit und das von Gott erleuchtete Gewissen über menschliche Autorität. Das klingt noch heute unglaublich modern; und das war damals unglaublich revolutionär, das war eine Bedrohung für die Autokratie der so eng verbundenen weltlichen und kirchlichen Macht. Diese Bedrohung hat man damals, vor gut 600 Jahren, verbrennen und so auslöschen wollen. Verrat hat Jan Hus auf den Scheiterhaufen gebracht – der schwache Kaiser Sigismund hielt das Versprechen des freien Geleits zum Konzil nach Konstanz nicht ein. Und die damals so marode und korrupte katholische Kirche enthob den Kaiser aller moralischen Skrupel, in dem sie ein Wort, das man einem Ketzer gegeben habe, für unverbindlich erklärte. Seit Jan Hus war die Geschichte Böhmens (und damit meist auch die der Oberpfalz) eine religiöse Geschichte, eine Geschichte der Glaubenskämpfe – „nach 1945 selbst noch in der Abwendung von Gott", wie der Journalist Jürgen Serke schreibt, der die böhmische Kultur und Geschichte kennt wie kaum ein anderer. Der christliche Kommunismus der Taboriten, der Teil der hussitischen Bewegung war, führte schließlich – so meint Serke – hin zum kommunistischen Marxismus.

Die Hussiten mit anderen Augen anschauen als bisher

Zum neuen Miteinander der Oberpfälzer und der Böhmen gehört es auch, auf die Hussiten mit anderen Augen zu schauen als bisher. Jan Hus ist die große Figur der böhmischen Geschichte. Der heilige Johannes von Nepomuk ist auch eine große Figur der böhmischen Geschichte. Der Märtyrer des Beichtgeheimnisses wurde zwanzig Jahre vor Jan Hus ermordet. Als man Jahrhunderte später sein Grab öffnete, fand man, so die Legende, im Totenschädel völlig unversehrt die Zunge, an deren Schweigen die Gewalt des Königs zu Schanden gekommen war. Auf der Karlsbrücke zu Prag steht seitdem ein Standbild des Heiligen Nepomuk, der 1729 heilig gesprochen wurde. Das Antlitz des Heiligen, von dem nie ein Bild überliefert wurde, trägt die Züge des Jan Hus. Und so verbinden Jan Hus und Johannes von Nepomuk die Geschichte des Landes zwischen Regensburg und Prag.

In den Schlössern der Oberpfälzer Hammerherren wie hier in Schmidmühlen spiegelt sich die Vergangenheit einer einstigen hochbedeutenden Montanindustrie.
Foto: Peter Morsbach

Blick auf die Schwarzach, die hier noch uneingeschränkt mäandern darf.
Foto: Verlagsarchiv

Wir müssen unser Europa hier, genau hier in diesem Landstrich, wieder finden. Wir müssen den Reichtum entdecken, der in der Geschichte dieser Länder steckt, die so lange auch eine gemeinsame war, und wir müssen die Zukunft darauf bauen, eine europäische Zukunft. Wir haben es uns angewöhnt, über die Bürokratie von Brüssel zu klagen, über die Demokratiedefizite, über die Kosten, über den Wirrwarr von Richtlinien. Und viele Politiker mäkeln kräftig mit. Früher haben sie ihre Reden mit dem Satz begonnen: „Ich bin für Europa, und deshalb …". Heute reden selbst die Europa-Befürworter wie folgt: „Ich bin für Europa, aber …". Wir haben verlernt, das Wunder zu sehen. Europa ist ein Wunder. Dieses Europa der Europäischen Union ist das Beste, was Europa je passiert ist. Brüssel, die Europäische Hauptstadt, ist sehr weit im Westen. Ich sähe sie lieber in Wien – in der Hauptstadt des ehemaligen Habsburger-Reiches, die in gewisser Weise ein Vorläufer der Europäischen Union war.

„Von der Humanität durch Nationalität zur Bestialität"

Wir leben in einer Zeit der negativen Renaissance, einer Zeit der Wiedergeburt von alten Wahnideen und Idiotien. Man liest nachdenklich den Satz, den Franz Grillparzer

1849 geschrieben hat: „Von der Humanität durch Nationalität zur Bestialität". Und man ahnt und weiß, dass die Humanität wieder bedroht ist, massiv wie schon Jahrzehnte nicht mehr. Sie ist, wen beunruhigen die aktuellen Nachrichten aus den USA oder aus der Türkei nicht, bedroht von gemeiner Rede und gemeiner Tat, von der Lust an politischer Grobheit, Flegelei und Unverschämtheit, von der Verhöhnung des Anstands und der Diplomatie, sie ist bedroht von einer oft sehr rabiaten Missachtung des Respekts und der Achtung, die jedem Menschen zustehen, dem einheimischen Arbeitslosen, dem Flüchtling wie dem politischen Gegner.

Es ist ein Elend, dass in Europa der Nationalismus gegen die EU in Stellung gebracht wird, dass man sich groß machen will, in dem man sich wieder klein macht. Natürlich hat das EU-Europa Fehler gemacht, natürlich hat es zu wenig getan gegen das Wegbrechen der sozialen Sicherheit, gegen die wachsende Spaltung der Gesellschaft. Aber diese Fehler beschreiben nicht das Projekt Europa, sie beschreiben die Irrwege und Abgründe. Trotz alledem und alledem: Europa ist etwas anderes als die Summe seiner Fehler. Das Europa, das aus dieser Union werden kann, es wäre, es ist der letzte Sinn einer unendlich verworrenen europäischen Geschichte.

Hier ist die Mitte Europas

„EU" ist das Kürzel für das goldene Zeitalter der europäischen Historie. Man schreibt das so hin, weil es wahr ist; man sagt das so, weil es einfach stimmt – aber man erschrickt beim Schreiben und beim Reden und beim Lesen, weil dieser Lobpreis so überhaupt nicht zur allgemeinen Stimmung passt, weil er übertönt wird vom Lamento furioso der Europaskeptiker, der Europagegner und Europahasser. Europa ist, nicht erst seit dem Brexit, aber seitdem noch mehr, zu einem geschundenen Wort geworden, zu einem Synonym für Krise. Es herrscht viel Tristesse in Europa und zu wenig Begeisterung. Auch viele von denen, die Europa lieben, hatten und haben es sich angewöhnt, über die Bürokratie von Brüssel zu klagen, über die Demokratiedefizite, über den Wirrwarr der Richtlinien, über die Flüchtlingspolitik, über den Euro und die Rettungsschirme.

Alle Klagen sind berechtigt. Aber: Wir haben verlernt, das Wunder zu sehen – die offenen Grenzen, die gemeinsame Währung, das gemeinsame europäische Gericht, die gemeinsamen Gesetze. Wir müssen das wieder lernen, spätestens im Jahr 2019 – da wird das Europäische Parlament neu gewählt. Die Europäer werden für ein junges, ein sich reformierendes Europa kämpfen müssen wie nie, weil diese Europawahl die Antwort geben muss auf die neuen Nationalismen und die neuen Populismen. Die junge europäische Generation, die Generation Erasmus, wird sich ihr Europa nicht von den alten nationalistischen Säcken wegnehmen lassen. Dieses Europa muss Heimat werden für die Menschen. Es braucht dafür eine Transnationalisierung der Demokratie – und es braucht eine Transnationalisierung der sozialstaatlichen Grundgarantien. Demokratie und Sozialstaat gehören zusammen.

Zwischen Regensburg und Prag entscheidet sich, ob und wie Mitteleuropa wieder aufersteht; hier, zwischen Regensburg und Prag entscheidet sich vielleicht auch die Zukunft Europas. Hier ist die Nahtstelle zwischen der alten Europäischen Gemeinschaft des letzten Jahrhunderts und der Europäischen Union des neuen Jahrtausends. Hier ist die Mitte Europas.

Autorenfoto: Jürgen Bauer

Gerhard Dietel

„NICHT FÜR EINEN ELITÄREN KREIS, SONDERN FÜR EINE BREITE ÖFFENTLICHKEIT"

Ein Porträt des Komponisten Ernst Kutzer anlässlich seines hundertsten Geburtstags

Den hundertsten Geburtstag heuer am 9. März hat er nicht mehr erlebt, doch seinen Neunzigsten konnte er noch selbst feiern oder vielmehr sich aus diesem Anlass feiern lassen: der Oberpfälzer Komponist Ernst Kutzer, der in den 1960er Jahren in Pentling nahe Regensburg ansässig geworden war. In Bad Abbach, seinem letzten Wirkungsort im Hauptberuf als Lehrer, richtete man ihm im Kursaal eine öffentliche Feier aus, mit einer Laudatio auf den Jubilar und Aufführungen zahlreicher Werke aus seiner Feder.

In einer Art musikalischem Walhall

Auch zu seinem Achtzigsten war ihm bereits große Anerkennung zuteilgeworden. Damals erschien eine Monographie über sein Leben und Wirken in der Reihe „Komponisten in Bayern". Das bedeutete den künstlerischen Ritterschlag für Ernst Kutzer, stand sein Name doch damit in einer Art musikalischem Walhall neben solch renommierten Meistern wie Werner Egk, Hugo Distler oder Karl Amadeus Hartmann.

Sollte jemand von der Bedeutung Ernst Kutzers immer noch nicht überzeugt sein, so gebe er dessen Namen mit dem Zusatz „Komponist" (um den österreichischen Maler und Graphiker gleichen Namens auszuschließen) in die Suchmaschine Google ein. Sicher: Manch tagesaktuelle Pop-Größe wird ein Vielfaches an Treffern aufweisen, aber immerhin 28 100 Einträge: das ist ein respektables Ergebnis.

Google und World Wide Web als Wege, sich dem Schaffen und Leben Ernst Kutzers inhaltlich zu nähern: Das hätte er sich in seiner Jugend nicht im Entferntesten träumen lassen. In diesem Moment wird erst so recht klar, welch immenser zeitlicher Abstand uns von jener Umgebung trennt, in die Ernst Kutzer vor hundert Jahren hineingeboren wurde. Alte Fotoalben erscheinen vor unserem inneren Auge, wie sie in vielen Familien von den Eltern und Großeltern überkommen sind: mit inzwischen braunstichig gewordenen Bildern unserer Vorfahren, auf denen Kleidung und Frisuren uns fremd anmuten.

Als echten Oberpfälzer darf man ihn bezeichnen

Auch von Ernst Kutzer gibt es Fotodokumente aus seiner Jugend, die er im oberpfälzischen Thanhausen, nahe der böhmischen Grenze verbrachte. Als echten Oberpfälzer darf man ihn bezeichnen, auch wenn er in München geboren wurde, das in seiner weiteren Biografie noch eine wichtige Rolle spielen sollte. Doch stammten die Eltern aus dem Landkreis Tirschenreuth und kehrten bereits 1919 in die Heimat ihrer Vorfahren zurück, wo sie eine Landwirtschaft und ein kleines Lebensmittelgeschäft übernahmen.

Eine unbeschwerte Kindheit und Jugend konnte Ernst Kutzer dort im Kreise der Familie zusammen mit den beiden jüngeren Geschwistern verbringen, und die Geborgenheit des dörflichen Lebens hat ihn wohl charakterlich entscheidend geprägt. In dieser Jugenderfahrung gründete die Freude, mit der er seinen späteren Lehrerberuf vorzugsweise im ländlichen Milieu ausübte, und zweifellos liegt hier auch die Wurzel für die Bodenständigkeit der Musik, die er im Laufe seines Lebens schuf.

Doch aus dem Paradies der Jugend wurde Ernst Kutzer bald genug vertrieben. Er musste die Erfahrung machen, wie schnell menschliche Pläne vom Schicksal durchkreuzt werden. Aus dem beabsichtigten Übertritt an ein Gymnasium wurde nichts mehr, als der Vater schwer erkrankte, im Jahr 1928 mit nur 42 Jahren verstarb und die Familie in bedrängten wirtschaftlichen Verhältnissen zurückließ.

Ernst Kutzer ergriff die einzige Chance auf einen weiterführenden Bildungsweg, der ihm noch offenstand, und hatte dabei auch Glück. Im Jahr 1931, in einer Zeit allgemeiner wirtschaftlicher Unsicherheit, gelang es ihm, in die Amberger Lehrerbildungsanstalt aufgenommen zu werden, weil trotz staatlicher Sparmaßnahmen eine Sonderverordnung Plätze für weitere Kandidaten schuf. Nicht zuletzt war sein früh hervortretendes musikalisches Talent ausschlaggebend, dass sich ihm dieser Ausbildungsweg eröffnete. Denn damals herrschte noch eine ganz andere Vorstellung vom pädagogischen Beruf. Aus dem neunzehnten Jahrhundert wirkte das Bild jenes

Das wohl bekannteste Porträt Ernst Kutzers: beim Komponieren.
Foto: privat

Schullehrers auf dem Lande nach, der nicht nur die Jugend informieren und erziehen sollte, sondern zugleich Organisten- und Kantorendienste versehen und darüber hinaus weitere Impulse für ein örtliches Kulturleben geben konnte.

Im Geiste dieser Vorstellung einer musisch geprägten Lehrerpersönlichkeit wurde Ernst Kutzer erzogen und verkörperte sie später mit allen Fasern seines Wesens. Zuerst in Hohenthan, wo er nach der Rückkehr aus dem Zweiten Weltkrieg und kurzer Gefangenschaft im Herbst 1945 den Dienst als Lehrer in einer einklassigen Volksschule übernahm, und dann ab 1948 in Mitterteich, wo er neben seiner Lehrertätigkeit den „Waldsassener Kammermusikkreis" leitete und mit dessen Aufführungen das lokale Kulturleben bereicherte. Ähnliche musikalische Breitenarbeit leistete er an seinen weiteren Berufsstationen: in Stein bei Tirschenreuth, wo er ab 1955 die Schulleitung innehatte, und schließlich in Bad Abbach, seiner Wirkungsstätte von 1966 bis zur Pensionierung im Jahre 1980.

Auch noch Verwandter Johann Andreas Schmellers!

In Kutzers Schulunterricht hatte die Musik stets einen hohen Stellenwert. Seine Schüler animierte er zum gemeinsamen Singen und zum Umgang mit dem Orff-Instrumentarium, zu dessen eifrigen Befürwortern er gehörte. Aus diesem lebendigen, improvisatorischen Ansatz entstand manche kleine Komposition, so dass die Verbindung zur Musikpädagogik in Kutzers Schaffen deutliche Spuren hinterlassen hat. Getreu dem alten Ideal der Personalunion von Lehrer und Kirchenmusiker übernahm Ernst Kutzer wiederholt die Leitung von Kirchenchören, und neuerlich entwickelte sich unmittelbar aus der Praxis heraus die Anregung zum Komponieren: Manche geistlichen Werke haben hier ihren Ursprung.

Dies ist wohl das ausschlaggebende Merkmal der schöpferischen Persönlichkeit Ernst Kutzers: dass er nicht einer romantisch abgehobenen Genie-Vorstellung folgte, sondern einer älteren und im 20. Jahrhundert wiederbelebten Ästhetik. Kunst fußt dieser Auffassung zufolge bei aller kreativen Eigenleistung immer auf solide beherrschtem Handwerk, und sie soll weder vordergründig Ausdruck subjektiver Befindlichkeit sein noch gezielte Provokation, sondern stets ein Stück Kommunikation in gesellschaftlichem Rahmen.

Ernst Kutzer 1971. Aufnahme des Ateliers Lawitschka.
Foto: privat

„Mein Bemühen ist es, volksnahe Musik zu schreiben", so drückte Ernst Kutzer es selbst einmal aus und setzte hinzu: „Meine Kompositionen möchte ich nicht für einen kleinen, elitären Kreis bestimmt sehen, sie sollten vielmehr in eine breite Öffentlichkeit einmünden."

Ein Begriff, der bereits gestreift wurde, muss hier nochmals fallen: der der Bodenständigkeit, welcher Ernst Kutzers Verwurzelung im Bayerischen und im engeren Sinn Oberpfälzischen benennt. Ein interessanter Aspekt in diesem Zusammenhang ist es, dass er in väterlicher Linie mit dem in Tirschenreuth geborenen berühmten Sprachforscher Johann Andreas Schmeller verwandt war, dessen vierbändiges „Bayrisches Wörterbuch" die Mundartforschung in Deutschland begründete und wiederum in die Kunst hineinwirkte. Carl Orff hat sich bekanntlich ausgie-

links:
*Das früheste Werk:
Drei Klavierstücke, op. 1, Nr. 1.*
Bischöfliche Zentralbibliothek Regensburg,
Mus. ms. 779

rechts:
*Drei Lieder nach Gedichten von
Christian Morgenstern, Nr. 1: Der
Morgen war von Dir erfüllt (1948)*
Bischöfliche Zentralbibliothek Regensburg,
Mus. ms. 783

big bei Schmeller kundig gemacht, als er sein bayerisches Stück „Die Bernauerin" schrieb.

Den Gesang der Mutter, die Oberpfälzer Volksmusik, die in den örtlichen Bauernstuben erklang, und die Auftritte von Bettelmusikanten, die auch aus dem Böhmischen herüberkamen, bezeichnete Ernst Kutzer einst als seine ersten musikalischen Eindrücke. In vielen seiner Kompositionen ist der Widerhall dieser frühen Prägung zu spüren, wobei schon die Titel bezeichnend sind. Nennen wir hier nur kurz das Triptychon „Hymne an die Heimat" von 1962, den Chorzyklus „Bayrisch durchs Jahr" und die weit verbreitete „Jägerkantate" aus dem Jahre 1953. Auch die Volksliedforschung verdankt ihm einiges, denn Ernst Kutzer ließ sich kurz nach dem Zweiten Weltkrieg von dem Volkssänger Simon Koller zahlreiche alte Oberpfälzer Lieder vorsingen und erhielt diese durch schriftliche Aufzeichnung der Nachwelt.

Das Hauptwerk dieser spezifisch heimatbezogenen Linie in Ernst Kutzers Oeuvre ist die 1987 entstandene Oper „D'Woidrumpl", eine „Gschicht aus dem unteren Bayern". Sie ist für ihn freilich eine Art Schmerzenskind geblieben, denn die immense Arbeit, die der Komponist in sein Projekt steckte, wurde nicht recht gewürdigt. „D'Woidrumpl" erlebte im Jahre 1993 lediglich eine konzertante Uraufführung im Regensburger Neuhaussaal und harrt seither der szenischen Umsetzung.

Aber kein Oberpfälzer Heimatkomponist

Wichtig, wenn man Ernst Kutzers musikalisches Profil zeichnet, ist, dass man das Bodenständige darin zwar betont, aber auch nicht überzeichnet und ihn nicht fälschlich als bloßen „Oberpfälzer Heimatkomponisten" etikettiert. Ernst Kutzer stand zwar stets mit beiden Füßen auf dem Fundament der einheimischen Musiktradition, ließ seinen Blick jedoch sehr wohl auch rundum in die Weite schweifen.

Besuche bei Verwandten in München ab 1931 brachten ihm die große Musik- und auch Kunstwelt nahe. Die Museen und Galerien der Landeshauptstadt, vor allem aber die Konzertsäle und Opernhäuser boten ihm bleibende Eindrücke. Er konnte Wilhelm Furtwängler, Richard Strauss und Hans Pfitzner am Dirigentenpult erleben, während sich ihm zugleich im Prinzregenten- und Nationaltheater die Welt der Oper erschloss.

Ernst Kutzer 1993.
Foto: privat

Auch der zeitgenössischen Unterhaltungsmusik näherte Ernst Kutzer sich zu dieser Zeit: In den Jahren 1938/39, als er zum Wehrdienst nach München eingezogen wurde, bot sich ihm die Gelegenheit, Arrangements für zahlreiche Tanzorchester zu schreiben, die in den Münchner Konzert-Cafés auftraten. Eine erfolgreiche Karriere in dieser Branche schien sich anzubahnen, und wer weiß, ob Ernst Kutzer sich nicht zu einem bekannten Verfasser „Leichter Musik" entwickelt hätte, wäre nicht der Zweite Weltkrieg dazwischengekommen und hätte bereits angebahnte Verlegerkontakte unterbrochen. Durch die anschließenden Kriegswirren ist leider auch das entsprechende Notenmaterial weitgehend verschollen.

In München verschaffte sich Ernst Kutzer weiteres Rüstzeug für sein Schaffen: zunächst als Kompositionsstudent bei Freiherr von Waltershausen, dann bei Joseph Haas. Diese Studien erleichterten es ihm, sich jenseits der bereits angesprochenen volksnahen musikalischen Gattungen auch andere, größere Formen und abstraktere Bereiche zu erschließen, etwa den der Orchester- und der Kammermusik, wobei er sich besonders viel Zeit mit der Königsdisziplin des Streichquartetts ließ: Erst 2002 ist sein einziger Beitrag zu dieser Gattung entstanden, mit dem der 84-Jährige den Schlussstein ins Gebäude seines Schaffens setzte.

Zeitweilig arbeitete Ernst Kutzer in seinem Komponieren sogar ein wenig dem Kunstideal der Verständlichkeit entgegen: Als er in einer Folge von Werken zwischen 1972 und 1983 mit der Dodekaphonie, der Zwölftonmusik, experimentierte und eine eigenständige Version zwölftöniger Schreibweisen entwickelte.

Ein umfangreiches Opus und viele Ehrungen

142 gezählte Kompositionen umfasste Ernst Kutzers Werkkatalog schließlich, als er in fortgeschrittenem Alter

Beginn des ersten Satzes aus dem Streichquartett op. 142 (2001), wie viele seiner Partituren mit Bleistift geschrieben.
Bischöfliche Zentralbibliothek Regensburg, Mus. ms. 2564

die Feder aus der Hand legte, wobei manches Weitere in dieser offiziellen, ganz traditionellen Opus-Zählung gar nicht aufscheint. Stolz konnte er an seinem Lebensabend auf die zahlreichen Würdigungen und Preise zurückblicken, die sein Schaffen erfuhr: Der Nordgaupreis der Stadt Amberg war darunter, der ihm 1973 zuerkannte „Kulturpreis Ostbayern" und schließlich folgte 1993 die Verleihung des „Bundesverdienstkreuzes am Bande". Als hübsche Pointe darf man hinzufügen, dass Ernst Kutzer, der waschechte Oberpfälzer, einmal den ersten Preis bei einem Kompositionswettbewerb bekam, der dazu aufforderte, ein Bergmannslied für das Ruhrgebiet zu schreiben.

Wünschen und hoffen darf man, dass Ernst Kutzers Musik weiterleben wird, auch wenn manche Tradition, mit der sein Schaffen verbunden war, in Bedrängnis geraten ist – man denke etwa an das Männerchorwesen oder die inhaltlich inzwischen völlig anders ausgerichtete Musikpädagogik an den Schulen. Still geworden um sein Werk ist es keineswegs, und gerade das diesjährige Geburtstagsjubiläum hat ihm neuerlich Aufmerksamkeit verschafft. Im Frühjahr richtete der Bezirk Oberpfalz ein facettenreiches Gedächtniskonzert für Ernst Kutzer aus, das neben Kammermusik und Liedern auch einige seiner wenigen überlieferten Unterhaltungsmusikkompositionen aus den 1930er und 1940er Jahren präsentierte. In den ersten Morgenstunden des 9. März 2018, seines hundertsten Geburtstags, sendete der Bayerische Rundfunk in seinem Programm „Bayern 2" in der Reihe „Concerto bavarese" Aufnahmen von Kutzers „Weinschenk-Suite", seines Klaviertrios op. 101 und des bekannten Zyklus „Bayrisch durchs Jahr". Darüber hinaus ist für das kommende Frühjahr in der Kammermusik-Reihe des Philharmonischen Orchesters Regensburg eine Aufführung von Ernst Kutzers zweiter Sonate für Violine und Klavier angekündigt.

Stefan Reichmann

„HOW DO YOU DO? – DU NARRISCHER DEIFI …"

Monika Mann schreibt ihrem Regensburger Freund

Wir trafen uns gerne und verbrachten viel Zeit miteinander, ihn bei Veranstaltungen oder Ausstellungen zu begleiten, machte die Tage und Abende anregend und interessant. Als er 2004 mit 96 Jahren starb, endete nicht nur ein langes Leben, sondern auch ein in seiner Tiefe erfahrener, mit Glück und Entbehrungen gepflasterter Weg. Dr. med. Curt Zacharias, Spross der Regensburger Malerfamilie, war ein den Menschen zugewandter, bis in das 75. Lebensjahr praktizierender Arzt, erfolgreicher Sportler und Naturfreund.

Im Malerhaus in der Oberen Bachgasse

Nach der letzten Jahrhundertwende war in der Oberen Bachgasse 23 im alten Malerhaus einiges los. Es gab zwei Kunstmaler-Ateliers, die berühmte Werkstätte für Dekorationsmalerei, ein Jugendstil-Fotoatelier, das sogar die Prinzen und Prinzessinnen sowie Fürst und Fürstin von Thurn und Taxis aufsuchten. Im Haus wurden Puppen gebaut, farbig gefasst und bekleidet, Schilder gemalt und Heiligenfiguren restauriert, Rahmen vergoldet, Farben gerieben und verkauft, Malerlehrlinge in den Wintermonaten im Zeichnen unterrichtet und schließlich Familienfeste und Fasching gefeiert.

Inmitten dieses Treibens erblickte als Hausgeburt am 15. Februar 1908 der Erstgeborene der Eheleute Otto jun. und Wally im zweiten Stock das Licht der Welt.

Wäre gut fünf Jahre später nicht noch sein Bruder Günther geboren, hätte man „Curt Otto Heinrich Zacharias" wohl die Nachfolge des Malergeschäfts angetragen. Nachdem aber die ersten Worte von Günther: „Mama a Papier" gewesen waren und der junge Curt beim Durchblättern der hauseigenen Standardwerke Bildender Kunst feststellte, dass bereits auf dieser Welt alles gezeichnet und gemalt war, fiel die Entscheidung der Geschäftsnachfolge bereits früh zu Gunsten des Zweitgeborenen.

Im Zeichnen zwar nicht unbegabt, sind die Kinderzeichnungen von Curt Zacharias aus den Jahren des Ersten Weltkriegs heute im Eigentum der Staatlichen Bibliothek Regensburg. Bis weit ins hohe Alter hatte er Freude am Zeichnen – ohne je für sich einen künstlerischen Anspruch erhoben zu haben. Vielmehr war die Zeichnung ein Mittel der Beobachtung, Experimentierfreude und froher Mitteilung an seine Frau Lotte oder an mich.

Das Elternhaus, die liebende Mutter, der elegante und künstlerisch tätige Vater, der hochbegabte Bruder Günther, die im Malerhaus lebende Großfamilie und alle, die dort ein- und ausgingen, beschäftigten und prägten ihn für sein ganzes Leben. Über allem aber thronte damals der Sport im Leben des Jugendlichen: Tennis, Rudern und Wintersport, um die Monde nur in zwei Jahreszeiten zu teilen, in denen er damals bis zu 17 Wettkämpfe in einem Jahr gewann! Neben der körperlichen Ertüchtigung pflegte man die Geselligkeit und Kameradschaft bei sportlichen Unternehmungen und im privaten Kreis.

Curt Zacharias konnte sich hier früh seiner Neigung intensiv widmen, besuchte in Regensburg die Augustenschule und später die Oberrealschule. An der Luitpold Oberrealschule in München erlangte er 1927 das Reifezeugnis zum Übertritt an die Hochschule wie sein Jahrgangs- und Schulkollege Sep Ruf, der später berühmte Architekt. Kunst und Kultur waren damals schon tief in Dr. Curt Zacharias verankert, die Familie der Kinder- und Jugendjahre hatte ihm ein festes Fundament im Leben errichtet, dabei war sein Blick stets nach vorne gerichtet, immer offenen Sinns für das Leben und mit großem Herz für Mensch, Natur und Frieden.

Uns trennten 58 Lebensjahre,

also zwei Kriege, Währungskrisen, Unglück und Wunder in Jahrzehnten deutscher Geschichte, aber uns verband ein Kranz, geflochten aus den Zweigen eben dieser Geschichte und den kulturellen Blüten, die dazwischen zu Leben erwachten. So besuchten wir gemeinsam Ausstellungen, blätterten in alten Familienalben, Gästebüchern

links:
Das Zachariashaus
Obere Bachgasse 23.
Foto: Peter Morsbach

rechts:
Fasching im Malerhaus
Obere Bachgasse 23,
unten rechts Curt Zacharias.
Foto: Sammlung Reichmann

Curt Zacharias, Tennis-Turnier im „Regensburger Klub", 1920er Jahre.
Foto: Sammlung Reichmann

Dr. Curt Zacharias am 95. Geburtstag mit seiner Frau.
Foto: Sammlung Reichmann

und Zeichenmappen, unterhielten uns oder philosophierten über Kunst und Kitsch.

Bei einem Museumsbesuch sah ich einmal hinter Glas den Schreibtischstuhl von Thomas Mann aus dessen Münchner Haushalt. Nicht unähnlich dem von Curts Vater Otto dachte ich, den Jugendstil mit hölzernem Schwung repräsentierend und der im Hause Zacharias noch täglich bestimmungsgemäß verwendet wurde. Als nun der über 90-jährige Zacharias auch zur Vitrine trat, kündigte ich ihm gleich freudig die Entdeckung an, die er leise mit den Worten quittierte: „ ... ach, vom Schwiegervater!"

„Nein", korrigierte ich, „von Thomas Mann!"

„Ja, vom Vater meiner damaligen Freundin!"

Schwiegervater Thomas Mann?

Gab es tatsächlich noch eine mir unbekannte Lebensecke oder war es doch ein Missverständnis? Mein Interesse war geweckt und der Rest der Ausstellung ist mir heute auch mit keinem Faden mehr im Gedächtnis geblieben.

„Hast Du noch Fotos, Briefe oder Andenken aus dieser Zeit, kanntest Du die ganze Familie, wie lange dauerte die Freundschaft, war Deine Freundin auch in Regensburg?" Diese Fragen wollte ich sofort klären, zu wichtig im historischen Sinn empfand ich diese Verbindung zwischen der Tochter des Literatur-Nobelpreisträgers aus München und dem Regensburger Kunstmaler-Sohn.

Mein Freund machte mir wenig Hoffnung und ich wusste ja um die persönlichen Verluste beim Brand seiner Wohnung in Dessau, als er als Werksarzt bei Junkers arbeitete. Seine „Datsche" im Wald, irgendwo in Sachsen-Anhalt, in die er noch einige Stücke in Sicherheit brachte, wurde schließlich von den Russen geplündert. Nach dem Bombenende in Dessau folgte noch für wenige Monate der Kriegsdienst als Arzt, der ihm anschließend Jahre der Gefangenschaft und Entbehrung kostete.

Vorderseite eines Briefumschlages, 19. Mai 1932.
Foto: Sammlung Reichmann

Wie hätte sich dann noch ein Erinnerungsstück aus der Verbindung mit Monika Mann erhalten können? Ja, es habe noch einige Briefe gegeben, die er aber zu einem Bündel geschnürt und den Flammen seines Ofens übergeben hätte, in der Hütte auf seinem geliebten Goldberg bei Etterzhausen.

Dass diese papiernen Gedanken seinerzeit für wenige Minuten dort das Feuer nährten, war eine seltsam traurige Vorstellung. Am nächsten Tag rief mich Curt Zacharias an und berichtigte: „Das Bündel ist noch nicht dem Feuer übergeben, sondern nur dafür bereit gelegt" und ich sollte ihn bald besuchen, um die Angelegenheit mit ihm zu besprechen!

Am Jugendstil-Schreibtisch seines Vaters sitzend, zeigte er mir bald darauf ein mit einem gekreuzten Band gefesseltes kleines Papierbündel, in dem sich noch 40 Briefe und Karten von Monika Mann an Curt Zacharias aus der Zeit von 1931 bis 1933 befanden.

Auch im hohen Alter noch nicht ergraut, war er als junger Mann schon eine stattliche Erscheinung gewesen, groß gewachsen, schlank und trainiert und durch seinen Freiluft-Sport von der Sonne gebräunt. Als ihn der Regensburger Künstler Max Wissner einmal nach einem Skiurlaub zufällig in der Stadt traf, malte er ihn anschließend gleich in seinem Atelier.

Monika Mann (1910–1992)

Am 7. Juni 1910 ist Monika Mann als viertes von sechs Kindern von Katja und Thomas Mann in München geboren. Musisch sehr begabt, erhält sie Kunst- und Musikunterricht in Paris, München, Frankfurt und Berlin. Bereits im Mai 1933 folgt sie den Eltern ins französische Exil nach Sanary-sur-Mer. 1934 nimmt sie in Florenz ihr Klavierstudium wieder auf und lernt ihren späteren Mann, den Kunsthistoriker Jenö Lányi kennen.
Dieser stirbt vor Monika Manns Augen, als 1940 ein Deutsches U-Boot das Schiff der Amerika-Emigranten torpediert. Bis 1952 lebt sie in New York, anschließend 32 Jahre auf der Insel Capri mit ihrem Lebensgefährten dem Capreser Antonio Spadaro. Nach dessen Tod verlässt sie die Insel und verbringt umsorgt bei der Familie ihres Bruders Golo die letzten Jahre. Am 17. März 1992 ist sie in Leverkusen gestorben. Sie arbeitete als Feuilletonistin und verfasste sechs Bücher.

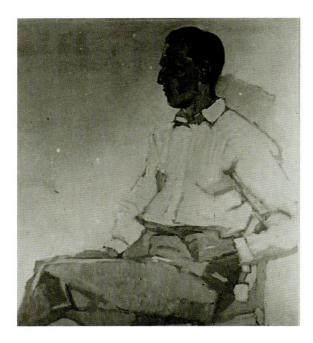

Curt Zacharias, verbranntes Gemälde von Max Wissner um 1930.
Foto: Sammlung Reichmann

Ab dem Sommer-Halbjahr 1927 studierte der Regensburger an der Ludwig-Maximilians-Universität München Medizin und knüpfte dort gleich sportliche Kontakte. Der Student trat im gleichen Jahr dem 1901 gegründeten Akademischen Skiclub ASCM bei, dem er lebenslang verbunden blieb. Neben dem Wintersport wurden dort auch die geselligen Stunden gepflegt und so war er nach einer Veranstaltung des Skiclubs anschließend irgendwann im Hause Mann in der Poschingerstraße 1!
Es dürfte wohl Fasching 1930 gewesen sein, als sich Monika Mann (1910–1992) und der zwei Jahre ältere Curt Zacharias dort begegneten. Am 2. Februar 1931 schrieb er seinen Eltern nach Regensburg: „Gestern nachmittag war ich im Isartal (Baierbrunn) zum Springen. Es dauerte nur ein paar Stunden da ich mit dem Auto meiner neuen Freundin Moni Mann (siehe Thomas Mann!) hinausfuhr." Er teilt den Eltern noch seinen Schanzenrekord mit und dass in den Zeitungen „Zachäus" stehe, es aber ihr Sohn Zacharias sei. „Moni war sehr stolz auf mich und ich hab auch eine narrische Freud."

„Husch husch ins Abendkleid – Adio! Moni"

Der erste, noch erhaltene und datierte Brief der damals 20-jährigen Moni Mann stammt vom 18. Januar 1931 aus Frankfurt. Die Freundin beklagt sein Fehlen an Weihnachten, dass Curt mal wieder was von sich hören lassen solle und sich vertraut verabschiedet mit dem Hinweis: „(kennst Du Curt Bois?) Husch husch ins Abendkleid – Adio! Moni". Curt Bois war damals der Meister des heiteren Theaters mit der Vorahnung einer wenig heiteren Zukunft. Eine Woche nach der Ernennung Hitlers zum Reichskanzler verließ er bereits Deutschland.
Der zweite datierte Brief stammt vom 22. Februar 1931, ist auf dem Briefpapier des Vaters verfasst und übertitelt „Servus Kurtä!"

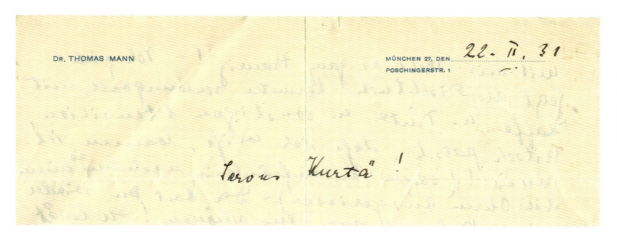

Ausschnitt aus dem Brief vom 22. Februar 1931 auf dem Briefpapier des Vaters Dr. Thomas Mann.
Foto: Sammlung Reichmann

Während seines gesamten Lebens wechselte die Schreibweise seines Vornamens in amtlichen Dokumenten und privater Korrespondenz vom „C" der frühen Jahre des 20. Jahrhunderts, zum moderneren „K" und wieder zurück. Die Freundin indes nannte ihn in ihren Briefen „Kurt", „Kurtä", „Kurtchen", neben allerlei liebevoller sonstiger Anreden und dem Kosenamen „Hias".

Am 15. März 1931 mahnt ihn die von Krankheit genesende Freundin: „[...] wie lange gedenkst Du in Regensburg zu bleiben? Ich finde das unmenschlich grausam von Dir! Wenn kein Schnee wäre käme ich ja schnurstracks angeopelt, aber so ist Guter Rat teuer mein Junge."

Monika Mann schreibt stets mit flotter Feder, schwungvoll in kursiven Lettern, unterstreicht ihr wichtige Partien und greift bei der Blattwahl großzügig in die berühmte Umgebung. Ganz im Gegenteil zum Vater, der eine sehr kleine und unsicher wirkende Handschrift auf ausgesuchten und typographisch bedruckten Papieren pflegt.

Vier Tage später folgt der nächste erhaltene Brief aus München. Monika schwärmt von Sonne und Himmel und findet es draußen auf der Terrasse „göttlich". „Ein zweiter Liegestuhl wäre frei für Dich, Liebling!" Sie möchte einige Tage auf die Hütte fahren, da die Straßen wieder sauber sind, ins Isartal zu Café Bittmann, dort gäbe es gute Torten.

Im Hause Zacharias gab es hingegen keinen Motorwagen, die Geschäfte, die nun Curts Vater Otto alleine führte, waren durch die wirtschaftliche Lage schwer geworden. Nur durch einen größeren Auftrag des Kommerzienrats C. aus Saal an der Donau konnte der Sohn in München Medizin studieren. Der Zweitgeborene Günther war ebenfalls in der bayerischen Hauptstadt und teilt mit dem großen Bruder neben dem Zimmer auch die sportliche Leidenschaft.

links:
Curt Zacharias und Monika Mann an der „Grünseehütte des Akademischen Skiklubs München".
Foto: Sammlung Reichmann

rechts:
Teilnehmerwimpel von Curt Zacharias.
Foto: Sammlung Reichmann

Moni und Kurtä

Auf meine Frage nach den Besuchen im Hause Mann in der Poschingerstraße in München, erzählte mir Curt Zacharias, dass er Monikas Vater dort nie gesehen hatte. Er sei meist arbeitend in seinem Zimmer oder unterwegs gewesen, zusammen hatte man dort aber auf „Grammophon" die von Thomas Mann besprochenen Platten gehört. Der Mutter Katja Mann ist er allerdings öfter in der „Poschi" begegnet und hat mit ihr Gespräche geführt.

Die erhaltenen Briefe werfen ein heiteres, freundliches Licht auf die Person Monika Mann, oft fügt Freundin Mary noch einige Zeilen hinzu und der rote Opel scheint ein privilegierter Schlüssel eigener Freiheit zu sein. Von „Elsie", wohl einer Münchner Freundin, ist ebenfalls in mehreren Briefen zu lesen.

Am 19. April 1931 erwähnt sie den abfahrenden „Gruberschen Mercedes und den Mannschen Buick", den „bedrückenden" Besuch des Schriftstellers Jakob Wassermanns erster Frau mit Sohn und auch u. a. ihre Geschwister Michael und Elisabeth: „Bruder Golo ist im Lande und ärgert mich leise. Medi hat jetzt eine Klasse übersprungen geht nun in die 5., wird gesiezt und ist stolz! Bibi hat sich auch gebessert, ist seriöser u. größer geworden und geigt so viel wie Du." Der Brief schließt: „Ich will diesen Sommer nicht nach Nidden mit Familie, sondern mit Dir irgend was unternehmen, entschuldige den kühnen Vorschlag." Im Sommer 1931 antwortet sie ihm aus München auf seinen Brief. Die beiden Brüder waren Bogenschießen in dem damals weitgehend unbebauten Areal um das Krankenhaus der Barmherzigen Brüder in Regensburg. Ein Pfeil traf dabei Günthers Schulter. „[...] Deinem durchbohrten Brüderlein drück ein Kuß auf die Stirn von mir, der Arme! Du scheinst doch a ganz a g'fährlicher zu sein!" Anschließend führt sie noch aus, dass „Der Heinz Rühmann ist gestern im Flatternden Gummimantel gleich dem fliegenden Holländer durchs Lokal getobt, wo ich mein Sonntagsmenue verschlang".

„In kühner Haltung segelte Zacharias"

Der Stadt München scheint sie trotzdem etwas überdrüssig geworden zu sein, sie möchte nach Wien samt Curt, der dort mit ihr studieren könnte! Im September 1931 ist sie mit ihrem Opel wohl dorthin gefahren, um Ende Oktober von München aus zu berichten, dass es nun nach Frankfurt gehe. Am 2. Dezember schreibt sie von dort aus: „Tag Kurtchen! How do you do? Du narrischer Deifi [...]." Mit besonderer Freude wechselt Monika Mann hier mal ins Bayerische, dort ins Französische oder Englische. Ihre Gedanken sind oft beim Freund in München, sie freut sich schon auf Weihnachten und hofft, ihn zu treffen. Unten fügt sie verspätet noch an: „Einen Tag nach Deinem Brief, hört u. sah u. genoß ich Ringelnatz persönlich."

Im Brief vom Februar 1932 sehnt sie sich in melancholischer Unruhe den Freund herbei, der in ihren Gedanken sich dem Wintersport hingibt: „Und Du Wilder saust u. fliegst mit Deinen Bretteln herum, daß mir's grausen könnt! Brich Dir nur nichts am Sonntag!"

In den „Münchner Neueste Nachrichten Nr. 31" war zu lesen: „Neuer Schanzenrekord in Baierbrunn" – „Zacharias, der aufs ganze ging und mit 38 m den weitesten, auf der Baierbrunner Schanze gestandenen Sprung zeigte." Ein anderes Blatt salutierte: „In kühner Haltung segelte Zacharias vom Akademischen Skiklub München auf 38 m und stellte damit eine neue Höchstleistung auf." Auch im Abfahrtslauf belegte er u. a. bei den „Deutschen Akademischen Winterkampfspielen 1932" den 1. Platz.

Dr. Curt Zacharias sprach selbst nie über diese Erfolge, auch wenn er im hohen Alter sichtbar unter den durch das Skispringen in Mitleidenschaft gezogenen Knien litt. Unzählige Zeitungsausschnitte jener Jahre, die seine Erfolge

Osterspringen in Feldberg, 10. März 1930.
Foto: Sammlung Reichmann

dokumentierten, konnte ich in letzter Minute mit seinem Einverständnis vor der Entsorgung retten. Fast macht es den Eindruck, er hätte das Schweigen des hippokratischen Eides auch auf sich selbst, seine eigenen Erfolge und auch auf die Verbindung zu Monika Mann angewandt. Der eigentliche Grund war sicherlich die kultivierte Bescheidenheit und das Nicht-zur-Schau-Tragen; Angeberei und Prahlerei waren Lotte und Curt Zacharias fremd.

„Kurt, Du bist ein großer Schlampteufel"

Aus Nidden „Haus Thomas Mann" ist eine Karte vom 17. August 1932 datiert. „Aber Kurt, Du bist ein großer Schlampteufel, daß Du die Radlaterne einfach nicht zurückgabst,– die Medi spricht sogar in Nidden von nichts anderem". Der Freund soll Elisabeth Manns Radlicht in die „Poschinger" schicken, dann führt sie noch aus, nachdem er wohl auch gerade Ferien hat: „Was treibst Du sonst, pfadfinderst Du mit Zeltfeuer und Waldromantik? – Aber so romantisch und schön wie in Nidden kann es gar nicht sein, da hier ist es überirdisch."

„Tag dear Kurt!" ist der Beginn des Briefes aus Berlin-Charlottenburg vom 17. Oktober 1932. Sie ist bei ihrem Onkel Klaus Pringsheim, dem Zwillingsbruder ihrer Mutter, untergekommen. Der Grund war sicherlich, Monika Mann in ihrer Musikalität zu fördern und zu unterstützen, Klaus Pringsheim war Musikpädagoge und Musik-

oben:
Schlampteufel! Vorderseite der Postkarte vom 17. August 1932.
Foto: Sammlung Reichmann

unten:
„(Aber so) romantisch und schön wie in Nidden kann es gar nicht sein",
steht auf der Rückseite der Postkarte vom 17. August 1932.
Foto: Sammlung Reichmann

kritiker, der einst bei Gustav Mahler in Wien studierte. Ihrem Freund in München schreibt sie von einem Theaterbesuch: „In der Pause wurde mir Alfred Kerr vorgestellt, der, als er die Ähnlichkeit mit meinem Vater erfaßt, sich angewidert von mir wendet." Der Theaterkritiker Kerr und Thomas Mann lagen schließlich ständig im Clinch. Elf Tage später folgt der nächste Brief, Onkel Klaus weilt in Japan, bei „Tante Lalla" gab es heute zum Kaffee Kuchen, noch drei Tage ist sie hier und teilt dem „Kurtchéri" ihre neue Adresse mit: „Pringsheim, Bayerischer Platz 9, Berlin Schbg.". „Grüß mein München recht herzlich von mir." Wohl zog Monika anschließend zu Onkel Peter, einem Physikprofessor, in dessen Umgebung auch Albert Einstein lebte.

Am 4. Dezember 1932 schreibt sie: „Tag Kurtchen! Grad spiel ich ‚On the sunny side of the street'". Bei dieser Platte denkt sie an ihren Freund: „Kurtchen, sag wie geht's? Gibt's schon Schnee? Aber Weihnachten müssen wir uns sehn, so recht nett! – Ich kann das große Berlin nicht so recht innig lieben lernen, ich freu mich auf einen bayrischen Zwischenakt." Derweilen übt sie fleißig Klavier, hat viel gelernt und großen Spaß dabei. Sie hört mit Hochgenuss „unerhörte Konzerte" und liebt ohne Grenzen Bruno Walter. Sie hört Strawinsky, Hindemith persönlich „und Kurt Weill ist ein netter Herr."

Monika schwärmt vom „Jockey", „dem charmanten Nachtlokal und dessen Leiter, einem imponierenden Künstler, vielleicht wird er mich in einer Nummer verwenden können eines Tages, wer weiß?"

Nach weiteren Briefen hat man sich getroffen, Curt Zacharias fuhr dann in die Schweiz, um dem Wintersport nachzugehen, und seine Freundin, die in München bleibt, klagt: „aber die Mann's sind arme Leute, heißt's. – Ich merk's, denn ich hab den Opel ohne Schnaps im Stall stehn."

Ab Januar 1933 ist Monika wieder in Berlin und schreibt dem Freund: „ein dreifaches Skiheil und viele Küsse und wünsch ein gesegnetes Studium."

Eine dunkle Zeit bricht an

Am 5. März grüßt sie ihren „Medicusexaminist" in Tinte mit: „Servus Hias!" und klagt, weil sie seit 14 Tagen kränklich ist. Dieser Tag fällt mit der letzten Reichstagswahl der Weimarer Republik zusammen, an der noch mehrere Parteien teilnahmen: „und draußen gehen die Menschen und wählen. Sie wählen. Sie wählen. Sie wählen. Sie wählen. – Warst Du eigentlich in der Pfeffermühle? – Grüß München."

Die Pfeffermühle war das von Erika, Klaus Mann und Therese Giehse gegründete Kabarett in München. Das politisch-literarische Programm fand seine Premiere am 1. Januar 1933 und endete in Deutschland im Oktober des gleichen Jahres. Die Schauspielerin Giehse verließ ihre Heimat bereits im März 1933, einerseits war sie Jüdin, andererseits machte die beißende Satire der Pfeffermühle diesen Schritt lebensnotwendig.

Auch Curt Zacharias wird nun an der Münchner Universität von einem mit Schmiss bewehrten Vertreter des SA-Hochschulamtes nahegelegt, sich der Partei oder einer ihrer Gliederungen anzuschließen, um für das Staatsexamen zugelassen zu werden und die Approbation zu erlangen! Das liberale Elternhaus, die Künstlerfreunde als Gäste im Haus Zacharias, die Zugehörigkeit des Vaters zum damals schon weltumspannenden Freundschaftsbund „Schlaraffia" und schließlich die vielen jüdischen Freunde und Geschäftskunden in Regensburg, prägten den damals 25-Jährigen.

Curt Zacharias beim Wintersport, 1929.
Foto: Sammlung Reichmann

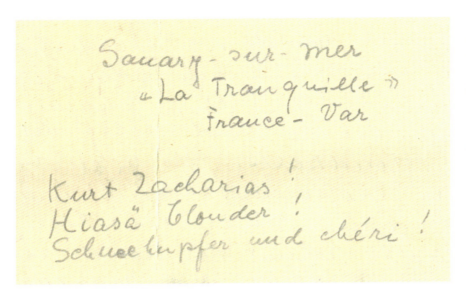

Ausschnitt, wohl Juni 1933, aus Sanary-sur-Mer geschrieben.
Foto: Sammlung Reichmann

In einem der folgenden Briefe aus Berlin schreibt ihm am 16. Mai 1933 Moni Mann: „Da der Brief nach Regensburg riecht, fällt mir ein, wie Elsie und ich im Opel saßen, Eier aßen und Wurst in der Oberen Bachgasse und auf die Person warteten, die mit unserem Führerschein in die Kirche gegangen war. Die Familie in den unteren Fenstern hatte etwas gebläht eindrucksvolles."

Der ausnahmsweise auf blauem Papier und mit Bleistift geschriebene Brief verrät uns noch etwas mehr, die Eltern Katja und Thomas Mann befanden sich seit 11. Februar im Ausland, um ihr Leben in München schließlich für immer aufzugeben: „Bei mir ist momentan alles sehr unsicher, kann nicht von heut auf morgen etwas festlegen, mit einem Fuß im Ausland, – mit dem andern aber mach ich Berlin noch unsicher. Es ist ein buntes Leben, das die kleine Monika führt, – sie war ja schon in der Annaschule eine der ungezogensten."

Noch im Mai 1933 emigriert sie nach Sanary-sur-Mer, einer kleinen Ortschaft am Rande der Côte d'Azur, wo bereits die Eltern neben vielen weiteren berühmten Literaten Zuflucht gefunden haben.

Von dort sind zwei Briefe erhalten, einer aus der von Thomas Mann an dessen 58. Geburtstag bezogenen Villa „La Tranquille".

„Kurt Zacharias! Hiasä blonder! Schneehupfer und chéri!" „[...] gefällt Dir's in Deutschland? – Komm doch in's Ausland, da ist es besser". Der undatierte Brief ist wahrscheinlich im Juni 1933 geschrieben, sie freut sich schon auf September und auf die Arbeit: „Wien wird es sein, wohin ich mich wende."

Sie kostet die Sonne, das Meer, die Menschen, das Mann'sche Auto und der erst fünfwöchige Aufenthalt birgt noch viel Romantisches: „Nachts scheint der Mond sehr herzlich und bedeckt das warme Meer mit Silber. Es ist am schönsten dann zu baden."

Vom 30. November 1933 stammt der letzte und zugleich ausführlichste erhaltene Brief von Monika Mann, die seit August allein dort lebt. Auch die Bekannten sind mittlerweile fast alle weg, Land und Meer sind zauberhaft und sie spielt einen großen Teil des Tages Klavier. Nach Weihnachten will sie auf die Musikschule nach Paris, aber zunächst fährt sie zu den Eltern in die Schweiz. „Obwohl ich im Süden bin, wo es noch Rosen gibt und sonnige Tage, riecht es aus der Ferne nach Schnee und Weihnachten. Und unsere Zeit taucht in mir auf. – Kurtchen, es war vielleicht meine schönste."

Beide mit vielen Begabungen geboren

Die beiden verband, neben allem, was uns nicht zu interessieren hat, ihre Arbeit an der eigenen Zukunft, die Leidenschaft für die bayerische Lebensart, für die Berge, für den Wintersport und die Sehnsucht nach Freiheit und Selbstbestimmung. Beide waren mit vielen Begabungen geboren, unterschiedlich durch die Elternhäuser und ihre umgebenden Einflüsse geprägt, so entwickelte sich auch ihr eigener Weg, der von der Zeitgeschichte teils gewaltsam beeinflusst wurde und, der sie nie mehr zusammenführte.

Dr. Curt Zacharias erzählte mir, als er damals in München gerade ein Schwabinger Lokal verlassen wollte, sei plötzlich ganz aufgeregt Karl Valentin hereingekommen und habe laut gerufen: „Ganz München brennt!" Als der junge Student nach draußen trat, wusste er angesichts der vielen mit Fackeln in der Stadt marschierenden Nazis, was der Wort-Artist Valentin gemeint hatte. Wenige Jahre später nur brannte die ganze Welt, Monika Manns Briefe aber sind dem Feuer dabei zweimal knapp entgangen …

Mein besonderer Dank gilt Frau Claudia Beck-Mann aus Leverkusen und meinen beiden unvergessenen Freunden Lotte und Curt Zacharias.

Rückseite eines Briefumschlages vom 19. Mai 1935 mit Reklamemarke für „Los Angeles 1932".
Foto: Sammlung Reichmann

Tina Lorenz

„KLAGEN UND WINSELN"

Der Theaterstreit von 1843 und die Entstehung der Regensburger Theaterkritik

„Das ganze Theater soll sich auf der Bühne abspielen", lautet einer dieser Postkartensprüche, die dutzendfach in Theaterverwaltungsbüros, auf Hinterbühnen und in Büros von Dramaturginnen und ihren männlichen Kollegen hängen. Für das Publikum ein Sehnsuchtsort, ist Theater für die Kunstschaffenden und deren Verwaltung oft ein energieraubender Kraftakt, der nur mit immenser Selbstausbeutung zu schaffen ist – auch in Regensburg. Noch heute sind die Kunstschaffenden an deutschen Bühnen mehr oder weniger „fahrendes Volk": befristete Verträge und ein System, das Mobilität zur Grundlage von Karriere macht, haben jahrhundertelange Tradition am Theater.

Ein um sich selbst kreisender Mikrokosmos

Das Theater ist dabei schon immer ein um sich selbst kreisender Mikrokosmos, in dem jede Personalbewegung, jede künstlerische Entscheidung von den Kolleginnen und Kollegen im Fach und von der Theaterkritik unter das Seziermesser gelegt wird; und manchmal ist dieses Drama abseits der Bühne interessanter als das, was sich auf der Bühne abspielt. Dass die Person des Theaterkritikers dabei nicht immer nur eine beobachtende Funktion hat, wird in einer Anekdote deutlich, die sich im April dieses Jahres in München abgespielt hat: Der renommierte Theaterkritiker der Süddeutschen Zeitung, Egbert Tholl, besuchte eine Vorstellung von „Junk", einer Produktion des Residenztheaters, und muss so erbost über die von ihm als „blödes Stück" titulierte Inszenierung gewesen sein, dass er auf der Premierenfeier ein Weinglas nach dem Chefdramaturgen, Sebastian Huber, warf. Im Nachgang dieses Vorgangs, der an sich schon deliziös-skandalös war, wurde in den Theaterfachblättern und im Feuilleton ausgiebig darüber gestritten, ob das jetzt der neue Verfall der Sitten wäre und ob Theaterkritiker sich nicht langsam zu viel herausnähmen und wo bliebe denn bitteschön die Höflichkeit?

In Regensburg jedenfalls nicht, dort liegt sie allenfalls begraben – denn lange vor dem Theaterblog „Der Heerrufer" (wer erinnert sich noch an Bonmots wie: „… hoffentlich hat [Sänger X] etwas Anständiges gelernt, mit seiner Stimme jedenfalls braucht er nicht hausieren zu gehen") und noch länger vor dem Theaterkritikblog Samt&Selters, nämlich exakte 175 Jahre vor Egbert Tholls tollem Münchner Glaswurf, fand in Regensburg die Mutter aller bayerischen Theaterstreite statt.

links:
Ferdinand Röder – der exzentrische, aber gescheiterte Theaterdirektor der Spielzeit 1843/44. Von seinem Widersacher Karl Blankenstein ist bislang leider kein Bild bekannt.
Foto: Theaterwissenschaftliche Sammlung der Universität zu Köln

rechts:
Die „Regeln für den Direktor eines Provinztheater" waren für Ferdinand Röder maßgeschneidert. Der Theater-Direktor „wünsche und fördere eine unparteiische Kritik, statt durch Klagen und Winseln dieselbe zu unterdrücken", schrieb Karl Blankenstein in seiner Theater-Revue als Regel 10 seinem Kontrahenten sogleich ins Stammbuch.
Bibliothek Morsbach

Dramatis personae:
Ferdinand Röder (1808–1887)

Hauptdarsteller dieses Streits waren Ferdinand Röder, 1843 eilig neuberufener Theaterdirektor an ebenjener Bühne, und Karl Blankenstein, ehemaliger Geschäftsführer des Regensburger Theaters und frischgebackener Kritiker. Damals, also im Oktober 1843 um genau zu sein, gab es diese Situation: Das Theater-Comité, eine Art Aufsichtsrat des damals noch komplett privatwirtschaftlich agierenden Theaterunternehmens, hatte ein paar Monate zuvor den Posten des Theaterdirektors am Regensburger Theater neu ausgeschrieben. Gegen 27 Kandidaten, die sich alle um den Posten beworben hatten, konnte sich Ferdinand Röder durchsetzen, der zuvor das Bamberger Theater geleitet (und böse Zungen behaupteten: heruntergewirtschaftet) hatte. Um in Regensburg überhaupt in Betracht kommen zu können, musste Röder nicht nur seine eigene Theaterbibliothek und Kostüme mitbringen, nein, das Comité wollte auch Geldmittel sehen. Der gewiefte Theaterdirektor Röder war offenbar eine einnehmende, extravagante und schillernde Figur, dem der Regensburger Theaterhistoriker Helmut Pigge Sektgelage, illegales Glücksspiel und aufsehenerregende Fahrten durch die Stadt in seiner Equipage nachwies. Womit Röder, der in seiner Karriere vermutlich schon viel gesehen hatte, nicht rechnen konnte, war die Tatsache, dass insgesamt sechs ehemalige Theaterdirektoren des hiesigen Theaters noch in der Stadt ansässig waren und besonders einer sich im Verlaufe der einzigen Spielzeit Röders in Regensburg besondere Mühe geben würde, dem Intendanten den Krieg zu erklären.

Dramatis personae:
Karl Blankenstein (1798–1852)

Dieser ehemalige Intendant war Karl Blankenstein, der seit 1828 – noch unter der Intendanz Josephine und August Müllers – als „Mädchen für alles" am Theater fungierte hatte und 1838 Geschäftsführer geworden war. Im Mai 1842 musste Blankenstein seinen Job aus gesundheitlichen Gründen an den Schauspieler Alexander Pfeiffer weitergeben, der wiederum dann durch den pensionierten Thurn und Taxis'schen Hofmarschallassessor Friedrich Maurer ersetzt wurde, bevor 1843 Ferdinand Röder nach Regensburg kam. Blankenstein hatte wohl schon in der Zeit vor Röder hin und wieder Kritiken des lokalen Theaters in das Regensburger Tagblatt geschrieben, aber erst mit Röder drehte er so richtig auf. Wo zunächst noch vorsichtige Kritik durchklang und Röder immer wieder auch als Darsteller (er versah das Rollenfach des Helden) über den grünen Klee gelobt wurde, wurde Blankenstein schon bald ziemlich deutlich in seiner Enttäuschung über das, was er als Abonnent im Regensburger Theater zu sehen bekam:

„[…] daß im Zimmer Waldkulissen stehen blieben, auf einmal in den Kirchhof ein gothischer Saal oder Kerker sich naseweiß niederließ, die Versenkung mit dem Geiste zu früh hinabgelassen wurde, so daß derselbe die letzten Takte mit aus der Erde

Bei aller Kritik am Theaterchor muss man Blankenstein eine durchaus literarische Ader zugestehen – ob er wohl Heinrich Heine kannte?
Theater-Revue, 26. Dezember 1843, S. 151.
Bibliothek Morsbach

> Der Chor war ein Corps der Finsterniß und Rache, trotz seinem weißen unschuldsvollen Gewande, und beschwor das ganze Corps seiner bisherigen Gebrechen und Uebelthaten aus dem Grabe der Vergessenheit. Es erschienen auf das gräßliche Mahnen all die Manen der frühern hingemordeten Opern-Chöre und einten sich im grausen Reigen mit den heutigen frischgefallenen Opfern.

mühsam emporgestreckten Haupte singen mußte, sind Fatalitäten, die bei Bühnen ersten Ranges hie und da vorfallen, auch hier bei der vorigen Direktion vorfielen und sich bei der jetzigen noch öfters wiederholen werden", schrieb Blankenstein im Regensburger Tagblatt über Röders Eröffnungspremiere seiner Spielzeit von Mozarts „Don Juan oder der steinerne Gast" (heute Don Giovanni) am 1. Oktober 1843.
„Die Opern Vorstellungen des Jetzigen [Direktors, also Ferdinand Röders] *tragen das Gepräge der Hast und Eile auf der Stirne, sie werden sämtlich dem Publikum nur als flüchtige Proben vorgeführt, als halbausgebackenes Brot präsentiert, das noch ein oder zwei Mal in den Ofen muß, um gar und genießbar zu werden",* setzte er in der Regensburger Theater-Revue vom 1. November 1843 noch eins drauf.

„Der Frauenchor dagegen unter Null"

Auch der Chor war für Blankenstein ein einziger Makel; hätte er doch aus zwölf Damen und zwölf Herren bestehen sollen, von denen einige Posten aber offenbar aus Geldmangel unbesetzt blieben und man den Rest zwar sehen, aber nicht unbedingt immer hören konnte.

„Der Männerchor war heute sehr schwach, namentlich hat man nur einen Tenor gehört. Von den 10 Druidinnen sangen ungefähr wieder 3 oder 4", bemerkte er säuerlich in der Regensburger Theater-Revue über „Norma" am 6. Oktober 1843.

„Der Männerchor ist, mit Ausnahme der Tenöre, stark genug, der Frauenchor dagegen unter Null", heißt es in der noch vergleichsweise wohlwollenden Kritik zu „Don Juan" am 1. Oktober 1843.

„Der Chor war ein Corps der Finsterniß und Rache; trotz seinem weißen unschuldsvollen Gewande, und beschwor das ganze Corps seiner bisherigen Gebrechen und Uebeltaten aus dem Grabe der Vergessenheit. Es erschienen auf das gräßlichste Mahnen die Manen der frühern hingemordeten Opern-

Chöre und einten sich in grausen Reigen mit den heutigen frischgefallenen Opfern", ereiferte sich Blankenstein in seiner Theater-Revue und im Regensburger Tagblatt vom 26. Dezember 1843 über „Die Zauberflöte". Am Chor wird sich Blankenstein das gesamte Jahr über abarbeiten, denn Röder schafft es nicht, den Chor zahlen- und talentmäßig so zu besetzen, wie der Kritiker es für richtig erachtet.

„Beim Nachhausegehen von gewissen Subjekten angegriffen"

Schon bevor es Anfang des Jahres 1844 zum endgültigen Eklat kommt, wehrt sich Ferdinand Röder allerdings nach Leibeskräften gegen das, was er als Rufschädigung und schmachvolle Lügen bezeichnet. Damals wie heute wurden solche Meinungsverschiedenheiten grundsätzlich öffentlich ausgetragen, zumal es in weiten Teilen der Debatte um das ging, was wir gegenwärtig unter dem Vorwurf der Fake News subsummieren, also um die Deutungshoheit über die Wahrheit – die am Theater erschwerend aus einer subjektiven Empfindungsbasis besteht. Röder, der in den Lokalblättern zunächst nicht Fuß fassen kann, bemüht die Fachzeitschrift „Bühnenwelt" für eine allgemeine Gegendarstellung:

„Die Stellung der hiesigen Direktion ist wie auf einem Vulkan. Wer sich aus dem Donnergetöse und momentanen Ausbrüchen von Feuerströmen und örtlichen Lavaergüssen nichts macht, findet immer einen milden Himmel und einen ergiebigen Boden wieder. Die hier angesponnenen Intriguen (sic!) sind die erbärmlichsten von der Welt; mögen sie bald in ihrer inneren Krankheit verkommen. Nicht allein, daß das Beiblatt einer hiesigen Zeitung sich zum Organ der planmäßigen Angriffe auf Hrn. Röder gestempelt hat, auch die Person des Direktors u. einiger ihm befreundeten Mitglieder sind nächtlicher Weile beim Nachhausegehen von gewissen Subjekten angegriffen worden", heißt es dort in der Ausgabe vom 19. November 1843. Der tätliche Angriff, hier von Röder in der dritten Person schreibend erwähnt, hat wohl so nie stattgefunden, der Ärger über die harsche und seiner Meinung nach ungerechtfertigte Kritik ist aber deutlich herauszuhören.

Die skandalträchtige Theater-Revue

Dem Regensburger Tagblatt, in dem Blankensteins Kritiken vorher erschienen sind, wurde die Sache jedenfalls so oder so langsam zu heiß. Der Herausgeber muss dem eifrigen Kritiker wohl unverblümt gesteckt haben, dass die Theaterkritiken eines eigenen Blattes (und nur eines eigenen Blattes!) würdig seien – jedenfalls verlegte sich Karl Blankenstein seit Winter 1843 auf die Herausgeberschaft der Regensburger Theater-Revue, der ersten eigenständigen Theaterkritik des Regensburger Stadttheaters. Dieses sonntäglich erscheinende Blatt, das sich einer rasch wachsenden Abonnentenschaft erfreuen konnte, wurde auch im Theater eifrig gelesen. Dass Blankenstein dabei über Insiderkenntnisse aus dem laufenden Betrieb verfügte und diese auch genüsslich in der Theater-Revue verbreitete, war einer konstruktiven Atmosphäre sicherlich nicht unbedingt zuträglich, aber für die Leserschaft natürlich herrlich skandalträchtig. So kam es nämlich im Februar / März 1844 zum bis dato heftigsten Zusammenprall zwischen dem Theatermann und dem Kritiker, der sogar schließlich vor Gericht endete.

Am 1. Januar 1844 fand in Dresden die Uraufführung von Karl Gutzkows neuem Lustspiel „Zopf und Schwert" statt, ein sehr schnell sehr populär werdender Stoff über den preußischen Soldatenkönig Friedrich Wilhelm I. Bereits Ende Februar kam das Stück nach Regensburg; Ferdinand Röder spielte den preußischen König selbst, was Karl Blankenstein überhaupt nicht gefiel. So schrieb er in der Regensburger Theater-Revue vom 3. März 1844:

„… die Rolle entbehrte aller Färbung, aller Charakteristik, war monoton und das lag hauptsächlich daran, daß der Darsteller den biedern, gesunden, kernigen, deutschen Ton verleugnete und sein Organ in einen widerwärtig breiten zwängte, ähnlich dem, den er als alter Dessauer so schroff und hart anstimmte und womit er sich schon damals jedes günstigen Erfolges beraubte."

In seinem Bestreben, das in Preußen verbotene, und damit ‚wahnsinnig trendige' Stück auch auf der „Provinzialbühne" in Regensburg zu spielen, war Röder zudem sehr hastig vorgegangen, hatte das Stück mit nur drei Proben aus dem Boden gestampft und dabei auch auf eine Leseberiehungsweise Konzeptionsprobe verzichtet, die dem Ensemble dazu dienen hätte können, sich über „die Charakteristik" des Stückes zu verständigen.

Dazu Karl Blankenstein in der Theater-Revue am 3.3.1843: *„Das Stück [Zopf und Schwert] wurde Samstag, den 17. Februar, ausgeteilt und schon am 6ten Tage, Freitag den 23. Febr., aufgeführt […] Mittwoch, den 21. Febr., 2 Tage vor der Aufführung, lernten die Mitglieder erst ihre Rollen und machten auch größtenteils die Bekanntschaft des Stückes erst am selben Tage auf der Theaterprobe, denn eine Leseprobe fand nicht statt, um sich über die Charakteristik gegenseitig zu verständigen. Das ist leider Tatsache und wird und kann von Niemand in Abrede gestellt werden, der die Wahrheit wenigstens achtet, wenn er sie auch nicht liebt."*

Der letzte Tropfen wird gerichtsmassig

Diese Kritik war jedenfalls der letzte Tropfen in Ferdinand Röders eh schon übervollem Fass seiner Regensburger Intendanz, die zunehmend zu scheitern drohte; der Kritiker fand sich deshalb unvermittelt vor Gericht wieder, wo Röder sogleich allen Stress, den er mit Blankenstein in der gesamten Spielzeit gehabt hatte, thematisierte und zum Rundumschlag gegen den unliebsamen Kritiker ausholte. Nicht nur, dass Röder seine Schauspieler eine öffentlich gedruckte Erklärung unterschreiben ließ, sie hätten sehr wohl das Manuskript von „Zopf und Schwert" rechtzeitig erhalten (sprich: 14 Tage vor Premiere anstelle der sechs Tage vorher, die Blankenstein Röder unterstellt hatte), nein, Röder verpflichtete den Theaterkritiker auch qua gerichtlichem Vergleich dazu, mit ein paar zurückliegenden Schmähungen aufzuräumen. So hatte Blankenstein relativ zu Beginn seiner Kritikertätigkeit einen 21 Punkte umfassenden Katalog von Verhaltensregeln publiziert, an die sich der „Direktor einer Provinzialbühne" seiner Meinung nach zu halten hätte – über Höflichkeit und Pünkt-

Titelblatt der Theater-Revue vom 21. Januar 1844, die Karl Blankenstein in Eigenregie 1843–1844 als „Sonntagsblatt" schrieb und herausgab, ab 1844 auch mit schmucken Titelblättern. Die Theater-Revue war die erste eigenständige Theaterkritik-Publikation in Regensburg. Am 29. September 1844 stellte sie ihr Erscheinen ein.
Bibliothek Morsbach

lichkeit bis hin zu „er steige keinen Frauenzimmern nach" war alles enthalten, was man Röder als Person gerüchteweise nachsagte. Das Gericht ordnete also an:

„[…] 2) Erklärt derselbe [Blankenstein], *daß er unter den pag. 21 bis 26 der genannten Schrift enthaltenen allgemeinen und besonderen Regeln für den Direktor einer Provinzialbühne den Theaterdirektor Ferdinand Röder nicht speziell gemeint habe, und Hrn. Röder nicht habe beleidigen wollen; deshalb verspricht er auch, diese Erklärung in der nächsten Ausgabe seiner Theater-Revue durch den Druck bekannt zu machen*", heißt es im Gerichtsprotokoll, aus dem in der Regensburger Zeitung vom 9. März 1844 zitiert wurde. Blankenstein hatte aber offenbar alle Hände voll zu tun, Direktor Röder weiterhin in seiner Theater-Revue durch den Kakao zu ziehen, jedenfalls erschienen mehrere Ausgaben der Revue, ohne dass das öffentliche Eingeständnis, zu dem Röder Blankenstein gezwungen hatte, abgedruckt wurde. Daraufhin griff Röder zum einzigen Mittel, das er noch hatte, und ließ am 9. März in der „Regensburger Zeitung" (das „Tagblatt" war ja mit Blankenstein solidarisiert) folgendes abdrucken: „*Der Theaterrezensent Herr Karl Blankenstein wurde in Folge einer gerichtlichen Verhandlung angehalten, nachstehende Erklärung, wie sie das unten abgedruckte Protokoll enthält, in seiner nächsten Theaterrevue abzugeben. Es sind nun aber bisher zwei Blätter derselben erschienen, ohne daß Herr Blankenstein Wort gehalten hat, daher ich mich veranlaßt sehe, das Protokoll hiermit zur öffentlichen Kenntnis zu bringen, Hrn. Blankenstein jedoch noch außerdem gerichtlich anhalten werde, die versprochene Erklärung auch in der Theater-Revue abdrucken zu lassen.*"

Einer der letzten Sargnägel in des gebeutelten Röders Spielzeit

Die Auseinandersetzung, auch wenn sie offenbar zu Lasten Blankensteins ging, war dennoch einer der letzten Sargnägel in Röders von Problemen gebeutelter Spielzeit – er hatte zu viel Geld ausgegeben, zu viele gute Ensemblemitglieder vergrätzt, zu viele Vorstellungen „suspendu", also ohne Abonnenten-Ermäßigung, gegeben, kurz: er war pleite, ohne Gunst des Publikums und zunehmend auf dünnerem Eis. Röders erste Spielzeit in Regensburg sollte deshalb auch seine letzte bleiben – bereits im September 1844 zog er Hals über Kopf in die nächste Stadt: am Nürnberger Stadttheater feierte Röder ironischerweise mit „Zopf und Schwert" und sich selbst in der Hauptrolle seinen Einstand als dortiger Theaterdirektor – übrigens auch mit mauen Kritiken.

Nach Nürnberg und von Nürnberg

Nachdem wir also 1844 einen flamboyanten, aber nicht so exzellenten Theaterdirektor von Regensburg nach Nürnberg ziehen sehen, kommt im September 2018 ein Nürnberger Theatermann mit viel exzellenterem Ruf als neuer Schauspieldirektor nach Regensburg: Klaus Kusenberg, der langjährige Schauspielchef des Nürnberger Staatstheaters. Ihm sei versichert, dass wir Regensburger uns in den vergangenen 175 Jahren merklich gebessert haben, was die Qualität unserer Kritik am Regensburger Theater angeht – solange er ab und zu Leseproben abhält und seine Pferdekutsche im Stall und den Zylinderhut am Haken lässt, sollte er auf der sicheren Seite sein. Und auch Egbert Tholl, der schon in Regensburg auf Premierenfeiern gesichtet wurde, hat hier noch nicht ein einziges Glas geworfen – Schade eigentlich, wir hätten gerne darüber gelesen. In diesem Sinne wünschen wir Herrn Kusenberg ein herzliches ToiToiToi zu Beginn seiner Zeit in Regensburg und wünschen ihm, dass das Theater, das er bei uns macht, sich auch in der Tat vornehmlich auf der Bühne abspielen wird.

Josef Ernst Köpplinger

UND DANN WAR DA NOCH DER MOND ÜBER SOHO …

Erinnerung an Marietheres List

An einem sehr verregneten Tag wurde ich auf Empfehlung einer Wiener Agentur sowie des Regisseurs Herrn Palma nach Regensburg geschickt, um der designierten Intendantin vorgestellt zu werden. Marietheres List. Ich war ein 22-jähriger Musikstudent, der tagein, tagaus nur für das Theater gelernt und gelebt hat. Nach eineinhalb Stunden bei Marietheres fragte sie mich, ob ich auch vorproben könne, denn ich würde neben meiner Assistenten-/Inspizienten-Stelle mit Spiel- und Singverpflichtung mit einer Inszenierung am Haidplatz beginnen, einer Savary-Revue für die ganze Familie. Ich war begeistert, sagte ja und selbstverständlich war das in meiner Anfängergage alles enthalten. Mir egal! Ich war am Theater. Also kurz vor Studienabschluss Zelte abbrechen und auf ins schöne Regensburg!

Dort fing alles für meinen Regieweg an, im Sommer 1988.

Und Marietheres, wie ich sie ab 1995 nennen durfte, ebnete mir den Weg: vorausschauend, beständig, treu und klug. Sie bremste mich, wenn ich in jugendlichem Leichtsinn zu weit vorpreschte, und spornte mich an, wenn ich zu zögerlich, zu unsicher war. Über allem jedoch hat sie mich immer gelassen, sie vertraute mir und sagte mir früh, allerdings genau nur einmal: Ich wäre ein Ausnahmetalent.

Leicht hatte es die erste Theaterprinzipalin eines deutschen Dreispartenhauses nicht immer. Die männerdominierte Gesellschaft unterschätzte oft die kluge, kreative, handwerklich tolle Frau und sah oftmals nur die schöne Frau. Darüber haben wir später des Öfteren gesprochen! Einmal läutete das Telefon: ich war grad am Staatstheater in Saarbrücken. Frau List sagte, ich müsste ihr helfen. Worauf ich sofort, wie aus der Pistole geschossen, antwortete: „Natürlich, was soll ich tun? Für Sie mache ich alles, was Sie wollen." Darauf erwiderte sie, dass ich zwei Tage nach meiner Saarbrücker Premiere „Die Dreigroschenoper" in Regensburg übernehmen müsste, der Oberspielleiter hätte zurückgelegt, er wäre krank. Weiter verriet mir Marietheres unverblümt, dass kein Ausstattungsetat vorhanden wäre. Fundus! Und Fantasie!

So: na dann, ran an den Speck! Und trotzdem wurde diese „Dreigroschenoper" einer meiner großen Erfolge und brachte mir viele Folgeengagements ein.

Marietheres List (1946–2018), Intendantin der Städtischen Bühnen Regensburg 1988 bis 2002.
Foto: Stadt Regensburg, Peter Ferstl 1999

Und manchmal hatten wir Zoff: „Così fan tutte". Ich wollte deutsch, sie nicht. Ich legte zurück, sie war bös. Aber nie lange. Erst letzten Sommer, auf ihrer Terrasse, sagte sie zu mir, dass nicht so viele geblieben sind. Damit meinte sie Weggefährten, Freunde.

Das war ein inniges, sehr persönliches und nicht nur angenehmes Gespräch, denn wir sprachen über Einsamkeiten, selbst- und unverschuldet, über Loslassen, über die Liebe im Allgemeinen und die Kunst und die Notwendigkeit, deren Freiheit hochzuhalten.

Ich wusste, ohne dass sie jemals geklagt hat, dass sie einsam war. Sobald ich sie darauf ansprach, vorsichtig und mit Respekt, lächelte sie und verschloss sich dem Thema. Nach meinem letzten Besuch, sie und ich wussten wahrscheinlich, dass dies unser letztes Treffen war, strahlte ein wunderbarer Vollmond vom bayerischen Himmel. „Das ist der Mond über Soho …", summte sie und ich stimmte ein: das ist der „hörst du mein Herz schlagen"-Text …

Ja, mein Herz schlägt, weil ich viel zu wenig über meine Theatermutter schreiben kann. Das hätte sie aber auch sicherlich nicht gewollt.

Marietheres, ich danke dir!
SEHR!
Dein Josef

Vertrautheit. Marietheres List und Josef E. Köpplinger bei den Regensburger Theatertagen im Neuhaussaal 2016.
Foto: Maria Anna Sperb

*Ansichtssache –
Goldener Turm,
Wahlenstraße.*
Martina Osecky

Anton Zimmermann

MEIN MENSCHLICHES MASS

Oder: Was mich in Regensburg hält

In meiner Kindheit schienen mir die Vielfalt und das Ausmaß meiner Allgäuer Heimat (so viele Sorten Grün ringsum, so viele Hügel, Grasbuckel, Wälder, Bäche, Tobel, Weiher, Seen und so gewaltig hoch die Berggipfel am südlichen Horizont!) von einer unfassbaren Größenordnung zu sein. Aber an der Seite meines Vaters lernte ich, dass die Vielfalt unerschöpflich war und immer wieder aufs Neue bestaunt, ebenso wie vom Tal aus die Höhe der Gipfel bewältigt werden konnte, indem ich – im Laufe unserer zahllosen Tagestouren – einfach immer noch eine Kinder-Schritt-Länge vor die andere setzte. Heute denke ich, dass das, was ich „mein menschliches Maß" nenne, sich vor allem aus dieser Prägung herleitet.

Erstes Maß nehmen in Regensburg

Die Ehrgeizigen, die sich weder mit der Wohltat des Lebens noch mit der Schönheit der Welt begnügen, ist die Buße aufgegeben, dass sie selbst ihr Leben verderben und nicht den Nutzen und die Schönheit der Welt besitzen.

(Leonardo da Vinci)

Zwischen Zieroldsplatz und Fischmarkt

Bei einem meiner ersten Studentenjobs in Regensburg Anfang der 70er Jahre war ich Messgehilfe eines Architekten des Landesdenkmalamts. Zu zweit vermaßen wir einen Monat lang halbzentimetergenau den Gebäudekomplex zwischen Fischmarkt und Zieroldsplatz und zwischen Schmerbühl und Fischgässel. Keine Wohnung, kein Keller, kein Dachboden, keine Ecke, kein Winkel, keine Nische, wo wir nicht standen, knieten, lagen, krochen, balancierten und Maß nahmen. Aus unseren Maßen wurden Architektenpläne rekonstruiert, zunächst mit dem Ergebnis, dass es sich, wo man bisher nur ein zusammenhängendes, einheitlich graues, unklar strukturiertes, ziemlich angewittertes Gebäude wahrgenommen hatte, tatsächlich um vier unterschiedliche, voneinander unabhängige Gebäudeeinheiten handelte. Aufgrund der Rekonstruktionsergebnisse wurde der Komplex für denkmalwürdig erklärt und dementsprechend restauriert und saniert.

Das war die Zeit der Sanierungs-Aufbruchsstimmung in der Altstadt, die dann im weiteren Verlauf durchsaniert und innerhalb des Grüngürtels komplett unter Ensemble-Denkmalschutz gestellt wurde.

Das Gebiet zwischen Fischmarkt und Zieroldsplatz steigt über den Schmerbühl hinauf, den „Fetthügel", der an früher hier ansässige Metzger erinnert.
Foto: Josefine Zimmermann

Erstes Bürgerfest

Einen bedeutenden Bewusstseinsschub in Richtung einer neuen Wahrnehmung des Kleinods Altstadt bewirkte in dieser Zeit das erste Bürgerfest. Noch relativ neu in der Stadt und fasziniert von der Stimmung schrieb ich meiner Mutter: „Die Regensburger nehmen ihre Stadt in Besitz!" Überall auf den Gassen und Plätzen, in Hinterhöfen und Durchgängen, die bisher verschlossen waren, standen kunterbunt Biertischgarnituren oder ein paar wackelige Stühle und Tische, wurde Musik gemacht, Essen und Trinken gab es an meist improvisierten Ständen von gemeinnützigen Organisationen, überall wurde gesungen, gelacht, getanzt. Um sich die Dimension dieser Erfahrung zu vergegenwärtigen, muss man sich nur den damaligen Altstadt-Alltag vorstellen: Fließverkehr durch sämtliche Straßen und Gassen, die breit genug für wenigstens ein Auto waren.

Das Brücktor und die Straßenbahndurchfahrt – heute unvorstellbar!
Foto: Michael Schuster

Auf dem Brückturm

Erstmals wurde mir bewusst, dass ich mir schon längst angewöhnt hatte, Regensburg mit meinem menschlichen Maß zu vermessen, als mich meine Freundin Sabinka in den 80er Jahren auf den damals der Öffentlichkeit noch nicht zugänglichen Brückturm schleppte und ich augenblicklich und nachhaltig dem besonderen Reiz der Aussicht aus den Turmfenstern in die vier Himmelsrichtungen erlag. Eine entscheidende Rolle spielte dabei die Höhe des Turms, die eben nicht schwindelerregend oder vogelperspektivisch war, sondern so, dass ein Dutzend, einander auf den Schultern stehende Akrobaten reichen sollten, dass der letzte durch ein Turmfenster hineinschauen könnte: Das solchermaßen in Menschengröße gemessene Höhenmaß – nicht eben realistisch, aber konkret vorstellbar, fassbar. Und diese sympathische Höhe reichte aus, um ganz besondere, für mich unerwartete Aus- und Einblicke zu gewähren: Eine ungeheure Vielfalt von Eindrücken und die davon ausgelösten Regensburger Geschichts- (im Sinne von Geschichten und Geschichte) Assoziationen.

Mein menschliches Maß also: Höchst subjektiv, höchst selektiv, in und mit menschlichen Individuen definierbar, kein physikalisches, ein psychisches, ein Wohlfühl-Maß, das ich seit nunmehr 47 Jahren (nach einer Allgäuer Landschafts-Kindheit und einer Münchner Großstadt-Jugend) als leidenschaftlicher Regensburger Altstadtbewohner an die unerschöpflichen kleinen und großen Schätze, denen ich auf Schritt und Tritt begegne, anlege.

Wurstkuchl

Meistens sitzt man vor oder in der Wurschtkuchl nahe beieinander, in überschaubarer Anzahl und natürlich teilt man diesen einzigartigen Ort und die unvergleichlichen Bratwürstl samt Kraut mit vielen Touristen. Als Beilage bzw. Dessert gibt es immer wieder auch angenehme, lus-

links:
Gen Osten! Foto: Josefine Zimmermann

rechts:
Ich brauche gelegentlich diese besondere Nahrung, sowohl die gastronomische für das körperliche, als auch den spiritus loci für das geistig-seelische Befinden. Foto: Josefine Zimmermann

links:
Hans Schafbauer, der Wirt vom Hofbräuhaus, von älteren Regensburgern auch „Schlichtinger" genannt. Die wissen schon, warum.
Foto: Anton Zimmermann

rechts:
Hofbräuhaus und historischer Reichssaal.
Foto: Josefine Zimmermann

tige, überraschende Geschichten mit Menschen aus aller Welt.

Beeindruckend an diesem Ort ist für mich, wie hier das menschliche Maß dem mächtigen Maß der Natur trotzt. Andi Meier, der Wurschtkuchl-Chef, beobachtet bei Hochwasserwarnung den menschlichen Maßstab mit dem Fernglas: nämlich die Pegelmesslatte am Nordufer der Donau bei der Eisernen Brücke. Auch wenn die Donau schon die ersten Freisitze umspült, geht der Betrieb zunächst in aller Ruhe weiter. Erst wenn das Wasser ein bestimmtes Pegel-Maß übersteigt, dann gibt Andi ganz unaufgeregt die Anweisung, die Wurschtkuchl zu räumen. Woher die Ruhe? Andi sagt, das bringt die Erfahrung mit sich – er ist schon als Kind mit den Hochwasserereignissen aufgewachsen, die kamen und gingen wie auch in den achteinhalb Jahrhunderten zuvor; die Wurschtkuchl blieb – manchmal bereichert um eine neue Hochwasser-Marke an einer ihrer Wände.

HB – „Nehmen S' Platz"

Wie unglaublich viele Menschen man in einem scheinbar vollen Wirtshaus noch unterbringen kann, wenn man als Wirt aufmerksam, gast-freundlich, unkompliziert, kommunikations-stiftend ist, das hat Hans Schafbauer vom HB die Gastronomie für alle Zeiten gelehrt: „Nehmen S' nur Platz, an Stuhl bring' i glei!" – dieser Satz definiert das Schafbauer'sche Maß für die fragliche Zahl in einem dementsprechend geführten Wirtshaus, die (ähnlich wie bei der Richter-Skala für Erdbeben) nach oben hin unbegrenzt scheint. In der warmen Jahreszeit vor dem HB sitzen, mit Blick auf das Alte Rathaus, den Historischen Reichssaal, auf die vorbeiflanierenden Menschen – kein Fernsehprogramm der Welt kann auch nur annähernd Vergleichbares bieten! Die ganze Palette (in Wirklichkeit nur ein kleiner Teil davon) menschlicher Vielfalt zieht vorbei; darunter immer wieder auch Bekannte, Freunde, mit denen man ein bisschen ratschen, etwas besprechen, etwas ausmachen kann; die Bürgermeisterin, die aus dem Rathaus kommend, das Angebot, den ersten Schluck aus einem frisch gezapften Bier zu nehmen, mit ehrlichem Bedauern ablehnt, weil sie zum nächsten Termin eilen muss; auch Peter Morsbach, der mich bei dieser Gelegenheit einlädt, diesen Artikel für den Almanach zu schreiben.

Von hier wandert mein Blick zu der gewaltigen eisernen Kette, mit der in früheren Jahrhunderten der Durchgang „Zum Roten Herzfleck" abgesperrt wurde, wenn die Regensburger vor durchziehende Soldaten oder hohe Herrschaften vor den Regensburgern geschützt werden mussten. Klaus Caspers, Regensburger Künstler, Architektur-Entwerfer, Kommunalpolitiker, Fest-Organisator und aktueller Kulturpreisträger hat dieser Kette einen herausragenden Platz auf seinem Regensburger Monumentalgemälde, das im DEZ hängt, eingeräumt.

Eine der früher gebräuchlichen Absperrketten zum Roten Herzfleck.
Foto: Josefine Zimmermann

Linda & Joe

Linda und Joe setzen sich zu mir, ein durchreisendes amerikanisches Ehepaar; Joe (über 80, sieht aus wie 60) ehemaliger American Airlines Pilot und seine Frau Linda reisen sehr viel. Seine Vorfahren stammen aus Deutschland; wir unterhalten uns über die Nazis und darüber, dass Menschen so sein können und wahrscheinlich so bleiben werden – aber das ist eine andere Geschichte, über die ein andermal zu reden sein wird. Die beiden erzählen, sie seien „Biergarten-Sammler". Ich erkläre ihnen, dass meiner Ansicht nach Regensburg die most beautiful and most different Biergärten worldwide hat und ich erkläre ihnen, wo sie die schönsten finden können. Sie sind begeistert und mit Augen, die vor Vorfreude (oder eher Jagdfieber) glänzen, machen sie sich sofort auf die Pirsch. Sie bestehen darauf, meine zwei Bier zu bezahlen und nehmen mir das Versprechen ab, uns in den kommenden Jahren irgendwann wieder genau hier im HB zu treffen. An mir soll's nicht liegen, Linda und Joe!

Karl Bauer

Der Dom und die Steinerne Brücke haben Regensburg berühmt gemacht – diese unscheinbaren Kleindenkmäler aber sind es, die den Gassen den ganz besonderen Reiz und die so oft gerühmte traute Stimmung verleihen (Karl Bauer).

Marille und Karl Bauer in ihrer Wohnung in Kumpfmühl.
Foto: privat

Irgendwann wurde mir klar, dass es eine zweite, eine Regensburger Quelle für meinen menschlichen Maßstab gab: den „Bauer", das Regensburger Geschichts- und Geschichten-Buch von Karl Bauer, das mir diese Stadt – im wahrsten Sinne des Wortes – nahe brachte und seit über 40 Jahren immer noch näher bringt. Nachdem ich 1995 für das 750jährige Reichsfreiheits-Jubiläum als Beitrag der Städtischen Bühnen ein Ballett-Libretto nach Motiven aus „dem Bauer" verfasst hatte („Der Hahn im Korb", Choreografie Ballettmeister Dieter Gössler; uraufgeführt im Historischen Reichssaal), ergab sich durch Vermittlung des damaligen Almanach-Herausgebers Konrad M. Färber (auch er bereits Legende), für mich die Gelegenheit, das schon betagte Ehepaar Bauer in seiner Wohnung zu besuchen. Karl Bauer zeigte mir bei dieser Gelegenheit die Grundlage seines Riesenwerks, seine Zettel- und Karteikartensammlung, die in zahllosen Kästen in speziell angefertigten, vom Boden bis zur Decke reichenden Einbauschränken, aufbewahrt wurden. Es müssen zigtausende Einzelnotizen gewesen sein. Was für eine menschliche Leistung – ohne die Möglichkeit einer elektronischen, mit dem menschlichen Verstand kaum noch nachvollziehbaren Datenspeicherung! Und natürlich habe ich seitdem ein besonders wertvolles Buch: einen von Karl Bauer bei diesem Besuch signierten „Bauer"…

Piazza-Maß
Haidplatz

Neben den – zweifellos bedeutenden gastronomischen – italienischen Beiträgen in Form von allgegenwärtiger Pizza und Pasta gibt es in der Regensburger Altstadt die architektonischen Varianten der mediterranen Piazza in unterschiedlichsten Erscheinungsformen:

Der Alte Kornmarkt, speziell mit dem samstäglichen Wochenmarkt; der Krauterermarkt, wo zu Füßen der mächtigen Domfassade noch lange der unvergleichliche Weichser Radi verkauft wurde und man jetzt vor dieser bestaunenswerten Kulisse eine mehr oder auch weniger andächtige Einkehr halten kann; der Neupfarrplatz, der entstand, weil hier im 16. Jahrhundert im religiösen Wahn das Judenviertel niedergerissen wurde; der Gutenbergplatz, der mit seinen Freisitzen und schattenspendenden Bäumen dazu einlädt, das Smartphone mit einem Buch zu tauschen; die Platzfolge Kohlenmarkt, Rathausplatz, Haidplatz (wo ich in früheren Berufsjahren und Vor-Handyzeiten in zwei Stunden mehr erledigen konnte, als im Büro in vier Stunden, weil alle Leute, die ich vom Büro aus nicht erreichen konnte, mit Sicherheit hier vorbeikamen).

Nahezu um jede Hausecke herum öffnen sich Plätze unterschiedlicher Größe, mit verschiedenartigen Profilen, Plätze mit jeweils andersartigem Charakter, aber immer mit den Merkmalen der italienischen Piazza: Eingebettet in jahrhundertealte Architektur, einladend mit unwiderstehlichem Charme, variantenreich für jede Art von kommunikativer Gestimmtheit, immer umgeben von großer Geschichte und kleinen Geschichten, immer im menschlichen Maß.

Bismarckplatz

Abgesehen davon, dass mir die frühere Bezeichnung Oberer Jakobsplatz (und Unterer Jakobsplatz für den Arnulfsplatz) bedeutend mehr zusagen würde, ist der Bismarckplatz mit seinem oberen, höher gelegenen und dem unteren, tiefer liegenden Teil mit den beiden runden Brunnenbecken, inzwischen zu einem der prominentesten Plätze avanciert. Vom Regensburger Kunstgeschehen auf hohem Niveau: Theater Regensburg und Haus der Musik eingefasst, sind beide Teile in der warmen Jahreszeit so belebt wie kaum ein anderer Platz; quirliger Jugendtreffpunkt oben (im Volksmund liebevoll „Affenfelsen" genannt), gegen Abend angeregtes Theaterpublikum un-

Der Haidplatz als Kulminationsort des italienischen Lebensgefühls der Regensburger.
Foto: Josefine Zimmermann

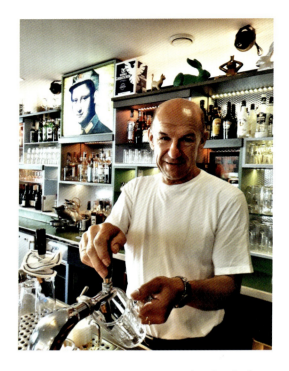

*links:
Che beim Zapfen, neidvoll beobachtet vom jungen Mao.
Foto: Anton Zimmermann*

*rechts:
Wo ein V für ein U vorgemacht wird: MVSIS FAVENTIBVS – die beiden Wörter in den drei V, am Gebälk des Theaters.
Foto: Josefine Zimmermann*

ten; bewirtschaftet von „Filmbühne" oben und „Theatercafé" unten, beides geführt von „Che" – einem Anwärter auf einen Platz in der Wirte-Walhalla – von dem fast niemand sagen kann, wie er wirklich heißt.

Theater Regensburg

In den 90er Jahren gelang es der damaligen Intendantin Marietheres List, das künstlerische Niveau der Städtischen Bühnen deutlich anzuheben sowie Ballett als dritte Sparte zu etablieren – all dies unter extrem schwierigen Bedingungen! Der Gemeinde-Unfall-Versicherungs-Verband schrieb damals in einem seiner zahlreichen, mahnenden Gutachten einleitend: „Das historische Theatergebäude am Bismarckplatz gleicht einem Schweizer Käse". Nicht nur die räumliche Situation auch die gesamte Bühnentechnik von der Unterbühne bis zum Schnürboden war marode und nur mit äußersten Einschränkungen nutzbar; im „Ballettsaal" konnten keine Hebungen geprobt werden, weil er zu niedrig war; wenn die Tänzer Sprünge trainierten, fiel den Maskenbildnern einen Stock tiefer der Putz auf den Kopf; Duschräume schimmelten vor sich hin …

Der Schmid Sepp

darf hier nicht fehlen. Sehr viele kannten ihn, viele vor allem seinen Ruf als schier unbesiegbarer Kämpfer, wenn es um handgreifliche Auseinandersetzungen ging. In seiner Jugend, in den fünfziger Jahren, gehörte so etwas zur Jugendkultur; später verabreichte er „Backpfeifen" nur noch, wenn jemand seiner Familie oder einem Freund schräg kam. Der bärenstarke Schmid Sepp, gelernter Maler, Möbelpacker, Fernfahrer, war aber viel mehr als das! Unter anderem verfügte er neben einer bestechenden Intelligenz über einen (Dialekt-) Wortschatz und eine Kreativität und Treffsicherheit bei der Formulierung bildhafter Vergleiche, um die ihn nicht wenige professionelle Schreiberlinge beneideten. Ein anderes Beispiel war sein Verhältnis zum städtischen Theater: Obwohl er nie in einer Vorstellung war (bis auf einmal, als wir ihn mit einer Wette reingelegt hatten), hielt er das Theater für seine Regensburger Stadt für unverzichtbar und wusste viel über seine Geschichte und seine Geschichten.

Als ich bei den Städtischen Bühnen u. a. für Medien- und Öffentlichkeitsarbeit zuständig war, hatte ich den Auftrag, den Theaterwissenschaftler Professor Dr. Passow zu betreuen, den in aus meiner Münchner Zeit kannte, als er Assistent am theaterwissenschaftlichen Institut war. Er war Autor des Bayern-3-TV-Formats „Die Stadt und ihr Theater" und er fragte mich nach speziellen Motiven in Regensburg. Unter meinen Empfehlungen war auch der Vorschlag, mit dem Schmid Sepp eine spezielle Stadtrundfahrt zu machen.

Der Schmid Sepp fuhr mit einem 40-Tonner (!) auf dem Bismarckplatz vor, nahm das gesamte TV-Team an Bord und ich sollte in einer dreiviertel Stunde die Gäste wieder in Empfang nehmen. Ich wartete mit zunehmender Verzweiflung eineinhalb Stunden lang, dann bog der 40-Tonner wieder auf den Bismarckplatz ein. Professor Passow stieg als Erster aus, kam mit ernstem Gesicht auf mich zu und stieß hervor: „Herr Zimmermann, jetzt habe ich ein Problem!" Mir brach der kalte Schweiß aus – der Schmid Sepp war nicht unbedingt berechenbar und schon gar nicht schüchtern oder besonders dezent in seiner Ausdrucksweise, wenn ihm etwas nicht passte ... Schließlich kam der erlösende Nachsatz: „Jetzt habe ich eine Stunde

Josef Schmid (links, mit Wolfgang Schieder) beim ersten Theaterbesuch seines Lebens am 31. Mai 1993, in: Don Juan, Ballett von Dieter Gößler. Zeugen waren Klaus Caspers und Anton Zimmermann.
Foto: Graggo / privat

Material im Kasten und weiß nicht, was ich schneiden soll!" Sepp, wir vermissen dich sehr in deiner Stadt!

Arnulfsplatz: Der Kneitinger

Ich kehre zu einer besinnlichen Andacht in einen Tempel ein, von dem viele Regensburger nicht sicher sagen können, ob er ihnen wichtiger ist oder doch – wenn auch nur geringfügig – der Dom? Es handelt sich um die Brauerei-Gaststätte Kneitinger, und zwar um das Mutter-Haus (nicht etwa Vater-Haus, denn es geht ja um menschliche Nähe, Geborgenheit und elementare, flüssige Nahrung). Normalerweise genügt es, ein Helles zu bestellen; bei Hannelore ist man allerdings gut beraten, ein „Kneitinger Edel-Pils" zu ordern, wenn man aufgrund der ansonsten fälligen längeren Belehrungen die Bier-Anlieferung nicht unnötig verzögern möchte.

Was man ganz sicher nicht bestellen sollte, ist ein Weißbier, das gibt es nämlich hier nicht. Diese Tatsache hatte ein des Diebstahls Verdächtiger übersehen – ein schwerwiegendes Verhängnis! Als Alibi gab er vor Gericht an, zur fraglichen Tatzeit im Kneitinger mehrere Weizen getrunken zu haben. Der Richter nahm dies zunächst als entlastend zur Kenntnis, als plötzlich Dr. Theo Veil, Gerichtspsychiater, jahrelang mein Supervisor und späterer Freund sowie jahrzehntelanger Stammgast im Knei, aufsprang und rief: „Herr Vorsitzender, das kann nicht sein, im Knei gibt's überhaupt kein Weizen!" Auf der Basis dieses Experten-Gutachtens war der Beschuldigte überführt, er gestand und wurde verurteilt.

Möbler-Stammtisch

Über 30 Jahre lang pflegte der Schmid Sepp hier den berühmt-berüchtigten Möbler-Stammtisch. Als ich 1971 gerade in meine WG eingezogen war, unternahmen die WG-Mitglieder eine erste Stadt- (sprich: Kneipen-) Führung mit mir. Irgendwann an diesem Freitag betraten wir den Kneitinger, dessen zentrale Bedeutung von meinen Stadtführern nachdrücklich hervorgehoben wurde; wir kamen durch das Hauptportal und wandten uns dann nach links in die Gaststube, wo uns der damals übliche, allerdings zu einer rekordverdächtigen Intensität gesteigerte, undurchdringliche Lärm und Zigarettenqualm empfing. Links hinten, an den Tischen vor den Fenstern zum Arnulfsplatz, schien sich ein besonderer Rauch- und Geräuschpegel-Schwerpunkt zu befinden. Plötzlich sprang dort ein stattlicher Kerl in einem blauen Stehkragenhemd mit feinen weißen Längsstreifen und einer umgebundenen dunkelblauen Schürze, dessen eine Ecke nach oben eingefaltet war, auf die Bank und brüllte ohrenbetäubend ein paar Sätze, woraufhin der ganze Tisch in ein noch ohrenbetäubenderes Gelächter ausbrach. „Das ist der Möbler-Stammtisch und der auf der Bank ist der Schmid Sepp", wurde ich aufgeklärt. „Lass dich mit dem auf nichts ein, der ist gefährlich!"

15 Jahre später, als mich der Schmid Sepp bereits in den Möbler-Stammtisch integriert hatte, erzählte er mir, dass dieses G'wand die übliche Möbler-Arbeitskleidung war und dass die Breite der Schürze auch als Maßeinheit diente, um festzustellen, ob beispielsweise ein Klavier durch eine Tür oder um einen Treppenabsatz herum ginge.

Orchestertisch

In der Schwemme im Kneitinger „Mutterhaus" am Arnulfsplatz steht man an Fass-Tischen. Ein besonderes Exemplar eines Fass-Stehtischs stand zwischen Schaffner- und Bräustüberl (heute im Eingangsbereich). Viele Jahre war dies der „Orchestertisch". Hier versammelten sich, spät am Abend, nach Ende der Vorstellung Musiker des Philharmonischen Orchesters vom gegenüberliegenden Theater (meist noch mit Frack und Fliege, also ebenfalls noch in Berufskleidung), um den, beim leidenschaftlichen Spiel im stickigen Graben erlittenen, schweren Flüssigkeitsverlust schnellstmöglich auszugleichen – hohe Kunst, zum Anfassen und zum Anstoßen, menschlich halt!

Eine andere Art des Maßnehmens …

Noch ein kleines Stück weiter nach Westen werfe ich durch das Jakobstor einen Blick hinaus hinter die Stadtmauer. Mitte der siebziger Jahre stieß ich bei Karl Bauer auf eine Geschichte, die von einer anderen Art des Maßnehmens am einzelnen Menschen erzählt und die mich auf ihre eigene, sehr spezielle Art an diese Stadt fesselt: Wenn man Regensburg durch das Jakobstor nach Westen Richtung Priefling (heute: Prüfening) verließ, musste noch bis Anfang des 19. Jahrhunderts kurz nach dem Tor

Der Gründer des Möbler-Stammtischs, Josef Schmid (1940-2000).
Privatbesitz

der Blick von einem Gebäude angezogen werden, das dort am Anfang der heutigen Dechbettener Straße stand. Nicht weil es besonders groß oder besonders kunstreich gebaut war – es war nur ein einfach gemauerter Rundbau, vielleicht zwei Mann hoch, mit einem Durchmesser von mehreren Mannslängen, mit einer ebenerdigen Maueröffnung, durch die man ins Innere gelangte und dort über eine Treppe durch eine Öffnung im Dach auf die mit Gras bewachsene Oberfläche. Die morbide Magie, die das heute unsichtbare Bauwerk, die der Ort, an dem es stand, für mich ausstrahlt, lag in seiner Funktion: Dieser Rundbau fungierte über viele Jahrzehnte als „Köpfstatt". Wie schon häufig zuvor nahm hier der Henker auch am 12. März 1739 Maß an einem Bäckergesellen, den er wegen Straßen- und Kirchenraubs mit dem Richtschwert köpfen sollte. Der Name des Delinquenten war Anton Zimmermann.

„Du solltest eine Fortsetzung schreiben!"
(Peter Morsbach, dem ich herzlich für die große Ehre danke!)

Der Orchestertisch.
Foto: Josefine Zimmermann

Reiner Vogel

DIE WINZERER HÖHEN

Skizzen zu einem Regensburger Kulturraum

Für einen kleinen Buben kann die Welt ihren Ausgang in dem kleinen Dorf Kager nehmen – etwa im Jahr 1953. Da sind das Elternhaus, der Obstgarten, ein Fischteich, Kühe, Hühner, Pferde, Landwirtschaft halt. Etwas später kommen die Nachbargrundstücke dazu, Gemüsegärten überall, wenig Zäune. Die erste Aufregung eines jungen Lebens ist der Bau einer Teerstraße, hinauf in den kleinen Ort, dann sogar hindurch. Tagelang dampft der heiß ausgebrachte Teer, ersetzt die bisherige Schottertrasse. Das Hinfallen mit dem Fahrrad wird blutiger. Vom Autofahren war Ende der 1950er Jahre noch kaum die Rede, vom Traktorschnaufen schon eher. So eine Kindheit ist schnell erzählt aus der Erinnerung heraus, ihre Eindrücke bleiben aber ein Leben lang. Zum Beispiel vom regelmäßigen Kirchenbesuch in der St. Michaelskirche am Dorfanfang. In diesem kalten Raum war alles imposant für ein staunendes Kind, besonders die Zentralfigur des schwertschwingenden Erzengels Michael.

Vor allem ihre Geschichte machte für den Buben die Dorfkirche noch eindrucksvoller. Wie der kraftstrotzende Pfarrer Merkl immer wieder betonte, soll die Kirche im Oktober 1052 von Papst Leo IX. auf seiner Reise von Regensburg nach Nürnberg von einer Anhöhe bei Sinzing aus geweiht worden sein. Das ist zwar eine Sage, man stelle sich aber vor: Ein leibhaftiger Papst stellt sich bei Bruckdorf hin, schaut herüber nach Kager und hebt segnend den Arm. Das ist schon allerhand. Mehr noch berührte den Buben allerdings an den hohen Feiertagen das Te Deum – kraftvoll, aber an vielen Tönen vorbei, wurde es leidenschaftlich aus Bauernkehlen intoniert – das erscheint mir nach wie vor als „Heimat pur". Bevor es zu sentimental wird: Ein Schmuckstück der ursprünglich romanischen Saalkirche ist die an der Südseite angebrachte Kanzel. Seit dem 15. Jahrhundert existieren hier die Flachschnitte eines Einhorns und eines springenden Hirschs. Das ist schon eine Besonderheit in einer schlichten Landkirche. An der Nordwand steht in einer Rundbogennische das Gnadenbild „Maria Tannerl", eine spätgotische Holzfigur. Auf diese Besonderheit werden wir bei unserem Spaziergang über die Winzerer Höhen noch treffen.

Hochsommerlicher Blick von den Winzerer Höhen auf Regensburg
Foto: Bianca Wohlleben-Seitz

„In die Stadt unterwegs" – mit einem kleinen Umweg zur Tannerl-Kapelle

Wer von Kager aus „in die Stadt" muss, will oder kann dies heute natürlich mit Auto, Bus oder Fahrrad tun. Obwohl „in d'Stood" ja eigentlich falsch ist: Kager wurde mit Ober- und Niederwinzer 1924 nach Regensburg eingemeindet, ist also offizieller Teil von ihr. Reizvoller ist es allerdings, sich der Stadt von den Winzerer Höhen aus zu nähern. Dazu gehören aber schon ein gutes Schuhwerk, leidliche Beinfreiheit und nicht zuletzt offene Augen. Zunächst geht es den Kagerer Berg hinauf bis zur Spitze bei den Kastanienbäumen. Hier stehen an den Wochenenden viele Blechkarossen, aus denen die etwas fußkranken Wanderer oder diejenigen mit kleineren Kindern aussteigen. Genau hier sei ein Abstecher erlaubt – und zwar zur erwähnten Maria-Tannerl-Kapelle. Sie steht an einem geschotterten Feldweg in Richtung Tremmelhausen. Bis ins 17. Jahrhundert hinein war das umliegende Gebiet ein geschlossener Wald – deshalb spricht der frühere Volksmund auch von der „Waldkapelle". Um 1650 soll nach der Überlieferung hier ein Marienbild an einer aufragenden Tanne gehangen haben. Gebaut wurde die Kapelle in der Pestzeit des Jahres 1713. Das Marienbildnis hatte eine – vorläufige – Heimat. Immer wieder nacherzählt wird die Geschichte,

Die Kapelle Maria Tannerl.
Foto: Bianca Wohlleben-Seitz

dass geschäftstüchtige Leute den aufkommenden Wallfahrerstrom umleiten wollten und deshalb 1817 das Bildnis entwendeten, um es im nahen Adlersberg aufzuhängen. Da bedurfte es dann schon eines amtlichen Regierungsbeschlusses, um es an die Kagerer Kirche zu übergeben, wo ein würdiger Platz gefunden wurde. Die derart entkleidete Tannerlkapelle drohte schließlich zu zerfallen, wurde aber Anfang der 1980er Jahre durch eine engagierte Privatinitiative saniert und dann neu geweiht.

Attilas Grab auf den Winzerer Höhen?

Das wäre ja nun eine echte Sensation und mindestens die Vorlage für ein Historienspiel über den Dächern von Regensburg. Liegt der sagenhafte Hunnenkönig Attila in einem Grab auf den Winzerer Höhen begraben? Der verstorbene Heimatforscher Oskar Raith ist im Jahre 1991 in der Zeitschrift „Die Oberpfalz" dieser Frage durchaus ernsthaft, allerdings mit einem deutlichen Augenzwinkern nachgegangen. Damit bleiben wir noch in der Nähe der Maria-Tannerl-Kapelle. Unter diesem unscheinbaren Backofenbau ist ein heidnischer Ritter begraben – so die Sage. Hier auf der höchsten Erhebung seines unendlichen Besitzes wollte der Hunnenkönig begraben sein. In der Grabkammer des mächtigen Herrschers sind drei Särge: Der innere Sarg ist aus Gold, der mittlere aus Silber und der äußere aus Eisen. Auch einen Schatz hat der Ritter demnach mit ins Grab genommen. Aus Angst vor dem unheimlichen Riesen haben die Menschen der Umgebung schließlich eine Kapelle über der Grabkammer gebaut. Danach war Schluss mit dem Spuk.

Diese Sage – so Oskar Raith – ist nachweislich falsch, denn der Kapellenbau geht auf ein Gelöbnis von Schülern des Regensburger Jesuitengymnasiums im genannten Pestjahr 1713 zurück. Deswegen war die Kapelle auch bis in die jüngere Vergangenheit hinein Wallfahrtsziel von Oberschülern. Sie baten damit um gute Noten.

Allerdings gibt es schon Hinweise auf ein oder mehrere Hügelgräber an Ort und Stelle. Oskar Raith hat dem Autor dieser Zeilen Anfang der 1990er Jahre einige ovale Flächen im Feld gezeigt, wo die Steine viel dichter lagen als sonst. Dies deutet auf die letzten Spuren von durchaus imposanten Hügelgräbern hin – Schätze wurden aber bei späteren Grabungen nicht gefunden. Auf dem Weg zur Entschlüsselung der Attila-Sage führt die Spur zum örtlichen Volksglauben zurück. Wie Emmi Böck in ihren „Regensburger Stadtsagen" schreibt, wurde im frühen Regensburg tatsächlich an die Anwesenheit des Hunnenkönigs Attila geglaubt. Es ist sogar von einer großen Schlacht beim Dreifaltigkeitsberg die Rede – was sicherlich nicht mit der tatsächlichen Geschichte übereinstimmt. Also wurde, so lautet die Folgerung, die Sage von der großen Hunnenschlacht gegen die Römer auf den Katalaunischen Feldern anno 451 n. Chr. auf den Dreifaltigkeitsberg „übertragen". Damit muss also die offizielle Regensburger Stadtgeschichte nicht umgeschrieben werden.

Weinbautradition mit Zukunft

Jetzt geht es wieder geradeaus auf dem Höhenrücken zum stadtbekannten Rennerhof und dann weiter in Richtung Schelmengraben. Hier oben mussten wir Volksschü-

Idyll am Rand der Zeit: die Dorfstraße in Kager.
Foto: Bianca Wohlleben-Seitz

ler aus Winzer Anfang der 1960er Jahre für die Bundesjugendspiele laufen und springen. Das war alleine schon wegen der brütenden Hitze rekordwürdig! Ich bin diesen Weg als Kind dann oft gegangen – voller Vorfreude auf den neuesten Winnetou-Film im Bavaria-Kino in der Maximilianstraße oder zur Dultzeit nach Stadtamhof.

Die Bezeichnung Winzerer Höhen geht auf das hangabwärts liegende Weindorf Winzer zurück. Hier wurde von der Römerzeit bis ins 19. Jahrhundert ein Baierwein angebaut, später despektierlich Sauerampfer genannt. Im frühen Mittelalter lag der Weinanbau auf den Winzerer Höhen größtenteils in der Hand der Klöster. Diese wurden nach und nach weniger, auch ein klimatischer Wandel erschwerte das Wachstum. Außerdem setzte sich das Bier zunehmend durch.

In der jüngeren Vergangenheit lebt die alte Tradition wieder auf. Alte Flurnamen wie „Weingarten" reichen eine gute Visitenkarte dazu. Mehrere private Anbauer widmen sich mit gutem Erfolg dem Regensburger Landwein – wegen der insgesamt geringen Menge und der gesteigerten Qualität zählt er zu den Besonderheiten des Regensburger Landes. Auch das Stadtgartenamt Regensburg hat einen eigenen Weinberg angelegt und viel zur Bekanntheit des Rebensaftes beigetragen. Heute umfasst die Anbaufläche auf den Winzerer Höhen wieder etwa anderthalb Hektar. Beim einsam in den Feldern stehenden Rennerhof hat die Stadt Regensburg einen Kinderspielplatz eingerichtet, der gerne auch als Grillplatz genutzt wird. Früher war an dieser höchstgelegenen Stelle von Regensburg eine Radarstation. Von hier aus ist eine unverstellte Sicht auf die Silhouette von Regensburg nicht nur möglich, sondern sie sollte unbedingt genutzt werden.

Der Regensburger Verschönerungsvereins von 1872

Im Jahre 1946/47 gingen umfangreiche Flächen der Winzerer Höhen in städtisches Eigentum über. Es dauerte dann noch zwanzig Jahre, bis der Stadtrat eine „Gemeindeverordnung zur einstweiligen Sicherstellung der Winzerer Höhen" verabschiedete. Verbunden damit waren ein Bauverbot und die Ablagerung von Schutt und Abfall. 1971 erfolgte dann die endgültige Unterschutzstellung des Gebietes vom Schelmengraben bis nach Kager. Dies schreibt Almanach-Herausgeber Peter Morsbach in einem Aufsatz, auf dessen Fakten in diesem Kapitel noch mehrfach zurückgegriffen werden darf. Möglich gewesen wäre die geglückte, naturnahe Entwicklung der Winzerer Höhen nicht ohne den Regensburger Verschönerungsverein von 1872. Zu seiner Gründung stellten die Mitglieder um Gustav Freiherr von Thon Dittmer fest, dass „diese

Die Landstraße, heute Nürnberger Straße, von Kneiting nach Regensburg mit den Winzerer Höhen. Aufnahme von Christoph Lang, 1947.
Foto: Stadt Regensburg – Bilddokumentation

Schönheit der Regensburger Gegend durch einige Nachhülfe noch wesentlich gefördert werden kann". Als Hauptaufgabe wurde definiert, dass die Stadtumgebung mit Spaziergängen und Baumpflanzungen aufzuwerten sei. Dies war nicht nur auf die Winzerer Höhen beschränkt – hier glückte die Realisierung aber besonders nachdrücklich. Zuallererst wurde das Plateau des Dreifaltigkeitsberges gekiest und Aussichtsbänke aufgestellt. Bei der „Erschließung" der Winzerer Höhen arbeiteten sich die Vereinsmitglieder vom Schelmengraben aus in Richtung Kager vor. Es gab Baumpflanzungen, Steinböschungen und immer mehr ausgebaute Fußwege unterhalb und entlang des Höhenkamms. Der nach dem Ende des Weinbaus verkarstete Höhenzug wurde mehr und mehr zu einer bewaldeten Anhöhe, zu einem bei den Städtern gefragten Naherholungsgebiet, ja gleichsam einem Landschaftsgarten. Das Verdienst gebührt wesentlich dem Verschönerungsverein von 1872, allerdings darf die Aufmerksamkeit nicht nachlassen. Da in der jüngeren Vergangenheit Teilflächen durch Nichtnutzung immer stärker verbuschen, werden sie vom Landschaftspflegeverband wieder freigestellt und gemäht. So bessern sich wieder die Aussichten für viele seltene Pflanzen und Tiere.

Wanderer und andere Leute

Die Wanderfreunde sind die treuesten Weggefährten der Winzerer Höhen. Ob jung oder alt oder zusammen: Es gibt unterschiedliche lange und schwierige Routen – je nach Gusto und individueller Fitness. Besonders Ausdauernde schaffen es sogar vom Schelmengraben bis zur Tremmelhauser Höhe, wenn nicht gar bis nach Adlersberg. Brotzeit und Bier warten hier und dort. Was vielfach zu hören ist: Die Erwachsenen geben beim Gehen ihren Kindern nebenbei einen kleinen Naturkundeunterricht. Anschauungsbeispiele gibt es genügend am Wegesrand. Zum Gesamtbild gehören immer öfter Gruppen von Nordic-Walkern mit ihren leicht über den Boden kratzenden Stöcken. Wie es scheint, hat sich hier eine regelrechte Szene von gesundheitsbewussten Senioren entwickelt. Jüngere Sportler frönen dem anmutigen Gleitschirmflug. Das einschlägige Hanggelände weist eine Höhendifferenz von siebzig Metern auf. Wegen der eingeschränkten Landemöglichkeiten kann dieses eigene Vergnügen allerdings nur mit unbeschränktem Luftfahrerschein genossen werden. Schließlich wird in den Wintermonaten seit einiger Zeit versucht, Loipen für Skilangläufer zu spuren. Hier macht allerdings der mangelnde Schneefall oft einen Strich durch die Rechnung. Unkomplizierter ist es da schon, das Silvester- oder Dultfeuerwerk von den Winzerer Höhen aus zu sehen. Einfach rauffahren zum richtigen Zeitpunkt, und die leuchtende Stadt liegt dem Beobachter zu Füßen.

Damit komme ich dann noch einmal auf eigenes Erleben zurück: Die Winzerer Höhen waren und sind wohl der ideale Raum für erste Rendezvous. In Zeiten ohne Handys verabredete man sich gerne am Treffpunkt Seidenplantage, um dann – nach nicht allzu langer Zeit – eine der Bänke anzusteuern. Froh war man dann, dass rundherum überall schützende Bäume standen. Man hatte ja das eine oder andere – ähm – zu bereden.

Literaturhinweise:
Oskar Raith, König Attilas Grab bei Regensburg? Eine Sage und der Versuch ihrer Deutung, in: Die Oberpfalz 79 (1991), S. 232-236
Emmi Böck, Regensburger Stadtsagen, Regensburg 1982
Peter Morsbach, „Zur Verschönerung der Stadt und ihrer Umgebung". Der Regensburger Verschönerungsverein von 1872, in: Oh wie schön ist Regensburg. Zur Ästhetik einer Stadt und ihrer Umgebung (Beiträge des Regensburger Herbstsymposion für Kunst, Geschichte und Denkmalpflege 24.-26. November 2017), Regensburg 2018 (bei Redaktionsschluss noch nicht erschienen)

Fabienne Englbrechtsmüller

ELLY MALDAQUE – DER FALL, DER GANZ DEUTSCHLAND BEWEGTE

Oder „Wie ein Mensch zugrunde geht, ohne daß einer ihr hilft"[1]

Der Fall der Elly Maldaque bewegte ganz Deutschland, er sorgte für Aufruhr und wurde in mehr als 90 verschiedenen Zeitungsartikeln behandelt. Dieser Beitrag behandelt die Geschichte der evangelischen Lehrerin aus Regensburg, die wegen ihrer politischen Neigungen denunziert und gegen ihren Willen in die Pflege- und Heilanstalt eingewiesen wurde, wo sie nur wenige Tage nach ihrer Einlieferung im Alter von 36 Jahren verstarb. Dieser Fall ist aus drei Perspektiven beleuchtet und rekonstruiert: Einerseits durch die öffentliche Handhabung dieses Falls in den Zeitungen, andererseits durch die behördlich-staatliche Bearbeitung in Form von Personal- und Krankenakten und schließlich durch den individuellen Eindruck, den Elly Maldaque bei ihren Mitmenschen und Schülern hinterließ.[2]

Elisabeth Karoline Maldaque, genannt Elly, wurde am 5. November 1893 in Erlangen geboren. Ihr Vater Wilhelm war ein Büchsenmacher aus Labes in Pommern, ihre Mutter Karoline stammte aus Neu-Ulm, beide waren protestantisch. Über ihre Kindheit ist wenig bekannt, doch soll sie unter ihrem rechtsorientierten, religiös-fanatischen Vater gelitten haben. 1909 zog die Familie Maldaque von Erlangen nach Regensburg, weil der Vater als Waffenmeister zum 2. Chevaulegers-Regiment gewechselt hatte. Elly blieb als 16-Jährige alleine in einem Pensionat in Erlangen und begann im selben Jahr ihre Ausbildung zur Volksschullehrerin, welche ihr Ende 1913 „gute Qualifikation"[3] bescheinigte. Der Beginn des Ersten Weltkrieges 1914 veränderte auch das Leben der Maldaques. Der Vater ging mit dem 2. Chevaulegers-Regiment an die Westfront, ihr zwei Jahre jüngerer Bruder Wilhelm meldete sich, gerade mit dem Abitur fertig, freiwillig zum Kriegsdienst und starb 1916 mit nur 21 Jahren in Flandern an den Folgen einer Verwundung.[4]

Nach mehreren Stationen, zu denen Magstadt, Waldsassen und Krummennaab gehörten, nach dem Ende des Ersten Weltkrieges 1918 und der Ausrufung der Republik Bayern trat sie schließlich 1920 ihren Dienst an der Von-der-Tann-Schule in Regensburg an. Dort war sie zu Beginn nicht nur die einzige Lehrerin im Kollegium, sondern auch die erste evangelische Lehrerin Regensburgs. 1927 ereilte Elly ein weiterer Schicksalsschlag. Am 25. März starb die Mutter Karoline und ab diesem Zeitpunkt begann sie, ein Tagebuch zu führen. Darin heißt es über den Tod der Mutter:

„Meine Mutter ist tot … – alles ist öde, verwaist … schon immer war dir der Tod ein Freund und du lebtest doch nur immer noch um meinetwillen …, ob du da schon gewusst hast, dass du 56 J[ahre] auf dieser Erde pilgerst und Leid und Enttäuschung in so reichem Maße erdulden musst."[5]

Ein weiterer Eintrag gibt Aufschlüsse über die Verhältnisse, in denen Elly aufwuchs. Aufgrund ihrer eigenen Erfahrung sah sie die Institution der Familie kritisch und bezeichnete sie sogar als „Stätte des Egoismus und vieler Lebenshemmungen."[6] Wie wir den Tagebucheinträgen entnehmen können, war das Verhältnis zu ihrer Mutter ein sehr vertrautes. Über ihren Vater findet sich hingegen kein Eintrag, lediglich die Andeutungen auf das schwere Leben ihrer Mutter lassen Raum für Spekulationen über die Familienverhältnisse. 1927 hatte Elly jedoch einen Mann namens Alfred kennengelernt und trotz ihrer Erlebnisse kurzzeitig daran gedacht, ihre Stellung aufzugeben und zu heiraten.

„Sie war der Zeit voraus, das Fräulein Maldaque"[7]

Pfingsten 1926 hatte sie in Straßburg ihre alte Studienkollegin Irene Neubauer getroffen, die ihre Weltanschauung entscheidend verändern sollte. Monate später schrieb sie die Wirkung dieser Begegnung in ihr Tagebuch:

„Ich habe in den Sommermonaten eine vollständige innere Umstellung erfahren. Irene mit ihren umstürzlerischen Ideen hat mir Ungeheures gegeben (…). Meinen Glauben, meinen persönlichen Gott, (…) habe ich von mir gegeben. U[nd] ich habe es bewußt und mit voller Überzeugung getan, weil ich alle Schäden gesehen und erkannt habe, die der anerzogene Glaube mir unwieder-

Elly Maldaque auf der Jahninsel.
Foto: Archiv Wunner, Mittelbayerische Zeitung

In diesem repräsentativen Wohnhaus in der Weißenburgstraße 27 wohnte Elly Maldaque mit ihrem Vater bis 1929 in der Erdgeschoss-Wohnung.
Foto: Peter Morsbach

Eintrag im Regensburger Adressbuch 1929-30. Im nachfolgenden Adressbuch taucht ihr Name nicht mehr auf.
Quelle: Bibliothek Morsbach

Im Haus Orleansstraße 4, nur wenige hundert Meter von der elterlichen Wohnung, hatte Elly Maldaque für kurze Zeit eine eigene Wohnung.
Foto: Peter Morsbach

Gedenktafel von 1996 am Haus Orleansstraße 4, bez. Thalhammer.
Foto: Peter Morsbach

bringlich geschlagen (…) statt dass man der Wirklichkeit in die Augen geschaut und nach seinem natürlichen Gefühl gehandelt hätte."[8]

Nach der Erzählung ihres Vaters hatte sie sich bis dahin für die Deutschnationale, eine nationalkonservative Partei eingesetzt und geriet mit „ihrem krankhaften Suchen nach Wahrheit (…) in eine ihr bis dahin gänzlich fremde Ideenwelt."[9] Sie suchte immer mehr den Kontakt zu kommunistischen Veranstaltungen und Freunden, wurde jedoch selbst nie Mitglied der Kommunistischen Partei. Ihr Interesse galt nicht den politischen Ideen des Kommunismus, sondern dessen sozialer Ausrichtung, ein liebevoller und selbstloser Mensch zu werden.[10] „Daß das herrschende Elend von ihr als niederdrückend empfunden wurde und daß sie sich verantwortlich fühlte … geht daraus hervor, daß sie in die Wohnungen der Armen ging und mit Rat und Tat beizustehen versuchte, wobei sie weit über die Grenzen ihrer Leistungsfähigkeit ging", erklärte ihr Vater Ellys Interesse am Kommunismus.[11] In ihrem Tagebuch schrieb sie ihre eigene Bedeutung nieder:

„Ich bin … voll Jammer, weil ich das unsägliche Elend der bedrückten Menschheit vor mir sehe und in mir leide. Ich sehe alle Tage dutzendmal, wie gut die Menschen sind, wie leicht und einfach das Leben … und zugleich sind diese armen Menschen so jammervoll verirrt, so grässlich irregeleitet. Gebt den Menschen ihre Rechte und sie werden alle gut sein."[12]

Als ihr Vater eine 25 Jahre jüngere Frau heiratete, verließ Elly das Elternhaus in der Weißenburgstraße 27 und zog mit 36 Jahren in ihre erste eigene Wohnung in die Orleansstraße 4.

Für ledige Mädchen war eine derartig späte Abnabelung aus dem elterlichen Hause zu dieser Zeit keine Seltenheit. Sie verließen es damals erst, wenn sie heirateten. Die Möglichkeiten als ledige Frau ein finanziell unabhängiges und selbstbestimmtes Leben zu führen, waren während der Weimarer Republik (1918–1933) kaum gegeben. In Bayern war es Frauen zwar seit 1903 erlaubt zu studieren, dennoch war eine qualifizierte, berufliche Ausbildung oder gar der Besuch von höheren Schulen und Universitäten immer noch eine Seltenheit. Der Beruf der Lehrerin zählte zu den wenigen qualifizierten und gesellschaftlich anerkannten Erwerbstätigkeiten. Obwohl das Lehrerinnen-Zölibat, das eine Unvereinbarkeit von Ehe, Mutterschaft und Beruf für Lehrerinnen festschrieb, bereits seit 1919 aufgehoben worden war, stand im bayerischen Volksschullehrergesetz von 1919: „Das Dienstverhältnis der Volksschullehrerin erlischt mit der Eheschließung."[13] Erst 1957 hob das Bundesarbeitsgericht die Zölibatsklausel bundesweit auf. Noch lange danach war „Fräulein" ein üblicher Begriff für eine Volksschullehrerin.

„… eine Idealistin, eine Edelkommunistin, wie man so sagt"[14]

In ihrer eigenen Wohnung fühlte sie sich „auch äußerlich frei von allen Ketten"[15] und besuchte nun mehrfach Arbeiter-, Freidenker- und KPD-Versammlungen. Ihre Art, anders zu denken, und ihr kommunistisches Interesse führten dazu, dass Elly ab 1929 überwacht und bespitzelt wurde. Die Landesregierung stellte zu dieser Zeit die Bayerische Volkspartei (BVP), die sich kurz nach der Abschaffung der Monarchie im November 1918 in Regensburg gegründet hatte. Bei den Kommunalwahlen 1924 erreichte die BVP 42,2 Prozent der Stimmen und war somit stärkste Partei in Regensburg.[16] Auf Landesebene ging sie ein Regierungsbündnis mit der rechtsextremen, antisemitischen und antidemokratischen Deutschnationalen Volkspartei (DNVP) ein.

Da kommunistische Veranstaltungen überwacht und hierüber Berichte verfasst wurden, findet sich in einem Bericht der Polizeidirektion Regensburg über die kommunistische Bewegung vom 11. November 1929 folgender Absatz, der Elly Maldaque erstmals namentlich in einem offiziellen Schreiben mit dem Kommunismus in Verbindung bringt: „Seit einigen Wochen betätigt sich bei der KPD-Ortsgruppe eine Lehrerin von hier, die nach den Angaben des Mitteilers einen französisch klingenden Namen besitzt, 36 Jahre alt u. an der hies[igen] Von-der-Tann-Schule tätig ist. Nach sonstigen Anhaltspunkten noch zu schließen, kommt hier die ledige Volksschullehrerin Elisabeth Maldaque … in Frage. Sie beteiligt sich auch an … Parteikursen und soll nach einer neuerlichen vertraulichen Mitteilung auch an der Revolutionsfeier teilgenommen haben, bei der sie am Klavier spielte."[17]

Der Bericht wurde an die Kreisregierung, an das Staatsministerium des Inneren und an die Polizeidirektion München geschickt. In einer vertraulichen Mitteilung vom 1. März 1930 heißt es fälschlicherweise, dass sie „nach streng vertraulicher Mitteilung … Mitglied der

An der Von-der-Tann-Schule wirkte Elly Maldaque zehn Jahre als sehr beliebte Lehrerin.
Foto: Peter Morsbach

K.P.D. [ist]; sie ist aber ängstlich darauf bedacht, diese Tatsache vor der Öffentlichkeit geheim zu halten. Ohne erhebliche Gefährdung der Vertrauensperson ist ein Vorgehen gegen M[aldaque] zur Zeit nicht möglich."[18]

Aufgrund dieses Berichts wurde Elly Maldaque vom Oberstadtschulrat Dr. Andreas Freudenberger vorgeladen und bezüglich ihrer mit dem Kommunismus sympathisierenden Art freundlich zurechtgewiesen, woraufhin Elly ihre Besuche bei derartigen Veranstaltungen einschränkte. Über diese Begegnung schrieb sie in ihr Tagebuch:

„Es hat mich jetzt auch schon erwischt. Gestern wurde ich auf die Stadtschulbehörde bestellt und ich erhielt vom Oberstadtschulrat eine Verwarnung wegen Teilnahme an d[er] P[artei]. Ich hätte sogar Klavier gespielt und er rät mir dringend, die Sache abzubrechen, es könnte mich meine Stelle kosten. U[nd] ich würde scharf beobachtet werden. (…) Ich wollte rauskriegen, woher der Wind weht, natürlich gab er nichts raus. (…) Auch die Reg[ierung] wüsste schon davon. Aus Lehrerkreisen hätte er nichts gehört, sagte er mir, aus Elternkreisen scheint auch nichts gekommen zu sein. Also bleiben nur die eigenen Reihen übrig."[19]

Ellys Verdacht, dass es sich hier um einen Spitzel aus den eigenen Reihen handeln könnte, wurde vom Polizeibericht, in dem von einer „Vertrauensperson" die Rede ist, untermauert.

Nachdem sich Irene Neubauer, die gerade bei Elly in Regensburg zu Besuch war, kurz vor einer Gerichtsverhandlung mit dem wegen Gotteslästerung angeklagten kommunistischen Stadtrat Konrad Fuß[20] in vertrauter Weise unterhalten hatte, kontrollierte die Polizei sie im Anschluss und nahm sie mit auf die Wache. Von dort wurde wegen der Bekanntschaft von Neubauer und Maldaque der Befehl gegeben, Ellys Wohnung in der Orleansstraße zu durchsuchen. Im Polizeibericht stand dazu: „Da in der Wohnung der Maldaque eine Menge komm[unistische] Literatur gesichtet wurde – auch ein Bild Lenins hing an der Wand – (…) weshalb dann eine Durchsuchung nach verdächtigem Material vorgenommen, aber nichts gefunden wurde (…) [und] eine strafbare Handlung nicht nachgewiesen werden konnte."[21]

Obwohl „eine strafbare Handlung nicht nachgewiesen werden konnte", hatte man während der Durchsuchung einen Auszug aus ihrem Tagebuch angefertigt sowie die Korrespondenz von Neubauer und Maldaque beschlagnahmt. Diese erhielt Elly später zurück, über den Tagebucheintrag, „der ohne ihr Wissen gefertigt" worden war, erfuhr sie erst aufgrund ihrer folgenden Entlassung.[22] Die Polizei hatte eine manipulierte und aus dem Kontext herausgelöste Variante an das Regierungspräsidium weitergeschickt, in dem der Eindruck vermittelt wurde, Elly versuche im Unterricht Einfluss auf ihre Schüler zu nehmen und benutze sie als ihre „Versuchskaninchen."[23]

„Alles hat geweint"[24]

Als Folge der Hausdurchsuchung und des Tagebuchauszugs erhielt Elly Maldaque am 27. Juni 1930 die fristlose Kündigung. Mit der Erklärung, dass „die Regierung (…) die Überzeugung gewonnen [habe], daß Sie Ihrer geistigen Einstellung nach der Bewegung des Kommunismus und Freidenkertums zugehören und auch wirkendes Mitglied der Kommunistischen Partei Deutschlands sind", wurde ihr Dienstverhältnis mit Wirkung zum 1. Juli aufgelöst. „Diese bestimmte Haltung zu einer auf gewaltsamen Umsturz der bestehenden Staats- und Kulturordnung hinarbeitenden Bewegung ist mit der Stellung eines (…) Lehrers unvereinbar", hieß die Begründung.[25] Mit diesem Schreiben verlor sie nicht nur ihren Beruf und ihre finanzielle Unabhängigkeit, sondern auch den Anspruch auf ihre Pension, wäre sie doch nach 17 Jahren im

Schuldienst zwei Monate später unwiderruflich verbeamtet worden.

Auch Ellys näheres Umfeld war überrascht von der Entlassung, hatte doch niemand von ihren kommunistischen Neigungen gewusst. Nach einer ersten Antwort vom 30. Juni richtete Elly ein Schreiben an die Regierung der Oberpfalz und schickte ihr Tagebuch als Anhang mit, um die Anschuldigungen zu entkräften und zu widerlegen. Darin stellte sie „das Ersuchen, beiliegendes Belastungsmaterial [ihrer] fristlosen Dienstentlassung … entgegennehmen zu wollen, bis ich meine mir zustehende Beschwerde … eingereicht habe, die ich bisher nicht fertigzustellen in der Lage war, da ich vor einem Nervenzusammenbruch stehe."[26] In diesen Sätzen ist bereits der psychische Druck spürbar, der auf Elly Maldaque lastete. Zusätzlich zu ihrem Schreiben verfasste sie am selben Tag eine Stellungnahme, die im Regensburger Echo erscheinen sollte, in der sie schrieb:

„Es ist richtig, daß ich mich für die kommunistische Bewegung interessiere. Ich bin aber nicht Mitglied der Kommunistischen Partei, habe nie eine Funktion ausgeführt, habe nie öffentlich oder geheim, schriftlich oder mündlich für die Bewegung agitiert … Von einer Verletzung meiner schulischen Pflichten ist überhaupt keine Rede und ist auch nie eine Klage von irgend einer Seite gekommen … An meinem Schulhaus hörten die meisten Kollegen von meiner politischen Anschauung das erste Wort am Tage meiner Entlassung."[27]

Für Elly Maldaques Darstellung spricht die verabschiedete Entschließung, die ebenfalls an den Bayerischen Landtag geschickt wurde. Unter Federführung des Vaters Georg Black, den Elly im Vorfeld um Hilfe gebeten hatte, war die Elternversammlung vom 7. Juli 1930 „zu der einstimmigen Überzeugung gekommen, daß Fräulein Maldaque sich in keiner Weise einer Unterrichtsart bedient hat, die einer christlichen Schule widersprechen würde. Die Eltern sprechen hiermit Fräulein Maldaque das vollste Vertrauen aus und bedauern es im Interesse ihrer Kinder, daß diese tüchtige, streng gerechte Lehrerin den Kindern genommen wurde."[28] Es folgen 33 Unterschriften, sogar von Eltern, die dem deutschnationalen Lager angehören.

Zu einer offiziellen Beschwerde kam es aber nicht mehr; Elly litt zunehmend unter dem Druck der Beobachtung und vermutete überall Spitzel. Bis zuletzt war sie verfolgt und überwacht worden. Zusätzlich dazu fühlte sie sich immer wieder hin- und hergerissen zwischen ihrer vom Elternhaus auferlegten und anerzogenen Ansicht und dem neuen „Funken", der in ihr erwacht war: „Aber nun weiß ich nicht, wohin fassen, wohin mich halten – es fehlt mir noch der Ersatz für das Alte"[29], schrieb sie in ihr Tagebuch.

Zusätzliche Unterstützung suchte sie am 8. Juli bei dem Rechtsanwalt Siegfried Weiner. Er sollte ihr bei ihrer offiziellen Beschwerdeschrift behilflich sein. Da sie auch hierher verfolgt worden war, erlitt Elly einen Nervenzusammenbruch. Im Polizeibericht steht der Vorfall wie folgt beschrieben: „Nach kurzer Aussprache mit Rechtsanwalt Weiner verfiel die Maldaque in einen Erregungsanfall und fühlte sich dieselbe auch an diesem Tage schon von der Polizei als verfolgt. Nach Angabe des dortigen Buchhalters (…) hat die Maldaque auch dort gleich die Fenstervorhänge zugezogen, wobei sie einen Vorhang zerrissen hat, um daß sie von den Spitzeln nicht erwischt werden könne."[30] Daraufhin wurde Elly in das Evangelische Krankenhaus gebracht. Ihr Vater versuchte, ihre Pensionsansprüche zu retten, und veranlasste die Einweisung in die Heil- und Pflegeanstalt Karthaus-Prüll.

Unter massiver Gegenwehr wurde Elly Maldaque am 9. Juli 1930 zwangseingewiesen. Als Grund hierfür wur-

„Ob Kommunistin oder nicht – eine bayerische Lehrerin, die nicht zur Bayerischen Volkspartei gehört, gehört ins Irrenhaus." Die zwangsweise Einlieferung Elly Maldaques nach Karthaus-Prüll. Karikatur von Th. Th. Heine im Simplicissimus, Jahrgang 35 (1930), Heft 24, S. 286.
Foto: Bibliothek Morsbach

de das Beschädigen des Vorhangs genannt, das im Stadtratsbeschluss allerdings als brutales Herunterreißen beschrieben wurde, sodass anzunehmen wäre, dass Maldaque an „gemeingefährlicher Geisteskrankheit"[31] litte. Die Umstände, die zu ihrem Nervenzusammenbruch geführt hatten, blieben unerwähnt. Sie wurde in der Abteilung für schwerste Fälle untergebracht, wo sie von jedem Kontakt zur Außenwelt abgeschnitten war und auch keinen Besuch empfangen durfte. Dr. Wilhelm Korte, der stellvertretende Leiter der Pflegeanstalt, sprach nur von einer „ungeheuren Übermüdung, einem Erschöpfungszustand, der aus ihren seelischen Qualen entspringt und sich in einigen Wochen wieder gelegt haben würde."[32]

Am 20. Juli 1930 wollten Konrad Fuß und ein weiterer Kommunist Elly besuchen, als ihnen mitgeteilt wurde, dass sie tot wäre. Als sie um halb fünf Uhr in der Anstalt ankamen, soll sie bereits seziert gewesen sein. Die erste genannte Todesursache lautete „Centrale Pneumonie [Lungenentzündung], Herzinsuffizienz"[33], „Herzgewicht 180 Gr.!!", steht handschriftlich auf der Krankenakte. Nur fünf Tage später wurde jedoch eine „psychisch bedingte allgemeine Vasomotorenschädigung (Schwächung des Kreislauf- und Gefäßsystems)" als Todesursache diagnostiziert.[34]

Die letzten Tage in Ellys Leben sind von Dr. Korte genauestens notiert, wobei hier zu vermerken ist, dass dieser die professionelle Arzt-Patienten-Ebene immer wieder verlässt und seine konservativ-politische Meinung deutlich zum Ausdruck bringt. Er war von der Regierung beauftragt worden, ein Protokoll anzufertigen, indem er eine Patientin beschrieb, die „unbefriedigt vom Alltag und von den mancherlei Annehmlichkeiten, die ihr das Leben bot, ohne tiefere Interessen ... [getrieben] war". Weiter sprach er davon, dass sie ihre Lehrtätigkeit nur mit „mäßigem Interesse" betreibe und „sich mit ihrer Betätigung im kommunistischen Sinn in ein Unternehmen eingelassen [hätte], dem sie seelisch nicht gewachsen war" und selbst schuld an ihrer Situation wäre.[35]

Nachdem die Stellungnahme Maldaques im Regensburger Echo fünf Tage nach ihrem Tod erschienen war und sich bereits mehrere Zeitungen auf den Fall gestürzt hatten, reagierte die Regierung auf die ihr gemachten Vorwürfe.[36] Während einer Landtagssitzung am 31. Juli 1930 erschien der Fall Maldaque als Debatte im Gremium. Der SPD-Abgeordnete und Oberlehrer Rudolf Schlichtinger kritisierte, dass „keine Einvernahme durch die Schulleitung, kein Anhören der Eltern, des Schulrats usw. kein Verhör der Beschuldigten", in diesem Fall stattgefunden hätte. Kultusminister Franz Goldenberger, Mitglied der BVP, argumentierte, dass man nach den Gesetzen verfahren hätte und „die unglückliche Lehrerin Maldaque (...) ein Opfer ihres eigenen pflichtwidrigen Verhaltens und im weiteren Sinn ein Opfer des Kommunismus und seiner Agitation geworden" wäre.[37]

Für ihre Schüler war ihr Tod ein Schock

„Also, die erste Zeit war das für mich furchtbar. Sie müssen sagen, wir waren 14 Jahre alt. Das war der erste Schock in meinem Leben, wenn jemand so wegstirbt."[38] Von ihren Schülern und Kollegen wird sie als intelligente, persönliche und etwas strengere Lehrerin in Erinnerung gehalten, so wie „man sich jede Lehrerin wünschen"[39] würde und die „einem viel fürs Leben mitgegeben"[40] hat. Maldaque hatte auf ihre Schülerinnen eine derartige Wirkung, dass sie ihnen „wie eine Mutter"[41] vorkam.

Am 23. Juli 1930 wurde Elisabeth Maldaque in Anwesenheit von beinah 500 Menschen, die ihr die letzte Ehre erwiesen, auf dem Evangelischen Zentralfriedhof in Regensburg beerdigt.[42] Mit dem Ende der Debatte im Landtag schien auch der Fall Maldaque vorerst zu den Akten gelegt worden zu sein.

Am Regensburger Theater an der Uni wurde das Motiv „Die schweigende Mehrheit" aus Horst Meisters Triptychon von 2000 verwendet.
Foto: Archiv Morsbach

Nachwirkungen und Gedenken

Bereits im Jahr ihres Todes behandelten mehrere Künstler den Fall der Regensburger Lehrerin. Neben Walter Mehring, der „Die Ballade von der Lehrerin Elly Maldaque" und Josef Wolfgang Steinbeißer, der das soziale Drama „Lehrerin Elly" verfasste, beschäftigte sich auch der Schriftsteller Ödon von Horváth mit dem Fall. In seinem Nachlass befinden sich neben Notizblättern, 53 Seiten, die den Fall Maldaque betreffen. Sein Dramenfragment „Der Fall E. Die Lehrerin von Regensburg" blieb jedoch unvollendet und kam erst 46 Jahre später zur Uraufführung. Erst ein Seminar des Tübinger Literaturwissenschaftsprofessors Jürgen Schröder brachte den Fall erneut ins Rampenlicht. Im Wintersemester 1978 / 1979 versuchte Schröder, Horváth als Chronist[43] der Weimarer Republik darzustellen, und rezipierte den Fall der Regensburger Lehrerin, der so wieder in das Bewusstsein der Gesellschaft gelangte. Schröder veröffentlichte 1982 das Buch „Horváths Lehrerin von Regensburg", ein bis heute gültiges wissenschaftliches Werk mit Auszügen aus dem Drama Horváths. Berufsverbote war zu dieser Zeit ein gesellschaftlich aktuelles Thema – Stichwort: Radikalenerlass oder Extremistenerlass von 1972, der in Bayern erst 1991 abgeschafft wurde[44] –, was dem Fall der Regensburger Lehrerin besondere Aktualität verlieh.[45] Neben rund 90 Zeitungsartikeln standen auch das Tagebuch, geführt vom 27. März 1927 bis zum 14. Juli 1929, die Krankenakte und die 23 Seiten umfassende Personalakte der Regierung Oberpfalz zur Verfügung. Schröders Werk bildete die Hauptgrundlage für viele weitere Beiträge, die sich mit dem besonderen Leben der Elly Maldaque beschäftigen. Sein Seminar und das daraus resultierende Werk gaben Anstoß für weitere Auseinandersetzungen mit dem Thema. So finden sich mehrere dramatische Werke, u. a. von Evelin Rebentrost „Der Fall Elly Maldaque – eine Zer-

Wenigstens diese von Richard Triebe 1995 geschaffene Erinnerungstafel erinnert an Maldaques Wirken in der von-der-Tann-Schule.
Foto: Peter Morsbach

störung" (1995) sowie eine Tanzperformance „Erinnern! Nicht vergessen!" (2009) von Rebentrost und Wolfgang Maas. Auch in der Malerei findet der Fall der Maldaque Einzug „Die schweigende Mehrheit – ELLY MALDAQUE, Ausschnitt aus dem Triptychon Regensburger Passion" (2000) von Horst Meister, zudem bestand von 1982–1986 eine Folkgruppe, die sich Maldaque nannte. Josef Wolfgang Steinbeißers „Lehrerin Elly" kam Mitte Januar 2014 im Theater an der Uni zur Aufführung.[46]

Seitdem der Fall der Elly Maldaque wieder ins Bewusstsein gerufen worden war, gab es zahlreiche Versuche, ihr ein öffentliches Gedenken zu schaffen. Die Umbenennung ihrer letzten Unterrichtsstätte, wo lediglich eine Tafel an sie erinnert, wurde vom damaligen Stadtrat abgelehnt.

Eine solche Gedenktafel findet sich auch an ihrem letzten Wohnort in der Orleansstraße (siehe Seite 3). Auch die Umbenennung eines Theaters im Studentenhaus in „Elly Maldaque Theater" stand zur Wahl, scheiterte jedoch am Studentenwerk Niederbayern / Oberpfalz und der Mehrheit der dort spielenden Gruppen.[47]

Das Grab Elly Maldaques fiel um 1980 Umgestaltungen auf dem Evangelischen Zentralfriedhof zum Opfer, die genaue Lage ist nicht mehr bekannt (frdl. Auskunft der Friedhofsverwaltung).

Das Fazit? Die Erkenntnis? „Ungeachtet der Tatsache, dass wir jetzt einen Rechtsstaat haben, muss eben beachtet werden, dass niemand wegen einer abweichenden Meinung verfolgt werden und seiner Existenz beraubt werden darf, wie in diesem Fall. (…) Um eben für alle Zeiten auch bei uns in Regensburg so etwas auszuschließen, sollte die Erinnerung schon eingebrannt werden."[48]

Literatur- und Quellenverzeichnis:

Baron, Bernhard M., Die Lehrerin Elly Maldaque – ein Oberpfälzer Frauenschicksal. In: Heimat – Landkreis Tirschenreuth. Bd. 21/2009, Pressath, S. 43–51

Bayerisches Volksschullehrergesetz und Schulbedarfsgesetz in neuer Fassung samt dem Beamtenbesoldungsgesetz. 3., umgearb. Aufl. München u. a. 1920

Bericht über den Stand der Gemeindeangelegenheiten der Kreishauptstadt Regensburg für das Jahr 1924/1925 (Staatliche Bibliothek Regensburg)

Bierwirth, Waltraud: Der Fall Maldaque. Ein Willkürakt mit Todesfolge; Beiträge und Dokumente. Regensburg 2013 [hierin die in den Fußnoten zitierten Dokumente]

Feldmann, Christian: Fräulein Parzival – Opfer politischer Hexenjagd: Elly Maldaque, die „Lehrerin von Regensburg", in: Regensburger Almanach 1997, S. 126–131

Heigl, Peter: Regensburg privat. Von Albertus Magnus bis Oskar Schindler. Regensburg 1997

Kammermeier, Rudolf: Elly Maldaque 1930. In: Eginhard König und Martina Forster (Hg.): Regensburger Liederbuch. Eine Stadtgeschichte in Noten, Regensburg 1989

Kätzel, Ute, „Sie war ihrer Zeit voraus!" Ein Porträt der Elly Maldaque, „Lehrerin von Regensburg", nach den Berichten ihrer SchülerInnen, in: Kätzel Ute und Schrott, Karin: Regensburger Frauenspuren. Eine historische Entdeckungsreise, Regensburg 1995, S. 179–190

Kick, Wilhelm: Sag es unseren Kindern. Widerstand 1933-1945, Beispiel Regensburg, Berlin 1985

König, Eginhard: Der Fall Maldaque, Ereignisse und Wirkungen, in: Es ist eine Lust zu leben! Die 20er Jahre in Regensburg. Hg. V. Kunst- und Gewerbeverein Regensburg, Regensburg 2009

Schröder, Jürgen: Horváths Lehrerin von Regensburg. Der Fall Elly Maldaque, Frankfurt am Main 1982 [hierin die in den Fußnoten zitierten Dokumente]

1 Schröder S.19 nach Horváth.
2 Das Thema wurde im Regensburger Almanach schon einmal behandelt: Christian Feldmann: Fräulein Parzival – Opfer politischer Hexenjagd: Elly Maldaque, die „Lehrerin von Regensburg", in: Regensburger Almanach 1997, S. 126–131, aber die Vorgänge von 1930 immer wieder ins Gedächtnis zu rufen, ist nie verkehrt. Die damals geführte politische Diskussion, ob man die von-der-Tann-Schule oder die Hans-Hermann-Schule in Elly-Maldaque-Schule umbenennen solle, führte zu der für Regensburg typischen Problematik mit der Erinnerungskultur; so erhielt die Hans-Hermann-Schule den Namen Willi-Ulfig-Mittelschule, wo mit dem Namen eines Künstlers wieder einmal alle Hürden elegant umschifft wurden.
3 Abschlusszeugnis des Erlanger Lehrerinnenseminars vom 16. Juli 1913, in: Bierwirth S.171-172.
4 Wilhelm Maldaque steht auf der Gedenktafel in der Dreieinigkeitskirche zu Ehren der Regensburger Gefallenen des Ersten Weltkriegs.
5 Tagebucheintrag vom 27. März 1927, in Bierwirth S.136-137.
6 Tagebucheintrag vom 13. September 1927, in Bierwirth S.140-141.
7 Maldaques ehemalige Schülerin Anna-Maria Schneider in Kätzel/Schrott, S.184.
8 Tagebucheintrag vom 13. September 1927, in Bierwirth S. 140-141.
9 Schreiben des Vaters Wilhelm Maldaque vom 14. Juli 1930 an das Bayerische Ministerium für Unterricht und Kultus, in Schröder, S. 226.
10 Vgl. Tagebucheintrag vom 13. September 1927, in Bierwirth S. 140-141.
11 Schreiben des Vaters Wilhelm Maldaque vom 14. Juli 1930 an das Bayerische Ministerium für Unterricht und Kultus, in Schröder, S. 226.
12 Tagebucheintrag vom 09. Oktober 1928, in Bierwirth S. 149-150.
13 Bayerisches Volksschullehrergesetz 1920, Artikel 151, S.70.
14 Anna-Maria Schneider in Kätzel/Schrott, S.184.
15 Tagebucheintrag vom 14. Juli 1929, in Bierwirth S.154-155.
16 Bericht 1924/25, S.688, Staatliche Bibliothek Regensburg.
17 Bericht über die Kommunistische Bewegung vom 11. November 1929, in Bierwirth S.193-195.
18 Streng vertrauliche Mitteilung der Regensburger Polizeidirektion an das Präsidium der Regierung der Oberpfalz und von Regensburg vom 1. März 1930, in Bierwirth S.195.
19 Brief Maldaques an Neubauer vom 2. März 1930, in Bierwirth S.163-165.
20 Fuß war wegen Gotteslästerung angeklagt, weil er angeblich während eines Begräbnisses aus der Internationale zitiert haben soll: „Es rettet uns

kein höheres Wesen". Des Weiteren soll er auf derselben den Pfarrer als „Pfaff" tituliert haben.

21 *Bericht über die kommunistische Tätigkeit vom 25. März 1930 (Polizeidirektion an das Präsidium der Regierung der Oberpfalz und von Regensburg), in Bierwirth S.195-198.*
22 *Ebd.*
23 *Tagebucheintrag vom 14. Juli 1929.*
24 *Maldaques ehemalige Schülerin Anni Mayer in Kätzel/Schrott, S.183, gemeint ist die Beerdigung von Maldaque.*
25 *Entlassungsschreiben vom 27. Juni 1930, in Bierwirth S.182.*
26 *Maldaques Schreiben an die Regierung der Oberpfalz vom 05. Juli 1930, in Bierwirth S.183.*
27 *Maldaques Stellungnahme im Regensburger Echo, erschienen Nr.30 vom 25. Juli 1930.*
28 *Schröder, S. 214.*
29 *Tagebucheintrag vom 13. September 1927; siehe auch: Tagebucheintrag vom 5. Juni 1928 und Tagebucheintrag vom 09. Oktober 1928; in Bierwirth.*
30 *Schröder, S.217.*
31 *Schröder, S.218.*
32 *Schröder, S.111.*
33 *Krankenprotokoll, 20. Juli 1930, in Schröder, S. 223.*
34 *Schröder, S.116.*
35 *Vgl. Schröder, S. 238 – 242.*
36 *„Proletarische Lehrerin in den Tod gehetzt" (Berliner Rote Fahne); „Der Mord an der Lehrerin Elly Maldaque. (…) Herr Kultusminister Goldenberger, wer ist der Mörder?" (Nürnberger Neue Zeitung).*
37 *Kick, Wilhelm (1985), S.112.*
38 *Anna-Maria Schneider, in Kätzel/Schrott, S.183.*
39 *Aus Interviews mit Anna-Maria Schneider, Anni Mayer und Martha Weber, in Kätzel/Schrott S.180-182.*
40 *Anna-Maria Schneider in Kätzel/Schrott, S.184.*
41 *Anna-Maria Schneider in Kätzel/Schrott, S.182*
42 *Der bei Schröder enthaltene Bericht über die Beerdigung ist auch abgedruckt in https://www.uetheater.de/elly/ellyhtml/Beerdigung.html (aufgerufen 09.08.2018).*
43 *Horváth selbst hat sich am Ende der Weimarer Republik als „treuer Chronist meiner Zeit" bezeichnet.*
44 *https://www.historisches-lexikon-bayerns.de/Lexikon/Radikalenerlass#Zum_Begriff_Radikalenerlass, aufgerufen 09.08.2018*
45 *Hierzu sei auf den fundierten Artikel https://de.wikipedia.org/wiki/Elly_Maldaque verwiesen (aufgerufen 09.08.2018).*
46 *Das ausführliche Programmheft kann heruntergeladen werden unter https://uetheater.de/images/pdf/Programmheft_Lehrerin-Elly.pdf (aufgerufen am 09.08.2018)*
47 *https://www.uetheater.de/elly/ellyhtml/Bemerkungen.html (aufgerufen 09.08.2018).*
48 *Heinrich Black in Kätzel, S.187.*

Thomas Muggenthaler

„ICH HAB DIE FRANZOSEN GELIEBT"

Zuchthausstrafe wegen Liebesbeziehung

„Ich bin aus der Volksgemeinschaft ausgeschlossen – wegen Verkehr mit Kriegsgefangenen", stand auf einem Schild, mit dem zwei junge Frauen am 14. April 1942 durch Landshut getrieben wurden. Mario Tamme, ein Mitarbeiter des Stadtarchivs Landshut, hat die Fotos bei Routinearbeiten entdeckt. Dann berichtete die „Landshuter Zeitung" Anfang des Jahres 2016, dass bei der Justiz der Antrag eingegangen wäre, das Urteil gegen die beiden Frauen aufzuheben, die 1942 vor Gericht gestellt und auch verurteilt wurden. Antragstellerin: Anna Scharf, eine der beiden Frauen.

Aktionen, bei denen Frauen öffentlich gedemütigt worden sind, gab es in ganz Deutschland und aus einigen Orten gibt es Fotos. In Eisenach, Ulm oder Reutlingen wurden ihnen Schilder umgehängt und die Haare geschoren. Dort hat man die Bestrafung der Frauen wegen ihrer Beziehungen mit polnischen Zwangsarbeitern oder französischen Kriegsgefangenen auf Plätzen inszeniert und sogar Bühnen aufgebaut. Auch in Bayern gab es solche Fälle. So meldet der Regierungspräsident für Niederbayern/Oberpfalz in seinem Monatsbericht im April 1941, dass in Pleystein „vor dem Hauptgottesdienst einer Frau von einem SA-Mann die Haare geschoren wurden. Anschließend wurde sie mit zwei Plakaten ‚Ich bin eine Polenhure' behängt, 25 Minuten den Marktplatz entlang geführt."

Bedrückende Bilddokumente

Die Aufnahmen aus Landshut sind nun die ersten Fotos dieser Art aus Bayern, die bisher aufgetaucht sind. Gefunden hat Mario Tamme die Fotos im Stadtarchiv in einem Konvolut, das überwiegend aus Zeitungsausschnitten besteht und für ein „Kriegsgedenkbuch" gedacht war, das nach dem „Endsieg" alle wichtigen Ereignisse während des Krieges in Landshut dokumentieren hätten sollen, aber natürlich nie erschienen ist. Beim Durchblättern des Papierstapels fand der Historiker zwei Blätter, auf die diese fünf Fotos geklebt waren. Handschriftlich ist daneben feinsäuberlich und sachlich notiert, was hier zu sehen ist. Wer der Fotograf war, ist nicht bekannt, heimlich wurden die Fotos aber offenbar nicht gemacht. Mario Tamme hat auch Akten zu dem Fall gesichtet. Anna Scharf und ihre Freundin sagten demnach nach dem Krieg aus, dass sie

schon bei der Polizei von einem der Beamten, die sie später durch die Stadt geführt haben, „in gröbster Weise beschimpft und ins Gesicht geschlagen" wurden. Nach der Festnahme der beiden jungen Frauen wollten Nazis, dass sie „an den Pranger gestellt" und ihnen „die Haare geschoren" werden. Damit war aber offenbar die Kriminalpolizei nicht einverstanden. Ein Obersturmbannführer der SA, der im Rathaus beschäftigt war, kam schließlich auf die Idee, den Frauen das Schild umzuhängen, das dann im Rathaus gefertigt wurde. „Furchtbar" war das, sagt Winfriede Loipeldinger, eine Augenzeugin. Die Landshuterin stieg gerade von der Straßenbahn aus, als sie sah, was da vor sich ging. Winfriede Loipeldinger kannte die vier Jahre ältere Anna Scharf und ist heute noch entsetzt, dass die beiden Frauen „wie Vieh" durch die Stadt getrieben wurden.

„Ich kämpfe so lange um die Liebe, bis du mein bist!"

Das Landgericht Landshut verurteilte Anna Scharf am 29. Mai 1942 in einer öffentlichen Sitzung zu zwei Jahren Zuchthaus. In dem Prozess-Akt liegt ein Liebesbrief von Anna Scharf an den Franzosen Jaques Morlat. „Lieber Schatz", schrieb Anna Scharf, „ich kämpfe so lange um die Liebe, bis du mein bist!" Anna Scharf vertraute den Brief einem Posten an, der die Franzosen in ihrem Barackenlager bewacht hat. Der händigte den Brief aber einem Ortsgruppenleiter der NSDAP aus. Nach Ansicht des Gerichts hatte die Niederbayerin „das gesunde Volksempfinden gröblichst verletzt" und „eine Gesinnungslosigkeit gezeigt, die nicht mehr zu überbieten ist". Ihre erst 16 Jahre alte Freundin wurde zu mindestens einem Jahr Haft verurteilt, das sie in der Jugendhaftanstalt Hohen-

links:
Zwei junge Frauen werden am 14. April 1942 durch Landshut getrieben.
Foto: Stadtarchiv Landshut

rechts:
Der Vorwurf: Liebesverhältnisse mit französischen Kriegsgefangenen.
Foto: Stadtarchiv Landshut

links:
Begleitet werden die Frauen von zwei Kriminalbeamten.
Foto: Stadtarchiv Landshut

rechts:
„Wir wurden angespuckt",
erinnerte sich Anna Scharf.
Foto: Stadtarchiv Landshut

leuben in Thüringen vom 1. Juni 1942 bis zum 1. Juni 1943 auch voll absitzen musste. Weil sie sich tadellos führte, blieb es bei dem einen Jahr Haft.

Anna Scharf zeigte sich rebellisch und musste sich noch einmal vor dem Sondergericht beim Landgericht München 1 verantworten. Schon in der ersten Nacht „lärmte sie" in der Zelle und kritzelte „mit einer Nadel in die weiß getünchte Zellenwand ,Ich sterbe für Frankreich, ich gehe mit Jaques in den Tod!'", heißt es im Urteil des Sondergerichts, das ihr am 24. November 1942 zusätzlich zwei Monate Zuchthaus aufbrummte, wegen eines Vergehens gegen das so genannte „Heimtückegesetz". Sie habe „in gehässiger Weise" Anordnungen der Reichsregierung einer „böswilligen Kritik unterzogen", hieß es. Abgesessen hat Anna Scharf ihre Strafe in der Haftanstalt Aichach bis zum letzten Tag.

Ihren Jaques sah Anna Scharf nie wieder

Anna Scharf lebt heute in Bischheim, einem Vorort von Straßburg. Als ich sie für das Magazin „Kontrovers" des Bayerischen Fernsehens besuche, treffe ich eine lebhafte alte Dame, die ihren Haushalt allein führt und sich über den Besuch freut. Anna Scharf empfängt mich im Kreise ihrer Familie. Einer ihrer Söhne ist extra aus Paris angereist, eine Tochter, die in Straßburg lebt, ist mit ihren beiden Töchtern gekommen. Auf den Fotos aus Landshut erkennt sich Anna Scharf sofort wieder. Sie ist die kleinere der beiden Frauen. Sie hat sich, wie auf den Fotos zu sehen, mit dem Kopf an ihre Freundin gedrückt, damit sie nicht getroffen wird, wenn die Leute sie anspucken, erzählt sie. Ja, sie wurden gedemütigt, betont Anna Scharf. „Gedemütigt, groß geschrieben!"

Nach ihrem Antrag hat die Landshuter Justiz das Urteil aus dem Jahr 1942 umgehend aufgehoben. Jetzt hat Anna Scharf noch einmal Entschädigung beantragt, allerdings erfolglos. Sie hatte bereits 1956 einen Antrag gestellt, der aber abgelehnt wurde, weil sie nicht aus politischen Gründen inhaftiert war, wie es hieß. Nach dem neuen Antrag erklärte sich das Landesentschädigungsamt Bayern, das zum Finanzministerium gehört, für

„nicht zuständig" und verwies darauf, dass die Antragsfrist für eine Entschädigung nach dem Bundesentschädigungsgesetz (BEG) abgelaufen ist.

Ihren Jacques sah Anna Scharf nie wieder. Nach der Befreiung bekam sie in Landshut ein Kind von einem ehemaligen jüdischen KZ-Häftling. Das Paar blieb aber nicht zusammen. Anna Scharf ging auf der Suche nach Arbeit nach Frankreich, dessen Menschen sie ins Herz geschlossen hatte. Sie lebte lange in Lyon, heiratete einen Franzosen algerischer Herkunft und bekam noch einmal Kinder. Nach sieben Jahren Ehe trennte sie sich von ihrem Mann und erzog ihre Kinder alleine. Sie hat die Franzosen, die in einem Barackenlager untergebracht waren, „einfach geliebt", mit ihrer Sprache und ihren Liedern, sagt Anna Scharf und betont: „Die Franzosen sind doch Menschen wie wir!"

Anna Scharf ist am 29. September 2017 in Straßburg gestorben.

Nach diesem Marsch werden die Frauen ins Gefängnis eingeliefert.
Foto: Stadtarchiv Landshut

Andreas Meixner

DIE VERLEGERFAMILIE JOSEF HABBEL UND IHRE ZEIT

Eine Verlegerdynastie zwischen bürgerlichem Leben und gesellschaftlicher Verantwortung

Wer heute der Bischof-Wittmann-Straße den Berg hinauf zur Wolfgangskirche folgt oder über die Kumpfmühler Straße, vorbei am Wochenmarkt und der Theresienkirche in Richtung Altstadt geht, wird den einst dörflichen Charakter des Stadtteils nur noch erahnen können. Noch viel blasser in der Erinnerung der Stadtgesellschaft ist das Wirken der dort ansässigen bayerischen Verlegerfamilie Josef Habbel, die in der Gutenbergstraße ihr Wohnhaus und das für damalige Zeiten hochmoderne Verlagsgebäude errichtete. Eine katholische Familiendynastie über mehrere Generationen, die sich verlegerisch und politisch genauso engagierte wie in sozialen Belangen der Stadt und des Stadtteils.

Der Verlag ist freilich schon lange Geschichte, 1975 fand er sein endgültiges Ende im Verkauf der Druckerei, umbenannt in Erhardi Druck, an die Diözese Regensburg und des Verlags an das Haus Friedrich Pustet. Der Niedergang war da schon lange absehbar gewesen; der traditionell geführte Familienbetrieb wurde von neuen Drucktechniken überrannt, das Verlagsprogramm war nicht mehr auf der Höhe der Zeit. Kurz vor dem Tod von Dr. Josef Habbel 1974, dem dritten Verlagsfürsten, endete auch im 26. Jahrgang der legendäre „Zwiebelturm", die Monatsschrift für das bayerische Volk und seine Freunde. Die Leser waren zu wenig geworden.

Verschmelzung von Familienleben und Unternehmensführung

Familiär und persönlich – das waren Attribute, die im Geschäftsgebaren und im privaten Umfeld eine große Rolle spielten. Vielleicht war es auch einer der Erfolgsrezepte des Verlags über viele Jahrzehnte, dass zu Autoren, Geschäftspartnern und Weggefährten stets ein enges Verhältnis gepflegt wurde. Neben den vielen Verpflichtungen im Verlag, im Stadtrat und der Gemeinde war das religiös, philosophisch und musisch geprägte Familienleben mit vielen Kindern von zentraler Bedeutung. Im Haushalt von Josef Habbel III (1903–1974) profitierte die zehnköpfige Kinderschar von der musischen Bildung der Eltern. Mutter Helene war zudem selbst eine hervorragende Pianistin; Instrumente lernten auch die Kinder. Gemeinsame Besuche im Regensburger Musikverein oder im Stadttheater, wo Habbel auch im Theaterrat saß, wa-

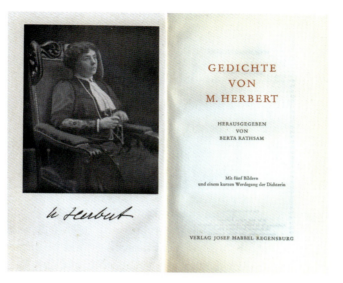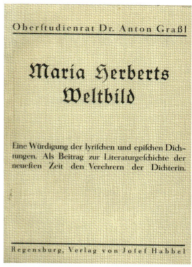

ren die Regel, Begegnungen mit Dirigenten, Schauspielern, Sängern und Orchestermusikern selbstverständlich. Die Habbelkinder spielten selbst phantasiereich Theater im Wohnzimmer, waren ihnen ja die Klassiker der Literatur und der Bühne nicht fremd. Die Reste einer römischen Villa, die bei dem Bau des neuen Verlagshauses zu Tage traten, wurden für die Kinder ebenso zum beliebten Spielplatz wie der nahe gelegene riesige Garten. Ein fester Termin im Wochenlauf war in den 1930er und 1940er Jahren die sonntäglichen Radio-Konzertübertragungen der Berliner Philharmoniker unter Wilhelm Furtwängler. Nicht selten setzte sich zur Freude der ganzen Familie Josef Habbel selbst ans Klavier und improvisierte höchst gekonnt über bekannte Opernmotive. Zwei Dienstmädchen waren stets zugegen und im weiteren Sinne auch Teil des Familienverbands. Im Blick auf die organisatorischen Anforderungen des vielköpfigen Haushalts waren Hausbedienstete kein Luxus, sondern pure Notwendigkeit. Alleine die tägliche Verrichtung der Wäsche oder das Kochen waren ohne Hilfe kaum zu schaffen, zumal auch immer mit Gästen gerechnet werden musste. Das Wohnhaus der Habbels war überhaupt ein offenes Haus, die vielen Beziehungen in die regionale sowie überregionale Kultur und Politiklandschaft sorgten für ständige Besuche und Einladungen. Das eigene politische und gesellschaftliche Engagement und die verwandtschaftliche Nähe zur Familie Held (Heinrich Held, seit 1901 Schwiegersohn von Josef Habbel I, später Bayerischer Ministerpräsident 1924–1933) machte das Haus in der Gutenbergstraße auch zu einer Begegnungsstätte von Intellektuellen und Künstlern. Mutter Helene schaffte den Spagat zwischen der aufwendigen Haushaltsführung und individueller Betreuung der Kinder. Jedenfalls blieb in den Erinnerungen nicht nur das Bild einer umsorgenden und liebevollen Mutter, die kein Kind aus den Augen verlor, sondern auch die Atmosphäre einer behüteten und fröhlichen Kindheit. Auch an der individuellen Förderung jedes einzelnen mangelte es nicht. Die persönliche Lebenshaltung war

links:
Der lange Zeit gleichbleibende Umschlag des Zwiebelturms.
Bibliothek Morsbach

Mitte:
Seit 1911 und in der Nachkriegszeit verlegte auch Josef Habbel einige Bücher der Regensburger Dichterin M. Herbert.
Bibliothek Morsbach

rechts:
Nicht nur Bücher von, sondern auch über Maria Herbert gehörten zum reichhaltigen Programm des Verlags Habbel, hier aus dem Jahr 1930.
Bibliothek Morsbach

links:
Ein wichtiges Ereignis im Jahreslauf: Der Hausfasching. Bild um 1950, Josef und Helene Habbel in der obersten Reihe, drei und vier von links.
Foto: Familienarchiv Habbel

rechts:
Das Foto der Familie Josef Habbel I muss in den frühen 1880er Jahren entstanden sein. Ganz links Margarethe Habbel, geb. Kölbl, ganz rechts Josef Habbel.
Foto: Familienarchiv Habbel

dagegen eher bescheiden, mit den großen finanziellen Verpflichtungen durch den Verlag und gegenüber den vielen Mitarbeitern war die Sorge um die wirtschaftlichen Verhältnisse stets präsent, durch alle Generationen hindurch. Gab es jedoch besondere Feste zu feiern oder standen kirchliche Feiertage an, wurden sie gebührend begangen. Die privaten Faschingsfeiern sowie der Betriebsfasching im 1. Stock des Verlagshauses waren herausragende Ereignisse im Jahreskreis, für die Familie ebenso wie für die Belegschaft des Verlags. Fotos zeugen von einer großen Freude an aufwendigen und phantasiereichen Kostümierungen.

Soziale Verantwortung und gesellschaftliches Engagement

Wer für die Familie Habbel arbeitete, erlebte bei allen drei Familienoberhäuptern einen für damalige Verhältnisse fürsorglichen Führungsstil. Im Neubau des Verlagshauses 1910 waren Sozialräume für die Angestellten vorgesehen, damals keine Selbstverständlichkeit. Schon Josef Habbel I (1846–1916) sah sich als Unternehmer in sozialer Verantwortung, er gründete nicht nur den Verein „Arbeiterschutz", sondern war Mitbegründer des Kumpfmühler Wolfgangsbauvereins, der hochmoderne Sozialwohnungen errichtete und bis heute als Baugenossenschaft für bezahlbaren Wohnraum im Stadtteil sorgt. Bei einer Besichtigung der Baustellen stürzte Habbel so unglücklich, dass er kurz darauf an den Folgen des Unfalls starb.

Josef Habbel II (1877–1936) machte sich als Kirchenpfleger um die noch junge Gemeinde St. Wolfgang verdient, als er den Kölner Architekten Professor Dominikus Böhm (1880–1955) für den Bau der neuen Wolfgangskirche gewinnen konnte. Seine Befürchtung vor einer konventionellen Architektur, aber auch sein religiös geprägtes und offenes Kunstverständnis trieb ihn möglicherweise an, sich für den Neubau besonders zu engagieren. Jedoch war es ihm nicht vergönnt, den Beginn des für die Moderne wegweisenden Kirchenbaus 1938 zu erleben. Er verstarb überraschend im Zug auf dem Weg zu weiteren Besprechungen nach Köln, wo Dominikus Böhm vergeblich am Bahnhof auf ihn wartete.

Josef Habbel III, promovierter Philosoph, strebte ursprünglich eine akademische Laufbahn an, studierte Geschichte, Philosophie und Kunstgeschichte und schrieb eine vielbeachtete Doktorarbeit über Thomas von Aquin. Doch der plötzliche und unerwartete Tod des Vaters im Jahre 1936 verpflichtete ihn, den Verlag in politisch

links:
Sterbebildchen eines Patriarchen: Josef Habbel I.
Foto: Joachim Specht, wikimedia

rechts:
Im Grunde ein typisches Familienbild aus der Zeit um 1922, wären da nicht äußerst gelangweilte Kinder zu sehen, die offensichtlich nur mit Mühe für das Foto begeistert werden konnten. In der Mitte: Josef Habbel II und Gattin Margarete.
Foto: Familienarchiv

gen", schrieb Josef Habbel III im „Zwiebelturm" über sein verlegerisches Verständnis.

Schwierige Zeiten für Gesinnung und Verlag

In den dunklen Jahren des Nazi-Regimes war er Mitglied des sogenannten „Zirkels", eines losen, aber regelmäßigen Treffens intellektueller und kritischer Denker im Hause des Arztes Dr. Ernst Köck. Die Zusammenkünfte als ein Kumpfmühler Widerstandsnest zu bezeichnen, wäre übertrieben. Ganz risikolos war es allerdings nicht, zumal auch Domprediger Dr. Johann Maier zu dem Kreis gehörte und als konsequenter Gegner des nationalsozialistischen Regimes unter strenger Beobachtung der Gestapo stand. Ein beherztes öffentliches Auftreten brachte ihn in den letzten Kriegstagen an den Galgen. Auch der Habbelverlag musste als Unternehmen stets eine Schließung fürchten, zumal 1934 bereits der Zeitungsverlag unter Martin Habbel durch einen Artikel, der Kardinal Michael von Faulhaber gegenüber Vorwürfen des Reichspropagandaministeriums in Schutz nahm, zuerst drei Monate verboten und 1935 dann mit dem Ausschluss aus der Reichspressekammer endgültig zwangsweise geschlossen wurde. Dr. Josef Habbel musste als Mann des Katholizismus, der Literatur, der Kunst und der Philoso-

schwierigen Zeiten weiterzuführen. Er besuchte zusammen mit seinem Bruder Alois die Buchhändlerschule in Leipzig, um sich das nötige Fachwissen anzueignen. „So wohnt das Buch in mir. Es nimmt die Pfähle, die mein Leben umgrenzen, und setzt sie weiter hinaus, es beginnt ein Zwiegespräch mit mir und holt sich neue Glut aus dem Feuer, das es in mir entfacht, und an meinem Widerstand die Kraft, noch beschwörender auf mich einzudringen.

Auch im Krieg wurden Hochzeiten gefeiert. Hildegard Habbel, Tochter von Josef Habbel II, heiratet den Buchhändler Engelbert Weber im Juni 1942.
Foto: Familienarchiv Habbel

phie ständig damit rechnen, der Willkür der Machthaber in die Hände zu fallen. Der Verlag war mittlerweile ohnehin in seiner Herausgeberschaft schwer beschnitten, Neuerscheinungen waren gänzlich untersagt. Der Filialbuchhandlung in Wien gab er im Jahre 1943 klare Anweisungen zur zurückhaltenden Gestaltung der Schaufenster und riet zur Vorsicht im Umgang mit Kunden und Autoren. Seine Sorge galt nicht nur dem Geschäft selber, sondern auch den Angestellten. Was auch immer ihn schützte, er verweigerte sich standhaft der Anordnung, an Feiertagen die Hakenkreuzfahne an der Fassade anzubringen. Helene Habbel traute sich sogar, zusammen mit einigen Mitstreiterinnen des katholischen Elisabethenvereins gegen das Verbot von Kruzifixen in den Klassenzimmern der Horst-Wessel-Schule (der heutigen Wolfgangsschule) erfolgreich zu protestieren: kleine, trotzige Ungehorsamkeiten im Alltag, die jedoch schnell erhebliche Schwierigkeiten machen konnten. In diesen Fällen blieb es glücklicherweise ohne Konsequenzen.

Unaufgeregter Katholizismus in den Nachkriegsjahren

Nach schweren Bombenschäden musste der Verlag im April 1945 seine Tätigkeit einstellen, die Familie wurde nach Kürn ausquartiert. Provisorisch ging es 1946 nach Erhalt der Lizenz weiter, aus einem notdürftig hergestellten Raum im dritten Stock, von Familienmitgliedern liebevoll als „Hirnkastl" bezeichnet, wo sich der Vater gerne und lange zurückzog, um den Verlag wieder auf Spur zu bringen. Er tat dies schon während des Krieges und in den folgenden Aufbaujahren mit viel Geschick und Gespür, besuchte sogar in den 1950er Jahren mit dem Regensburger Verleger Bernhard Bosse die Vereinigten Staaten, um den Blick auf das internationale Verlagswesen zu weiten. Die Last, den literarischen Anspruch aufrecht zu erhalten, ohne die Wirtschaftlichkeit aus dem Auge zu verlieren, war seine große Leistung in der Nachkriegszeit. Kochbücher fanden sich ebenso im Verlagsprogramm wie Nachschlagewerke und Gebetbücher. Als CSU-Stadtrat erkannte er zudem die Zeichen der Zeit und setzte sich früh für die Ansiedlung einer Universität in Regensburg ein. Wie sein Vater und Großvater war er aufgeschlossen und offen gegenüber allem Neuen.

Als erster in Bayern investierte der Verlagsgründer Habbel I Anfang des 20. Jahrhunderts in moderne Setz- und Rotationsdruckmaschinen. Sein Enkel nahm die Herausforderung des Neuaufbaus nach dem Krieg entschlossen an. Bei aller Arbeitsbelastung fand er jedoch Zeit, mit der Familie in die geliebten Berge zu fahren. Derartige Ausflüge an Sonntagen mussten jedoch durchaus so gehalten werden, dass der obligatorische Messbesuch möglich war. Auch strömender Regen hinderte nicht daran, dem Fronleichnamszug bis zum Schluss und völlig durchnässt zu folgen. Das religiöse Leben der Familie war dabei nicht frömmelnd, Familienmitglieder beschreiben in ihrer Erinnerung einen unaufgeregten, aber aufrechten und sozial engagierten Katholizismus, der Streit und Diskussion aushielt. Die Kinder wurden nicht nur christlich erzogen, ihnen wurden ein gesundes Selbstbewusstsein, ein humanistisches Weltbild und Verantwortungsbewusstsein mitgegeben. Christliche Barmherzigkeit fand ohne großen Aufhebens statt: Im Aufgang des Treppenhauses stand ein Klapptisch bereit, an dem bedürftige Menschen mit Essen versorgt wurden.

Aus den drei Generationen gingen einige den Weg in geistliche Berufungen, viele erbten die künstlerische Ader der Familie, darunter Thomas Habbel, der als hochbegabter Maler und Kunstlehrer in Cham und Deggendorf seinem Leben viel zu früh ein Ende setzte. Sein Tod im Jahre 1971 machte alle fassungslos, sein Vater haderte bis zuletzt, die Zeichen seiner Schwermut nicht erkannt zu haben.

Nach dem offiziellen Ende des Habbelverlags 1975 entwich die Regensburger Verlegerdynastie schleichend aus der öffentlichen Wahrnehmung. Nur noch im Stadtteil Kumpfmühl, bei älteren Regensburgern und in einschlägigen Fachkreisen gibt es noch die Erinnerung an den einst bedeutenden und weit verzweigten Zeitungs- und Buchverlag, an eine sozial- und politisch engagierte Verlegerfamilie und an drei beeindruckende Charakterköpfe Josef Habbel I-III, als Abbild einer bewegten Zeit vom Ende des 19. Jahrhunderts bis annähernd in die Gegenwart.

Albert von Schirnding

KATHOLISCHE KINDHEIT IN REGENSBURG

Nie ohne ein geflüstertes Gottschützedich

Kein Anfang. Dann wäre ja vor dem Anfang etwas anderes, Fremdes gewesen, nach dem der Vier- oder Fünfjährige gefragt hätte – und schon wäre das Eigene vom Mehltau der Fraglichkeit befallen gewesen. Vater, Mutter und Deta waren katholisch; der Pfarrer von Sankt Emmeram war schon am Tag nach der Geburt ins Haus gekommen und hatte mich getauft. Betend lernte ich sprechen: Zu dir erwach ich, liebster Gott. Ein Ich, das ein Pünktchen war, übergab sich einem weltengroßen Du. Auf dem Nachttisch stand das Bild der Ravensburger Schutzmantelmadonna; Detas Heimat war Ravensburg. Betend lernten meine Schwester und ich singen: Maria, breit den Mantel aus. Draußen war Krieg, die Muttergottes sorgte für Immunität.

An der Wand neben der Tür hing der kleine metallene Weihwasserkessel. Deta und die Mutter berührten das heilige Naß mit der Fingerspitze und schrieben ein Kreuz auf meine Stirn, die Mutter nie ohne ein geflüstertes Gottschützedich. Irgendwann betrat ich an ihrer Hand die Emmeramskirche. Der Weihwasserkessel dort war aus Marmor und viel größer. Ich wurde emporgehoben, damit ich den Daumen hineintunken konnte. Der war nun geheiligt und durfte Stirn, Lippen und Brust bekreuzigen. Warum beugte sie vor dem Altar das Knie, lehrte mich, es ihr nachzumachen? Weil im Tabernakel das Allerheiligste verborgen war. In Gestalt einer von Gold und funkelnden Edelsteinen umrahmten Hostie, die der Priester am Schluß der Messe hervorholte, um dem Kirchenvolk den Segen des leibhaft anwesenden Gottessohnes, in den sich die Hostie, Wunder aller Wunder, verwandelt hatte, mit auf den Heimweg zu geben. Ich hatte nicht mitgehen dürfen, als Vater und Mutter nach vorne aufbrachen, um den Leib des Herrn zu empfangen. Bei der Rückkehr sahen ihre Gesichter verwandelt aus, die sie, niederkniend, in den Händen verbargen. Sie wollten mit Jesus allein sein. Einst würde auch ich zum Mahl geladen sein. Trotz der unabsehbaren Ferne dieses Einst spürte ich an der Seite der Erwachsenen den Geschmack der Hostie auf der Zunge. Fürst und Fürstin, Prinzen und Prinzessinnen, Kavaliere und Hofdamen residierten im Schloß, das aus dem uralten Kloster hervorgegangen war. In der Kirche schwangen sich über dem Chorgestühl zwei einander gegenüberliegende vollkommen gleiche Emporen, auf denen rechts

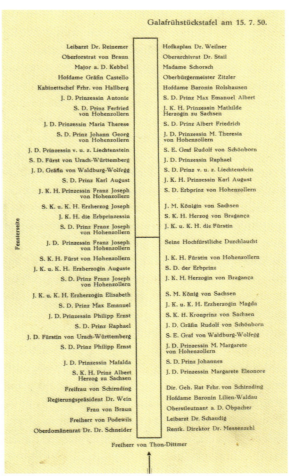

links:
Diamantenes Paar: Fürst Albert Maria Lamoral und Fürstin Margarete von Thurn und Taxis auf dem Weg zur Abendtafel anlässlich ihrer diamantenen Hochzeit am 15. Juli 1950 in Schloss St. Emmeram.
Foto: SZ im Bild. Wochenendbeilage der Süddeutschen Zeitung 1950, Nr. 29.
Archiv Morsbach

rechts:
Auf der Sitzordnung der Galafrühstückstafel am 15. Juli 1950 anlässlich der Diamantenen Hochzeit des fürstlichen Paares erscheinen (unten) auch die Eltern Albert von Schirndings.
Archiv Morsbach

die fürstliche Familie, links die Verlegerfamilie Pustet dem Gottesdienst beizuwohnen pflegten, vor allzu neugierigen Blicken durch gewölbte Glasfenster geschützt. In der Vorhalle, in der ein Doppelportal zur Entscheidung einlud, ob man das prächtige Längshaus oder den düsteren Querbau über der Wolfgangskrypta besuchen wollte, stand zwischen den in tiefen Nischen versenkten Türen eine Christusfigur aus verwittertem Kalkstein. Jesus, dir leb ich, Jesus, dir sterb ich, Jesus, dein bin ich, hatte mich Deta gelehrt. Was hatte der holde Knabe im lockigen Haar mit diesem fremden altersschwarzen Mann zu tun? Drinnen aber wurden Jesus und Christus eins. Denn der Eintritt erwies sich im Laufe mehrmaliger Aufenthalte als Aufbruch zu einer Wanderung, die in Bethlehem begann und nach den Stationen Golgatha, leeres Grab und Himmelfahrts-Ölberg im Feuersturm des oberen Stockwerks eines beliebigen Jerusalemer Hauses höchst vorläufig endete. Die Vorläufigkeit des ersten Pfingstfestes offenbarte sich nicht nur in unserer Kirche. Wie oft gingen die Eltern in die sonntägliche Frühmesse der nicht weniger nah von unserem Haus gelegenen Jakobskirche. Irische Mönche hatten sich vor fast tausend Jahren in den Kopf gesetzt, ausgerechnet in Regensburg ihre deutschen Benediktinerbrüder bei der Bekehrung der offenbar recht störrischen, aus römischem und bajuwarischem Wurzelwerk erwachsenen Bevölkerung zu unterstützen. Auf dem Weg zur Kreuzschule führte mich die Mutter eines frühen Lebenstages vor das sogenannte Schottentor, das kraft seiner unwiderstehlichen Sogwirkung Vorübergehende am Vorübergehen hinderte. Ich widerstand der Versuchung zum letzten Schritt. Was auf beiden Seiten des Eingangs in grauen Reliefs abgebildet war, bannte mich durch seine Rätselhaftigkeit. Soviel immerhin wurde mir klar, daß das von Jesus prophezeite, vom Emmeramer Stadtpfarrer Kraus in markerschütternden Kanzelworten beschworene Weltende bereits eingetroffen war und das Jüngste Gericht schon stattgefunden hatte. Die Spreu war vom Weizen getrennt: rechts die zur ewigen Seligkeit, links die zur ewigen Verdammnis Bestimmten.

Der Prediger vom Weltende: Josef Kraus, Stadtpfarrer von St. Emmeram 1939–1964.
Foto: Pfarrblatt von St. Emmeram 1962, Nr. 26.
Archiv Morsbach

Die Welt war zweigeteilt. Wie jedermann bestand ich aus zwei gegensätzlichen Elementen. Wenn du bei geschlossenen Augen an garnichts denkst, spürst du ungefähr nach zehn Minuten, wo in deinem Körper die Seele wohnt, sagte Deta. Die Übung mündete in einen kaum wahrnehmbaren Schmerz mitten in der Brust. Der kommt von der Erbsünde, erfuhr ich. Von ihr war auch im Religionsunterricht in der Kreuzschule die Rede. Die hatte ihren Namen von einem Nonnenkloster in unmittelbarer Nachbarschaft, das anders als die zur Jakobskirche und Sankt Emmeram gehörenden Klöster und das dazwischen liegende Dominikanerkloster, dessen Stunde mir erst schlagen sollte, noch nicht ausgestorben war. Doch nicht in der barocken Kreuzkirche wurden die Schulgottesdienste gefeiert, sondern in einer zwar hellen, aber nüchternen und eintönigen Kirche, die kaum älter als zehn Jahre war. Die Fürstin persönlich hatte sie mit vierzehn Heiligenstatuen ausgestattet. Die mußten unglaublicherweise nebst der überlebensgroßen Kreuzigungsgruppe über dem Hochaltar alle in dem efeubewachsenen Turmatelier im Schloßgarten entstanden

sein. Der Schulweg ging am Pfarrhaus der Herz-Jesu-Kirche vorbei, wo ein Schild beklagte, daß die Fenster schon fünfmal eingeworfen worden seien. Nach dem Morgengebet mußten wir den rechten Arm schräg nach oben ausstrecken. Aber das hatte mit der Weltordnung, die der Kaplan Seitz uns vor Ohren und Augen führte, nichts zu tun. In den zehn Geboten kam die Pflicht zum Hitlergruß nicht vor.

Die farbigen Glasfenster im Dom, die das gewöhnliche Tageslicht brachen, um es mit den ungebrochenen Stimmen des Knabenchors zu einem Gesamtkunstwerk zu verschmelzen, wurden durch wertlose Scheiben ersetzt, die Kreuzschule leerte sich, weil die Schüler mit ihren Lehrern aufs Land zogen; längst vorher hatten die Eltern beschlossen, die Mutter sollte mit uns Kindern die kriegsgefährdete Stadt mit dem oberbayerischen Voralpenland vertauschen, wo das von einer plötzlich verstorbenen Cousine geerbte kleine Schloß auf neue Bewohner wartete. Mit dem Rad legte der Vater die 170 Kilometer zurück, um an der Erstkommunion seiner beiden ältesten Kinder teilzunehmen. Wir schliefen schon, als er am späten Abend des Vortags eintraf. Meine Angst, ich könnte das ab Mitternacht einzuhaltende Nüchternheitsgebot in einem Augenblick schlaftrunkenen Vergessens übertreten, mischte einen bitteren Tropfen in das mich überflutende Glücksgefühl.

Nach der Rückkehr ins Regensburger Haus im Herbst 1945 war nichts mehr wie vorher. Im Garten wogten anstelle von Phlox und Sonnenblumen Tabakpflanzen, und drei zusätzliche Familien waren eingezogen. Gerd und Horst, zwei Jahre ältere Zwillinge, wurden meine Freunde. Die bekamen zu Weihnachten einen richtigen Altar mit Tabernakel, Monstranz, Kelch und allem übrigen Drum und Dran nebst einem der Bubengröße angepaßten vollkommen echt wirkenden Meßgewand. In Vorkriegszeiten müssen Firmen existiert haben, die dergleichen herstellten, um den katholischen Priesternachwuchs zu fördern. Ihre neue geistliche Würde verbot es den Zwillingen, mich auszuschließen; der Altar gehörte uns dreien. Es war, als hätte ich mir nie etwas sehnlicher gewünscht. Nicht, als ob wir aus dem Holz des vor zwei Jahren vierzehnjährig im Ruf der Heiligkeit im Bischöflichen Knabenseminar an Diphtherie gestorbenen Bernhard Lehner geschnitzt gewesen wären, dessen Bildchen mein Gebetbuch einschloß. Wenn wir zusammenwaren, machten wir hauptsächlich Unfug. Aber Messelesen wie ein richtiger Priester war doch noch viel, viel schöner. Gipfel des Glücks, wenn die Freunde außer Haus waren und ich nach Herzenslust allein schalten und walten konnte. Ich beeilte mich, möglichst viele Messen hintereinander zu lesen; in mir hatte sich die Vorstellung festgesetzt, damit einen geheimen Gnadenschatz aufzuhäufen. Die Altarkerzen brannten, im dunklen Zimmer saß Deta und bildete die Gemeinde der Gläubigen. Vor kurzem hatte sie mit meiner Schwester und mir in der Emmeramskirche eine sogenannte Volksmission besucht. Vier Jesuitenpatres predigten mit nie zuvor vernommener Wortgewalt eine geschlagene Woche hindurch am Morgen, nachmittags und abends. Ein Pater liebte es, beim Hochschlagen seiner Redeflammen auf den Fußballen zu wippen. So verlieh auch ich meiner glutvollen Predigt durch Wippen der Füße einen von Deta beifällig vermerkten Nachdruck. Die Rechnung der Zwillingseltern ging auf: beide Söhne wurden Priester. Da hatten sie mich, den Unberufenen, oder ich sie freilich schon längst aus den Augen verloren.

Als ich Schüler des gelben Kastens am Ägidienplatz wurde, schlug die Stunde des dritten Klosters. Die jungen Gymnasiasten wurden von katholischen Jugendgruppen umworben; ebenso wenig, wie ich daran zweifelte, daß der katholische Glaube der einzig wahre sei, zögerte ich, die Marianische Kongregation als die allein für mich in Frage kommende Vereinigung zu wählen. Unser Schulhof war durch die gotische Dominikanerkirche, in der wir die Schulgottesdienste begingen, und das zugehörige Kloster begrenzt. Die Gruppenstunden wurden in den verlassenen Räumen des Konvents abgehalten. Vor dem Einlaß tobten wir im ehemaligen Kreuzgang, der von unseren sich überschlagenden Stimmen widerhallte. Die gelehrten Mönche, die hier jahrhundertelang wandelten, hatten sich von der Invasion schäumender Jugend nichts träumen lassen. Wir verstummten vor der Zelle, in der sich der Predigtstuhl des Größten unter ihnen erhalten hatte. An jedem 15. November feierten der Fürst und ich den Namenstag unseres Heiligen.

Lorenz Baibl

GROSSES KINO IM ALTEN RATHAUS

In Regensburg wurde 1952 ein Luther-Film gedreht

Dass aus ihm in ferner Zukunft einmal ein echter Filmstar werden würde, hätte sich der historische Martin Luther wohl nicht träumen lassen. Seit die Bilder Anfang des 20. Jahrhunderts laufen lernten, war der Reformator immer wieder Thema für eine filmische Bearbeitung auf der Kinoleinwand und dem Fernsehbildschirm – natürlich auch im vergangenen Jubiläumsjahr.[1] So lief im Februar 2017 zur besten Sendezeit in der ARD der Fernsehfilm „Katharina Luther", der sich aus der Perspektive der patenten Ehefrau Luthers mit den Ereignissen der Reformation auseinandersetzte. Knapp zwei Wochen später zog dann auch das ZDF mit einem eigenen Luther-Film nach. Unter dem Titel „Zwischen Himmel und Hölle" wurde hier das Verhältnis zwischen Martin Luther und Thomas Müntzer als neuer Blickwinkel auf die Anfänge der Reformation gewählt. Auf einigen Fernsehkanälen lief zudem erneut der Spielfilm „Luther" mit Joseph Fiennes und Peter Ustinov aus dem Jahr 2003. Er stellt bis dato die neueste Kinoadaption des historischen Stoffes dar.

Ein Zufallsfund im Stadtarchiv

Im Vergleich zu den genannten filmischen Umsetzungen werden sich heute allerdings wohl nur wenige an den Schwarz-Weiß-Film „Martin Luther" von 1953 erinnern, der international bis zum erwähnten „Blockbuster" von 2003 als *der* Luther-Film galt. Und wahrscheinlich kaum jemand wird noch wissen, dass Teile dieses Luther-Films im August 1952 in Regensburg gedreht wurden. Diese Dreharbeiten wären sicherlich auch weiterhin vergessen, wenn man im Stadtarchiv Regensburg nicht zufällig auf ein – auf den ersten Blick unscheinbares – Fotoalbum gestoßen wäre.[2] Außer Fotoaufnahmen von mittelalterlich gewandeten Personen und Filmmitarbeitern vor und hinter den Kulissen befand sich darin eingelegt auch ein Schreiben der „Luther-Film-Gesellschaft MbH" vom 26. Januar 1953 an den damaligen städtischen Kulturreferenten und Museumsleiter Dr. Walter Boll. Darin bedankte sich der in Wiesbaden ansässige Produktionsleiter Kurt Hartmann für die „liebenswürdige Unterstützung" bei den Dreharbeiten zum Luther-Film und übersandte Herrn Boll als Aufmerksamkeit eben dieses kleine Fotoalbum mit Aufnahmen von den Dreharbeiten in Regensburg. Ausgehend von diesem Zufallsfund soll im Rahmen die-

Einzug der Fürsten zum Augsburger Reichstag: Dreh einer Massenszene vor dem Alten Rathaus.
Foto: StAR, A 1961-34

ses Beitrags kurz die Entstehungsgeschichte des Luther-Films im Fokus stehen, bevor auf die Dreharbeiten vor Ort eingegangen wird, die Regensburg im August 1952 für einige Tage in Atem hielten.

Der Luther-Film entsteht

Im Gegensatz zu den nur wenige Jahre später entstandenen Bibelklassikern „Die zehn Gebote" oder „Ben Hur" war „Martin Luther" keine typische, kommerziell ausgerichtete Hollywoodproduktion.[3] Die Initiative zum Film ging von der Vereinigung der lutherischen Kirchen der USA aus, die mit einem selbst in Auftrag gegebenen Spielfilm die „verschwommenen Vorstellungen der amerikanischen Lutheraner von dem großen Reformator korrigieren" wollten – wie es der deutsche „Spiegel" 1952 in einem Artikel formulierte.[4] Das filmische Werk sollte „eine Idee verbreiten" und dabei besonders auch Identifikationspotenzial für die protestantische Mittelklasse in den USA bieten. Ein beträchtlicher Teil des 500 000 Dollar hohen Gesamtbudgets wurde dabei von den lutherischen US-Kirchen selbst beigesteuert, die dafür eine groß angelegte Spendensammlung ins Leben riefen. Der „Spiegel" sprach damals von „Klingelbeutel-Geld"[5]. Nachdem bereits in den USA eigens eine kirchliche Produktionsgesellschaft für den Luther-Film gegründet worden war, folgte nicht lange danach auch die Gründung einer deutschen

Regisseur Irving Pichel bei den Dreharbeiten.
Foto: StAR, A 1961-34

Spot an! Filmscheinwerfer im Reichssaal.
Foto: StAR, A 1961-34

Entsprechung, der „Luther-Film-Gesellschaft" mit Sitz in Stuttgart. Dies war vor allem deshalb nötig, um finanzielle Vorteile für die Dreharbeiten in der Bundesrepublik erlangen zu können. Da die Planungen für den Luther-Film schon seit längerem liefen, konnte die eigentliche Produktion 1952 relativ schnell starten. Als Regisseur hatte die amerikanische Produktionsgesellschaft den erfahrenen Irving Pichel (1891–1954) ausgewählt, der im Film selbst als Kanzler Brück eine kleine Nebenrolle bekam. Drehbuchautor war Allan Sloane, der das Drehbuch insgesamt zwölfmal umschrieb und so über ein Jahr an den einzelnen Dialogen feilte. Hintergrund war der über allem stehende Wunsch der Verantwortlichen, Luthers Leben und die damaligen Zeitumstände historisch so korrekt wie nur möglich abzubilden.[6] Dieser „Echtheitsfanatismus" zeigte sich auch bei der Auswahl der Schauspieler, die den Vorbildern des 16. Jahrhunderts auch einigermaßen ähnlich sehen sollten. Die Rolle des Reformators übernahm dabei der irische Schauspieler Niall McGinnis (1913–1977), der bis dahin eher als Nebendarsteller bekannt war. Um finanzielle Förderung für die Dreharbeiten zu erhalten, mussten auch einige deutsche Schauspieler gecastet werden, die allerdings nur in Nebenrollen besetzt wurden. Am bekanntesten dürfte heutzutage noch Heinz Piper (1908-1972) sein, der im Film den katholischen Theologen und Gegner Luthers, Johannes Eck, verkörperte. Bis heute kennen ihn die meisten Deutschen wohl vor allem als einführenden Erzähler bei „Dinner for one".

Zum Tragen kam der Echtheitsfanatismus der Amerikaner vor allem bei der Wahl der Drehorte. Von Anfang an stand fest, dass möglichst an Originalschauplätzen gedreht werden sollte.[7] Hier tauchen allerdings schnell Probleme auf. Da die historischen Luther-Stätten alle in der damaligen Ost-Zone lagen und somit nicht zur Verfügung standen, musste nach Ersatz in Westdeutschland gesucht werden. So verwandelte sich das württembergische Kloster Maulbronn ins Erfurter Augustinerkloster und das Mittelschiff des bei Wiesbaden gelegenen Klosters Eberbach in die Wittenberger Schlosskirche. Vor allem für die Außenaufnahmen wurde nach Orten gesucht, in denen sich das spätmittelalterliche Stadtbild noch am besten erhalten hatte. Auf diese Weise kam das Filmteam nach Rothenburg ob der Tauber, Eltville und – schließlich auch nach Regensburg. Dort sollten neben einigen Innenaufnahmen für den Wormser Reichstag von 1521 vor allem die wichtigen Szenen des Augsburger Reichstags von 1530 gedreht werden, da das originale Umfeld in Augsburg selbst nicht mehr vorhanden war.

„Geiselgasteiger Luft" in Regensburg – die Dreharbeiten im August 1952

Bereits am 20. Juli 1952 hatte der Produktionsleiter Kurt Hartmann beim damaligen Oberbürgermeister Hans Herrmann brieflich um eine Dreherlaubnis für das Alte Rathaus gebeten, nachdem er zwei Tage zuvor schon persönlich bei Dr. Walter Boll vorstellig geworden war. Dieser hatte damals als Kulturreferent und Museumsleiter die Verantwortung für die historischen Räumlichkeiten inne. Hartmann betonte dabei, dass für den Film „möglichst alle Szenen wahrheitsgetreu gestaltet werden sollen", aber viele Orte nicht mehr im Originalzustand erhalten seien. Deshalb wolle man nun „den ganzen Augsburger Komplex in die herrlichen Räume des Regensburger Rathauses und auf dessen Vorplatz verlegen"[8]. Sowohl Boll als auch OB Herrmann standen dem Anliegen positiv gegenüber und am 28. Juli fasste der Stadtrat in einer Sitzung des Hauptausschusses einen entsprechenden Beschluss. Dabei wurden von Seiten der Stadt die Bedingungen für den Filmdreh benannt, die dann auch so Eingang in die offizielle Vereinbarung mit der Luther-Film-Gesellschaft fanden. So musste diese eine Kaution in Höhe von 20 000 DM auf ein Konto der Stadtsparkasse hinterlegen. Für die Benutzung der Räume im Alten Rathaus sowie einiger Gegenstände aus den Beständen des Historischen Museums wurde darüber hinaus eine tägliche Gebühr von 1000 DM vereinbart. Neben einer ausreichenden Versicherung musste die Filmgesellschaft auch alle Kosten, die der Stadt für Polizeiabsperrung, Feuerüberwachung und anderes entstanden, übernehmen. Und schließlich sollten nach Möglichkeit für Statistenrollen Arbeitslose aus dem Stadtgebiet herangezogen werden.[9] Nachdem man sich also einig geworden war, konnten die Termine für die eigentlichen Dreharbeiten festgesetzt werden. Letztlich lief es auf fünf Tage, vom 9. bis zum 14. August 1952 hinaus. Wenige Tage vorher fand im Regensburger Arbeitsamt tatsächlich ein Statisten-Casting für den Dreh statt, zu dem weit über 100 Personen erschienen. Wie die Mittelbayerische Zeitung damals berichtete, wurden ältere Herren als „Würdenträger" und junge Damen als „Pagen" oder „Hoffräulein" benötigt.[10] Die Filmwagen rollten dann am Abend des 9. August an und wurden hinter dem Alten Rathaus in der Silbernen Kranzgasse abgestellt. Bereits am nächsten Tag, dem 10. August, wurde vor dem Alten Rathaus die Massenszene für die Ankunft der Fürsten in Augsburg gedreht. In den folgenden Tagen filmte man weitere Szenen in den Räumen des Rathauses. Im Reichssaal wurde so die berühmte Übergabe der Confessio Augustana an Kaiser Karl V. gefilmt. Dabei kamen auch historische Leihgaben aus dem hiesigen Museum zum Einsatz, unter anderem eine Monstranz, ein Wandteppich und der Kaisersessel. Dokumentiert wurden die Dreharbeiten durch den offiziellen Fotografen der Filmgesellschaft, Rolf Lantin, der bereits

Großes Interesse an den Dreharbeiten bei der Stadtbevölkerung.
Foto: StAR, A 1961-34

Der Augsburger Reichstag im Regensburger Reichssaal, rechts vor dem Kaiserthron der Regisseur Irving Pichel in einer Nebenrolle als Kanzler Brück.
Foto: StAR, A 1961-34

für Leni Riefenstahl als Standfotograf gearbeitet hatte – unter anderem beim Olympia-Film „Triumph des Willens".

Nachdem die Dreharbeiten in Regensburg am 14. August – bereits einen Tag früher als ursprünglich geplant – abgeschlossen waren, wurde es schnell wieder ruhig in der Regensburger Altstadt. Für Nachaufnahmen in den Filmstudios in Wiesbaden wurde allerdings noch einmal der erwähnte Kaisersessel benötigt, den Walter Boll dann per Expresssendung auf Reisen schickte.[11] Auch in der Lokalpresse fanden die Dreharbeiten natürlich ihren Niederschlag. So titelte die Mittelbayerische am 13. August 1952: „Geiselgasteiger Luft noch bis zum Donnerstag in Regensburg. Mittelalterliches Gepräge im Alten Rathaus / Der amerikanische Lutherfim entsteht"[12]. Eine Woche später beschäftigte sich nochmals ein kleiner Artikel mit dem Lutherfilm. Darin wurde berichtet, dass auch eine Regensburger Lokalberühmtheit, nämlich der 62-jährige Josef Pfaffenberger, Lokomotivführer a. D. und unter dem Spitznamen „Bari" bekannt, als Bürgermeister von Worms für den Film engagiert worden war. Seinen anderen Spitznamen „Eisenkönig" hatte Pfaffenberger deswegen erhalten, weil er als junger Mann im Varieté Hufeisen und Eisenstangen zerbrog. Im Gewichtheben hatte der

„Bari" zudem mehrere Meistertitel errungen, im Mannschaftsauziehen wurde er sogar Europameister.[13]

Zur Rezeption des Films

Bei den Kritikern und auch kommerziell war das Leinwandepos, das im Mai 1953 im amerikanischen Minneapolis Weltpremiere hatte, durchaus erfolgreich. Der Film war 1954 in den Kategorien „Kamera" und „Szenenbild" sogar für zwei Oscars nominiert, konnte aber keinen von beiden gewinnen. Allerdings rief der Spielfilm in der nordamerikanischen Öffentlichkeit auch durchaus kontroverse Reaktionen hervor, vor allem natürlich auf katholischer Seite. In der kanadischen Provinz Quebec wurde „Martin Luther" sogar verboten, wobei man sagen muss, dass in der zuständigen Zensurbehörde damals nur Katholiken saßen.[14] Angeblich konvertierte der Luther-Darsteller Nial McGinnis nach dem Ende der Dreharbeiten sogar zum Protestantismus, eine größere missionarische Wirkung scheint der Film jedoch nicht entfaltet zu haben. Auch in der Bundesrepublik Deutschland waren die Reaktionen auf den Luther-Film nach seiner nationalen Premiere im März 1954 durchaus gemischt. Das änderte aber nichts daran, dass der Streifen bis zum Jubiläumsjahr 1983 als der Luther-Film schlechthin galt und im kirchlichen wie im staatlichen Bereich vielfach zu Unterrichtszwecken eingesetzt wurde.[15]

Auch wenn die heute nahezu vergessenen Dreharbeiten in Regensburg mehrere Tage in Anspruch nahmen, blieb die Zeit, in der Räume des Alten Rathauses im fertig geschnittenen Film zu sehen sind, letztlich relativ begrenzt. Nur die letzten zehn Minuten des Films beschäftigen sich mit dem Augsburger Reichstag. Dennoch entfalten diese wenigen Filmminuten auch heute noch ihren eigenen Reiz, wenn man die Geschichte des Films und der Dreharbeiten in Regensburg ein wenig Revue passieren lässt.

Zwar hat der historische Martin Luther selbst nie die Reichsstadt an der Donau besucht, aber angesichts des filmischen Gastspiels im Jahr 1952 darf sich auch Regensburg mit einem kleinen Augenzwinkern als „Lutherstadt" bezeichnen.

1 Zur Bearbeitung von Martin Luther und der Reformation im Medium Film einschlägig: Esther P. Wipfler, Martin Luther in Motion Pictures. History of a Metamorphosis, Göttingen 2011.
2 Stadtarchiv Regensburg (StAR), A-Selekt 1961-34.
3 Zur Entstehung des Films vgl. auch die Ausführungen bei Wipfler, Martin Luther, S. 48-51.
4 Vgl. Artikel „Vergessen Sie Hollywood" in: Der Spiegel 39/1952, S. 32f.
5 Vgl. ebd.
6 Ebd., S. 33. Pichel soll sich hinsichtlich des historisch korrekten Anspruchs des Films folgendermaßen geäußert haben: „There is no love story! We don't try to tell a story how Luther makes a boy and a girl happy".
7 Zu den Dreharbeiten vgl. Wipfler, Martin Luther, S. 108-125; Der Spiegel 39/1952, S. 33.
8 Vgl. Stadtarchiv Regensburg, ZR III 5927, Kurt Hartmann an OB Herrmann, 20. Juli 1952.
9 Vgl. StAR, ZR III 5927, Hauptausschussbeschluss vom 28. Juli 1952. In diesem Akt befindet sich auch ein Exemplar der auf dem Beschluss basierenden Vereinbarung zwischen der Luther-Film-Gesellschaft und dem Regensburger Stadtrat vom 1. August 1952.
10 Vgl. Mittelbayerische Zeitung vom 9./10. August 1952.
11 Vgl. StAR, ZR III 5927, Dr. Walter Boll an Kurt Hartmann, 16. September 1952.
12 Vgl. Mittelbayerische Zeitung vom 13. August 1952.
13 Vgl. Mittelbayerische Zeitung vom 20. August 1952.
14 Vgl. Wipfler, Martin Luther, S. 118.
15 Vgl. ebd., S. 122f. – Unter dem Suchbegriff „Luther 1953" erscheint der Film auf YouTube in etlichen Sprachen, auch auf Deutsch.

Autorenfoto: Angelika Lukesch

Melanie Brunner

AKTION KINDERBAUM – REGENSBURG HILFT

Ein ganz besonderer Weihnachtsbaum

Für jedes Kind ein Fest! So lautet das Motto der Aktion Kinderbaum – Regensburg hilft. Die Idee dazu entstand bereits vor sechs Jahren und hat sich aus der ehemaligen Aktion Kinderweihnachtshilfswerk entwickelt. Ziel der Aktion ist, dass jedes Kind und jeder Jugendliche in Regensburg ein Geschenk zu Weihnachten bekommt. Dazu werden Wunschanhänger an die Jugendsozialarbeiterinnen und Jugendsozialarbeiter an Schulen und in den sozial pädagogischen Einrichtungen verteilt. Die dortigen Fachkräfte kennen ihre Kinder und Jugendlichen genau und wissen, wo es unterm Tannenbaum leer bleiben wird. Zusammen mit den Kindern wird dann der Wunschanhänger bemalt und geschmückt und der Herzenswunsch zu Weihnachten aufgeschrieben.

Dann erfolgt die eigentliche Arbeit von Melanie Brunner, die bei der Stiftungsverwaltung der Stadt Regensburg arbeitet und die Aktion leitet. „Alle Wunschanhänger werden in einer Liste erfasst, sodass wir genau wissen, welches Kind welchen Wunsch hat. Denn was passiert, wenn ein Wunschanhänger verloren geht oder ein Wunsch nicht erfüllt wird? Dann müssen wir wissen, was fehlt und besorgen das Geschenk noch. So können wir sicherstellen, dass auch wirklich jedes Kind ein Geschenk erhält."

Mit den Wunschanhängern wird ein großer Weihnachtsbaum geschmückt, der Kinderbaum im Bürger- und Verwaltungszentrum in der D.- Martin-Luther-Str. 3. Die Bürgerinnen und Bürger haben die Gelegenheit, die Wunschanhänger vom Baum zu nehmen und einen Wunsch oder mehrere Wünsche zu erfüllen. Und das geschieht erfahrungsgemäß sehr schnell. „Meist ist der Baum nach einer Woche geleert", so Brunner.

Und bei rund 500 Anhängern pro Jahr ist das schon eine beachtliche Leistung der Regensburger und Regensburgerinnen. Das findet auch Bürgermeisterin Gertrud Maltz-Schwarzfischer: „Ich bin immer wieder erstaunt, wie schnell alle Anhänger vom Baum genommen werden. Da muss man sich wirklich beeilen, wenn man noch einen Wunsch erfüllen möchte. Es ist schön zu sehen, wie groß das soziale Engagement in unserer Stadt ist und wie viele Menschen bereit sind zu helfen."

Kurz vor Weihnachten findet dann mit allen Kindern und Jugendlichen samt allen bunt verpackten Geschenken

links:
Der Kinderbaum steht und sorgt für glänzende Augen.
Foto: Stadt Regensburg – Bilddokumentation

rechts oben:
Überwältigende Gabenbereitschaft der Regensburger beim 1923 von Ludwig Eckert organisierten „Rehi" (Regensburger Kinderhilfswerk) im Reichssaal.
Foto: Stadt Regensburg – Bilddokumentation

rechts unten:
Farbenfrohe Wunschanhänger an den Geschenken.
Foto: Stadt Regensburg – Bilddokumentation

eine große Bescherung statt. Bei Plätzchen, Tee, Lebkuchen und Musik verbringen alle einen schönen Nachmittag und die Kinder gehen mit leuchtenden Augen und ganz aufgeregt nach Hause; ihr Geschenk unterm Arm. Aber nicht nur zur Weihnachtszeit hilft die Aktion Kinderbaum. Auch während des Jahres werden gerne Spenden angenommen, um bedürftige Kinder und Jugendliche zu unterstützen.

Aktion Kinderbaum – Regensburg hilft Spendenkonto:
Stadt Regensburg
IBAN: DE29 7505 0000 0000 1033 66
Sparkasse Regensburg
Verwendungszweck: Aktion Kinderbaum

Michael Eibl

RETTUNGSANKER FÜR TRAUMATISIERTE KINDER

Die Clearingstelle im Kinderzentrum St. Vincent

Die Diskussion in Bayern um Kinder unter 14 Jahren, die bereits eine ganze Reihe an Straftaten begangen haben, gipfelte Ende der Neunzigerjahre in eine intensive öffentliche Diskussion um einen Jugendlichen, der „Mehmet" genannt wurde. Während sich bei diesem Jugendlichen türkischer Abstammung vor allem die Diskussion um die Möglichkeit einer Abschiebung drehte, kam immer mehr in den Blick, dass auch viele deutsche Kinder unter 14 Jahren bereits eine ganze Serie von Straftaten beging. Die Bayerische Staatsregierung beschloss darauf im Jahr 1998 die Errichtung von Clearingstellen. Lediglich drei Einrichtungen in Bayern haben sich dieser besonderen Herausforderung gestellt, darunter auch im Jahr 2003 das Regensburger Kinderzentrum St. Vincent der Katholischen Jugendfürsorge (KJF).

Was sind die Ursachen dafür, wenn junge Menschen, die noch gar nicht strafmündig sind, schwere Straftaten wie Gewalttaten, Diebstahl oder Brandstiftung begehen? „Dieses aggressive Verhalten ist unter anderem Ausdruck von Gefühlen wie Trauer, Angst, Enttäuschung, Hilflosigkeit, Ohnmacht …", stellt Xaver Waitzhofer, ein sehr erfahrener Sozialpädagoge und Bereichsleiter am Kinderzentrum fest. Über 15 Jahre haben die erfahrenen Pädagogen mit hohem Einsatz einen Rahmen entwickelt, bei dem die Mitarbeiter die Symptome und die daraus folgenden Verhaltensweisen der Jugendlichen aushalten können. Es kommt auf das Personal an, auf die Räumlichkeiten, auf Sicherheitskonzepte, eine intensive Zusammenarbeit mit der Kinder- und Jugendpsychiatrie und mit der Polizei. „Wir setzen auf ein Selbstwirksamkeitskonzept, wir wollen das Selbstwertgefühl der Jugendlichen stärken und ihnen Perspektiven zur Teilhabe am Leben eröffnen", sind sich Gruppenleiter Christian Ahland und Dr. Leo Selensky vom Psychologischen Fachdienst einig.

Eine letzte Chance?

Um das zu verstehen, muss man sich auf die dramatische Situation dieser Kinder einlassen. Da ist zum Beispiel Fritz (Name geändert), der im Alter von zwölf Jahren in die Clearingstelle kam. Er erlebte in seiner Kindheit einen massiven Trennungskonflikt seiner Eltern, gewalttätige Übergriffe des Vaters, der alkoholkrank war. Den Eltern wurde das Recht zur Aufenthaltsbestimmung, das Recht

Christian Ahland, Gruppenleiter, Xaver Waitzhofer, Bereichsleiter, und Dr. Leo Selensky vom Psychologischen Fachdienst tun alles, damit die Kinder in der Clearingstelle wieder eine Perspektive haben.
Foto: KJF Regensburg

zur Regelung der medizinischen Behandlung, auch zur Regelung schulischer Angelegenheiten entzogen, so dramatisch war die Familiensituation. Bei Fritz zeigten sich massive Verhaltensauffälligkeiten, Verweigerungsverhalten, er lief weg, zeigte körperliche Aggressivität gegen Erzieher und Polizeibeamte, bedrohte den Lebensgefährten der Mutter mit einem Messer, beschimpfte seine Mutter auf offener Straße, zeigte auch Selbstgefährdungs- und Fremdgefährdungsverhalten. Über sieben verschiedene Einrichtungen versuchten, dem Jugendlichen zu helfen, ohne Erfolg.

In dieser Situation war die Clearingstelle der KJF seine wohl letzte Chance: Hinter dem, was als „geschlossene Einrichtung" bezeichnet wird, steht ein intensives pädagogisches Konzept. Nicht Gitter, sondern intensive Pädagogik setzen den Kindern Grenzen. „Unsere intensiv geschulten Mitarbeiter begleiten diese jungen Menschen, sie halten sie aus und ergreifen Schutzmaßnahmen. Dabei sind sie häufig Aggressionen und verbalen Beschimpfungen in scharfer Form ausgesetzt. Wir haben aber gelernt, dass intensive Sanktionen nicht helfen, sondern wir gehen mit den Kindern mit. Wir begleiten sie auch in aggressiven Situationen und versuchen, den Kindern zu vermitteln, ihre eigenen Emotionen besser zu verstehen, damit sie sich besser regulieren können", so Waitzhofer.

Extreme Herausforderungen für die Mitarbeiter

Ein Laie kann sich kaum vorstellen, welche Herausforderungen damit für die Mitarbeiter verbunden sind. Die Kinder sind nicht weggesperrt, sondern sie gehen zum Beispiel zum ersten Mal nach zwei Wochen Aufenthalt in St. Vincent begleitet nach außen, sie lernen ihre Umgebung kennen. Viele können schon nach acht Wochen alleine ausgehen. Insgesamt gibt es fünf Ausgangsstufen. „Unser Ziel ist es, immer mehr Offenheit zu entwickeln, nur so haben wir eine Chance. Wenn allerdings gegen den Grund der Unterbringung verstoßen wird, werden die Regeln verschärft", verdeutlicht Christian Ahland das schrittweise Handeln.

In der Clearingstelle sind die Kinder etwa acht Monate, dort sollen die Ursachen diagnostiziert werden, es wird eine Förderdiagnostik erstellt und die therapeutische Arbeit beginnt. Ziel ist es, diese jungen Menschen im Anschluss an die Clearingstelle dazu befähigen, an einer anderen Erziehungshilfemaßnahme teilzunehmen – nicht mehr, aber auch nicht weniger. Bei Fritz war es zum Beispiel im Anschluss die therapeutische Wohngruppe im Kinderzentrum St. Vincent. Er ist inzwischen auf einem guten Weg, seine Traumatisierung weiter zu bewältigen, kann wieder zur Schule gehen und bekommt seine Aggressionen in den Griff, weil er sie rechtzeitig erkennt.

Mit den Folgen der Traumatisierung leben

Die Kinder müssen lernen, dauerhaft mit den Folgen ihrer Traumatisierung zu leben, sich rechtzeitig Hilfe zu holen. Oft gibt es keine restlose Heilung. „Wenn man sich vorstellt, wie Kinder über viele Jahre Gewalt und Missbrauch erlebt haben, ist diese kontinuierliche Erfahrung dramatischer und nachhaltiger als ein Einzelereignis", so Xaver Waitzhofer.

Wie halten die Mitarbeiter diese Kinder mit ihren enorm herausfordernden Verhalten aus? Die Mitarbeiter müssen mit sich selbst im Reinen sein und eine stabile Persönlichkeit aufweisen. Sie erhalten intensive Fortbildungen und Supervision, werden von der KJF, den Berufsgenossenschaften und von Therapeuten unterstützt. Es sind ausschließlich Fachkräfte: Psychologen, Sozialpädagogen, Heilpädagogen, Heilerziehungspfleger mit vielen Zusatzqualifikationen. Damit der Unterricht während der Clearingphase gewährleistet wird, sind drei Lehrkräfte im Einsatz, die täglich zwischen 45 Minuten und 1,5 Stunden Unterricht schaffen. Hoch engagierte Männer und Frauen leisten die Begleitung und Therapie für sieben Jugendliche.

Aktuell sind in der Clearingstelle mehr Mädchen, eine davon ist Christina (Name geändert). Sie kam mit 14 Jahren aus der Kinder- und Jugendpsychiatrie in die Clearingstelle. Nach starker Kindeswohlgefährdung durch die Eltern wurde sie bereits im Alter von sieben Jahren in einer kinder- und jugendpsychiatrischen Ambulanz behandelt. Die Situation in ihrer Familie war so dramatisch, dass eine Kindeswohlgefährdung festgestellt und der allein erziehenden Mutter das Sorgerecht entzogen wurde. Das Mädchen zeigte Verwahrlosungstendenzen und wurde als ernsthaft und durchgängig sozial beeinträchtigt eingeschätzt. Die Mutter entzog sich ihrer erzieherischen Verantwortung. Während Christina in Pflegefamilien und Heimen lebte, wurden Straftaten wie Diebstahl, selbstverletzendes Verhalten, Tic-Störungen, Suiziddrohungen und delinquentes Handeln festgestellt. Sie reagierte auf pädagogische Interventionen massiv oppositionell, drohte mit Suizid und musste deshalb auch schon notfallmäßig aufgenommen werden. Als Christina in der Clearingstelle ankam, war bereits eine Reihe von Erziehungshilfemaßnahmen erfolglos. So zeigte sie Verweigerungsverhalten in der Schule, impulsive aggressive Verhaltensweisen, übermäßigen Alkoholkonsum; sie konnte von den Betreuern einfach nicht erreicht werden. Durch die intensive Begleitung und den engen Rahmen in der Clearingstelle verbesserte sich langsam ihr Verhalten. Durch intensive Analyse ihres Verhaltens, durch das Klären von Ursachen und durch das eigene Erkennen, wann und wie ihre Aggressionen kommen, konnte Christina soweit stabilisiert werden, dass sie in eine Folgemaßnahme verabschiedet werden konnte. Für sie war der weitere erfolgreiche Weg über eine intensive sozialpädagogische Einzelbetreuung. Hier sind die Jugendlichen mit einem eigenen Betreuer auf den Weg in eine selbstständige Zukunft. Für 16 Prozent der Abgänger dieser Clearingstelle ist weiter eine intensive Einzelbetreuung erforderlich. Die meisten können aber bereits eine Haupt- oder Förderschule, manche auch eine weiterführende Schule besuchen. Dabei werden sie von anderen Erziehungshilfemaßnahmen nach ihrem individuellen Bedarf begleitet. Schließlich wird auch Christina ihren Weg gehen, wird einen Beruf erlernen, eine Partnerschaft eingehen können.

Durchschnittsalter 13 Jahre – pädagogische Arbeit in Extremsituationen

Die meisten Kinder in der Clearingstelle kamen bisher aus Bayern, einige auch aus Baden-Württemberg, Nordrhein-Westfalen und Hessen. Das Durchschnittsalter liegt bei etwa 13 Jahren. Die Mitarbeiter in der Clearingstelle sind sehr daran interessiert, wie es mit ihren Schützlingen auf Zeit, die ihnen oft alles abverlangen, weitergeht. Wenn sie erfahren, dass die Jugendlichen „wieder in der Spur sind" und eine Perspektive haben, ist das der größte Lohn für ihre pädagogische Arbeit in Extremsituationen.

Frank Baumgartner ist für das gesamte Kinderzentrum St. Vincent mit fast 200 Mitarbeitern verantwortlich und weiß die Arbeit der Mitarbeiter sehr zu schätzen: „Unsere Clearingstelle ist auch für das Kinderzentrum St. Vincent eine besondere Aufgabe. Eine geschlossene und damit freiheitsentziehende Maßnahme muss immer das letzte Mittel sein, welches aber dringend notwendig werden kann, wenn junge Menschen aus prekären Lebenssituationen herausbegleitet werden müssen. Die Hürden dafür müssen hoch sein und die Qualität der Maßnahme muss einen hohen fachlichen Standard erfüllen. Das zentrale Qualitätsmerkmal sind dabei unsere Mitarbeiter. Gerade im Kontext einer geschlossenen Unterbringung braucht es Profis, die ihrer Arbeit mit differenzierter fachlicher Kompetenz und persönlicher Stabilität nachkommen. Daher gilt den Kolleginnen und Kollegen, die diese Arbeit im Alltag leisten, auch ein ganz besonderer Dank!"

Ludwig Haas

10 JAHRE SCHÖFFENDIENST

Eine Bilanz als Laienrichter am Landgericht

„Was, du bist Schöffe?", „Wie wird man das eigentlich?", „Du hast doch gar nicht Jura studiert!", „Wie kommst du damit klar, jemand zu verurteilen?" Viele solcher Aussagen habe ich in den letzten zehn Jahren gehört, denn fünf Jahre war ich als Jugendschöffe und fünf Jahre im Erwachsenenstrafrecht am Landgericht Regensburg tätig. An deutschen Gerichten gibt es Schöffen, damit „Berufsrichter die Bodenhaftung nicht verlieren und den Bezug zum Volk und der Lebensrealität behalten", habe ich einmal gelesen. Sie sind eine Art Korrektiv im Justizsystem. Auch in anderen Ländern gibt es diese Einrichtung. In den Romanen von John Grisham kennt man in den USA die Geschworenengerichte, bei denen die Jury aus Bürgern ausgewählt wird.

Als Schöffe kann man sich freiwillig bei seiner Gemeinde melden oder man wird vorgeschlagen. Auch 2018 ist wieder ein Schöffenwahljahr. Die Amtszeit beträgt fünf Jahre. Schöffen sollen einen Querschnitt der Gesellschaft darstellen, aus allen Gesellschaftsschichten kommen. Junge Menschen oder solche mit Migrationshintergrund oder Behinderung sind mir persönlich aber kaum bzw. überhaupt nicht begegnet.

Wissenswertes über den Schöffendienst

Juristisches Fachwissen oder eine spezielle Ausbildung sind keine Voraussetzung, Menschenkenntnis, Lebenserfahrung und Urteilsvermögen dagegen mehr als erwünscht. Zu Beginn der Wahlperiode gibt es lediglich eine Einführungsveranstaltung mit einem anschließenden Besuch der Justizvollzugsanstalt. Jedes Jahr wird man einer gewissen Strafkammer zugeteilt. Im Dezember bekommt man eine Liste mit den Gerichtsterminen des folgenden Jahres. Einige Wochen vor der Verhandlung erhält man eine extra Ladung. Ein Fernbleiben oder eine Absage ist dann nicht möglich, außer man ist kurzfristig krank oder hat einen anderen wichtigen Grund, den man belegen muss. Ansonsten droht eine Ordnungsstrafe. Vor Prozessbeginn werden die Schöffen vom Richter über den jeweiligen Sachverhalt der Verhandlung informiert, damit man unvoreingenommen in die Verhandlung gehen kann. Schöffen brauchen sich nicht wie die Richter auf den Prozess vorbereiten. Erwartet wird, dass sie unparteiisch und nicht befangen sind, sich auf den Prozess

Das Eingangsportal zum Land- und Amtsgericht in der Kumpfmühler Straße.
Foto: Ludwig Haas

konzentrieren, ihn genau verfolgen, denn dort erhalten Schöffen Kenntnis von allen Vorgängen, Beweisen, Argumenten, hören alle Zeugenaussagen. Es gilt das Mündlichkeitsprinzip.

Alle Besprechungen zwischen Richter und Schöffen über das im Gerichtssaal Gehörte finden übrigens in dem für andere Personen unzugänglichen Richterzimmer statt, sind streng vertraulich und nicht für die Öffentlichkeit bestimmt. Dort wird auch über das Strafmaß entschieden, wobei die Ermessensspielräume dafür recht breit sind. Strafmildernde oder strafverschärfende Umstände spielen bei der Urteilsfindung eine große Rolle.

Schöffen dürfen oder sollen auch Fragen an die Angeklagten, Zeugen oder Sachverständigen stellen. Man kann es sich aber auch leicht machen und den Vorschlägen des Berufsrichters zustimmen, darf aber auch anderer Meinung sein. Bei der Kleinen Strafkammer mit zwei Schöffen und einem Richter kann man den Berufsrichter sogar überstimmen, was aber nicht sehr häufig passiert. Die Große Kammer besteht aus drei Richtern und zwei

Schöffen, was den Richtern automatisch eine Mehrheit verleiht. Verhandlungen fallen in der Regel einmal pro Monat an. Diese können sich aber zuweilen über einige Tage erstrecken.

Für das Ehrenamt als Schöffe wird der Dienstausfall erstattet, bei Beamten oder Angestellten im Öffentlichen Dienst gibt es sechs Euro Aufwandsentschädigung pro Stunde und die Erstattung der Fahrtkosten. Lohnt sich dieses Ehrenamt überhaupt? Viel Einsatz an Zeit, wenig finanzielle Gegenleistung, eventuell Ärger mit dem Arbeitgeber wegen Abwesenheit, gleichzeitig Übernahme von viel Verantwortung. Aber bei dem Ehrenamt stellen sich solche Fragen für mich nicht, denn es ist ein Dienst an der Gesellschaft.

Fast jede Justitia ist blind – Ausnahme in Regensburg!
Foto: Ludwig Haas

Was bekomme ich als Gegenleistung für dieses Ehrenamt? Vor allem Einblicke in Lebensbereiche und Milieus, in denen ich mich im Privatleben als Lehrer nicht bewege. In die Welt der Dult- und Discoschlägereien, Diebstähle, Betrügereien, Einbrüche, Banküberfälle, Nachbarschaftsstreitigkeiten, Vergewaltigungen, Nötigungen oder des Drogenhandels, Totschlags oder sexuellen Missbrauchs. Vor einem stehen Leute, die es gewohnt sind zu stehlen, zu schlägern, sich aggressiv zu verhalten, Gewalt anzuwenden, Marijuana zu rauchen, reichlich Alkohol zu konsumieren, die Miete nicht zu bezahlen, die Ehefrauen zu verprügeln, den Staat um die Sozialhilfe zu betrügen. Hier lerne ich Stadtteile, Ortschaften und Regionen von einer anderen Seite kennen. Wo Armut, Arbeitslosigkeit, Gewalt, Verzweiflung, Frustration zuhause sind. Wo die Menschen versuchen, aus ihrer misslichen Lage herauszukommen, aber es nicht schaffen, deshalb verzweifeln und in die Kriminalität abgleiten.

Die Verurteilung

Wie kommt man als Schöffe damit klar, jemand zu verurteilen? Als Lehrer war es für mich 40 Jahre lang kein Problem, Menschen zu beurteilen und zu benoten. Aber vor Gericht werden keine Noten vergeben, denn dort wird entschieden, ob jemand noch eine Geldstrafe, eine Strafe zur Bewährung bekommt oder ins Gefängnis geschickt wird. Das ist eine Nummer höher angesiedelt. Auf alle Fälle darf man sich bei der Beurteilung nicht von Emotionen, Rachegefühlen oder Mitleid leiten lassen. Das richtige Strafmaß zu finden, war für mich als Schöffe fast unmöglich. Hier muss man dem Richter als Profi vertrauen, dass er die richtigen Paragraphen findet, sie einem angemessen erklärt. Zuvor gilt es, die Aussagen der Angeklagten, der Zeugen und Sachverständigen, die Plädoyers der Staatsanwaltschaft und Verteidigung zu würdigen, die

Vorstrafen des Täters und seine Zukunfts- und Sozialprognose durch die Sozialarbeiter und Bewährungshelfer zu berücksichtigen.

Dabei stellen sich folgende Fragen: Ist der Täter Ersttäter oder schon öfter vorbestraft? Hat der Angeklagte die Tat während laufender Bewährungszeit begangen? Sind die Aussagen des Täters glaubwürdig? Wer von den Zeugen hat gelogen? Hat einer der Zeugen dem Täter sogar ein falsches Alibi verschafft? Sind die Gutachten der Sachverständigen, Atteste der Ärzte, Bescheinigungen des eventuellen zukünftigen Arbeitgebers in Ordnung und überzeugend? Sind die Ermittlungsergebnisse der Polizei rechtzeitig erfolgt, zuverlässig und vollständig? Das alles gilt es abzuwägen, um zu einem bestmöglich gerechten und objektiven Urteil zu kommen. Die Öffentlichkeit sieht oft nur das Urteil, spricht dann von einem milden Urteil oder harter Bestrafung, weil ihr oft die Hintergründe nicht bekannt sind. Urteilen der Bauch und das Gefühl anders als das Gesetzbuch? Macht man sich mehr Gedanken um den Täter als um das Opfer? Es erinnerte mich sehr an meine Tätigkeit als Lehrer, wo der verhaltensauffällige Schüler viel mehr Aufmerksamkeit bekommt als der lernwillige.

Der Angeklagte

Ist es überhaupt möglich bei der Ausübung des Schöffenamts, einem oder einer Angeklagten wirklich unbeeinflusst gegenüberzustehen? Der Berufsrichter tut sich da vielleicht leichter, denn er hat sein Gesetzbuch, seine Paragraphen, sein richterliches Knowhow, seine Berufserfahrung, seine vergleichbaren Urteile. Wir als Schöffen haben lediglich unsere Berufs- und Lebenserfahrung und Menschenkenntnis aus dem persönlichen und beruflichen Bereich. Aber beeinflussen uns nicht Gestik, Mimik, Körpersprache, Stimme, Kleidungsstil, sprachliche Ausdrucksweise, Herkunft, Beruf, Körpergewicht, Aussehen, Bildungsgrad oder Beruf? Spielt es eine Rolle, welche Freunde, Bekannte und Zeugen, welchen Verteidiger, welche und ob der Angeklagte Familienmitglieder mitbringt? Ob er respektlos, aufbrausend oder aggressiv wirkt, seine Aussagen feindselig oder in angenehmen Tonfall vorträgt, uns offen anblickt oder überhaupt keine Aussagen macht? Justitia, die vor vielen Gerichtsgebäuden steht, wird immer mit verbundenen Augen dargestellt, was uns daran erinnern soll, dass das Urteil nicht von Äußerlichkeiten beeinflusst werden darf. In der Realität ist das nicht so einfach, denn oft entscheidet der Mensch wie im Beruf und Sport, in der Schule, beim Arzt oder in der Liebe auf den ersten Blick über Sympathie, Seriosität, Arroganz, Überheblichkeit, Verletzlichkeit oder Hilfsbedürftigkeit. Da ist man wieder schnell beim ständigen Zwiespalt, dem Schöffen ausgesetzt sind. Nämlich Bauchgefühl und Emotion contra Hirn, Fakten und Paragraphenlage. Aber man lernt im Lauf der Zeit recht schnell, das Gesagte richtig einzuschätzen, den ersten Eindruck zu relativieren. Als Lehrer kommt einem zugute, erfahrungsgemäß die Dinge sowieso nicht so nah an sich heranzulassen, sich gefühlsmäßig abzugrenzen.

Oft werde ich gefragt, ob es den typischen Angeklagten gibt. Auffallend in meinen Prozessen waren folgende Merkmale. Sie sind meist männlich, oft arbeitslos oder geringbeschäftigt, haben keine abgeschlossene Lehre oder geringe Schulbildung, häufig Geld- oder Alkoholprobleme, wenig Bezug zur Familie, besonders zu ihren Kindern, kommen oft durch gleichgesinnte Freunde auf die schiefe Bahn. Mich interessierte neben der Tat meist der Weg der Täter in die Kriminalität. Warum ist ihr Leben so „dumm gelaufen" und wieso bekamen sie es nicht in den Griff? Warum wurden sie immer wieder rückfällig? Oder umgekehrt, was hätte passieren müssen, damit es anders gelaufen wäre? Immer ist eine Portion Dummheit oder Frustration mit im Spiel, viele handeln aus einer finanziellen, beruflichen oder familiären oder persönlichen Notlage heraus, bei anderen klaffen Realität und Scheinwelt, Selbst- und Fremdeinschätzung weit auseinander. Vielen fehlt es an der nötigen Hilfe und Unterstützung.

Vom Verhalten her geben sich die meisten Angeklagten schüchtern, ihr Blick ist oft leer und schaut ins Irgendwo des Gerichtssaals. Dort spielen sie eher eine passive Rolle, lassen ihren Anwalt sprechen, da sie sich selbst oft schlecht ausdrücken können. Warum sie die Tat begangen haben, können sie schwer erklären. Nur selten habe ich Angeklagte erlebt, die selbstbewusst auftraten, sich wortgewandt verteidigten. Allen gemein ist, dass sie nach dem Urteil kleinlaut und uncool das Terrain des Gerichtssaals verlassen, aber erleichtert waren, dass der Prozess vorbei war und sie teilweise so gut wegkamen.

Während die Täter im Wirtschaftsbereich meist klug, überlegt und raffiniert agieren, dominiert im Jugendbereich oder auch bei den Erwachsenen oft die reine Dummheit, von Raffinesse keine Spur. Sie stehlen, betrügen, fälschen Papiere und Dokumente, unterschlagen Geld, verüben Einbrüche, gehen dabei mehr als abenteuerlich und dilettantisch vor, dass es mehr zum Weinen ist. Gewalttäter gehen oft auf ihre Gegner los, schlagen mit Maßkrügen anderen ins Gesicht, treten auf am Boden Liegende ein, ohne sich über die Folgen ihrer Tätigkeit bewusst zu sein. Sie sind dann fassungslos, überrascht, teilweise zerknirscht, wenn ihnen vor Gericht die finanziellen Kosten und gesundheitlichen Schäden ihres Tuns anhand Rechnungen und Bildern präsentiert werden. Sie geloben zwar stets Besserung, stehen aber oft ein Jahr später wieder vor Gericht.

Richter und Schöffen verurteilen zwar die Tat, verhängen Geld- oder Haftstrafen, haben aber kaum Einfluss auf die Ursachen. Wir diskutieren über strafmildernde oder erschwerende Beweggründe, ob vorsätzlich oder nicht vorsätzlich gehandelt wurde. Dem Opfer hilft das wenig; oft müsste man die Eltern oder die sogenannten Freunde verklagen oder verurteilen, weil sie sich zu wenig um den Täter gekümmert haben. Oft wäre eine Entfernung aus dessen Umfeld oder ein Umzug angebracht, denn sonst geht deren kriminelle Karriere weiter. Leider erfährt man auch nie, was aus den Angeklagten geworden ist, ob sich ihr Weg zum Positiven oder Negativen gewendet hat. Die Justiz führt darüber keine Statistik, außer man trifft den Angeklagten wieder vor Gericht.

Gute und schlechte Schöffen?

Auf alle Fälle sollte man nicht betrunken oder total übermüdet zur Verhandlung erscheinen. Es gibt zwar keinen Dresscode, aber Jeans mit Löchern, kurze Hosen oder T-Shirts mit grenzwertigen Sprüchen sind nicht angebracht. Ist dem Richter ein Schöffe lieber, der stumm den Prozess verfolgt, nie ein Wort sagt oder einer, der Fragen stellt? 80 bis 90 Prozent zählen wohl zur ersten Kategorie und werden deshalb oft spöttisch als „Beischläfer" bezeichnet. Ich entschied mich für die zweite Kategorie, weil ich es interessant fand, Fragen zu stellen und mit dem Richter über das Strafmaß zu diskutieren. Außerdem wurden wir im Einführungsgespräch aufgefordert, Fragen zu stellen, unsere Berufs- und Lebenserfahrung, Fähigkeiten, Kenntnisse und Qualifikationen einzubringen, damit auch des Volkes Stimme durch die Laienrichter bei der Urteilsfindung Gehör findet.

Lediglich ein Richter wollte mich hinsichtlich der Fragen einbremsen und sah seine Autorität „gefährdet". Einer ließ mich eher gewähren, als dass er es gut fand. Die anderen akzeptierten mich wohl schon auf Grund der Tatsache, dass man mir bei der Jugendkammer als Lehrer

Jugendschöffe Ludwig Haas auf der Richterbank. Im Gegensatz zu Berufsrichtern brauchen Schöffen keine Robe tragen.
Fotos: Ludwig Haas

doch ein gewisses pädagogisches und psychologisches Fachwissen zutraute, noch dazu ich im Schulbereich u. a. als Erziehungs- und Drogenberater tätig war.

Im Grunde ging es sowieso nur zuweilen darum, ein oder zwei Ergänzungsfragen zu stellen, denn die Richter zeigten sich stets sehr gut vorbereitet und stellten schon vorher die wesentlichen Fragen. Die Schöffenrolle ist immer eine Gratwanderung zwischen schweigendem Betrachter und Zuhörer und anteilnehmendem Fragesteller. Einerseits hat man als Schöffe genauso viel Macht wie ein Berufsrichter, andererseits ist eine wirklich aktive Rolle für den Schöffen nicht vorgesehen. Irgendwie ist man wichtig, aber irgendwie nicht so richtig. Man ist Hauptdarsteller und Statist zugleich.

Das Urteil

Schwierig wird es, wenn man ein Urteil fällen muss. Entscheidet man im Zweifelsfall für eine Strafe auf Bewährung oder verhängt man strenge Bewährungsauflagen mit gemeinnützigen Arbeitsstunden, Therapie oder Geldauflagen zugunsten karitativer Einrichtungen, anstatt den Täter ins Gefängnis zu schicken? Wenn Richter nicht nur ein Urteil bestimmen wollen, sondern die Schöffen in ihrer Rolle ernst nehmen und ein Urteil finden wollen, entstehen im Richterzimmer oft lange Diskussionen, denn zuweilen ist sich auch der Berufsrichter unsicher. Für eine Gefängnisstrafe ist manches Urteil zu hart, für eine Bewährung zu milde. Ein Urteil bedeutet in jedem Fall eine Übernahme von viel Verantwortung, denn man greift entscheidend in den Lebensweg eines Menschen ein. Verliert er dadurch seinen Arbeitsplatz und seine letzten Freunde? Was passiert mit Frau und Kindern?

Gibt ein Angeklagter seine Tat zu, kann es ein gerechtes Urteil geben. Für Richter und Schöffen wird es frustrierend, wenn Freunde ein falsches Alibi geben, Zeugen sich absprechen, die Indizien nicht stichhaltig sind, Gutachten sich widersprechen. Wenn ein Tatbestand nicht sicher nachzuweisen ist, kann eine Verurteilung nicht verantwortet werden. Das Bauchgefühl darf in der Rechtsprechung nicht die Oberhand gewinnen. Dann heißt es, im Zweifel für den Angeklagten. Zuweilen fällt einem das richtig schwer. Man muss sich stets bewusst sein, dass man als Rechtsprechender ein großes Machtinstrument in der Hand hat, mit dem man sorgfältig, pflichtbewusst und verantwortungsvoll umgehen muss.

Wenn Recht gesprochen wird, bedeutet das nicht immer, dass gleichzeitig der Gerechtigkeit Genüge getan wird. Eine absolute Gerechtigkeit gibt es nicht. Ich persönlich war oft froh, dass mir die Richter durch die Begründung durch die entsprechenden Paragraphen und deren Interpretation viel von Verantwortung abnahmen.

Das Juristendeutsch

Neben den unendlich langen, unübersichtlichen und schwer zu durchschauenden Bandwurm- und Schachtelsätzen wird jedes Wort auf seine juristische Auslegung

Der Sitzungssaal des Jugendschöffengerichts von der Richterbank aus gesehen. Die Plätze für die Angeklagten rechts, für die Zeugen in der Mitte, für die Staatsanwaltschaft links, für die Zuschauer hinten.
Foto: Ludwig Haas

überprüft. Da unterscheidet der Jurist genau zwischen den Adjektiven vorgeblich, angeblich, vermeintlich, mutmaßlich oder vermutlich. Und ob jemand leicht, schwer, grob fahrlässig oder vorsätzlich handelt, macht ebenso einen Unterschied, wie wenn jemand eine leichte, schwere oder gefährliche Körperverletzung oder gar eine mit Todesfolge erleidet. Alles ist genau definiert und danach richtet sich auch das Strafmaß. Trotz meines Germanistikstudiums blieb mir die Aussage mancher Paragraphen verschlossen und es bedurfte der Nachhilfe und Interpretation durch die Richter. Die Kunst ein guter Richter zu sein besteht unter anderem auch wohl darin, dem Verurteilten das in kompliziertem Juristendeutsch begründete Urteil in normale Alltagssprache zu übersetzen, damit der Angeklagte etwas damit anfangen kann.

Mein Fazit

Meine 10 Jahre als Schöffe waren ein durchaus sinnvoller Dienst an der Gesellschaft. Ich habe viel über die Lebenswege, Motivation und Motive von Tätern und Kriminalität im Allgemeinen erfahren. Wenn jemand keinen Schulabschluss, keine abgeschlossene Lehre hat, deshalb oft arbeitslos ist, Gelegenheitsjobs ausübt oder Sozialhilfe bezieht, wenn er sich in einem Freundeskreis bewegt, der ständig mit dem Gesetz in Konflikt kommt, wenn das Elternhaus nicht den nötigen Rückhalt gibt, dann ist die Gefahr groß, auf die schiefe Lebensbahn zu geraten. Umgekehrt gesprochen müsste man als Prävention viel mehr Geld und Energie in Schule, Ausbildung und Jugendarbeit stecken. Wirtschaftsstraftäter, die sich einen guten Rechtsanwalt leisten können, kommen meiner Meinung nach zu glimpflich davon, Opfer im Vergleich zu den Tätern viel zu schlecht. Übrigens wäre ein dreitägiger Grundausbildungskurs für die Schöffen ebenfalls hilfreicher als eine zweistündige Einführung.

Akten eines Angeklagten mit vielen Vorstrafen.
Fotos: Ludwig Haas

Dem Richter stehen in der Regel als Sanktionen nur Geld- oder Haftstrafen zur Verfügung. Geldstrafen werden im Jugendbereich dabei oft von den Eltern bezahlt. Wenn Menschen kein Unrechtsbewusstsein, sprich schlechtes Gewissen haben, bewirken normale Strafen nicht viel. Beim Jugendstrafrecht hat der Richter noch mehr Möglichkeiten, positiv auf den Lebensweg eines Menschen einzuwirken wie Schadenswiedergutmachung, Arbeitsleistungen in gemeinnützigen Einrichtungen oder statt Arbeitsstunden sich z. B. mittels Lesen eines Buches mit Themen wie Gewalt, Diebstahl oder Fremdenhass auseinanderzusetzen und seine Gedanken zu Papier zu bringen. Auch bei Erwachsenen würden Freizeitentzug mit Arbeit in Krankenhäusern, Seniorenheimen oder sozialen Einrichtungen oder langzeitiger Entzug der Fahrerlaubnis bei rücksichtslosen Autofahrern oder Unterhaltsschuldnern mehr bewirken, denn sonst ändern sie ihr Verhalten nie. Irgendwie bin ich froh, dass meine Schöffenzeit vorbei ist, aber irgendwie wird mir auch einmal im Monat ein wichtiger Termin fehlen.

Fragen an Frau Dr. Bettina Mielke, Vorsitzende Richterin am Landgericht Regensburg

Wie viele Schöffen gibt es in Regensburg am Amts- und Landgericht?

Für die Straf- und Jugendkammern des Landgerichts Regensburg sowie das Schöffengericht bzw. Jugendschöffengericht beim Amtsgericht Regensburg sind für die nächste Amtsperiode (2019–2023) insgesamt 192 Haupt- und 118 Hilfsschöffen vorgesehen. Die Hauptschöffen werden voraussichtlich zu nicht mehr als zwölf ordentlichen Sitzungstagen im Jahr herangezogen. Falls Hauptschöffen verhindert sind, wird auf die Hilfsschöffen zurückgegriffen. Unter bestimmten Umständen können Schöffen von der Schöffenliste gestrichen werden, z. B. wenn sie aus dem Landgerichtsbezirk verzogen sind.

Welche Voraussetzungen soll ein Schöffe haben? Kann auch ein Punk oder Vorbestrafter Schöffe werden?

Die Voraussetzungen für das Schöffenamt sind im Gerichtsverfassungsgesetz festgelegt. Danach können nur Deutsche zum Schöffenamt berufen werden. Ausgeschlossen sind Personen, die infolge Richterspruchs die Fähigkeit zur Bekleidung öffentlicher Ämter nicht besitzen, wegen einer vorsätzlichen Tat zu einer Freiheitsstrafe von mehr als sechs Monaten verurteilt sind oder gegen die ein Ermittlungsverfahren wegen einer Tat geführt wird, die den Verlust der Fähigkeit zur Bekleidung öffentlicher Ämter zur Folge hat. Dieser Fall tritt dann ein, wenn jemand wegen eines Verbrechens rechtskräftig zu einer Freiheitsstrafe von mindestens einem Jahr verurteilt wurde, und zwar automatisch für die Dauer von fünf Jahren.

Zu dem Schöffenamt sollen u. a. nicht berufen werden: Personen unter 25 und über 70 Jahren, Personen, die aus gesundheitlichen Gründen oder mangels ausreichender Beherrschung der deutschen Sprache nicht für das Amt geeignet sind, oder die in Vermögensverfall geraten sind. Weiterhin Vertreter bestimmter Berufsgruppen z. B. Regierungsmitglieder, Richter, Staatsanwälte und Rechtsanwälte sowie Geistliche. Für Jugendschöffen gelten besondere Voraussetzungen: Sie sollen über Befähigung und Erfahrung in der Jugenderziehung verfügen. Grundsätzlich kann auch ein Punk das Schöffenamt ausüben. Es muss jedoch sichergestellt sein, dass er unparteilich ist und in seinem äußeren Verhalten alles vermeidet, was geeignet sein könnte, bei anderen Personen Zweifel an der Unparteilichkeit zu erwecken. Auch führt nicht jede Vorstrafe automatisch zum Ausschluss vom Schöffenamt, eine Geldstrafe hindert dies beispielsweise nicht.

Darf jemand ungefragt zum Schöffen ernannt werden und das Ehrenamt ablehnen?

An sich ist jeder verpflichtet, das Schöffenamt als Ehrenamt zu übernehmen. Nach dem Gerichtsverfassungsgesetz können neben den oben genannten Personen diejenigen das Amt ablehnen, die in der vorherigen Amtsperiode die Verpflichtung als Schöffe an vierzig Tagen erfüllt haben. Ablehnen können darüber hinaus Ärzte, Krankenschwestern und -pfleger sowie Apothekenleiter, die keine weiteren Apotheker beschäftigen. Zudem kann man das Amt aus persönlichen Gründen ablehnen, wenn glaubhaft gemacht werden kann, dass durch die Ausübung des Amtes die persönliche Fürsorge für die Familie in besonderem Maße erschwert würde oder eine besondere Härte wegen der Gefährdung oder erheblichen Beeinträchtigung einer ausreichenden wirtschaftlichen Lebensgrundlage darstellt.

Warum braucht man überhaupt Schöffen? Könnte man diese Laien-Richter auch abschaffen?

Durch den Einsatz von Laienrichtern soll das Vertrauen der Bürger in die Justiz gestärkt und eine lebensnahe Rechtsprechung erreicht werden. Teilweise wird die Legitimation von Laienrichtern in Frage gestellt, weil die Sachverhalte immer komplexer werden, die rechtliche Wertung von Laien nicht durchschaut werden kann oder in der Praxis der teilnahmslose Schöffe, der sich gegenüber den Berufsrichtern nicht zu Wort melden traut, dominieren würde. Nach meiner Erfahrung führen der Erfahrungsschatz der Laienrichter sowie deren Unvoreingenommenheit zu einer wesentlichen Qualitätssicherung der Rechtsprechung. Wir Berufsrichter können im Gespräch mit den Schöffen zudem oft absehen, wie nachvollziehbar rechtliche Regelungen erscheinen und wo es zum besseren Verständnis der Prozessbeteiligten notwendig ist, die rechtlichen Rahmenbedingungen besser zu erläutern, um damit zum größeren Verständnis der Justiz beizutragen. Auch erzählen uns immer wieder Schöffen, wie sehr sie vom Ringen der Justiz – z. B. um eine gerechte Strafe – beeindruckt sind und dies so in die Bevölkerung hineintragen. Schöffen sind daher ein wichtiges Bindeglied zwischen Justiz und Bürgern.

Was ist ein guter oder schlechter Schöffe? Jemand der stumm dabei sitzt oder der auch Fragen stellt?

Aus dem oben Gesagten ergibt sich bereits, dass ein guter Schöffe immer nachfragen sollte, wenn ihm etwas unklar ist oder er noch weitere Informationen braucht. Dies gilt insbesondere natürlich bei den Urteilsberatungen. Denn nur der sich einbringende Schöffe kann zur Qualitätssicherung der Rechtsprechung beitragen. Gleichzeitig dürfen sich Schöffen nicht zu unbedachten Äußerungen hinreißen lassen, da schon der Eindruck der Voreingenommenheit ausreicht, um einen Schöffen wegen Befangenheit abzulehnen.

Gibt es nicht Probleme mit dem Arbeitgeber, wenn ein Schöffe oft am Arbeitsplatz fehlt?

Gemäß § 45 des Deutschen Richtergesetzes dürfen Schöffen in der Übernahme und der Ausübung des Amtes nicht beschränkt oder benachteiligt werden. Für die Zeit ihrer Amtstätigkeit sind sie von ihrem Arbeitgeber von der Arbeitsleistung freizustellen. Die Kündigung eines Arbeitsverhältnisses wegen der Übernahme oder der Ausübung des Amtes ist unzulässig.

Wann gilt ein Schöffe als befangen und muss er das melden?

Die Befangenheitsregeln der Strafprozessordnung (StPO) gelten in gleichem Maße für Berufsrichter und Schöffen. So sind Schöffen ebenso wie Berufsrichter von der Ausübung des Richteramtes u. a. dann ausgeschlossen, wenn sie selbst oder nahe Angehörige durch die Straftat verletzt oder sie nahe Angehörige des Angeklagten sind. Weiterhin kann ein Schöffe wegen Besorgnis der Befangenheit ausgeschlossen werden, wenn ein Grund vorliegt, der geeignet ist, Misstrauen gegen die Unparteilichkeit zu rechtfertigen, z. B. wenn er während der Hauptverhandlung unsachliche Bemerkungen macht. Falls dem Schöffen ein möglicher Befangenheitsgrund bekannt ist, hat er dies unverzüglich anzuzeigen.

In welchen Verhandlungen werden Schöffen nicht eingesetzt und warum?

In Strafverfahren vor dem Strafrichter beim Amtsgericht wirken keine Schöffen mit. Dabei geht es um Vergehen, für die keine höhere Strafe als eine Freiheitsstrafe von zwei Jahren zu erwarten ist, so dass dem Gesetzgeber die Besetzung mit einem Einzelrichter ausreichend erschien.

Heiner Gietl

DER SSV JAHN SCHAFFT HISTORISCHES

Ein erfolgreiches Jahr in mehrfacher Hinsicht

Unter den Experten bestand Einigkeit zum Saisonstart 2017/18: Jahn Regensburg wird es schwer haben, nach dem Aufstieg in die 2. Liga die Klasse zu halten. Nach den Ergebnissen der ersten beiden Spiele, einer unglücklichen Last-Minute-Niederlage in Bielefeld und einer 0:1 Schlappe gegen den späteren Aufsteiger 1. FC Nürnberg, schienen die Fachleute Recht zu haben. Allerdings waren nur die Ergebnisse negativ, die Leistung der Mannschaft war in beiden Spielen in Ordnung. Man sah, die Mannschaft konnte auch in dieser Liga mithalten.

Saisonverlauf

Der 3. Spieltag brachte das Derby beim Bundesliga-Absteiger FC Ingolstadt. Die Schanzer hatten überraschend auch beide Auftaktspiele verloren. Nach einem hochklassigen, von beiden Teams intensiv geführten Spiel siegte der Jahn mit 4:2 und stürzte Ingolstadt ans Tabellenende, was nebenbei bemerkt, bei den Schanzern zur Trainerentlassung führte. Im DFB-Pokalwettbewerb wurde in der ersten Runde der Bundesliga-Absteiger SV Darmstadt 98 mit 3:1 besiegt. Der Jahn war in der Liga „angekommen".

Langweilig waren die Spiele des SSV in dieser Spielzeit nie. Mit der Spielweise und vor allem mit dem Auftreten der Mannschaft konnten sich die Fans völlig identifizieren. Der Jahn durfte sich auf die bedingungslose Unterstützung seiner Anhänger verlassen – und das nicht nur in guten Zeiten. Das Zusammenwachsen von Fans und Mannschaft wurde nach der bitteren 2:5 Heimniederlage gegen den 1. FC Heidenheim in der 2. Pokal-Hauptrunde eindrucksvoll dokumentiert. Die Hans Jakob Tribüne feierte die Mannschaft nach Spielende minutenlang und drückte dem Team das Vertrauen für die Zukunft aus.
Lediglich nach dem 2. und dem 7. Spieltag stand man auf dem 16. Rang, dem Relegationsplatz, jedoch nie auf einem direkten Abstiegsplatz. Zum Ende der Hinrunde lag die Mannschaft auf Platz 12 und das sollte für die restliche Saison die schlechteste Platzierung bleiben.
In der gesamten Rückrunde behauptete sich der SSV auf einem einstelligen Tabellenplatz und dabei waren Rang 9 nach dem 19. und Rang 8 nach dem 23. Spieltag die schlechtesten Plätze.
Der vermeintliche Höhepunkt war das Heimspiel gegen den FC Ingolstadt, als die Jahnelf in einem beeindruckenden Schlussspurt in den letzten 20 Minuten einen 0:2

Die Mannschaft nach dem Sieg bei Greuther Fürth, der den vorzeitigen Klassenerhalt bedeutete.
Foto: Sascha Janne

Rückstand in einen 3:2-Sieg verwandelte. Als zum nächsten Heimspiel der spätere Meister Fortuna Düsseldorf nach 20 Minuten und eindrucksvoller Darbietung 3:0 in Führung lag, glaubten wohl nur noch die ganz großen Optimisten an einen (Teil-)Erfolg. Aber die „Mentalitätsmonster" der Liga drehten auch dieses Spiel und gewannen mit 4:3. Das Stadion stand wieder Kopf, die Mannschaft, die erkennbar wie Pech und Schwefel zusammenhielt, wurde zurecht wieder frenetisch gefeiert.

53 erzielte Tore, aber auch genauso viele kassierte Gegentore sagen eigentlich alles über die Art und Weise, wie der SSV Jahn auftrat. Nahezu jedes Spiel ein Spektakel und nur ganz wenige Auftritte waren etwas für schwache Nerven. Laut Kicker-Sportmagazin gab das Team 560 Schüsse auf das Tor des Gegners ab – Ligabestleistung! Gefühlt hatte der Jahn in jedem Spiel 10 Eckbälle, was für das hochattraktive Spiel des Aufsteigers spricht.

Vom Respekt der Medien vor dem SSV Jahn

Interessant zu beobachten war auch die Veränderung der Berichterstattung über den SSV Jahn im Bezahlsender SKY. Anfangs, von allen Experten als sicherer Absteiger gehandelt, etwas mitleidig betrachtet, wuchs mit jeder Woche der Respekt vor der Mannschaft. Nach wenigen

Die Mannschaft feiert Kapitän Marco Grüttner nach seinem Tor beim FC St. Pauli am Hamburger Millerntor.
Foto: Sascha Janne

Wochen wusste auch der letzte Kommentator, dass Regensburg in der Oberpfalz liegt … und nicht in Ober- oder Niederbayern.

Bis zum vorletzten Spieltag war in den Medien immer wieder die Rede von der Möglichkeit des SSV Jahn, als erster Verein von der 4. Liga den direkten Durchmarsch in die Fußball-Bundesliga zu schaffen. Leider wurde daraus nichts. Aber als Aufsteiger mit 48 Punkten auf Platz 5 abzuschließen, war das Ergebnis einer in jeder Hinsicht großartigen Saison der Mannschaft, die sich in jedem Spiel als homogene, kampfstarke Einheit präsentierte, einem famosen Trainerteam um Achim Beierlorzer, einer Führungsriege um Hans Rothammer und nicht zuletzt einem strategisch und perspektivisch denkenden und handelnden Geschäftsführer Profifußball Christian Keller und seinem Team.

So gelang es Christian Keller u. a., nach Jahren stetiger Wechsel, Kontinuität auf der Position des Cheftrainers zu schaffen. Achim Beierlorzer, der beliebte und auch von anderen Clubs begehrte Coach, bleibt die nächsten vier Jahre beim Jahn. Ebenso haben viele Spieler, die an den Erfolgen der letzten Jahre maßgeblich beteiligt waren, dem Verein für die Zukunft ihr Vertrauen ausgesprochen und ihre Verträge verlängert. Das lässt die Verantwortlichen und die Fans auf eine hoffentlich längere Zugehörigkeit in der 2. Fußball-Bundesliga hoffen.

Historische Leistungen und ein weiteres Aushängeschild für Regensburg

Der SSV Jahn Regensburg hat das erste Mal den Klassenerhalt in der 2. Fußball-Bundesliga geschafft. Der Zuschauerschnitt von 11 080 Zuschauern pro Heimspiel ist der höchste seit über 60 Jahren.

Und nicht zuletzt ist es den Verantwortlichen gelungen, die Anteile des sogenannten Investors Philipp Schober bzw. dessen Global Sports Invest AG an der SSV Jahn Regensburg GmbH & Co. KGaA zu erwerben. Allem Anschein nach konnte Schober die Verträge mit dem einstigen Hauptanteilseigner Volker Tretzel bzw. dessen BTT GmbH nicht oder nicht rechtzeitig erfüllen, sodass der SSV Jahn Regensburg e.V. den 90 %-Anteil kaufen konnte. Seither ist der Verein Haupteigentümer der GmbH & Co. KGaA und vor fremder Einflussnahme (vorerst) sicher.

Nach wie vor gehört der SSV Jahn Regensburg in der 2. Liga zu den Clubs mit kleinem Etat. Die Kontinuität auf den entscheidenden Positionen lässt auf eine gute Zukunft hoffen. Der Auftakt in der neuen Saison ist jedenfalls gelungen: im Donau-Derby gegen den FC Ingolstadt mit einem 2:1 Sieg.

Regensburg hat spätestens nach dieser Saison ein weiteres Aushängeschild: den SSV Jahn.

Die Väter des Erfolgs: Präsident Hans Rothammer, Chef-Trainer Achim Beierlorzer, Geschäftsführer Profifußball Dr. Christian Keller (v.l.).
Foto: Sascha Janne

Claus-Dieter Wotruba

SPORTSTADT REGENSBURG

Was schon gut ist und was besser werden muss

Sportstadt Regensburg. Was ist das? Eine Stadt, in der möglichst viele Menschen wie du und ich, klein und groß, alt und jung, gehandicapt oder nicht-gehandicapt Sport treiben und die Möglichkeiten dazu in vielfältigster Weise auf dafür bestens geeigneten Anlagen haben? Oder ist es eher eine nach außen hin im Sport erfolgreiche Stadt? Eine, in der Publikumssport wie Fußball oder Eishockey in Profiligen stattfindet und dazu in etlichen Sportarten Regensburger Teilnehmer den Sprung am besten zu Welt- und Europameisterschaften oder zu Olympischen Spielen schaffen? Oder sollte es beides sein, um sich Sportstadt nennen zu können? Also, Butter bei die Fische: Was ist Regensburg denn nun?

Seit Jahren tobt darüber die Diskussion, mal lauter und mal leiser. Machen wir die Bestandsaufnahme: Vieles von dem, was eine Sportstadt braucht, ist in Regensburg vorhanden. Seit 1999 steht eine Eis-Arena, die mit fast 5000 Zuschauern Kapazität eine ausreichende Größenordnung mit einem guten Standard aufweist, mit dem öffentlichen Lauf und Topleistungen im Eishockey und Eiskunstlauf gleichermaßen dem Breiten- wie dem Spitzensport dient und obendrein auch Gelegenheit bietet, Konzerte nach Regensburg zu holen.

Was bietet Regensburg?

Das geht im anderen Topstadion Regensburgs nicht und ist immer wieder diskutiert worden. Im vierten Jahr wird eine für zig Millionen errichtete Fußball-Arena bespielt, jetzt von einem Fußballverein SSV Jahn, der sich nach Jahrzehnten brachliegender Möglichkeiten in der 2. Bundesliga unter den Topklubs Deutschlands zu konsolidieren scheint. Es gelang der Durchmarsch aus der vierten Liga mit spektakulären Aufholjagden und mit Platz fünf eine Saison, die wenige so für möglich gehalten hatten. Peter Neururer, als Lästermaul der legitime Nachfolger eines Max Merkel mit seinen legendären Bundesligatests in der Zeitung mit vier Buchstaben, hatte vor der Saison „Beten" als Mittel im Abstiegskampf empfohlen, mit dem der SSV Jahn aber nie wirklich etwas zu tun hatte.

Aber weiter im Text, was bietet Regensburg noch? Ein Westbad mit einer der seltenen 50-Meter-Bahn, die für die Bahnschwimmer so wichtig sind. In Zeiten, in denen Kommunen sparen, reihenweise Bäder geschlossen wer-

Der SSV Jahn spielte eine starke Zweitligasaison und drehte Spiele spektakulär wie hier Sargis Adayman zum 4:3 gegen Düsseldorf. Wird auch Regensburg jetzt zur reinen Fußballstadt?
Foto: Christian Brüssel

den und das Nichtschwimmer-Problem von Kindern vermehrt in die Öffentlichkeit drängt, ist das längst keine Selbstverständlichkeit mehr. Ja, in Regensburg wird aus der mal vorübergehenden Traglufthalle am RT-Bad sogar ein Dauerzustand. Wunderbare Bedingungen, denen der Schwimm-Club in Regensburg mit einem allerersten hauptamtlichen Trainer seit September 2018 Rechnung trägt und seine schon jahrelang angestrebten sportlichen Ambitionen jetzt auch umsetzen will.

Baseballer, Leichtathletik-Gemeinschaft, Futsal

Eine ehemals belächelte Sportart hat mit viel Knowhow einen Spielort geschaffen, der weltweit zur Kenntnis genommen wird, weil die ersten Deutschen in der weltweit bejubelten Major League Baseball, kurz MLB, eben von hier, vom kleinen Regensburg aus den Sprung schafften. Erst Donald Lutz, noch nachhaltiger Max Kepler. Und weltweit ist auch deswegen nicht übertrieben, weil in der Baseball-Arena von Schwabelweis schon so große Turniere mit so vielen Zuschauern stattfanden, dass man sich in ganz anderen Sphären wähnte.

Tja und dann ist da noch diese Leichtathletik-Gemeinschaft, die innovativ ihren Vereinsnamen vermarktete, um ein Auskommen zu finden. Ab 1997 fragte die Leichtathletikwelt zehn Jahre lang, wo dieses Domspitzmilch denn liegt. Und inzwischen fährt der Klub als LG Telis Finanz noch größere Erfolge ein und hat sich international etabliert. Längst hat man sich in Regensburg daran gewöhnt, dass seit Jahren keine Deutsche Meisterschaft mehr ohne einen Regensburger Titel vergeht. Längst ist es Usus, dass Regensburger auf internationalem Parkett mitmischen: Für 16 EM-Teilnahmen hat die LG bei den vergangenen vier Freiluft-Europameisterschaften seit 2012 gesorgt – auch ohne Medaillenkandidaten eine stolze Leistung. Und sogar der Bau der so lange diskutierten Leichtathletik-Halle steht inzwischen vor der Tür.

Und wir sind noch nicht fertig mit der Aufzählung der sportlichen Erfolge. 2017 stellte Regensburg mit dem SSV Jahn 1889 im aufstrebenden Futsal den deutschen Meister, der 2020 Gründungsmitglied der noch zu installierenden Bundesliga sein will. Drei Jahre in Folge steht der TC Rot-Blau mit seinen Eckert-Damen als deutscher Mannschaftsmeister im Tennis in der Siegerliste und wies mit nur einer Niederlage in dieser Zeitspanne die Großklubs aus Berlin, Hamburg oder Stuttgart in die Schranken.

Görges, Reitz, Karsch, Conradi und die Bananenflanke

Obendrein zeigt nicht nur zugekauftes Personal der Weltklasse diese Spitzenleistungen in Regensburg, sondern

Regensburg beherbergt eine Top-Ten-Tennisspielerin, die mit den Eckert-Damen dreimal hintereinander deutscher Meister wurde: Julia Görges.
Foto: Christian Brüssel

die Stadt hat mit Julia Görges eine Spielerin als Gesicht der Mannschaft in ihren Reihen, die in Regensburg lebt, wenn sie nicht gerade auf Tour ist, und es 2018 ins Wimbledon-Halbfinale und in die Top Ten der Welt schaffte. Nicht zu vergessen sind einige zugezogene Schützen, die seit Jahren Dauererfolge mit Regensburg in Verbindung bringen. Olympiasieger Christian Reitz und seine Frau Sandra sowie Monika Karsch, die Olympia-Silbermedaillengewinnerin von Rio de Janeiro 2016, vertraten Deutschland als Pistolenschützen auch 2018 wieder beim Saisonhöhepunkt, den Weltmeisterschaften in Korea.

Es sei verziehen, wenn wir hier enden und nicht auch noch hochklassige Kegler oder diesen und jenen anderen Erfolg auflisten. Nur den Behindertensport wollen wir noch nennen: Da ist nicht nur eine vielfache Paralympics-Teilnehmerin (und Siegerin) wie Annke Conradi, nein, da breitet sich eine Fußballliga-Idee für gehandicapte Kinder und Jugendliche mit dem Team Bananenflanke von Regensburg aus in ganz Deutschland aus, da gab es Blindenfußball und neuerdings auch Blindenbaseball. Und 2021 finden die „Special Olympics" auf bayerischer Ebene in Regensburg statt.

Was im Kreuz haben

Und auch die sportärztliche Versorgung muss noch genannt sein, denn Regensburg hat sich auf dem Gebiet fast zu einer Art Hauptstadt entwickelt. Nicht nur, weil Klaus Eder und Frau Urs die Fußball-Nationalmannschaft und das Olympiateam so oft unter ihren Fittichen hatten. Manche Fachkraft blüht auch verborgener, wie das Rückenzentrum mit Philipp Weishaupt und Co., der aufgrund seiner professionellen Arbeit zum Beispiel so manche Ski-Karriere begleitete. Oder ein Carlos Sternecker, der einst die Fußball-Kroaten betreute und jetzt ans Licht der Öffentlichkeit gespült wurde, weil er an Eintracht Frankfurts Pokalcoup gegen die Bayern mitwirkte. Und mit Florian Zitzelsberger einen Mann in seinem Team hat, der inzwischen vornehmlich mit Julia Görges als Athletiktrainer unterwegs ist.

All das klingt so eindeutig, als läge die Antwort, ob Regensburg eine Sportstadt ist, nahe und wäre mit einem eindeutigen „Ja" zu beantworten. Ach, wenn es nur so einfach wäre …

Vieles von dem, was in der Stadt entstanden ist, hat nämlich noch nicht zu gut nach außen darstellbaren Leistungen geführt und basiert eher auf Einzelkämpferleistungen einiger weniger. So manche Sportart wie Männer-Handball (die Frauen des ESV 1927 spielen ja zumindest in der dritten Liga) oder Basketball dümpeln dahin. Und aktuell stellt sich mal wieder die Frage, ob der allgegenwärtige Fußball – WM-Pleite in Russland hin oder her – nicht auch in der Hauptstadt der Oberpfalz alle anderen Sportarten um sich herum niederwalzt. Regensburg war – nicht in absoluten Zahlen, aber gefühlt – lange eher eine Eishockey- als eine Fußballstadt. In beiden Sportarten überschätzt der Eingeborene übrigens gerne die Bedeutung seiner Rot-Weißen, die (beide) weitaus mehr Zeit in Spielklassen unterhalb der zweiten Liga verbrachten und sowieso gar nie erstklassig waren.

Die Eisbären auf glattem Eis

Das ist der EVR allerdings im Nachwuchs, gehört zu den Top-acht-Klubs des Landes mit dem Fünf-Sterne-Zertifikat, dem höchsten Siegel. Gerade erst hat sich der EVR, der seit dem Sommer 2017 wieder den Beinamen Eisbären trägt, allerdings nur dank der Zuschüsse von einer halben Million Euro der Gesellschafter binnen eineinhalb Jahren über Wasser gehalten. Mit einer jugendlichen Mannschaft mit Trainer Igor Pavlov als großem Hoffnungsträger an der Bande arbeitet der Verein mit einer

Die Eisbären suchen nach einem Fundament, der die Zweitklassigkeit wieder möglich macht.
Foto: Christian Brüssel

wieder neuen Philosophie an einer dauerhaft sicheren Basis und hofft das Fundament für eine Rückkehr in die zweite Liga legen zu können. Irgendwann. Denn seit der letzten Eisbären-Pleite 2018 wurden die Abstände von finanziellen Schwierigkeiten immer kürzer und der Eishockey-Ober-, also Drittligist entrann einem neuerlichen Aus mindestens zwei-, eher dreimal nur denkbar knapp. Doch noch immer strömen die Fans: 2200 Fans im Schnitt trotz einer eher nervenden, denn begeisternden Saison in der Eishockey-Oberliga 2017/18 sind ein durchaus stolzer Beleg dafür, neuerlich verkaufte 660 Dauerkarten für 2018/19 einen Monat vor dem Start der neuen Saison auch. Und doch: Die Sorge bleibt, ob genug vom großen Kuchen bleibt oder auch Regensburg mehr und mehr die sportliche Monokultur Fußball pflegt.

Leichtathletik-Europameisterschaften 2018

Vertiefen wir das Ganze und springen nach Berlin zu den Leichtathletik-Europameisterschaften, der größten Sportveranstaltung des Jahres 2018 auf deutschem Boden. In Berlin versuchte eine u. a. durch all die Dopingvorgänge ins Schlingern geratene Sportart ihre Faszination wieder an Mann und Frau zu bringen. Es gelang eindrucksvoll. Auch, weil der Breitscheidplatz eingebaut wurde, wo Geher und Marathonläufer Start und Ziel hatten, die Kugelstoßer ihre Qualifikation absolvierten und das Gros der Siegerehrungen über die Bühne ging. Der Breitscheidplatz weckte ganz nebenbei auch wehmütige Erinnerungen an den Regensburger Neupfarrplatz, wo viele Jahre auch namhafte Stabhochspringer die Imposanz ihrer Sportart demonstriert hatten – und es gar keine Rolle spielte, ob es nun international anspruchsvolle Höhen waren, die bewältigt wurden oder nur sportlich ansehnliche. Erreicht wurde ein Publikum, das 5,50 Meter genauso faszinierend findet wie die im Stabhochsprung magischen sechs Meter.

Man sieht: Berlin und Regensburg hatten eine Verbindung – und nicht nur wegen des Quartetts der LG Telis Finanz, das auch diesmal am Start war und das sogar ein Sextett hätte sein können, hätte die weibliche Marathon-Fraktion mit Franziska Reng und Olympia-Teilnehmerin Anja Scherl nicht im Vorfeld malad und schweren Herzens absagen müssen. Am meisten zum Ausdruck kam diese Verbindung im 5000-Meter-Rennen von Florian Orth, dem Regensburger EM-Dauerbrenner, der, egal, ob Halle oder Freiluft, seit 2011 nur eine europäische Großmeisterschaft verpasst hatte.

Jedenfalls drehte Florian Orth am bestbesuchten Berliner EM-Tag vor 60 500 Zuschauern seine Runden über 5000 Meter. Ein wenig unbemerkt, denn in der einen Ecke des Olympiastadions machte gerade Mateusz Przybylko seine goldenen Hochsprünge für Deutschland, während aus der anderen Ecke mit Nadine Müller und Shanice Craft zwei Deutsche ihren Diskus auf Medaillenränge schleuderten. Und dazwischen hüpfte Malaika Mihambo zu Gold in Deutschland.

Drei Telis-Läufer bei der EM in Berlin: Jonas Koller, Florian Orth und Philipp Pflieger (von links).
Foto: Claus Wotruba

National und international

Was das mit Regensburg zu tun hat? Ein Przybylko war 2017 bei der Sparkassen-Gala im Regensburger Unistadion zu sehen gewesen und sprang dort mit 2,25 Metern zehn Zentimeter weniger als beim Berliner Gold. Und Mihambo hatte der geneigte Regensburger Sportfan vor vier Jahren schon zu einer damaligen Bestweite von 6,88 Metern fliegen sehen – immerhin 13 Zentimeter weiter als in Berlin. Dazu trat mit Adam Gemili auch jener Ex-Fußballer wieder in der britischen Gold-Sprintstaffel in Erscheinung, der bei eben jener Sparkassen-Gala 2012 den Durchbruch schaffte, sich zu Olympia lief und später auch Europameister über 200 Meter geworden war.

Regensburg kann also als Sportstadt nicht nur national, sondern sogar international in Erscheinung treten. Auch wenn die Leichtathletik-Gala, obwohl sportlich seit Jahren die hochrangigste Veranstaltung der Stadt, nicht gerade mit exorbitanten Zuschauerzahlen glänzt. Freilich trugen auch die anderen Regensburger Teilnehmer den Ruf wieder hinaus in die Welt. Jonas Koller, der bayerische Äthiopier, der als Baby zu seiner Familie nach Velburg kam, etwa mit einem 28. EM-Rang im Marathon. Auch Benedikt Huber, zuletzt dreimal hintereinander deutscher Meister über 800 Meter, schnitt gut ab, hatte in seinem Vorlauf allerdings das Pech, dass zwei spätere Medaillengewinner und ein weiterer End-

Der Oberbayer in Regensburger Diensten: Benedikt Huber hatte bei der EM das Pech, dass ihm zwei Medaillengewinner den Weg zum Weiterkommen verbauten.
Foto: Christian Brüssel

laufstarter ihm die drei Plätze zum Weiterkommen wegschnappten.

Sicher: Orth ist Hesse, Huber Oberbayer, beide starten „nur" für den Regensburger Klub – und fanden doch hier ein Sprungbrett in die internationale Klasse, das sie woanders nicht fanden. Auch der aus Schwaben zugereiste Philipp Pflieger, der in Berlin beim EM-Marathon nach 33 Kilometern aussteigen musste, ist so einer, der sich in Regensburg entwickelte und inzwischen auch ohne Medaillenaussichten ein vorzeigbarer Profiläufer geworden ist, der eine Persönlichkeit darstellt und daneben der einzige deutsche Starter war, der die deutsche A-Norm erfüllt hatte.

Pflieger bewies das, in dem er das nach den Ausschreibungskriterien sportlich erworbene Startrecht über 10 000 Meter gegenüber dem deutschen Verband sogar einklagte, aber den Prozess kurz vor der EM verlor. Und auch Florian Orth hatte unbeugsamen Willen bewiesen, am Abend vor den deutschen Meisterschaften die EM-Norm in Belgien auf den letzten Drücker abgeliefert und am Nachmittag darauf im 600 Kilometer entfernten Nürnberg als Vizemeister auch das letzte geforderte Kriterium einwandfrei erfüllt. In Eigenregie und ohne Förderung, weil er wie einige andere Läufer auch im Herbst 2017 aus dem Bundeskader gestrichen worden war. „Wer nichts fördert, kann auch nichts fordern", hatte Orth per Wahlspruch immer wieder seine Einstellung zum Verband zum Besten gegeben.

Potentiale

Wer so eine Bestandaufnahme macht, der spürt: Regensburg hat sehr wohl das Potenzial, eine Sportstadt zu sein – zwar auf allen Ebenen. So manches Mal blühte schon die Theorie, dass die Stadt so viel Lebensqualität besitzt, dass nicht auch noch toller Sport geboten sein muss. Und doch: In den vergangenen 20 Jahren hat alleine schon der Bau adäquater Sportstätten für Eishockey und Fußball vieles vorangetrieben. Es muss auch gar nicht lang ausdiskutiert werden, ob Breiten- oder Spitzensport die Präferenz gegeben werden soll. Wenn beides in Einklang ist, stellt sich die Frage nicht – und beide Seiten haben etwas davon. Bis dahin einigen wir uns auf eine kritische Bewertung mit der Hoffnung: Regensburg ist zumindest eine Sportstadt in spe.

Claus-Dieter Wotruba

ZWEI AUSSERORDENTLICHE KARRIEREN

Sonja Tajsich und Corinna Harrer nehmen Abschied

Was bleibt, wenn etwas endet? 2018 ist das Jahr, aus dem von zwei Frauen in Regensburg etwas bleibt, deren sportliche Karrieren ihr Ende fanden. Triathletin Sonja Tajsich, die einst unter ihrem Mädchennamen Heubach begann, machte im schwedischen Kalmar mit bald 43 Jahren Schluss mit Profirennen. Schluss mit Triathlon wird das aber nicht bedeuten: Tajsich könnte sich auch künftig sehr wohl bei diesem oder jenem Wettkampf in der Region tummeln. Zumal sie längst dabei ist, ihre Erfahrungen weiterzugeben und den einen oder anderen Schützling zu betreuen.

Mit Corinna Harrer beendete eine Leichtathletin aus Wenzenbach deutlich eher, mit 27 Jahren, ihre Laufbahn, als sie nach langen Kämpfen mit Verletzungen spürte, dass der Traum von der Teilnahme an der Heim-Europameisterschaft in Berlin nicht zu realisieren sein wird. Mit 21 hatte sie geschafft, was nur wenigen vergönnt ist und in einer Stadt wie Regensburg beileibe selten ist: Harrer qualifizierte sich für Olympia und erlebte in London tolle Spiele. Wie sie in Verbindung mit dem Lauf und ihrem Verein bleibt, ist noch nicht ganz klar. Einen Kurs als Stadionsprecherin hat Corinna Harrer auf jeden Fall schon einmal ins Auge gefasst.

Was von Sonja Tajsich in Erinnerung bleiben wird, ist vor allem eines: der Eindruck, dass hier eine Frau ihrem Sport mit höchster Leidenschaft nachging (und nachgehen wird), der seinesgleichen sucht. Sinnbildlich war dieses Strahlen wie ein Honigkuchenpferd bei ihrem dritten (und auch schon letzten) Ironman-Sieg 2010 nach Malaysia 2006 und Südafrika im selben Jahr wie Regensburg. Der gebürtigen Münchnerin, die seit vielen Jahren in Regensburg daheim ist, war es vergönnt, ein Heimrennen zu erleben – und es obendrein auch noch zu gewinnen. Die Triathletin, deren Schwäche stets die Startdisziplin Schwimmen war, die meist schon auf dem Rad mit ihrer Aufholjagd und das Feld im Lauf oft genug von hinten aufrollte, lief bei der ersten von drei Veranstaltungen mit einem Genuss durch die Altstadt, der ihr anzusehen war. Nach 3,8 Kilometern Schwimmen und 180 Kilometern Radfahren schien auch der Marathon mit seinen 42,2 Kilometern mehr ein Akt der Lust, denn der Qual zu sein.

Prophet(in) im eigenen Land

Mancher Blick in Sonja Tajsichs Vita klingt symbolisch. Zum Beispiel die Klammer ihrer Ergebnisse im Langstrecken-Mekka Hawaii: Die sieben Teilnahmen begannen

Immer wieder voller Leidenschaft (hier 2015 beim Tristar-Triathlon in Regensburg), nur nicht mehr als Profi: Sonja Tajsich.
Foto: Christian Brüssel

mit Platz 21 2004 und endeten mit Platz 21 2017 – unter gänzlich anderen Umständen und mit unendlich vielen lebhaften Erfahrungen dazwischen. Die Frau, die keine arg sportliche Kindheit und Jugend verbrachte und erst spät in den Leistungssport einstieg, hat auch lernen müssen, dass längst nicht alles planbar ist. Eigentlich hatte Tajsich auf deutschem Boden ihren Abschied geben wollen, in Hamburg. Doch ein pingeliger Kampfrichter „überführte" sie des Wegwerfens einer Wasserflasche außerhalb der dafür vorgesehenen Zone. Im englischen Fachjorgan heißt das „Littering", ist gegen die Regeln und bedeutete die Disqualifikation.

Wie so oft zuvor planten Sonja und ihr Mann Tom um – und sie schwärmte hinterher von Plan B und der Atmosphäre in Skandinavien. Dass der Prophet im eigenen Land so seine Probleme hat, hatte das Ehepaar der Triathlon-Enthusiasten an anderer Stelle und in existenzgefährdender Art und Weise erlebt. Weil sich der Langstrecken-Triathlon wie kein anderes sportliches Thema seit den Stadionbauten für Eishockey (wodurch sogar einst eine OB-Wahl entschieden worden war) und Fußball in eine politische Dimension bewegte, scheiterte das Projekt der Tajsichs krachend, das Thema nach drei Jahren Ironman bis 2012 unter dem Konkurrenzlabel Challenge selbst in die Hand zu nehmen – und es besser zu machen.

Immer mit dem Blick aufs Positive

Sonja Tajsich gewann stets allem das Positive ab. Als in einem Rennen in Frankfurt 2017 mitten im Wettkampf ein Magen-Darm-Virus ausbrach, bewegte sich die Regensburgerin in einem Tempo ins Ziel, das sie selbst als „Wandern" klassifizierte. Dass sie nicht aufgab, obwohl sie den Marathon in 100 Minuten langsamer als möglich absolvierte, brachte ihr an der Strecke und hinterher reichlich Sympathien ein. Bisweilen musste auch Ehemann Tom einschreiten: In der Horrorsaison von 2013 holte er sie nach 120 Kilometern auf Hawaii vom Rad. Und so blieb und bleibt der Traum von einem Treppchenplatz beim Triathlon aller Triathlons auch ein Traum. 2012 hatten für die jahrelang beste deutsche Triathletin, die da auch Vize-Europameisterin in Frankfurt geworden war, nur 64 Sekunden dazu gefehlt. „Aber ich weiß beim besten Willen nicht, wo ich die hätte herholen sollen", hatte Tajsich das viel später kommentiert.

33 Langdistanzen brachte sie ins Ziel, 27 davon in den Top Ten, 15 auf dem Treppchen. Eine stolze Bilanz – zumal als zweifache Mama. Erst nach der Geburt ihrer ersten Tochter Lisa stürzte sich Sonja Tajsich voll ins Profileben und erlebte überraschend für sich selbst auch nach der Geburt von Töchterchen Julia 2016 wenige Wochen vor der ersten der zwei Regensburger Challenge-Ausgaben noch einmal einen kleinen Höhenflug bis hin zur Hawaii-Qualifikation.

Corinna Harrer:
Teil des „dreckigsten Rennens aller Zeiten"

Auch Corinna Harrers Weg schien gar nicht so sportlich vorgezeichnet. Heute erzählt sie mit einem Schmunzeln, wie sie ihre Zwillingsschwester Carina im Sportunterricht vorgeschickt hatte. Oder von der aus Mangel an Talent relativ flott abgebrochenen Karriere als Eisprinzessin beim Eiskunstlaufen. Dafür startete die Wenzenbacherin in der Leichtathletik durch. Alles begann mit einem deutschen Jugendtitel über 400 Meter – danach wurden die Strecken immer länger und waren immer geprägt von einer Vielseitigkeit. Bis zu den Olympischen Spielen von London war Harrer vornehmlich eine Mittelstreckerin, die zwischen 2011 und 2013 dreimal hintereinander auf ihrer Spezialstrecke 1500 Meter deutsche Meisterin geworden war und nur in eine Richtung: bergauf, bergauf und bergauf.

Und doch war London Höhepunkt und Tiefpunkt in einem. Einerseits erreichte Harrer das in Regensburger Regionen so seltene Traumziel einer Olympia-Teilnahme – nebenbei bemerkt bei atmosphärisch brillanten Spielen, vielleicht den brillantesten der Leichtathleten seit langem und für lange. Andererseits kam das dicke Ende von 2012 erst nach und nach hinterher. Harrer wurde Teil des „dreckigsten Rennens aller Zeiten", wie die Süddeutsche Zeitung es später in der Aufarbeitung der Ereignisse einmal nannte. Diese Aufarbeitung war anstrengend, Corinna Harrer hatte selbst damit zu kämpfen: Immer neue Meldungen über Dopingvergehen der Konkurrenz ließen sie selbst nicht mehr eindeutig sagen können, ob sie sich nun als eine Olympia-

Halbfinalistin oder Endlauf-Teilnehmerin sah. Nominell hatten in London 23 Hundertstel gefehlt, um unter den besten Zwölf zu stehen. Doch weil inzwischen mehr als ein halbes Dutzend ihrer Bezwingerinnen des Dopings überführt ist, rückte Harrer Platz um Platz nach vorne und hat inzwischen eine Endlauf-Platzierung in ihrer Statistik stehen, ohne diesen Endlauf jemals real gelaufen zu sein.

Bilanz: neun EM-Medaillen und 37 deutsche Meistertitel

Vielleicht auch deshalb nennt die Regensburgerin eben auch nicht Olympia, sondern jene überraschende Silbermedaille bei den Hallen-Europameisterschaften von Göteborg sieben Monate nach London im März 2013 als ihren größten Erfolg. Die Läuferin, die auf insgesamt neun

Abschied von der Laufbahn auf der Laufbahn: Corinna Harrer (links) sagte tränenreich bei der Sparkassen-Gala und mit Klubkollegin Maren Orth adieu.
Foto: Christian Brüssel

EM-Medaillen im Nachwuchsbereich und Crosslauf sowie 37 deutsche Meistertitel zurückschauen kann, beschloss damit ihre gute Zeit. Es folgten schlechten Zeiten, die im Leistungssport nur allzu oft ebenfalls Teil der Karriere sind: 2014 deutete sich zwar schon einmal ein erfolgreicher Umstieg auf längeren Strecken an. Corinna Harrer bezwang die Lauflegende Sabrina Mockenhaupt über 10 000 Meter und wurde auch auf dieser Strecke deutsche Meisterin. Aber die Europameisterschaft in Zürich verpasste sie wegen eines Ermüdungsbruchs.

2015 kam es mindestens noch schlimmer. Im deutschen Nationaltrikot trug sie bei den Team-Europameisterschaften im russischen Tscheboksary eine böse Achillessehnenverletzung davon, die auch deswegen besonders schmerzte, weil sich Harrer mit den Kosten für die Reha-Behandlungen vom Verband alleingelassen fühlte. Harrer versuchte zu kämpfen, erst für eine zweite Olympiateilnahme in Rio, dann nach einem Jahr 2017 mit Hoffnungsschimmern für eine Heim-EM 2018 in Berlin. Sie versuchte viel, sah manches lockerer. Am Ende aber siegte die Einsicht bei der Läuferin, die ihr Trainer Kurt Ring als „größte Leichtathletin Regensburgs" tituliert hatte.

Abschied: „Meine Gesundheit hat oberste Priorität"

Im Vorfeld der Sparkassen-Gala 2018 veröffentlichte Corinna Harrer ihren Abschied von der Laufbahn. „Meine Gesundheit hat oberste Priorität und nach all den Jahren Kurven laufen, hält mein Gestell das nicht mehr aus", schrieb Harrer in den sozialen Netzwerken. Der Zeitpunkt war alles andere als zufällig gewählt. Harrer bezeichnete die Sparkassen-Gala als „mein Wohnzimmer". Dorthin war sie vom großen Meeting aus Rom 2012 mit der Olympianorm und ihrer persönlichen Karriere-Bestzeit von 4:04,51 Minuten über 1500 Meter in der Tasche zurückgekehrt und durfte sich beim Heimrennen von den Zuschauern feiern lassen.

Dort wurde sie am 3. Juni 2018 noch einmal gefeiert: Tränen flossen, als Höhepunkt der Harrer-Karriere über die Videowand im Universitätsstadion flimmerten – und mit Maren Orth eine Klubkollegin als EM-Sechste von 2016 gleich mit verabschiedet wurde. Die hatte Corinna Harrer unter ihrem Mädchennamen Orth als deutsche Meisterin 2014 und 2015 beerbt und den Titel so fünf Jahre am Stück in Regensburg verweilen lassen.

Im Sport ist auch ein stetes Kommen und Gehen von Namen und Erfolgen der normale Vorgang. Eine Triathlon-Nachfolgerin für Sonja Tajsich ist in dieser Güteklasse erst einmal keine in Sicht. Und auch eine hiesige Läuferin wie Corinna Harrer gibt es aktuell nicht. Aber was nicht ist, kann ja noch werden. Und aus den Augen, aus dem Sinn gilt bei einem Duo wie diesem ganz bestimmt nicht.

*Ansichtssache –
Der Herzoghof.*
Martina Osecky

Matthias Nagel

„... OBEN BLEIBEN!"

Zum Weggang von Tetsuro Ban

Es begann mit „Tosca" von Giacomo Puccini und endete mit „Un ballo in maschera" von Giuseppe Verdi. Italienische Opern, jede auf ihre Weise politisch, voller Dramatik und Leidenschaft. Hier in Regensburg, das man auch gerne „nördlichste Stadt Italiens" nennt, liebt das Publikum die Werke aus dem Mutterland der Oper – von Mozart und Gluck bis Verdi und Puccini. Und es ist nicht verwunderlich, dass die Schöpfungen jener Meister einen breiten Raum im musiktheatralischen Schaffen Tetsuro Bans einnahmen, auch wenn er die Aufnahme in das jeweilige Programm nicht allein zu verantworten hatte. Bans Einstieg an der Regensburger Oper war das, was man salopp einen „holprigen Start" nennt.

Bereits einige Jahre zuvor – unter der Intendanz von Ernö Weil – hatte er sich um die Position des Generalmusikdirektors an der hiesigen Bühne beworben, die dann Raoul Grüneis (ab 2005/06) zugesprochen worden war. Sprachprobleme und – nach eigenem Bekunden – Konzeptlosigkeit sollen der Hauptgrund für die Nichtberücksichtigung gewesen sein. Ban erzählt, dass im Vorfeld der Bewerbung nie nach einem Konzept gefragt worden war. Somit konnte und wollte er sich darüber keine Gedanken machen, bevor es ihm nicht möglich war, die Gegebenheiten des Hauses und nicht zuletzt die Struktur des Orchesters kennen zu lernen.

Nach vier Jahren verließ Grüneis Regensburg und die Stelle des städtischen Generalmusikdirektors war wieder vakant. Ban bewarb sich erneut und bekam nochmals eine Einladung zum Vordirigat. Ernö Weil, immer noch Intendant des städtischen Theaters, sah in ihm den zukünftigen musikalischen Oberleiter der Oper am Bismarckplatz.

Es ist kein Geheimnis, dass die Mitglieder des Philharmonischen Orchesters sich mehrheitlich für einen anderen Mitbewerber ausgesprochen haben, aber Weil entschied anders. Er hatte die Wahl zwischen zwei musikalisch hochwertigen Kandidaten – und er gab Tetsuro Ban den Vorzug.

Wer ist dieser freundliche Dirigent aus dem fernen Japan?

Zuhause in Kyoto bekam Ban im Alter von vier Jahren bereits seinen ersten Klavierunterricht. Interessanterweise spielte er unter anderem Stücke von Friedrich Burgmül-

Tetsuro Ban im Theater.
Foto: Jochen Quast

ler. Burgmüller, bekannt als Komponist und Klavierpädagoge, war der Sohn von August Burgmüller, dem ersten Musikdirektor im Neuen Theater und Gesellschaftshaus zu Regensburg. Er war 1806 geboren und in St. Rupert – der Kirche neben der Basilika St. Emmeram – getauft worden.

Es ist ja hinlänglich bekannt, dass im Land der aufgehenden Sonne die klassische europäische Musik über alle Maßen geschätzt wird. Da erscheint es nur folgerichtig, dass der junge Tetsuro nach einem Kompositionsstudium sich nach Westen aufmachte, um ab 1990 in Wien, *der* europäischen Musikmetropole, ein Dirigierstudium aufzunehmen. Professor Karl Österreicher dürfte seine Freude an dem jungen strebsamen Studenten aus Japan gehabt haben und Ban hatte bald Erfolg.

Erste Festengagements als Kapellmeister am Theater Biel/Schweiz, am Theater Brandenburg und an der Komischen Oper Berlin wurden begleitet von Assistenzeinsätzen bei großen Musikfestivals, erfolgreichen Teilnahmen an Dirigentenwettbewerben und jeder Menge Gastdirigaten in Deutschland und ganz Europa. Immer wieder hob er den Taktstock an der Wiener Volksoper.

Im Jahre 2005 wurde er schließlich zum Generalmusikdirektor (GMD) am Landestheater Eisenach ernannt. Dort, im Kulturland Thüringen, wurde er bald mit der Ohnmacht der Kulturinstitute gegenüber der Politik konfrontiert. Die Landeskapelle Eisenach, der er als Chefdirigent vorstand, gibt es nicht mehr. Sie ging in einer Fusion mit der Landeskapelle Gotha auf und heißt nun Thüringen Philharmonie Gotha-Eisenach.

Was Ernö Weil letztendlich dazu bewogen hatte, Ban dem Orchestervotum vorzuziehen, wissen wir nicht. Er bräuchte einen GMD für das ganze Haus, ließ er verlauten - und wählte, wie gesagt, den musikalisch völlig gleichwertigen, aber dennoch weniger energisch anmutenden Kandidaten.

Tetsuro Ban trat also im September 2009 in den Dienst des Theaters Regensburg, respektive der städtischen Oper, und wurde Generalmusikdirektor der Stadt Regensburg und Chefdirigent des Philharmonischen Orchesters.

Italienische Oper

Bans erste große Operneinstudierung war „Tosca" von Giacomo Puccini. Schnell wurde deutlich, dass er ein sehr geduldiger, aber durchaus Details liebender Dirigent war, der das, was er wollte, auch noch dirigieren konnte. „Tosca" ist eine jener Opern, die in Regensburg – vorausgesetzt man inszeniert sie nicht kaputt – immer eine gewisse Erfolgsgarantie mit sich bringt. Schwieriger war da schon die Einstudierung von „Il ritorno d'Ulisse in patria", „Die Heimkehr des Odysseus" von Johann Simon Mayr. Mayr wurde 1763 in Mendorf bei Altmannstein im Kreis Eichstätt geboren. Er wanderte später nach Italien aus und wurde in Bergamo zu einem bedeutenden Vertreter der frühen italienischen Oper Anfang des 19. Jahrhunderts. Sein berühmtester Schüler war Gaetano Donizetti. Giovanni Simone Mayer, wie er sich in seiner neuen Heimat nannte, gilt nicht zurecht als einer der Wegbereiter der italienischen Oper, die in den großen Werken von Verdi, Puccini und anderen ihren Höhepunkt fand. Sein „Il ritorno d'Ulisse in patria" trägt indessen noch ganz die Züge der Rettungs- und Befreiungsoper, wie man sie von Komponisten der engeren Revolutionszeit kennt. Vor allem der Schluss ist versöhnlich: Odysseus schenkt dem Freier Plistene nach gewonnenem Zweikampf das Leben – Penelope ist befreit.

Tetsuro Bans Auseinandersetzung mit dieser frühen, noch etwas „sperrigen" Komposition Mayrs, offenbarte gleich zu Beginn seiner Regensburger Zeit, wie er auch schwierige Musik zum Klingen bringen konnte. „Wir müssen der Musik helfen … bitte!"

„Le nozze di Figaro" von Wolfgang Amadeus Mozart war die Wiederaufnahme einer Einstudierung seines Vorgängers Raoul Grüneis. Hier konnte Ban noch zusätzliche Impulse setzen und zeigte seine Stilsicherheit. In der Spielzeit 2011/12 gab es „Falstaff" von Giuseppe Verdi und „Turandot" von Puccini. Beiden Werken ist gemeinsam, dass sie die jeweils letzten Schöpfungen der Meister waren. Mit der Altersweisheit des „Falstaff" verabschiedete sich auch Ernö Weil von seiner Regensburger Intendanz.

Dynamisches Missverständnis

Sein Nachfolger Jens Neundorff von Enzberg setzte interessanterweise gleich eine frühe italienische Oper auf sein Programm: „Orfeo ed Euridice" vom großen Opernreformer Christoph Willibald Gluck. Das Besondere an diesem Abend war, dass Neundorff von Enzberg dem Gluckschen Werk die Kantate op.16 „Der neue Orpheus" von Kurt Weill und mit dem Text von Ivan Goll voranstellte. Was für große Teile des Publikums zunächst befremdlich wirkte, entpuppte sich als faszinierende Gegenüberstellung zweier völlig unterschiedlicher Kunst- bzw. Musikstile: dem empfindsamen Stil aus der Mitte des 18. Jahrhunderts, der mit dem Sturm und Drang zur Klassik führt, und dem, das Menschliche gnadenlos offen legende Expressionismus des 20. („Orpheus schießt sich das Herz entzwei …").

Am Beispiel der „Aida" von Giuseppe Verdi war ein Phänomen zu beobachten, das es wohl nicht nur in Regensburg gibt: nämlich die Schwierigkeit für Sänger und Orchester gegen eine nicht akzeptierte Inszenierung an zu singen und zu spielen. Die Handlung des bekannten Werkes wurde in die höheren Amtszimmer eines totalitären Staates verlegt – vielleicht in den Fünfzigerjahren – und das kam nicht gut an. Natürlich weiß der heutige Opernbesucher, dass er im modernen Regietheater mit allerhand Absurditäten konfrontiert wird, aber das ändert nichts an der Problematik.

Der Rezensent des Premierenabends hatte jedenfalls seine Zweifel mit dem, was er auf der Bühne sah, und schrieb: „… Ban rettete sich in Lautstärke". Es ist nichts Neues, dass die historische Oper des 19. Jahrhunderts gelegentlich laute Stellen enthält. Das beginnt schon bei den Werken der Revolutionszeit, in denen, wie Ulrich Schreiber weiß, die Dynamik im Orchestergraben explodiert. Der Berichterstatter der Aidapremiere 2012 war wohl so verärgert, dass er die vielen leisen Momente der Oper – und es sollten die leisesten der ganzen Spielzeit werden – gar nicht mehr mitbekommen hat …

Bans Serie der italienischen Oper ging weiter mit „La Boheme" 2013 und 2014/15 mit „Rigoletto" und „Madame Butterfly". Eine Spielzeit später folgte „Cosi fan tutte" von Mozart, „Gianni Schicchi" von Puccini in einer Kombination mit „Goyescas" von dem spanischen Meister Enrique Granados. Ban war sich auch nicht zu schade, dem Meisterwerk „La Cenerentola" von Gioachino Rossini, das meist von den ersten oder zweiten Kapellmeistern einstudiert wird, sein persönliches Profil zu geben. In einer schönen, gut in das Regensburger Opernhaus passenden Inszenierung, mit einer dem Theatersaal angemessenen

Leggiero.
Foto: Jochen Quast

Cantabile.
Foto: Jochen Quast

Piano.
Foto: Jochen Quast

kleineren Orchesterbesetzung, brannte der GMD das erwartete musikalische Feuerwerk Rossinis ab.

„Un ballo di maschera", „Ein Maskenball" von Giuseppe Verdi war für Ban die letzte Einstudierung einer italienischen Oper in seiner Amtszeit als musikalischer Oberleiter in Regensburg.

Deutsche Oper

Die Begegnung des sympathischen Japaners mit der deutschen Oper an der hiesigen Bühne begann schon mit seinen Vordirigaten: Da war zunächst die Vorstellung mit Mozarts „Die Zauberflöte" und wenige Jahre später mit „Der Freischütz" von Carl Maria von Weber.

Ob es die von Ernö Weil in Auftrag gegebene und hier uraufgeführte Oper „Zarathustra" von Franz Hummel auf die Opernbühnen schafft, bleibt noch abzuwarten. Ban versuchte, mit dem Ensemble und Orchester das Beste daraus zu machen. Die Handlung des Werkes dreht sich um das Leben Friedrich Nietzsches und thematisiert auch dessen anfängliche Begeisterung für Richard Wagner und schließlich seine Hinwendung zu Johannes Brahms. Beide Komponisten waren für Tetsuro Ban in Regensburg Säulen seines Schaffens: Wagner in der Oper, Brahms im Konzert.

September 2010, Spielzeitbeginn: Endlich, nach vielen Jahren, wurde von Intendant Weil wieder einmal der wunderbare „Lohengrin" von Richard Wagner auf das Programm gesetzt.

136 Jahre zuvor, am 21. Januar 1874, war die Regensburger Erstaufführung sehr erfolgreich über die Bühne

Sein liebstes Motto: „oben bleiben".
Foto: Jochen Quast

gegangen. Das Regensburger Morgenblatt vom 30. Januar 1874 schrieb damals: „Die Direktion aber hat durch die Aufnahme des „Lohengrin" in das Repertoire gezeigt, dass sie bestrebt ist, unser Theater ästhetisch zu heben." Nun konnte die Oper mit Tetsuro Ban wieder einen Erfolg feiern. Der Japaner Ban näherte sich dem Werk auf seine ihm spezifische Art, ohne die „deutschen" Aufführungstraditionen zu vernachlässigen. Das Orchester, der Chor und natürlich das Solistenensemble wurden von einer Woge der Begeisterung getragen. Der Rezensent schrieb gar von einem „Wagnerwunder in Regensburg".

Die Operette „Die Fledermaus" von Johann Strauß wird wegen ihrer musikalischen Qualität auch gerne zur Oper gezählt. Aus diesem Grund widmen sich auch Chefdirigenten diesem Werk. Ein ganz berühmter darunter war Carlos Kleiber. In Regensburg hatte, neben anderen, der langjährige GMD Tilo Fuchs ebenfalls die Leitung dieses musikalischen Lustspiels übernommen. Und nun auch Ban …

Wolfgang Korngolds „Die tote Stadt" sprengte den bisher gewohnten Rahmen. Das umfangreiche Schlagzeug musste aus Platzgründen aus dem Orchestergraben ausgelagert werden und wurde per Elektronik von einem Studienleiterzimmer in den Theatersaal übertragen. Dass das Ganze einigermaßen funktionierte, ist der Professionalität und Erfahrung der Schlagwerker zu danken. Und Ban ließ sich mit Erfolg auf das Experiment ein, wohl wissend, dass dies nur eine Ausnahme sein kann.

Über sich selbst abstimmen lassen

Die Opern von Richard Strauss erfreuen den Opernbesucher hier wie anderswo. Zu Beginn seiner Intendanz an der hiesigen Oper hatte Ernö Weil den „Rosenkavalier" unter Guido Johannes Rumstadt auf das Programm gesetzt. Zum Abschluss seiner Amtszeit 2012 nahm er „Elektra" ins Repertoire.

Dolcissimo.
Foto: Jochen Quast

Der GMD entschied sich, wie schon andere musikalische Leiter vor ihm, für die von Richard Strauss persönlich legitimierte reduzierte Bläserfassung. Das war schon aus Platzgründen geboten. Auch dieses schwierige Werk war bei ihm in besten Händen.

Bevor das antike Spiel von Mord und Rache auf der Bühne tobte, war es ein Jahr zuvor zu einem bemerkenswerten Vorgang gekommen. Ban wünschte sich vom Orchester, da er nur einen Dreijahresvertrag hatte, eine erneute Abstimmung über sich selbst. Der Vorgang an sich ist nicht ungewöhnlich, wie man schon gesehen hat. Aber dass ein musikalischer Oberleiter dies selbst initiiert, ist etwas Besonderes. Mit großer Mehrheit votierten die Orchestermitglieder für den Verbleib Bans im Amt und dies war ein Signal für Jens Neundorff von Enzberg.

Mozart und Schikaneder selbst bezeichneten „Die Zauberflöte" als große deutsche Oper. Die Regensburger Inszenierung, die im Juni 2014 Premiere feierte, wurde ein so großer Erfolg, dass sie zwei Spielzeiten wiederaufgenommen wurde. Dass es möglich geworden war, die drei Knaben von den Domspatzen singen zu lassen, war ein zusätzlicher Glücksfall.

Ban zeigte auch hier seine Stilsicherheit, ließ historische Trompeten und Pauken erklingen und bemühte sich, im Sinne der „Alten Musik" zu artikulieren und zu phrasieren. Eine perfekte Symbiose mit unserem schönen Opernhaus: „Die Zauberflöte" hätte direkt für Regensburg komponiert werden können.

Über das Opernereignis der Saison 2014, „Tristan" von Richard Wagner, wurde im Almanach 2015 bereits umfangreich berichtet. Der Berichterstatter des BR bewunderte Klang, Stil und Emphase unseres Dirigenten. Bans „Lohengrin" und „Tristan" ließen daran erinnern, dass die Regensburger Oper einst häufiger eine – wenn auch kleine – Bühne für Wagner war.

Eine Semikonzertante Aufführung im Regensburger Westhafen von „Der fliegende Holländer" rundete Bans Serie mit Deutscher Oper ab.

Zuvor jedoch war noch „Salome" von Richard Strauss auf dem Programm. Dieses Werk, inszeniert von der berühmten Mezzosopranistin Brigitte Fassbender, hatte nicht Ban, sondern ein Kandidat für seine Nachfolge einstudiert. Der GMD übernahm ab der vierten Vorstellung und es wurde deutlich, was man mit ihm verlieren würde.

Europäische Oper

Es wäre falsch, die große Welt der Oper auf das Italienische und Deutsche zu reduzieren. Die französische Oper

Stop!
Foto: Jochen Quast

nahm, durchaus beeinflusst von der italienischen, eine ganz eigene großartige Entwicklung. Und dann ist da das umfangreiche Schaffen der osteuropäischen Meister aus Russland, Tschechien und anderen. Ob Ban sich in seiner letzten Spielzeit ausgerechnet für „Carmen" von Georges Bizet entschieden hätte, ist spekulativ. Der Intendant wünschte sich jedenfalls die wohl bekannteste französische Oper mit durchaus veristischen Zügen im Programm. Für Tetsuro keine übergroße Aufgabe …

In seiner ersten Saison 2012/13 nahm Neundorff „Katja Kabanowa" von Leos Janacek aus dem benachbarten Tschechien (Mähren) ins Repertoire. Dazu lud er erstmalig Brigitte Fassbender als Regisseurin ein, die mit diesem Werk sehr erfolgreich war.

Musikalisch erfolgreich war Tetsuro Ban auch mit seinen Sängern und dem Philharmonischen Orchester, das unter seiner Leitung die elektrisierenden Klänge – die literarische Vorlage heißt: „Das Gewitter" – effektvoll umsetzte. Gefühlte tausend Taktwechsel gibt es in „The Rakes Progress" oder auch „Der Wüstling" von Igor Strawinsky zu bewältigen. Der in Russland geborene und später nach Frankreich und in die USA ausgewanderte Komponist hatte sein Stück 1951 in Venedig selbst uraufgeführt.

In Regensburg war es letztmalig unter Prof. Cornelius Eberhardt 1970 zu sehen und zu hören. Durch den klassischen Charakter, mit einer entsprechend kleineren Orchesterbesetzung, ist diese Oper für die Regensburger Bühne geradezu ideal. Bans Dirigierkunst führte Ensemble und Orchester auf adäquatem Niveau durch die enorm schwierige Partitur. Wer denkt bei Strawinsky nicht auch an den Tanz, nicht zuletzt an sein „Le Sacre du Printemps"?

„Über.Leben" war der Tanzabend im Februar 2014 von Ballettmeister Yuki Mori überschrieben. „Intime Briefe" mit Musik von Johann Sebastian Bach hatten den Abend eingeleitet, um dann in deutlichem Kontrast zu jenem kraftvollen Meisterwerk zu stehen, das mit archaischer Wucht den Theatersaal füllte. Bans Ausflug in die Welt des Balletts erwies sich erneut als Segen und garantierte einen großartigen Tanzabend.

Kontinuität im Konzertprogramm

Bans Konzertprogramm unterschied sich im Wesentlichen nicht von dem seiner Vorgänger. Spätestens seit GMD Eberhardt war man bemüht, das Konzertrepertoire dramaturgisch mit dem jeweiligen Opernplan korrespondieren zu lassen. Ausgenommen waren dabei die Neujahrskonzerte, denen jeder musikalische Oberleiter seinen eigenen Stempel versah. Ban orientierte sich an den bekannten Konzerten der Wiener Philharmoniker und zelebrierte sie mit großer Freude. Dann gab es natürlich auch noch Sonderkonzerte, wie jenen Galaabend mit Thomas Hampson, dem berühmten Bariton, an den sich Ban gerne erinnert. Die Eckpfeiler der Konzerte waren natürlich meist Sinfonien von Mozart, Beethoven, Schumann, Brahms. Hin und wieder waren auch Werke von Schubert, Mendelssohn, Dvorak und sogar Bach zu hören. Hier gab es Kooperationen mit der Regensburger Hochschule für katholische Kirchenmusik.

Sinfonien von Bruckner und Mahler sowie Tondichtungen von Richard Strauss standen hingegen selten auf dem Programmzettel. Diese Werke sprengen den von der Stadt vorgegebenen Rahmen beziehungsweise das gewünschte Profil des Philharmonischen Orchesters. Sie können nur mit einer Anzahl zugekaufter Aushilfen durchgeführt werden. Aufführungsort ist meist das Velodrom (wie „Till Eulenspiegel" und „Don Juan" von Richard Strauss, „La Valse" von Maurice Ravel, „Konzert für Orchester" von Béla Bartok), seltener das Auditorium Maximum der Universität und auch schon mal der Regensburger Dom St. Peter. Ein Event im wahrsten Sinn des Wortes war beispielsweise das fünfte Sinfoniekonzert im März 2015, welches in der Universität stattfand. Nach Gustav Mahlers Liedern aus „Des Knaben Wunderhorn" erklang die Sinfonie Nr. 1 E-Dur von Hans Rott, für die das Orchester von Ban auf über siebzig Musiker verstärkt wurde.

Das Audimax war auch Schauplatz einiger Chorkonzerte mit dem Regensburger Cantemus-Chor, der bisweilen von den Sängern des Opernchores unterstützt wurde. Da gab es die „Missa solemnis" von Ludwig van Beethoven, Josef Haydns „Die Schöpfung" und, für Ban etwas ganz Besonderes, „The Dream of Gerontius" von Edward Elgar. Dieses Konzert soll auch auf Wunsch des Regensburger Bischofs Rudolf Voderholzer zustande gekommen sein.

Diagnose: Eventeritis

Ein Konzert der ganz außergewöhnlichen Art war die Begleitung des Stummfilms „Der Rosenkavalier" mit der Originalmusik von Richard Strauss im Regensburger Opernhaus.

Open Air Konzerte haben zunächst nichts mit Kunst zu tun. Man braucht eine teure, perfekte elektronische Verstärkung und! gutes Wetter.

Jens Neundorff von Enzberg wollte sich dieser landauf, landab grassierenden „Eventeritis" nicht verschließen und veranstaltete zu Beginn seiner Intendanz einen Abend in luftig kühler Höhe, neben der erhabenen Walhalla („Über uns der Himmel") mit Gustav Holsts „Die Planeten". In einer Ecke des Kalkwerkgeländes, wo sich langsam die Natur ihren Teil zurückholt, gab es die „Neunte Beethoven" mit Feuerwerk und einer gehörigen Portion Matsch. Ein Gewitter hingegen machte dem „Abpfiff" im alten Jahnstadion ein vorzeitiges Ende.

Man könnte durchaus über die Aktion „Der fliegende Holländer" im Regensburger Westhafen berichten. Es wäre hier zu umfangreich. Etwa zweitausend Zuschauer erlebten ein Spektakel mit Videoproduktionen, Geisterschiff und eine Wagneroper mit drei Dirigenten … Tetsuro Ban machte alles mit scheinbar stoischer Ruhe mit.

Dringend gesucht: eine Philharmonie

Gerade bei den Philharmonischen Konzerten wurde immer wieder schmerzlich bewusst, dass unser Orchester für viele seiner Programme keinen adäquaten Konzertsaal besitzt. Lediglich das Auditorium Maximum der Universität bietet eine akustisch einigermaßen ausgewogene Klangsituation. Aber! Es steht nur ganz selten zur Verfügung. Neuhaussaal und Velodrom sind für heutige Verhältnisse nur mit Abstrichen bespielbar – wenn auch schöne historische Lokalitäten.

Dort, wo sich am Donauufer mächtig das neue „Museum der Bayerischen Geschichte" erhebt, hätte auch eine Philharmonie stehen können – man hat anders entschieden … Überhaupt drängt sich der Eindruck auf, als sei das Philharmonische Orchester Regensburg im Hinblick auf einen neuen Konzertsaal für die Stadt nicht existent. Die seit Jahren geführte Diskussion über das Für und Wider eines Regensburger Kultur- und Kongresszentrums geht völlig am städtischen Orchester vorbei. Tetsuro Ban und auch seine Vorgänger sahen sich diesem Zustand ziemlich machtlos gegenüber.

Gerne hätte der scheidende GMD auch noch eine umfangreiche Verbesserung der Orchesterstruktur eingeleitet, um das B-Orchester mit seiner C-Besetzung wenigstens in die Richtung einer Vollbesetzung zu führen. Zwei Positionen sind es immerhin geworden: Das Philharmonische Orchester hat jetzt 58 (von 66) besetzte Musikerstellen.

Der große, in der Stadt vernetzte Politiker, war der zurückhaltende und bescheiden auftretende Japaner nicht. Das haben ihm einige wenige Kritiker vorgeworfen. Sein Streben war es, das Publikum mit seiner Dirigierkunst

Das Philharmonische Orchester mit GMD Tetsuro Ban, 2016.
Foto: Jochen Quast

und seiner musikalischen Leistung zu überzeugen und zu erfreuen. Im Juli 2017 wurde der Generalmusikdirektor aus Nippon mit einem Flashmob „Freude, schöner Götterfunken", verbunden mit den besten Wünschen verabschiedet. Sein liebstes Motto: „Oben bleiben …"

Am Ende der Spielzeit 2016/17 verabschiedete sich mit Tetsuro Ban der zehnte musikalische Oberleiter der Regensburger Oper nach dem Zweiten Weltkrieg. Den sympathischen japanischen Dirigenten hat es in seine Heimat gezogen. Wir hoffen und wünschen, dass er von Zeit zu Zeit als Gast zurückkehrt.

PS.: Im April 2018 studierte und leitete Ban Giacomo Puccinis Frühwerk „Edgar".

Hubert H. Wartner

VOM „NEMETZKY" ZUM HERRN SCHETTL

Ein deutsches Schicksal

Auch über siebzig Jahre nach Ende des Zweiten Weltkrieges sind wir es gewohnt, im Gespräch mit Zeitzeugen über die Ereignisse dieser schrecklichen Zeit aus erster Hand informiert zu werden. Die noch Lebenden, die als Quelle dazu in Frage kommen, werden jedoch immer weniger. Ein heute über Neunzigjähriger, Jahrgang 1927, wurde unter Umständen mit 16 Jahren 1944 zur Wehrmacht eingezogen, als sich bereits ein Ende des Krieges abzeichnete. Dies war aber für manche nicht nur kein Ende der lebensbedrohlichen Strapazen, sondern im Gegenteil erst der Anfang einer weiteren Odyssee mit ungewissem Ausgang.

Einer, dem es so erging, ist Albert Schettl, geboren am 1. November 1927 in Regensburg-Schwabelweis, der 2017 seinen neunzigsten Geburtstag feierte, in guter Gesundheit und voller Erinnerungen an die wohl schlimmste Zeit seines Lebens. Erst fünf Jahre nach Kriegsende kam er wieder nach Hause. Nach Fronteinsatz und Gefangennahme wurde er zunächst für drei Jahre in die Nähe von Odessa und schließlich an die Ostgrenze des riesigen Sowjetreiches deportiert; schwerste Zwangsarbeit unter härtesten Bedingungen erwarteten ihn dort. Wenn er erzählt, wird ein Stück deutscher Zeitgeschichte lebendig.

Hoffnungsvolle Zukunft

Es war wohl eines der besseren Abschlusszeugnisse der Hans-Schemm-Schule in der damaligen Schottenheimsiedlung, das der 14-Jährige 1941 nach Hause brachte und es gab Hoffnung, dass aus dem aufgeweckten Jungen „etwas Ordentliches" werden würde. Die damaligen Machthaber verstanden es durchaus, mit ihrem Anspruch auf höchste Leistungen die Menschen zu motivieren. Wirtschaftlicher Aufschwung, zumindest vordergründig soziale Sicherheit und „Ordnung" gaukelten großen Teilen der Bürgerschaft auch fast zehn Jahre nach der sogenannten Machtergreifung durch die Nationalsozialisten eine stabile Gesellschaft mit positiver Zukunftsperspektive vor. Die Freude war also groß, als der Junge auf Initiative des Vaters, der bereits bei den Messerschmitt Flugzeugwerken in Prüfening arbeitete, seine Ausbildung zum Flugzeugbauer in dem hochmodernen Rüstungsbetrieb nach bestandener Aufnahmeprüfung beginnen konnte – sicherlich begleitet vom Neid mancher seiner Klassenkameraden. Der Lehrling fand für damalige Verhältnisse vorbildliche Ausbildungsbedingungen vor. Die Praxis, wie Schleifen, Bohren, Nieten, Schweißen, Arbeit an der Drehbank, wurde in einer separat vom Produktionsbetrieb errichteten Lehrwerkstatt unterrichtet, für die theoretischen Lerninhalte gab es eine eigene Berufsschule im Werk. Die bis 1944 dauernde Lehre beinhaltete mehrmals pro Woche die „Ertüchtigung" zum Flakhelfer sowie das Erlernen von Grundbegriffen in Erster Hilfe. Mitgliedschaft in der HJ war für den vormaligen „Pimpf" selbstverständliche Pflicht.

Albert Schettl erinnert sich: „Um 5 Uhr 30 musste ich aufstehen, anschließend gab es ein bescheidenes Frühstück – Lebensmittel waren bereits rationiert – dann ging es mit dem Rad zur Arbeit. Oftmals fuhr ich mit geflickten Reifen, über Reinhausen, Steinweg, Stadtamhof, die Steinerne Brücke, dann an der Donau entlang, Richtung Prüfening. Dort angekommen, mussten wir zum Appell antreten, die Hakenkreuzflagge hissen und schließlich in die Lehrwerkstätte ‚einrücken'. Insgesamt waren wir als junge und unerfahrene 14-Jährige ganz zufrieden mit diesem klar strukturierten Alltag, der uns ganztägig im Griff hatte. Neben der gründlichen Ausbildung gab es eine ordentliche Verpflegung; das Essen in der Werkskantine war zufriedenstellend und unsere Ansprüche waren ja auch nicht groß. "

Erste Schicksalsschläge

Die Freude am Arbeitsplatz und die Gewissheit einer respektablen beruflichen Zukunft sollten sich jedoch schon bald in Angst und Unsicherheit verwandeln, die Realität des seit mittlerweile zwei Jahren währenden Krieges machte sich mit schwer nachvollziehbarer Brutalität immer deutlicher bemerkbar. Peter Schmoll, anerkannter Experte zum Thema Luftkrieg über Regensburg,

Albert Schettl im August 1944 als Rekrut bei den Fallschirmjägern in Crailsheim, Baden-Württemberg.
Foto: privat

beschreibt den ersten Angriff auf das Flugzeugwerk im Westen Regensburgs vom 17. August 1943, Schettls zweitem Lehrjahr, in seinem Beitrag der Publikationsreihe „Der Vitusbach" Band 3 (Dr. Morsbach Verlag, Regensburg, 2014): „Es war ein Hochsommertag, als sich 126 US-Bomber zur Mittagszeit in drei Angriffswellen Regensburg näherten. Trotz Luftalarms wurde das Werksgelände nicht geräumt, sondern die Luftschutzräume und Splittergräben aufgesucht, was katastrophale Folgen haben sollte." Albert Schettl: „Es war in der Mittagspause, als uns der Fliegeralarm völlig unerwartet und überraschend erreichte, wir mussten uns Hals über Kopf und in panischer Angst in den Schutzraum unter der Berufsschule flüchten. Ich suchte mir einen Platz in der Ecke und wartete voller Todesangst, orientierungslos in einem Chaos aus ohrenbetäubendem Lärm, Schreien, Qualm und Staub, ungefähr eine halbe Stunde. Mein Blaumann war zerrissen, meine Schuhe waren weg … dann lief ich so schnell ich konnte nach Hause."

Einige Wochen, nachdem die Situation sich wieder so weit als möglich normalisiert hatte, kam die Einberufung zu einer vierwöchigen „Wehrertüchtigung" nach Bischofsgrün im Fichtelgebirge. Mittlerweile war eine provisorische Lehrwerkstatt auf dem Oberen Wörth eingerichtet worden, das dritte Lehrjahr konnte seinem Ende entgegengehen und der zweite Angriff auf die Messerschmitt-Werke in Prüfening am 25. Juli 1944 blieb Schettl und seinen Lehrgangskameraden erspart: „Als ich die Sirenen hörte und kurz darauf die Rauchwolken über dem Stadtwesten sah, gab es kein Halten mehr, ich musste so schnell wie möglich wieder heim zu meinen Eltern!" Nach der Abschlussprüfung wurde das Prüfungsergebnis nur mündlich mitgeteilt, es gab keine Zeugnisurkunden, die jungen Männer sollten schnellstmöglich an die Front. Nach einer vormilitärischen Ausbildung beim Reichsarbeitsdienst, der Einberufung zu den Fallschirmjägern und ein paar Wochen Einsatz in der Nähe zur ungarischen Grenze, endete der Krieg für Albert Schettl schließlich mit der Gefangennahme durch die Rote Armee.

Ungewisse Zukunft

Während der ersten Tage der Gefangenschaft sickerte die Nachricht durch: „Die Russen übernehmen uns!" Schettl erinnert sich: „Wir beschlossen, sofort abzuhauen, und sind gleich zu viert losmarschiert. Durch Verrat aus der Bevölkerung wurde jedoch unserem Fluchtversuch etwa 30 Kilometer vor Furth im Wald ein schnelles Ende bereitet, ein weiterer Versuch scheiterte ebenfalls. Schließlich begann der große Marsch ins Ungewisse. Nach ca. fünf Wochen und Überfahrt mit dem Schiff kamen wir schließlich in Odessa an." Arbeit für den Wiederaufbau der durch den Krieg zerstörten Stadt wartete dort auf die Gefangenen, vor allem im Hafen, später dann auch im Steinbruch und zuletzt am Hochofen einer Eisengießerei. „Der Hunger war unser ständiger Begleiter", so Schettl. Beim „Organisieren" einiger Konservendosen wurde er erwischt und Ende 1947 als „Dieb" zu sieben Jahren Straflager verurteilt. Der Transport in Viehwagons zu je etwa 40 Mann unter russischen Strafgefangenen ging zunächst nach Moskau, von dort mit der Transsibirischen Eisenbahn innerhalb von einigen Wochen nach Wladiwostock, danach weiter an die äußerste Ostgrenze des

Auf dem Nordteil der Insel Sachalin bestand von 1948–1954 ein großes Gefangenenlager. Heute ist Sachalin durch Erdgas- und Erdölvorräte von großer Bedeutung.
Karte: www.openstreetmap.org; Lizenz: CC-BY-SA 2.0

Riesenreiches. Als im Frühjahr 1948, nach mehrtägiger Überfahrt im Lagerraum eines Frachtschiffes, die schneebedeckte Insel Sachalin am Horizont auftauchte, war unabänderlich klar, dass an Flucht nicht mehr zu denken war. Es hieß nun, sich in sein Schicksal zu fügen und die weitere Entwicklung, den Alltag im Lager am Ende der Welt abzuwarten.

Nach einem mehrstündigen Fußmarsch ging es zum Endpunkt der langen Fahrt ins Ungewisse und die Überraschung war groß, denn ein offensichtlich neu errichtetes Straflager erwartete die künftigen Insassen; „Der Vorteil war", so Albert Schettl, „es gab Stockbetten mit Strohsack und zwei Wolldecken sowie pro Baracke einen Ofen, der aus einem gebrauchten Ölfass bestand." Insgesamt fasste das Lager – aus der Erinnerung geschätzt – etwa 500 bis 600 Personen, die zu je 40 Mann in Holzbaracken untergebracht waren. Als Bekleidung gab es den Minusgraden angepasste Hosen, Jacken und Pelzmützen; für die Füße gab es Fußlappen und Filzstiefel. Was die Ernährung anbetraf, so war der Hunger ständiger Gast: „Drei Mal täglich gab es Wassersuppe, dazu gesalzenen Fisch, Brot und Wasser, sonntags Hirsebrei." Nicht nur die sehr harte Arbeit – hauptsächlich Rodungsarbeiten, Holzarbeit – sondern auch der ständige, eisige Wind vom Pazifik zehrten an den Kräften, arbeitsfrei war nur sonntags. Täglich wurde morgens und abends beim Appell festgestellt, wer arbeitsunfähig bzw. den Strapazen erlegen war. Wegen völligen Fehlens von medizinischer Versorgung oder wenigstens einigermaßen angemessenen hygienischen Verhältnissen waren es freilich vor allem die Jüngeren, die Überlebenschancen hatten – und Albert Schettl mit seinen zu Beginn des Jahres 1948 gerade einmal knapp 18 Jahren gehörte dazu. „Es war mir sehr bald klar, dass ich – abgesehen vom körperlichen Durchhalten – ohne das Erlernen der russischen Sprache mit großer Wahrscheinlichkeit nicht überleben könnte." Und so kam es, dass er, der von Mitgefangenen und Wachpersonal nur als „Nemetzky" (russ. für Deutscher) bezeichnet wurde, im Laufe seines Lageraufenthalts nahezu perfekt die Sprache des ehemaligen Feindes lernte.

Überraschende Wende

„Heute keine Arbeit", so vernimmt der Strafgefangene Albert „Nemetzky" Schettl Anfang April 1950 die Worte aus dem Mund eines Wachsoldaten und wird ohne weitere Informationen über das so unerwartet Bevorstehende mit der Tatsache konfrontiert, dass er zumindest das Lager verlassen soll. Nach einigen Stunden Fahrt auf einem Militärlastwagen und längerem Flug kommt er – immer unter Bewachung – schließlich in Moskau an.

Ankunft im Auffanglager Moschendorf in der Oberpfalz.
Foto: privat

Dort, in einem riesigen Gefangenenlager, wird ihm bewusst, dass es anscheinend nach Hause gehen soll. Vollends zur Gewissheit wird diese Vermutung, als ihm immer öfter das russische Wort „damoi", das so viel wie „nach Hause" bedeutet, zu Ohren kommt. Wirklich zu glauben vermag er diese überraschende Wendung seines Schicksals allerdings erst, als er schließlich nach einigen Tagen Eisenbahnfahrt über Frankfurt an der Oder im „Auffanglager" des Deutschen Roten Kreuzes für Kriegsgefangene in Moschendorf bei Hof ankommt.

Trotz der überwältigend erfreulichen Wende seines Schicksals kommen dem Heimkehrer – so nannte man damals die aus der Gefangenschaft Zurückkommenden – jedoch erste Ängste bezüglich dessen, was in der Heimat zu erwarten sei: Wie sieht es da aus, steht mein Elternhaus noch, sind die Eltern am Leben, wie haben sie den Krieg überstanden …? Doch zunächst überwiegt die Freude, wieder in Deutschland zu sein. Mitarbeiter des Roten Kreuzes kümmern sich um erste, fundamentale Dinge, wie Hygiene, medizinische Betreuung, richtige Ernährung, Einkleidung. Auch erkennungsdienstliche Registrierung und Befragung durch amerikanische Militärbehörden mussten die Ankömmlinge über sich ergehen lassen. Dann kam die Frage: „Haben Sie zu Hause Telefon?" Schettl: „Ein Anruf in der Nachbarschaft brachte schließlich Gewissheit, dass ich am Bahnhof Regensburg erwartet würde; Anfang Mai 1950, es war schon gegen Abend, sah ich dann nach über fünf Jahren Abwesenheit Familie und Heimatstadt wieder. Es ging mit dem Taxi in die Konradsiedlung (der Name der Schottenheimsiedlung hatte sich mittlerweile geändert) und schon die Fahrt durch die Stadt war ein unvergesslicher Eindruck, allein die Helligkeit, die vielen Lichter, das war etwas völlig Ungewohntes und Neues für mich – die Stadt im Licht."

Neuanfang

Aber nicht nur die damals sicherlich noch verhältnismäßig zurückhaltende Beleuchtung der vom Krieg halbwegs verschont gebliebenen Stadt war ungewohnt, ja schockierend, auch die Wiedereingliederung in die sich etablierende Nachkriegsgesellschaft und das beginnende Wirtschaftswunder sollten Probleme bereithalten. Allein das buchstäbliche Wiedererlernen der Muttersprache nach den Jahren des alltäglich gewordenen Umgangs mit dem Russischen war zu meistern; dazu kam die körperliche Verfassung, die trotz nun guter Ernährung erst langsam wieder aufgebaut werden musste. Auch die anfängliche Arbeitslosigkeit und das Eingewöhnen in die familiäre Situation brachten mancherlei Probleme mit sich. So war es denn ein erster Schritt in die Abläufe des bundesdeutschen Alltags, endlich wieder einer „normalen" Arbeit nachgehen zu können. Die Stationen gingen zunächst

Der 91-jährige Dokumentarfilmer inmitten seiner zahlreichen Trophäen, in den Händen den Bayerischen Löwen des Landesverbandes der Bayerischen Filmautoren.
Foto: Hubert H. Wartner

von Aushilfsarbeit in der Zuckerfabrik, über die Tätigkeit als Schichtführer in der damaligen Schokoladenfabrik Schirmak bis zum fest angestellten Mitarbeiter bei Siemens: „Ab 1968 war ich dann bis zu meiner Pensionierung als Maschinist in der Kältetechnik bei der Firma Linde tätig." Natürlich war das Leben zunächst sparsam, aber mit der Zeit machte sich auch bei Albert Schettl und seiner Frau Rosmarie – Hochzeit war 1964 – das Wirtschaftswunder bemerkbar. Dies bedeutete erste Urlaube und natürlich auch das erste eigene Auto; wie die meisten damals fuhr man zum Campen, Italien oder Österreich waren die beliebtesten Reiseziele.

Leidenschaft

In Österreich fand schließlich ein Zusammentreffen statt, das für das künftige Leben Schettls ein weiterer wichtiger Meilenstein werden sollte. Ein dort ebenfalls Urlaub machender Mitarbeiter der Firma Zeiss erweckte auf dem Campingplatz Aufmerksamkeit mit seiner Filmkamera – man tauschte sich aus und die bis heute andauernde Leidenschaft für das Hobby Filmen war geweckt. Zahlreiche Kurse bei der Volkshochschule sowie das Studium von Fachliteratur trugen dazu bei, aus dem engagierten Amateur einen Experten zu machen. Als mehrfach preisgekrönter Dokumentarfilmer konnte Schettl 2017 auf 50 Jahre Tätigkeit als Autor, Regisseur und Produzent von mittlerweile über 70 Filmen zurückblicken. Besonders stolz ist er auf zwei Filme über den bekannten Regensburger Geigenbauer Goldfuß, die 2013 mit dem Bayerischen Löwen des Landesverbandes der Bayerischen Filmautoren und auf Bundesebene mit einem zweiten Preis ausgezeichnet wurden. Das Bayerische Fernsehen berichtete und Experten des Hauses der Bayerischen Geschichte interessierten sich für Schettls reichhaltiges Schaffen. Seit 1988 ist er Mitglied des Filmclubs Falkenstein.

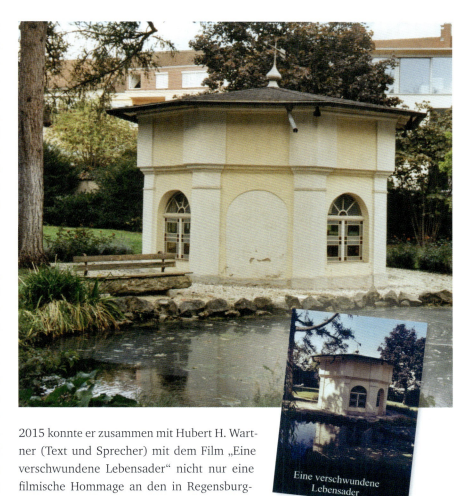

2015 konnte er zusammen mit Hubert H. Wartner (Text und Sprecher) mit dem Film „Eine verschwundene Lebensader" nicht nur eine filmische Hommage an den in Regensburg-Kumpfmühl entspringenden Vitusbach, den Regensburger Stadtbach, erstellen, sondern auch die Sanierung des barocken Gartenhauses im Regensburger Karl-Bauer-Park mit dem Titel „Eine Ruine erwacht" dokumentieren. Eine Arbeit, der vor allem auch von Denkmalpflegern höchste Anerkennung entgegengebracht wird. Derzeit ist ein Film zum Jubiläumsjahr „Kumpfmühl – 200 Jahre Stadtteil von Regensburg" im Entstehen.

Das Cover der DVD über den Vitusbach in Regensburg „Eine verschwundene Lebensader", 2015.
Foto: Albert Schettl

Werner Chrobak

KUMPFMÜHL – 200 JAHRE STADTTEIL VON REGENSBURG

Die unendliche Geschichte einer Eingemeindung*

Jubiläen sind ein Anlass, zurückzublicken, sich der Vergangenheit zu vergewissern. Manchmal kommt dabei beim genaueren Blick in die Archive auch etwas zutage, was die bisher gängige Meinung in Frage stellt, korrigiert oder auch modifiziert. Das ist auch beim heute gefeierten Jubiläum „Kumpfmühl – 200 Jahre Stadtteil von Regensburg" der Fall. Doch gemach – es soll zu Beginn nicht gleich alles verraten werden!

Kumpfmühl vor 1818

Wenden wir uns zunächst der Geschichte Kumpfmühls vor 1818 zu: Wenn man von der Eingemeindung Kumpfmühls im 19. Jahrhundert spricht, darf man das eigentliche Alter Kumpfmühls nicht vergessen: Auf Kumpfmühler Boden ist die wohl älteste Besiedlung des heutigen Regensburger Stadtgebiets mit linienbandkeramischer Hockerbestattung aus der Jungsteinzeit um die Mitte des 6. Jahrtausends vor Christus archäologisch nachgewiesen. Der „älteste Regensburger" ist somit ein „Kumpfmühler", wie ein Schaugrab im Historischen Museum Regensburg anschaulich macht.

Die römische Besiedlung Kumpfmühls mit einem Kastell – nahe der heutigen Wolfgangskirche – ist um rund 100 Jahre älter als das 179 n. Chr. angelegte Legionslager Castra Regina unten an der Donau. Nach der Zerstörung des Kastells um 171/172 verschwindet Kumpfmühl aus der geschichtlichen Erinnerung und wird historisch quellenmäßig erst wieder als Dorf „Genstal" in einer Urkunde König Heinrichs II. im Jahr 1009 anlässlich einer Schenkung an das damalige Benediktinerkloster Prüll fassbar. 2009 feierte Kumpfmühl mit Bezug hierauf sein tausendjähriges Bestehen.

Die Ortsbezeichnung „Chupfmul" – „Kumpfmühl" taucht erstmals Mitte des 14. Jahrhunderts auf. Namensgebend wurde die vom Vitusbach oberschlächtig getriebene Kumpfmühle. Die Mühle unterstand dem Kloster Prüll. Seit dem Mittelalter gehörte Kumpfmühl als Hofmark zum Benediktinerkloster Prüll bzw. nach dessen Auflösung ab 1484 zum nachfolgenden Kartäuserkloster St. Vitus. Bei der Säkularisation 1803 fiel Kumpfmühl – nach Auflösung des Klosters Karthaus-Prüll – an Bayern. Das Dorf Kumpfmühl wurde verwaltungsmäßig zunächst dem Landgericht Stadtamhof zugeteilt. 1810 war für das Verhältnis Bayerns zu Regensburg ein Schlüsseljahr, erreich-

---

Festvortrag am 13. September 2018 im Historischen Reichssaal des Alten Rathauses. Der Vortrag beruht, mit neu gewonnenen Erkenntnissen, auf einem Aufsatz, den der Autor in der Festschrift „Kumpfmühl. 200 Jahre Stadtteil von Regensburg (= Der Vitusbach Heft 7), Regensburg 2018, S. 39-60 vorlegte. Anlass für den Festvortrag war die Feierstunde „200 Jahre Eingemeindung Kumpfmühls" am 13. September 2018. Es gilt das gesprochene Wort.

Gruß aus Regensburg mit der Ansicht Kumpfmühls. Zeichnung von Josef Graf 1901.
Foto: Werner Chrobak

te doch Bayern sein hartnäckig verfolgtes Ziel, die ehemalige Reichsstadt Regensburg in sein Staatsgebiet einzugliedern. Im diplomatischen Zusammenspiel mit Frankreich unter Napoleon wurde – obwohl Karl Theodor von Dalberg noch Erzbischof von Regensburg war – das Dalbergische Fürstentum Regensburg aufgelöst. 1810 wurde im Kontext dieser Veränderung Kumpfmühl zum Polizeibezirk Regensburg umgegliedert. Verwaltungsmäßig markiert somit das Jahr 1810 einen wichtigen ersten Schritt des Anschlusses des vormals bayerischen Dorfes Kumpfmühl an die Stadt Regensburg.

19. August 1818:
„volle Eingliederung in die Stadt Regensburg"

1818 schließlich erfolgte die „volle Eingliederung in die Stadt Regensburg" – so die weitgehende Anschauung in der bisherigen Literatur. Der Regensburger Stadtarchivar Guido Hable vertrat in seinem Standardwerk „Geschichte Regensburgs" die Ansicht, dass Kumpfmühl „zunächst [1810] noch seine selbständige Gemeindeverfassung" behielt und „erst am 18. August 1818 gänzlich mit der Stadt" vereinigt wurde. Diesen Standpunkt gibt auch Diethard Schmid in der großen Kumpfmühl-Festschrift von 2008 wieder: „1818 ist die volle Eingliederung in die Stadt Regensburg erfolgt."

Eine Recherche in den Archiven – dem Regensburger Stadtarchiv und dem Staatsarchiv Amberg – lässt den Modus der Eingemeindung 1818 näher erkennen: Hintergrund für eine Neubestimmung des Verhältnisses Kumpfmühls gegenüber Regensburg war der Erlass des bayerischen Gemeindeedikts vom 17. Mai 1818. Es löste das Gemeindeedikt vom 24. September 1808 ab. Dem-

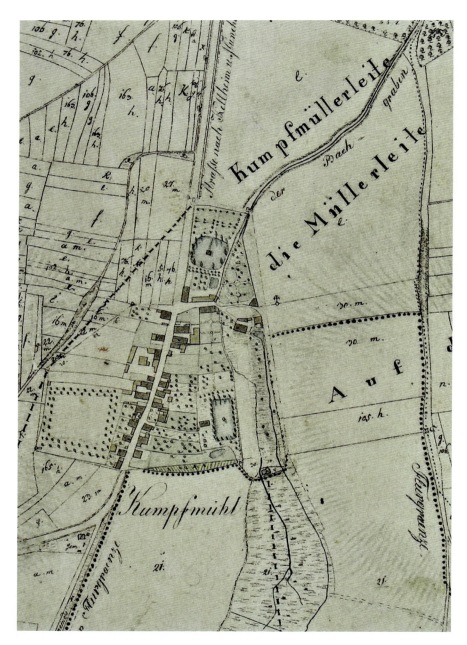

Urkataster des Königreiches Bayern, Blatt 4217, Kumpfmühl 1811, Ausschnitt.
Foto: Denkmalliste Bayern,
Bayerische Vermessungsverwaltung

nach sollte der Status der Gemeinden neu definiert werden. Für Kumpfmühl hieß dies, entweder aus dem bisherigen Gemeindeverband mit Regensburg auszutreten und eine selbständige Ruralgemeinde (Landgemeinde) im Landgericht Stadtamhof zu bilden oder weiter mit der Stadt Regensburg vereinigt zu sein. Zur Klärung der Frage berief der Regensburger Polizeikommissär Bohonosky am 29. Juni 1818 eine Versammlung der „Gemeindeglieder" (Gemeindebürger) Kumpfmühls und am 30. Juni eine Versammlung des Munizipalrats der Stadt Regensburg ein. Polizeikommissär Bohonowsky war in dieser Phase, legitimiert durch das Gemeindeedikt von 1808, der Leiter der Verwaltungsgeschäfte der Stadt Regensburg, sein Ansprechpartner auf städtischer Seite – ohne kommunales Selbstverwaltungsrecht – war das Gremium des Municipalrats. Die „Gemeindeglieder" Kumpfmühls gaben „sämtlich und einhellig den dringenden Wunsch" zu Protokoll, dass Kumpfmühl wie bisher mit der Polizei-Direktion Regensburg vereint sein und „in seinem Verhältnis wie jetzt ohne wechselseitige neue Ansprüche in Ansehung von Bürger- oder Gewerbsverhältnissen in seiner Gemeinds-Eigenschaft erhalten und nur unter der allgemeinen Polizey- und Justiz-Verwaltung der Stadt Regensburg stehen" sollte. Als Begründung wurde angegeben, dass Kumpfmühl gänzlich vom Burgfrieden der Stadt Regensburg eingeschlossen wäre, die Bebauung Kumpfmühls gleichsam eine Fortsetzung der Stadt Regensburg bildete, Kumpfmühl pfarrlich zur oberen katholischen Stadtpfarrei St. Rupert gehörte und vom Schulsprengel her auch dieser Pfarrei zugewiesen wäre. Außerdem stünde Kumpfmühl mit der Stadt Regensburg in einem immerwährenden und unmittelbaren Verkehr jeder Art. Diesen Wunsch Kumpfmühls, „künftig mit der Stadtgemeinde Regensburg resp. unter dem dortigen künftigen Magistrat vereinigt" zu werden, teilte Polizeikommissär Bohonowsky tags darauf, am 30. Juni, der Versammlung des Municipalrats der Stadt Regensburg mit. Der Municipalrat – Vorgängerorgan des Stadtmagistrats – gab seinerseits zu Protokoll, mit einer Vereinigung der Gemeinde Kumpfmühl mit Regensburg einverstanden zu sein, jedoch unter Beibehaltung der im Protokoll vom 29. Juni beschriebenen bisherigen Art der Unterstellung unter die Polizei- und Justizverwaltung. Als Hauptargument wurde auch hier angeführt, dass Kumpfmühl ganz innerhalb des Burgfriedens der Stadt Regensburg gelegen wäre.

Die Regierung des Regenkreises, Kammer des Innern, verfügte am 19. August 1818 in einem Schreiben an die Kgl. Polizeidirektion in Regensburg im Namen seiner Majestät des Königs aufgrund der vorgelegten Verhandlungen als Beschluss zur Bildung der Gemeinden: „Da der Ort Kumpfmühl ganz von dem Burgfrieden der Stadt Regensburg eingeschlossen ist, und sowohl der Municipalrath von Regensburg, als auch die Gemeinde Kumpfmühl den Wunsch ad Protocollum gaben, auch in Zukunft vereiniget zu bleiben, so wird solches genehmiget." Es war dies die erste und damit auch älteste Eingemeindung eines Ortes in das Stadtgebiet Regensburg und die einzige im 19. Jahrhundert.

Im gleichen Schreiben wurde bekanntgegeben, dass Kumpfmühl zu diesem Zeitpunkt – 1818 – 71 Familien mit 234 Einwohnern zähle. Regensburg wies als Stadt I. Klasse – als fünftgrößte Stadt Bayerns nach München, Augsburg, Nürnberg und Würzburg – zu diesem Zeitpunkt 4957 Familien mit 18 374 Seelen auf. Durch die Vereinigung mit Kumpfmühl wuchs die Stadt auf 5028 Familien und 18.608 Einwohner an. Nebenbei bemerkt ist es Interessant, dass eine Familie damals statistisch nur zwischen 3 und 4 Personen zählte.

Und noch nicht voll eingegliedert

Halten wir fest: Amtlicherseits wurde durch die Regierung des Regenkreises am 19. August (nicht am 18. wie in der Literatur zu finden), die Vereinigung Kumpfmühls mit Regensburg nach Erlass des neuen Gemeindeedikts von 1818 festgestellt. Dabei wurde auf den zu Protokoll gegebenen Wunsch zur Vereinigung sowohl seitens des Municipalrats Regensburg wie auch der Gemeinde Kumpfmühl Bezug genommen, ohne den näheren Modus der Vereinigung anzusprechen. Dies sollte in der Folge zu jahrzehntelangen Streitigkeiten zwischen der Gemeinde Kumpfmühl bzw. Teilen der „Gemeindeglieder" Kumpfmühls mit der Stadt Regensburg führen.

Einen ersten Vorstoß unternimmt der Kumpfmühler Handelsmann Adam Friedrich Molitor mit „19 Consorten", wie es in einer 16-seitigen Petition vom 25. April 1823 an die Kgl. Regierung des Regenkreises heißt: Darin beklagen sich die 20 Kumpfmühler Bürger, dass Kumpfmühl keine volle Eingliederung nach Regensburg besitze, dass sie bezüglich bestimmter Rechte benachteiligt seien, etwa beim Almosenempfang für Arme, bei der Aufnahme von Kranken in Regensburger Einrichtungen, beim Genuss von Stiftungen, bei unterschiedlich gehandhabten Bier- und Fleischaufschlägen. Mit der Gemeindeverfassung, also im Gemeindeedikt von 1818, sei die Wahl eines eigenen Kumpfmühler Gemeindevorstehers, jedoch ohne Berufung eines Gemeinde-Ausschusses, nicht vereinbar. Sie fordern eine volle Eingliederung mit gleichen Rechten

Karte des Burgfriedens der Reichsstadt Regensburg von Jacob Sebastian Püchler, 1765. Kumpfmühl und Karthaus-Prüll ausgespart durch die Burgfriedenssäulen H, I, K, N und M.
Foto: Historisches Museum der Stadt Regensburg, Graphische Sammlung G 1983-51

und Pflichten, wie die Regensburger sie besitzen. Darauf habe sie der Regensburger rechtskundige Magistratsrat Eggelkraut bei einer Versammlung im Februar 1823 anlässlich einer Nachzahlung eines Brotaufschlags für das im Notjahr 1817 gebackene Brot aufmerksam gemacht. Die Reaktion des Regensburger Stadtmagistrats und des Gremiums der Gemeindebevollmächtigen war eindeutig ablehnend gegenüber dem Vorstoß Molitors und seiner Genossen: Seit den Gemeindewahlen im Herbst 1818 war aufgrund des neuen Gemeindeedikts von 1818 der Stadtrat mit zwei Bürgermeistern, zwei rechtskundigen Magistratsräten und zwölf ehrenamtlichen Magistratsräten die Verwaltungsbehörde, das 36-köpfige Gremium der Gemeindebevollmächtigen die Gemeindevertretung der Stadt. Der Stadtmagistrat lehnte am 20. Januar 1824 in einem Schreiben an die Kgl. Regierung des Regenkreises mit Berufung auf die Protokolle der Polizeidirektion vom 29./30. Juni 1818 das Verlangen auf vollständige Vereinigung ab: „Ein gewaltiger Irrtum liegt daher zu Grunde, wenn die an die Koenigliche Kreisregierung reclamierenden Gemeindeglieder von Kumpfmühl bey Erörterung Ihrer Rechtsverhältnisse zur Gemeinde Regensburg eine gänzliche und unbedingte Einverleibung in hiesige Stadt als bereits existierend voraussetzen, und von dieser unbeschränkten Incorporierung eine durchgängige Gleichheit der Gemeinderechte abzuleiten sich bemühen." Zugestanden wäre nur eine Vereinigung Kumpfmühls mit Regensburg in polizeilicher Hinsicht mit Genehmigung eigener Verwaltung des Gemeindevermögens und eigener Armenpflege. Ein von sämtlichen Gemeindegliedern Kumpfmühls gewählter Gemeindevorsteher würde vom Stadtmagistrat bestätigt und hätte den Kumpfmühler Gemeindegliedern jährliche Rechnungslegung über das Gemeindevermögen vorzulegen, ebenso wie der Kumpfmühler Armenpfleger jährlichen Rechenschaftsbericht abzulegen hätte. Die Kumpfmühler Gewerbekonzessionen würden zwar vom Regensburger Stadtmagistrat erteilt, Kumpfmühler Gewerbetreibende aber hätten nicht das Recht, Geschäfte in der Stadt Regensburg zu betreiben oder ihr Geschäft nach Regensburg zu transferieren. Auch die Gemeindebevollmächtigten lehnten das Gesuch Molitors und Genossen mit der Argumentation ab, dass eine vollständige Inkorporierung nur der Gemeinde Kumpfmühl, nicht aber Regensburg, Nutzen bringen würde.

Ein „abnormer Zustand" und eine „förmliche Einverleibung"

Ein unerwarteter Vorstoß zur Bereinigung des bisherigen Verhältnisses Regensburgs zu Kumpfmühl kam sechs Jahre später vonseiten der Regierung des Regenkreises und der Staatsregierung in München. Die Regierung des Regenkreises wertete am 3. Mai 1830 das seit 1818 praktizierte Verhältnis Kumpfmühls zu Regensburg als „abnormen Zustand". Das Kgl. Staatsministerium des Innern in München mit Minister Eduard von Schenk an der Spitze teilte am 17. Mai 1830 mit, „daß die Vereinigung der Gemeinde Kumpfmühl mit der Stadtgemeinde Regensburg das Fortbestehen einer besonderen dem Stadtmagistrate untergeordneten Gemeinde-Verwaltung für die erstere ausschließe, und daß daher die dermalige mit den Gesetzen unvereinbare Einrichtung abzustellen sey, so ferne nicht die betheiligten Gemeinden die Aufhebung des seit dem Jahre 1818 unter ihnen bestehenden Gemeinde-Verbandes vorziehen werden". Im Klartext: Die Regierungsstellen hielten die praktizierte Eingemeindung Kumpfmühls nur auf polizeilichem Sektor mit dem Zugeständnis eigener Gemeindeverwaltung und eigenem Armenwesen für nicht mit dem Gemeindeedikt vom 17. Mai 1818 vereinbar. Vor die Alternative zur vollständigen Eingemeindung oder Austritt Kumpfmühls aus dem Verband mit Regensburg gestellt, entschied sich die Gemeinde Kumpfmühl mit Ortsvorstand Schmidt mit einstimmigem Beschluss am 14. Juni 1830 für „die förmliche Einverleibung" in die Stadt Regensburg. Auch der Stadtmagistrat Regensburg und die Gemeindebevollmächtigten stimmten im Juni 1830 der vollständigen Eingemeindung zu. Das Staatsministerium des Innern bestätigte gegenüber der Kgl. Regierung des Regenkreises am 3. September 1830 „die Vereinigung der Ruralgemeinde Kumpfmühl mit der Stadtgemeinde Regensburg in Gemäßheit des einstimmigen Antrages der Beteiligten". Vollzogen aber wurde dieser Beschluss die nächsten Jahre nicht. Es blieb alles beim Alten, u.a. weil die Stadt Regensburg bei der Belassung einer eigenen Armenpflege Kumpfmühls finanziell günstiger wegkam.

Scheidungswunsch?

Zu einem Höhepunkt der Auseinandersetzungen zwischen Kumpfmühl und der Stadt Regensburg kam es dann aber

Bürgermeister Gottlieb Freiherr von Thon-Dittmer (1836–1848), hier als bayerischer Staatsminister. Lithografie von H. Kobler, 1848.
Foto: Werner Chrobak

1837/38. Acht „Gemeindeglieder" Kumpfmühls stellten am 25. Mai 1837 einen Antrag auf Trennung der Ortschaft Kumpfmühl von der Stadtgemeinde Regensburg. Der Stadtmagistrat Regensburg wurde daraufhin beauftragt, sämtliche „Gemeindeglieder" der Ortschaft Kumpfmühl über diesen Antrag zu vernehmen. Die Befragung der „Gemeindeglieder" in den 32 Häusern (Haus Nr. 1, das Gemeindehaus blieb ausgespart) durch den Regensburger Bürgermeister Gottlieb Freiherr von Thon-Dittmer ergab das völlig überraschende Ergebnis, dass 16 Hausbesitzer für die Zuteilung Kumpfmühls als Landgemeinde zum Landgericht Stadtamhof, 13 Hausbesitzer für die gänzliche Verschmelzung Kumpfmühls mit Regensburg und nur zwei Besitzer für die Belassung des gegenwärtigen Zustandes – mit eigener Gemeindeverwaltung und Armenpflege – stimmten. Die Sensation war perfekt: Die Mehrheit der Kumpfmühler „Gemeindeglieder" entschied sich für eine Loslösung von Regensburg! Verblüffend war aber dann, wie die Kgl. Regierung der Oberpfalz und von Regensburg – als Nachfolgerin der Regierung des Regenkreises – mit diesem Ergebnis umging. Als Kuratelbehörde (Aufsichtsbehörde) zog sie mit einer Entschließung vom 14. Mai 1838 einen unerwarteten Schlussstrich. Die Regierung stützte sich dabei auf der einen Seite auf – die oben schon angesprochene – Entscheidung des Staatsministeriums des Innern vom 3. September 1830 mit der Anordnung zur Vereinigung der Landgemeinde Kumpfmühl mit der Stadtgemeinde Regensburg, unterlief aber auf der anderen Seite die dort eigentlich intendierte vollständige Vereinigung auch auf dem Gebiet des Gemeindevermögens und Armenwesens durch Rückgriff auf eine bis dahin anscheinend übersehene Bestimmung des § 6 des Gemeindeedikts vom 17. Mai 1818 und ein darauf fußendes „allerhöchstes Reskript" vom 18. Februar 1819: Demnach war es legitim und zulässig, dass in einem Gemeindeverband Orte jeweils ein gesondertes Gemeinde- oder Stiftungsvermögen mit jeweils eigener Verwaltung besitzen konnten. Auch verwies die Regierung darauf, dass auf politischem Sektor Kumpfmühl bei den dreijährigen Gemeindewahlen unbeanstandet mit dem Felddistrikt „J" jeweils einen Wahlmann entsandt hätte. Der Stadtmagistrat Regensburg erhielt den Auftrag, den Gemeindegliedern zu Kumpfmühl zu eröffnen, „daß eine Aufhebung des seitherigen Gemeinde-Verbandes von Kumpfmühl weder für nothwendig noch für räthlich erachtet" werde.

Auf die besondere Rückfrage von Bürgermeister Thon-Dittmer am 4. September 1838, wie denn nun dieser rechtskräftige Erlass der Regierung der Oberpfalz und von Regensburg vom 14. Mai 1838 umgesetzt werden solle, antwortete die Regierung am 19. September 1838: Der ausgewiesene Armenfonds und die hieraus gesonderte Armenpflege des Gemeindedistrikts Kumpfmühl sollte fortbestehen. Thon-Dittmer teilte diese Regierungsentscheidung am 5. April 1839 dem Lokal-Armenpfleger von Kumpfmühl, dem Geistlichen Rath und Dekan Stadtpfarrer Cölestin Weinzierl mit. Dieser stellte in einem Schreiben vom 7. Mai 1839 überraschend erneut den Antrag, die Distrikts-Polizeibehörde wollte die Gemeindeglieder von Kumpfmühl versammeln und „noch einmal kategorisch" fragen, „ob sie es nicht wünschen und vorziehen, in Hinsicht des Armenwesens mit Regensburg vereinigt zu werden" – eine unendliche Geschichte! Tatsächlich sprachen sich die „Gemeindeglieder" Kumpfmühls in einer von Bürgermeister Thon-Dittmer am 17. Mai 1839 geleiteten Versammlung dann doch wieder einstimmig dafür aus, dass die in polizeilicher Hinsicht mit der Stadt Regensburg vereinigte Ortschaft Kumpfmühl ihre getrennte Armenpflege behalten sollte.

Die (Kumpf-)Mühlen mahlen langsam

Grundsätzlich blieb diese Situation laut Ausweis der Aktenlage auch für die nächsten drei Jahrzehnte bestehen: Erst nach Erlass der neuen bayerischen Gemeindeordnung vom 29. April 1869 eröffnete der Stadtmagistrat

Die Seiten 159 und 160 aus dem Adressbuch für Regensburg und Stadtamhof 1869.
Foto: Werner Chrobak

Nr. Lit. I. Feld-Distrikt.

K. Ortsbezirk Kumpfmühl.

Nr.
1 Gemeindehaus.
2 Schrinl, Johann, Schreinermeister.
3 Schifferl, Franz Xaver, Schriftsetzer.
4 Interschik, Johann Nep., Hufschmied.
5 Riedy, Franziska, Anwesensbesitzerswittwe v. Taimering.
6 Daßberger, Adam ʳᶜ., zu A. 193.
7 Zelzner, Georg, Wagnermeister.
8 Gleirner, Jakob, Metzger und Viehhändler.
9 Fikentscher, Friedrich Johann, Fabrikbesitzer.
10 Fleischmann, Georg, Zimmergeselle.
11 Neubauer, Vitus, Maurer.
12 Weigert, Georg, Realitätenbesitzer.
13 Spachholz, Felicitas, Kaufmannswittwe.
14 Porzelius, Wilhelm, Techniker.
15 Schallerer, Sylvester, ehem. Bräuer.
16 Baumann, Max, Bäckermeister.
17 Jüngling, Simon, Bäckergeselle.
18 Massinger, Martin, Wirth.
19 Görtz, Johann, Fabrikantensohn von Sanderstorf.
20 Massinger, Martin, Wirthsbehausung.
21 Zacher, Maria, Seifenfabrikantenswittwe.
22 Wartner, Johann, Gärtner.
23 Zacher, Maria, Seifenfabrikantenswittwe.
24 Stabler, Joseph, Gärtner.
24½ Reif, Mathias, Maurermeister.

25 Karg, Georg, Oekonom.
26 Meyer, Friedrich, Schieferdeckermeister.
27 Dem Karmelitenkloster gehörig.
28 Frank, Wilhelm v., Privatier von Vilswörth.
29 Bauer, Joh. Jakob, k. Bankoberbeamter.
30 Heigl, Peter, Müllermeister.
31 Schärtel, Joh., Oekonom von Hannersreuth.
32 Stabler, J. Gg., f. A. 81, Sommerkeller.
33 Zum Kloster St. Jakob gehörig, desgl.
34 Gerzer, Friedrich, desgl.
35 Behner, Friedrich, desgl. zu D. 19.

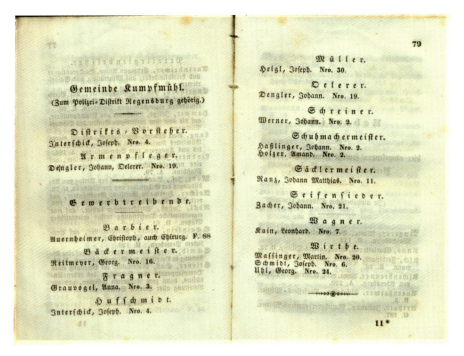

Verzeichnis der Gewerbetreibenden von Kumpfmühl im Regensburger Adressbuch 1847. Bibliothek Morsbach.

Regensburg den Gemeindegliedern von Kumpfmühl am 15. Oktober 1869, dass das bisherige Verhältnis der Gemeinde Kumpfmühl zur Stadt Regensburg nicht mehr fortbestehen könnte und zukünftig der Stadtdistrikt „K" mit dem Distrikt „J" zu einem Wahlbezirk bei den Gemeindewahlen vereinigt würde. Ein von der Gemeinde Kumpfmühl über Rechtsanwalt Blocken eingelegter Recurs zur Beibehaltung des bisherigen Zustandes – nur Unterordnung unter den Magistrat Regensburg als Polizeibehörde bei Fortführung einer eigenen Gemeindeverwaltung – wurde von der Regierung der Oberpfalz und von Regensburg am 9. November 1869 zurückgewiesen. Schließlich konnte der Stadtmagistrat Regensburg am 27. März 1876 an die Regierung der Oberpfalz und von Regensburg vermelden, dass es nun endlich gelungen sei, „die bisherigen abnormen Verhältnisse der Ortschaft Kumpfmühl zu beseitigen und auch dort den neueren Sozialgesetzen Eingang zu verschaffen". Die Kumpfmühler Gemeindebürger hätten einstimmig beschlossen, den örtlichen Armenfonds den beiden Bruderhäusern in Regensburg zu überlassen. Es dauerte aber nochmal zwei Jahre, bis zum 16. Juni 1878, bis die Gemeindebürger des Distrikts Lit. „K" Kumpfmühl mit zwei Drittel Mehrheit beschlossen, ihr bewegliches und unbewegliches Vermögen mit dem Gemeindevermögen der Stadt Regensburg zu vereinigen, ein Beschluss, dem auch die beiden Gemeindekollegien der Stadt Regensburg am 26. Juli und 20. August 1878 beitraten.

Damit war nun – 1878 – die vollständige Eingemeindung Kumpfmühls nach Regensburg erreicht. Für die Zukunft war Kumpfmühl formell ein Stadtdistrikt wie jeder andere auch, mit gleichen Rechten und gleichen Pflichten.

Die unendliche Geschichte und zwei Jubiläen

Was bedeuten die Archiverhebungen für unsere heutige Jubiläumsveranstaltung? Die Feier „Kumpfmühl – 200 Jahre Stadtteil von Regensburg" ist gerechtfertigt durch die Entscheidung der „Gemeindeglieder" von Kumpfmühl und des Municipalrats von Regensburg im Juni 1818, auf der Grundlage des Gemeindeedikts vom 17. Mai 1818 künftig vereinigt zu sein. Dagegen ist die bisher in der Forschung verbreitete Meinung, dass am 18. August 1818 die volle Eingliederung in die Stadt erfolgte, zu modifizieren: Kumpfmühl wurde – wie schon 1810 – dem Polizeibezirk eingegliedert, behielt jedoch seinen eigenen Gemeindevorstand, seine eigene Gemeindevermögensverwaltung und seine eigene Armenpflege. Dieser Sonderstatus wurde erst aufgrund der neuen bayerischen Gemeindeordnung vom 29. April 1869 geändert: Die vollständige Eingemeindung erfolgte 1878. Insofern können wir heute zum Jubiläum „Kumpfmühl – 200 Jahre Stadtteil von Regensburg" auch das Jubiläum „Kumpfmühl – 140 Jahre volle Eingemeindung nach Regensburg" feiern.

Die Kumpfmühler Straße 1902. Blick nach Norden mit alter Häuserzeile, die von der Karmelitenkirche St. Theresia geprägt wird. Postkarte, Fotograf Alfred Paul.
Foto: Werner Chrobak

Erich Garhammer

„LITERATUR FINDET STADT"

Zur Entstehung und Realisierung eines Regensburger Kulturprojekts

Als mich Dr. Maria Baumann, die Kuratorin für das Kunstprogramm beim Deutschen Katholikentag 2013 in Regensburg einlud, in der Sparte Literatur bei der Vorbereitung mitzuwirken, konnte ich nicht ahnen, was sich daraus entwickeln sollte. Zunächst entstand das Buch „Literatur im Fluss. Brücken zwischen Religion und Poesie" (2014), in dem alle eingeladenen Autoren vertreten sind. Auch Hanns-Josef Ortheil hat darin einen gewichtigen Beitrag zur Entstehung seines ersten Romans „Fermer" geschrieben. Er hatte nämlich zugesagt, auf dem Katholikentag zu lesen, musste dann aber wieder absagen. Er ist nicht nur freier Schriftsteller, er ist auch „unfreier" Professor mit Lehrverpflichtungen, er hat den Lehrstuhl für kreatives Schreiben an der Universität Hildesheim. Seine Studierenden haben ihn just am Himmelfahrtstag 2014 in eine Veranstaltung eingebunden, der er nicht ausweichen konnte. So konnte er nicht kommen, er hat mir aber versichert, diese Lesung in Regensburg nachzuholen.

Aber in welchem Kontext sollte er lesen? Wir haben dafür ein neues Format erfunden: „Literatur findet Stadt". Für solche Projekte braucht man verrückte Menschen: Dr. Bernhard Lübbers von der Staatlichen Bibliothek ist so einer. Er hat seine Bücher-Arche innerhalb weniger Jahre zu einem kulturellen Mittelpunkt der Stadt gemacht. Dr. Carsten Lenk vom Evangelischen Bildungswerk ist auch so einer: engagiert von Slow-Food bis zur weit beachteten Reihe: „Wohin wächst Regensburg?" Und meine Verrücktheit für Regensburg ist ohnehin ungebremst: Seit ich hier in den 70er Jahren Theologie und Germanistik studiert und in den 80er Jahren promoviert habe, bin ich dieser Stadt und vielen Menschen verbunden. Und die Liebe ist aus der Distanz – nach neun Jahren an der Fakultät in Paderborn und 17 Jahren an der Universität Würzburg – noch gewachsen. Die Frage „wohin wächst Regensburg" ist daher schnell beantwortet: den Menschen, die hier wohnen oder einmal gewohnt haben, ans Herz. Semel Ratisbonensis, semper Ratisbonensis – so lautet mein Wahlspruch (Oamol Rengschburger, allweil Rengschburger). Aber wie sollten wir eine solche Reihe finanzieren? Wir haben dafür das göttliche Gratis erfunden. Wir inszenieren bei den Lesungen das göttliche Umsonst, wir verlangen keinen Eintritt. Jeder ist eingeladen zu kommen, eine Form von kultureller Inklusion. Und es gibt viele Besucherinnen und Besucher, die sich das Ganze etwas wert sein lassen und am Schluss eine großzügige Spende geben. Als weitere Kooperationspartner konnten wir die Buchhandlung Pustet mit Geschäftsführerin Susanne Borst und die Stadt Regensburg mit Kulturreferent Klemens Unger gewinnen.

Die Lesung von Hanns-Josef Ortheil

Und dann die erste Lesung mit Hanns-Josef Ortheil am 14. November 2014. Ein Paukenschlag, die Resonanz war groß.

Das Nichtsprechenkönnen prägte die Ortheils Kindheit. Er war das fünfte Kind seiner Eltern. Alle Brüder vor ihm waren gestorben. Besonders tragisch war der Tod seines zweiten Bruders am 5. April 1945 unmittelbar vor Kriegsende. Er wurde auf dem Schoß seiner Mutter durch einen Einschlag von Granatsplittern getötet. Auch die Mutter wurde getroffen und verlor die Sprache. Durch das Stummsein der Mutter blieb Hanns-Josef, der 1951 geboren wurde, ebenfalls stumm. In diese Stille und dieses Stummsein mischte sich die Sprache des Vaters, von Beruf Landvermesser. Er lernte seinem Sohn mit vielen und beständigen Sprachexerzitien das Sprechen, bis er ein zweites Mal geboren wurde, in der Sprache. „Die Sprache hat mich wiedergeboren, und als sie mich ausgespuckt hatte als Sprechenden, war das Schreiben da, das alles besiegelnde und dadurch triumphierende Schreiben, mit dem ich jede Silbe, jedes Wort, jeden Satz festhalten konnte für immer, auf dass ich die Sprache nie mehr verlöre." Dieses tägliche Schreiben hat Ortheil bis heute beibehalten, er besitzt eines der größten Schreibarchive in der deutschen Literatur.

Längst meint man, seine Biografie in allen Facetten zu kennen. Seine Bücher und Romane sind teilweise nichts anderes als Variationen seiner Biografie. In den letzten Jahren hat sich Ortheil daran gemacht, seine frühen Tagebücher zu veröffentlichen: nach der „Moselreise" – einem Reisetagebuch für seine Eltern aus dem Jahr 1963 – die „Berlinreise" (München 2014) – ein Reisetagebuch aus dem Jahr 1964 und in diesem Herbst 2018 erscheint die „Mittelmeerreise". Es ist erstaunlich, wie sich in diesen Büchern eines Jugendlichen schon anfanghaft der Kosmos des späteren Literaten Ortheil findet. In Regensburg las Ortheil aus der damals gerade erschienenen Berlinreise zusammen mit seinen Aufzeichnungen „Blauer Weg" aus dem Jahr 1996, die er neu ediert und mit einem aktuellen Vorwort versehen hat. Dieses Vorwort ist eine erneute Selbstvergewisserung für seinen literarischen Weg; Zusammenhänge, die er früher so nicht gesehen hatte, werden nun evident. Im literarischen Tagebuch „Blauer Weg" reflektiert Ortheil sein Schreiben, aber auch seine Beziehung zu Berlin aus heutiger Sicht. So wurde der Abend ein unvergesslicher Berlin-Abend in der Regensburger Dreieinigkeitskirche, die gut gefüllt war. Die Premiere der neuen Reihe war geglückt, die Motivation der Veranstalter gestärkt.

Navid Kermanis „ungläubiges Staunen"

Die Lesung von Kermani sollte im November 2015 stattfinden, Kermani wurde aber plötzlich krank und musste absagen. Wir Veranstalter standen vor der Tür der Dreieinigkeitskirche und mussten Hunderten von Interessierten mitteilen: Die Lesung fällt aus. Wir spürten ein großes Bedauern, aber auch eine riesige Vorfreude auf die Lesung von Kermani, die er uns für Februar 2016 umgehend zugesagt hatte. Und wirklich – die Dreieinigkeitskirche war bei seiner Lesung einschließlich der Stehplätze auf der Empore bis auf den letzten Platz gefüllt. Navid Kermani, geboren 1967 in Siegen, lebt als freier Schriftsteller in Köln. Er ist habilitierter Orientalist, Mitglied der Deutschen Akademie für Sprache und Dichtung sowie der Hamburger Akademie der Wissenschaften. Von 2000 bis 2003 war er Long Term Fellow am Wissenschaftskolleg in Berlin, von 2009 bis 2012 Senior Fellow am Kulturwissenschaftlichen Institut Essen. Das Jahr 2008 verbrachte er als Stipendiat der Villa Massimo in Rom. Er hielt die Poetikvorlesungen in Frankfurt, Göttingen und Mainz, war Gastprofessor in Frankfurt sowie am Dartmouth College in den Vereinigten Staaten. Für sein akademisches und literarisches Werk erhielt Navid Kermani zahlreiche Auszeichnungen und Preise, unter anderem die Buber-Rosenzweig-Medaille, den Hannah-Arendt-Preis, den Kleist-Preis, den Joseph-Breitbach-Preis und im Herbst 2015 den Friedenspreis des Deutschen Buchhandels. Seine bewegende Dankrede in der Paulskirche in Frankfurt war damals in aller Munde – auch in Regensburg.

Sein 1229 Seiten langer Roman „Dein Name" ist eine west-östliche Familiengeschichte – bezogen auf Kermanis iranischen Großvater mütterlicherseits. Dieser Großvater ist von einem presbyterianischen Geistlichen tief geprägt worden: Pater Jordan. Er war der Leiter der amerikanischen Schule in Isfahan, die der Großvater besuchte; er war presbyterianischer Missionar und Amerikaner und verstand sich zugleich als Muslim, ganz im Sinne Goethes: „Dass wir alle im Islam leben und sterben, wenn Islam Gott ergeben heißt". So macht sich der Enkel auf nach Los Angeles, wo der Lehrer seines Großvaters begraben liegt. Den vielen Spuren dieses Großvaters geht Kermani in seinem Roman nach. Diese Traditionslinie macht den heißen Kern des Schreibens von Navid Kermani aus: er geht seinen eigenen Traditionen auf den Grund und erinnert uns dabei an die eigenen, oft zu Unrecht in Misskredit geratenen Traditionen. Die Liebe zum Eigenen – so ein Satz aus seiner Dankrede in der Frankfurter Paulskirche – erweist sich durch Selbstkritik, die Liebe zum Anderen, auch zu einer anderen Kultur oder Religion darf dagegen durchaus schwärmerisch, geradezu enthusiastisch sein.

Kermani las in Regensburg aus seinem gerade erschienenen Buch „Ungläubiges Staunen. Über das Christentum", in dem er sich der christlichen Ikonografie nähert. Die Rezensenten – sie bemängelten einen falschen Blick auf den Protestantismus wie der evangelische Altbischof Wolfgang Huber oder gar eine sexuelle Obsession wie der systematische Theologe Friedrich Wilhelm Graf – hatten dabei eines übersehen: Kermani schreibt mit keinem konfessionellen Interesse den Bildern gegenüber, auch in keinem objektiven kunstgeschichtlichen Gestus, er schreibt als Schriftsteller Navid Kermani, bei dem die Erotik und Sexualität genauso wenig verdrängt werden wie seine Religiosität. Er schreibt ohne alle falschen Tabuisierungen. Und so entdeckt er immer wieder überraschende Gesinnungsgenossen in der Bibel und in der Christentumsgeschichte wie etwa den hl. Franziskus oder den entführten Jesuitenpater Paolo dall'Oglio, der die Mitte des Buches bildet. Dieser hatte in jungen Jahren eine Vision. Während der Exerzitien sah er das Wort „Islam" am Horizont geschrieben. Sein General schickte daraufhin den

Die Veranstalter Prof. Dr. Erich Garhammer und Dr. Bernhard Lübbers begrüßen den Autor Dr. phil. habil. Navid Kermani.
Foto: Staatliche Bibliothek Regensburg/ Thomas Holz

jungen Jesuiten nach Beirut, der Mitglied der jesuitischen Provinz des Vorderen Orients wurde und über die Hoffnung im Islam promovierte. Er baute Mar Musa, ein verfallenes syrisches Kloster, wieder auf und machte es zum Ort des gemeinsamen Lebens und Betens der Religionen: „In der Liebe zum Islam, im Glauben an Jesus." Bis heute ist das Schicksal des im Juli 2013 entführten Jesuiten unbekannt. Aus solchen Begegnungen und Entdeckungen heraus ist das Buch von Kermani geschrieben. Die Regensburger spürten diese Leidenschaft bei seiner Lesung.

Die Dreieinigkeitskirche als Leseort

Viele Besucher fragen immer wieder: Warum findet die Lesung in einer Kirche statt? Ist sie nicht viel zu unbequem, manchmal sogar empfindlich kalt? Es hat zunächst den Grund, dass die Gesandtenstraße als Kulturmeile sichtbar werden soll mit der Staatlichen Bibliothek, dem Evangelischen Bildungswerk, der Buchhandlung Pustet und eben auch der kunstsinnigen Gemeinde der Dreieinigkeitskirche. Wer sich in der Kirche umdreht, nimmt einen weiteren Grund wahr: Man sieht die sog. Fürstenloge, die sich Therese von Thurn und Taxis hat bauen lassen. Sie war eine äußerst emanzipierte Frau, hatte im Fürstenhaus die „Hosen" an und hat es abgelehnt, katholisch zu werden. Sie wollte weiter ihren evangelischen Glauben leben. Nachdem sie sich zunächst das Recht verbriefen ließ, in St. Emmeram evangelische Gottesdienste zu ermöglichen, ließ sie sich nach dem zunehmenden Protest der Bevölkerung in der Dreieinigkeitskirche die Fürstenloge bauen. Sie hat sich mit einem literarischen Zirkel umgeben. In ihrem Salon verkehrten Dichter und Schriftsteller wie Jean Paul, Friedrich Rückert, Johann Caspar Lavater und Friedrich Gottlieb Klopstock. Dieser Salon war also ein wenig auch Vorläufer unserer Lesungen in der Dreieinigkeitskirche – das ist doch eine respektable Ahnenreihe! Die Schwester von Therese kennt man heute noch besser: Königin Luise von Preußen.

„Der alte König in seinem Exil": Arno Geiger

Im April 2016 war Arno Geiger in der Dreieinigkeitskirche zu Gast. Geboren wurde er 1968 in Bregenz am Bodensee als eines von vier Kindern eines Gemeindesekretärs und einer Volksschullehrerin. Aufgewachsen ist er in Wolfurt im Vorarlberger Land zwischen mehreren Grenzen – der Schweizer, der Liechtensteiner und der deutschen. Er studierte Deutsche Philologie, Alte Geschichte und Vergleichende Literaturwissenschaft in Wien und Innsbruck. Von 1986 bis 2002 arbeitete er in den Sommermonaten als Ton- und Videotechniker auf der Seebühne der Bregenzer Festspiele. Arno Geigers Buch „Der alte König in seinem Exil" (2011) verzichtet auf eine Gattungsbezeichnung. Es ist weder ein Roman noch eine No-

Die Dreieinigkeitskirche als stimmungsvoll-inspirierender Leseort. Die Lesung von Arno Geiger, aus der Sicht eines Zuhörers.
Foto: Staatliche Bibliothek Regensburg/Thomas Holz

Erich Garhammer im Gespräch mit Arno Geiger.
Foto: Staatliche Bibliothek Regensburg/
Thomas Holz

velle, weder ein Sachbuch noch eine wissenschaftliche Abhandlung. Und dennoch ist es vieles zugleich: Autobiografie, Familiengeschichte, Vatererzählung, Dorfchronik, vor allem aber ein autobiografischer poetischer Essay und eine zeitgeschichtliche Erzählung über den 1926 geborenen Vater August Geiger, bei dem sich 1995 erste Anzeichen der Alzheimer-Erkrankung zeigten. Arno Geiger behandelt das Thema auf gänzlich neue Weise. Er stellt keine Diagnosen wie Jonathan Franzen, rechnet nicht ab wie Tilman Jens in seinem Buch „Demenz: Abschied von meinem Vater", der dem Vater Walter Jens vorwirft, er habe sich aus Scham über seine Mitgliedschaft in der NSDAP in die Demenz geflüchtet. Das Buch Geigers, dessen Titel eine Stelle aus Virginia Woolfs „Fahrt zum Leuchtturm" (1927) zitiert, ist ein Sprach-Ereignis, ein völlig neuer Ton in der Literatur über Väter. Es ist keine „nachgetragene Liebe", sondern eine zu Lebzeiten des Vaters geübte und praktizierte.

Der Autor beharrt auf der Würde dementer Menschen und „schafft dem König so ein Reich, in dem er in Würde nicht nur alt werden kann, sondern auch irre sein darf". Das Buch ist eine Liebeserklärung an den Vater, ein Plädoyer für ein Leben, das trotz Alzheimer wert ist, gelebt zu werden. Dabei blendet er die Nachtseiten nicht aus: „Es ist, als würde ich dem Vater in Zeitlupe beim Verbluten zusehen. Das Leben sickert Tropfen für Tropfen aus ihm heraus". Geiger verschweigt nicht, dass hinter den scheinbar sinnlosen Bemerkungen des Kranken Angst und Ratlosigkeit lauern und „sein bedrückter Gesichtsausdruck ... von der tiefen Heimatlosigkeit eines Menschen" spricht, „dem die ganze Welt fremd geworden" ist. In der Dankrede zum Hölderlin-Preis sagte er: „Mein Vater würde gerne die Wörter finden, die er braucht, um zu sagen, was er wahrnimmt und empfindet. Sein Sprachverlust verschluckt die Welt mit langsamen Bissen." Dennoch ist die Sprache des an Demenz Erkrankten nicht ohne Sinn. In ihr steckt eine tiefere Wahrheit, wie etwa die Sätze beweisen: „Es geschehen keine Wunder, aber Zeichen", „Das Leben ist ohne Probleme auch nicht leichter" oder „wir sind lauter Geflickte" (über die Bewohner des Pflegeheims). Obwohl die Krankheit des Vaters nicht verhübscht, sondern in ihren Abgründen aufgezeigt wird, erzeugt die Lektüre immer wieder auch heitere Momente. So etwa die Antwort des Vaters auf die Frage des Sohnes, wer er sei: „Als ob das so interessant wäre". Arno Geiger hat mit diesem Werk den autobiografischen Stoff poetisiert, ohne ihn zu fiktionalisieren. Sein Schreibgestus ist ein demütiger, bescheidener, liebevoller, dankbarer. „Da mein Vater nicht mehr über die Brücke in meine Welt gelangen kann, muss ich hinüber zu ihm. Dort drüben, innerhalb der Grenzen seiner geistigen Verfassung, jenseits unserer auf Sachlichkeit und Zielstrebigkeit ausgelegten Gesellschaft, ist er noch immer ein beachtlicher Mensch" – eben ein König in seinem Exil. Ein Leseabend, der die Zuhörer/innen bewegte und großen Nachhall fand.

Sibylle Lewitscharoff und ihr Dante-Roman

Am 28. Oktober 2016 war Sibylle Lewitscharoff zu Gast. 1954 in Stuttgart als Tochter eines bulgarischen Vaters und einer deutschen Mutter geboren, studierte sie Religionswissenschaften in Berlin, wo sie, nach längeren Aufenthalten in Buenos Aires und Paris, heute lebt. Nach dem Studium arbeitete sie zunächst als Buchhalterin in einer Werbeagentur. Sie veröffentlichte Radiofeatures, Hörspiele und Essays. Ihr Roman „Apostoloff" wurde 2009 mit dem Preis der Leipziger Buchmesse ausgezeichnet. 2013 wurde sie mit dem Georg-Büchner-Preis geehrt. Der Roman „Blumenberg" (2011) stand auf der Shortlist für den Deutschen Buchpreis. Der Band „Vom Guten, Wahren und Schönen" (2011) versammelt die in Frankfurt und in Zürich gehaltenen Poetikvorlesungen – Pflichtlektüre für alle, die das Schreiben von Lewitscharoff verstehen wollen.

In Regensburg las sie aus ihrem neuen Roman „Das Pfingstwunder". Wer Sibylle Lewitscharoff ein wenig näher kennt, ist nicht überrascht über diese Stoffwahl. Denn sie hat sich immer schon mit großen Stoffen und Personen beschäftigt, man denke nur an den Philosophen Blumenberg. Das Gespräch mit der Tradition ist ihr bleibend wichtig. „Ich bin überzeugt davon, wer den Wunsch hegt seriös zu schreiben und sich nicht mit Leidenschaft, ja mit Haut und Haaren der Tradition ausliefert, der steht als ein ziemlich armes Würstchen da, dem Affentheater des Zeitgeschmacks völlig ausgeliefert", formuliert sie in ihren Poetikvorlesungen. Deshalb ist für sie nicht der neueste Schrei in der Literatur wichtig, sondern Wiederholung. Wer das Wort zerlegt, versteht es besser: wieder-holen, wieder-herauf-holen. Denn „es gibt nur den einen großen Stoff von Liebe, Verrat und Tod, der sich durch die Zeiten wälzt, in wechselnden Kostümen, von wechselnden Machinationen in Gang gesetzt. Und noch immer strömt dieser Stoff in seiner ganzen Fülle aus der heidnischen Antike, dem Alten und Neuen Testament und aus den Werken Shakespeares" – und man muss nun hinzufügen: auch aus dem Werk Dantes. Wer solche Echokammern besitzt, lebt reicher. Dass sich Sibylle Lewitscharoff mit Dante beschäftigt, war also fast erwartbar. Aber wie schafft sie es in einem Roman, diesen Stoff zu bändigen? Die Regensburger/innen waren begeistert von ihrer Antwort und ihrer Lesung.

Warum es sich lohnt, Reiner Kunze zu lesen und zu hören

Am 17. März 2017 war Reiner Kunze Gast der Reihe „Literatur findet Stadt". Kunze hat Philosophie und Journalistik studiert. Er war wissenschaftlicher Assistent mit Lehrauftrag an der Fakultät für Journalistik an der Universität Leipzig. Kurz vor Promotionsabschluss gab er die Stelle auf: „Ich hatte begriffen, dass es nur darum geht, das Prinzip durchzusetzen, auch über den Menschen hinweg." Er hielt sich als Hilfsschlosser über Wasser und blieb auf dem Posten der Wahrheit: „Bleibe auf deinem Posten und hilf durch deinen Zuruf; und wenn man dir die Kehle zudrückt, bleibe auf deinem Posten und hilf durch dein Schweigen." Dieses Seneca-Zitat hat Kunze als Motto seinem Gedichtband „zimmerlautstärke" vorangestellt.
Er hat in seinem Leben nie die Wahrheit ermäßigt zu einem bequemen Sich-Durchmogeln. 1968 nach dem Einmarsch der Truppen des Warschauer Paktes trat er aus der

Carsten Lenk dankt dem Autor Reiner Kunze und dem Moderator Erich Garhammer.
Foto: Staatliche Bibliothek Regensburg/ Thomas Holz

SED aus. Die Konsequenzen bekam er alsbald zu spüren: Er wird zur persona non grata. Das Ministerium für Staatssicherheit, Bezirksverwaltung Gera, eröffnet am 6. September den operativen Vorgang „Lyrik" gegen Kunze. Er hat nach dem Fall der Mauer diesen Vorgang in Auszügen unter dem Titel „Deckname Lyrik" publiziert. Vorgeworfen wird ihm: er behaupte, die DDR sei ein großes Gefängnis, die Kulturpolitik sei eng und dogmatisch und er hege Sympathie für revisionistische und konterrevolutionäre Auffassungen. 1973 erhält er den Großen Literaturpreis der Bayerischen Akademie der Schönen Künste. Nach dem Erscheinen der „Wunderbaren Jahre" wurde er am 20. November 1976 aus dem Schriftstellerverband der DDR ausgeschlossen. Und am 7. April 1977 stellte er den Antrag auf Entlassung aus der DDR-Staatsbürgerschaft, der am 10. April genehmigt wurde. In seinem Brief an den Staatsratsvorsitzenden Erich Honecker schrieb er: „In meinem Buch ‚Die wunderbaren Jahre' habe ich nicht über Randerscheinungen geschrieben. Es sind Erscheinungen aus der Mitte. Leider." Im selben Jahr bekommt er den Georg-Trakl-Preis in Salzburg verliehen. In Salzburg hält er fest, dass er nun nie mehr der Lüge den Ring küssen müsse. Wahrheit ist und bleibt für Kunze das Lebensthema. Und Poesie ist für ihn, außer Wahrheit, vor allem Poesie.

Staunen ist ein Vorzug der Kinder. Kunze hat sich diesen staunenden Blick bewahrt. So las er in Regensburg nicht nur aus seinen Gedichten, sondern auch aus seinen Kinderbüchern „Wenn der Schlaf sich schlafen legt" und „Was macht die Biene auf dem Meer?" Überhaupt der Vorleser Reiner Kunze: Kunze zu hören, bedeutet ein ganz besonderes Erlebnis und Vergnügen. Das Geheimnis seines Lesens hat eine Voraussetzung: Er steht bei jeder Lesung. Damit bringt er zum Ausdruck, dass er die Zuhörerinnen und Zuhörer würdigt. Er will gehört und gesehen werden. Er stellt sich nicht als Person in den Vordergrund, sondern bringt seine Texte zur Geltung. Er ist auf jede Lesung bestens vorbereitet, nichts ist zufällig. Als ich ihn im Vorfeld der Lesung fragte, ob er schon wüsste, was er lese, schrieb er mir: „Wüßte ich nicht, welche Texte ich lese, wäre es um meinen Nachtschlaf geschehen. Die Texte sitzen wie Hühner der Reihe nach auf der Stange und warten, daß ich den Stallschieber hochziehe."

Petra Morsbach und ihr „Justizpalast"
Am 19. April 2018 las Petra Morsbach aus ihrem neuen Roman „Justizpalast". Morsbach ist am 1. Juni 1956 in Zürich geboren, im Münchner Umland aufgewachsen, hat Theaterwissenschaften, Psychologie und Slawistik mit Schwerpunkt Russische Literatur an der Ludwig-Maximilians-Universität in München studiert. 1981/82 folgte ein Gaststudium an der Theaterakademie in Leningrad, 1983 die Promotion über Isaak Babel in München. Von 1983 bis 1992 war sie Regieassistentin, danach Dramaturgin und schließlich freie Regisseurin. 1995 erschien ihr Debütroman „Plötzlich ist es Abend" im Frankfurter Eichborn-Verlag, 1998 ihr „Opernroman", 2001 „Die Geschichte mit Pferden" und 2004 der Roman „Gottesdiener", 2008 der Roman „Der Cembalospieler" und 2013 „Dichterliebe". Petra Morsbach hat viele Preise für ihr literarisches Werk erhalten wie den Marie-Luise-Fleißer-Preis, den Jean-Paul-Preis und den Literaturpreis der Konrad-Adenauer-Stiftung in Weimar. Bei ihrer Dankrede in Weimar hat sie sich bei ihren Helden bedankt: „Ich habe als Autorin meine Stoffe weniger beherrscht als ihnen gedient. Die Menschen, die mich an ihren Gedanken und Erlebnissen teilhaben ließen – die Theaterarbeiter für den „Opernroman", die Kirchenleute für „Gottesdiener" (man könnte hinzufügen: die Juristen für den Justizpalast, E.G.) – haben mir ihre Schicksale, ihre Konflikte, ihre Freude, ihr Leid sozusagen zur Deutung anvertraut mit

einer Großzügigkeit, die mir bisweilen die Sprache verschlug. Jeder von ihnen hat mir gewissermaßen ein Stück Welt geschenkt." Ihre Mutter war Ärztin, der Vater Ingenieur. Von ihm hat sie das Misstrauen gegen Autoritäten und Konventionen geerbt, spürbar auch im „Justizpalast", von der Mutter die künstlerischen Maximen der Wahrhaftigkeit, Sinnlichkeit und Substanz. Immer freilich nagt in Petra Morsbach der Zweifel an ihrem Können. Subjektive Gewissheit helfe da zwar weiter, aber nicht weit genug. Es könnte ja auch Verblendung sein, eine grandiose Selbstüberschätzung. Schreiben als Wahrheitsexpedition ist das Kennzeichen für die Literatur von Petra Morsbach. Ein Künstler kann nicht bluffen. Wer keine Beziehung zur Natur hat, kann über Natur nicht angemessen schreiben. Wer seine Helden idealisiert, muss lügen, weil er sie verzeichnet. Ideologie entwertet jedes literarische Werk.

2017 erhielt Petra Morsbach den Roswitha-Literaturpreis der Stadt Bad Gandersheim und den Wilhelm-Raabe-Preis der Stadt Braunschweig für ihren neuen Roman „Justizpalast". Für die Arbeit an „Justizpalast" recherchierte die Autorin über neun Jahre.

Thirza Zorniger, die Protagonistin, stammt aus einer desaströsen Schauspielerehe und will für Gerechtigkeit sorgen. Sie wird Richterin im Münchner Justizpalast, doch auch hier ist die Wirklichkeit anders als die Theorie. „Justizpalast" ist ein Roman über die Sehnsucht nach Gerechtigkeit, über erregte, zynische, unverschämte, verblendete, verrückte, verwirrte und verzweifelte Rechtssuchende – also auch ein Gesellschaftsroman. Wie tickt eine Gesellschaft aus lauter Streithanseln? Natürlich ist es auch ein Roman über einen Berufsstand, er handelt von überlasteten, mehr oder weniger skrupulösen, kauzigen, weisen, verknöcherten und leidenschaftlichen Richtern. Es ist aber auch ein Roman über Glück und Unglück. Deshalb hat Morsbach ihm als Motto einen Satz von Immanuel Kant vorangestellt: „Tu das, was dich würdig macht, glücklich zu sein!"

Was ist Glück? Dass die Reihe „Literatur findet Stadt" eine solche Resonanz in Regensburg findet, ist wahrhaft ein Glücksfall, für die Veranstalter genauso wie für die eingeladenen Autoren, die den Charme dieser Veranstaltungsreihe durchaus schätzen, wie für die vielen Besucherinnen und Besucher.

Petra Morsbach im Gespräch mit Erich Garhammer: sie liest gerade aus den Zuschriften von Juristen auf ihr Buch „Justizpalast".
Foto: Staatliche Bibliothek Regensburg/ Thomas Holz

Mehr Informationen zu den Biografien der eingeladenen Autoren und ihren Werken finden sich in:
Erich Garhammer (Hg.), Literatur im Fluss. Brücken zwischen Poesie und Religion, Regensburg 2014.
Erich Garhammer (Hg.), Heiße Fragen – coole Antworten. Überraschende Blicke auf Kirche und Welt, Würzburg 2016.
Erich Garhammer, Erzähl mir Gott. Theologie und Literatur auf Augenhöhe, Würzburg 2018.

Regina J. Kleinhenz

AUFGEPASST, SÄNGERINNEN: DIE KONKURRENZ SCHLÄFT NICHT!

Eine kurze Geschichte mit (noch) offenem Ende

Was tut man mit einem Mädchen, das sich schon von klein auf für Operngesang interessiert? Das schon mit sieben Jahren einen Tages-Workshop der Bayer. Staatsoper München „Oper für Kinder" besucht (in der Folge werden es drei werden, eine Opernhausführung, die „Entführung aus dem Serail" und die „Zauberflöte") und dann immer noch nicht damit zufrieden ist? Es will nämlich unbedingt in eine „echte" Zauberflöten-Vorstellung mitgenommen werden! Die Eltern erfüllen den Wunsch, und nun beginnt eine Opernliebe, die das Leben der ganzen Familie beeinflussen wird.

Das Kind, das mit sieben Jahren Opernfan ist

Doch von Anfang an: Schon die Eltern von Franziska Roggenbuck sind Opernfans, die regelmäßig vor allem Vorstellungen in der bayerischen Hauptstadt besuchen – im Gärtnerplatztheater, aber vor allem in der Staatsoper. Zu Hause wird auch meistens Opernmusik gehört; die Eltern bringen der kleinen Tochter oft CDs ihrer musikalischen Ausflüge mit. Doch mit sieben Jahren ist es soweit: Franziska darf zum ersten Mal mit nach München in eine Zauberflöten-Vorstellung. Natürlich befürchten die Eltern, dass Müdigkeit oder Langeweile aufkommen könnte und bieten dem Kind in der Pause die Heimfahrt an. Vehement weigert sich aber das Mädchen – und hat sich damit das Recht verdient, in Zukunft in jede mögliche Vorstellung mitzufahren. Überhaupt ist Franzi („Franziska werde ich nur gerufen, wenn ich was ausgefressen habe", sagt sie mir gleich in der ersten Stunde) für ihr Alter in mancherlei Hinsicht recht erwachsen – vielleicht auch manchmal dadurch ein bisschen anstrengender. Aber in vielen Dingen weiß sie, was sie will. Nicht Klavierspielen. Singen.

Trotzdem bekommt sie mit sieben Jahren den ersten Klavierunterricht, aber die vielen Bildchen in der Klavierschule sind ihr zu kindisch. Sie übt zwar weiterhin (nicht allzu fleißig), aber ein Ziel hat sie: Gesangsunterricht. Nun könnte man einwenden: Wenn ein Kind in der Schule nur Einser und Zweier hat und sich das auch im Gymnasium fortsetzt, muss man ihm, um Überforderung zu vermeiden, nicht noch zusätzliche Termine zu den schulischen Verpflichtungen aufbürden. Doch die Eltern wissen es besser. Sie stellen eine Bedingung für den Gesangsunterricht: Eine Sportart muss gepflegt werden, der Kla-

Franziska oder Franzi?
Foto: Lolo Logic, Regensburg

vierunterricht ist Pflicht, denn er ist eine Basis für die musikalische Ausbildung in jeglicher Hinsicht.

Da tun sie gut daran, denn der alleinige Wunsch nach Singen, die Kenntnis von Opernaufnahmen, seien sie auch noch so hochwertig, sind keine ausreichende Grundlage für die Anforderungen, die für eine fundierte musikalische Ausbildung reichen. Man weiß ja nie, wohin der Lebensweg gehen wird.

Wer nicht wagt, der nicht gewinnt

Am Anfang der neunten Klasse ist es dann soweit: Franziska darf zu ihren ersten Gesangstunden bei Lucy Frank gehen. Begeistert singt sie alles, was ihr unter die Augen kommt: große Oper, Oratorium und Lied. Im Mai 2014 wechselt sie zu mir, denn ich kann ihr auch Klavierunterricht geben, der ja, wie die Eltern sagten, Bedingung für die Gesangstunden ist. Der kommt leider – „zum Glück" aus Franziskas Sicht – dann doch immer etwas zu kurz, denn wir melden sie für den „Jugend-musiziert" – Wettbewerb an, der im Januar 2015 stattfinden soll. Ein gewagtes Unternehmen, wenn man zwar die unglaubliche Begabung erkennt, aber der Diamant noch so roh ist, dass man wirklich nicht sagen kann, was in einem halben Jahr für ein Programm möglich sein wird. Doch sie packt die Aufgabe souverän – durch drei auseinandergezogene Runden, die sie bis in den Bundeswettbewerb führen und sogar zu den Siegern gehören lassen. Ein toller Erfolg für eine Sängerin, die noch nicht viel Erfahrung mit dem Singen hat – anders als die Instrumentalisten, die oft schon im Kleinkindesalter mit dem Instrument beginnen und von Beginn mit Konzerten Bühnenpräsenz üben.

Und genau das verwundert mich bei den Auftritten: dass ich mir im Unterricht den Mund fusselig darüber rede, dass Haltung, Ausstrahlung und ein waches Gesicht auf der Bühne unabdingbar sind. Was ich im Unterricht üben und sehen will, macht sie, wenn es drauf ankommt, so selbstverständlich, dass mir klar wird: das ist eine Sängerin. Nicht nur, was die stimmliche Begabung, die an sich schon besonders ist, betrifft, sondern eben auch Ausdruck und Emotionen, die von der Musik eingefordert werden.

Doch an ein Sängerleben ist noch nicht zu denken. Franziska will ein gutes Abitur machen, um Medizin zu studieren. Sie schafft das auch lässig – doch das Singen hat zu jeder Zeit Platz trotz der schulischen Herausforderung. Sie bekommt außer einem Stipendium sogar einen Studienplatz in Regensburg – der Traum so vieler Abiturienten, und will diese Chance nicht ungenutzt lassen. Mir blutet das Herz, aber sie ist ja noch nicht einmal 18 Jahre, da kann sie noch herausfinden, wohin ihr Leben führen soll.

La donna é mobile …

Und es kommt so, wie wahrscheinlich alle um sie herum es befürchtet hatten: Das Studium macht sie nicht glücklich; sie will singen. Doch das Risiko, ohne zweites Standbein ein Gesangsstudium zu beginnen – gerade, wenn man doch in der Schule leicht gelernt hat, ist ihr zu hoch. Sie wechselt das Studienfach, schreibt sich in Jura ein und ist zumindest nicht ganz so unzufrieden.

Zu Schulzeiten hat sie bereits begonnen, an Operncamps teilzunehmen, die jährlich im Rahmen der Salzburger Festspiele in Kooperation mit den Wiener Philharmonikern in Salzburg stattfinden. Workshops zur Wagner-Oper „Die Meistersinger von Nürnberg" sowie zur Strauss-Oper „Der Rosenkavalier" beschäftigten sie im Sommer, was zur Folge hatte, dass sie von nun an begann, im Laufe der Zeit Opern-Klavierauszüge zu sammeln, um beim Musikhören mitlesen zu können oder sich an der einen oder anderen Partie selbst zu probieren.

Direkt nach dem Abitur beginnt sie, Meisterkurse von namhaften Persönlichkeiten zu besuchen, um sich immer mehr Anregungen zu holen. Kammersängerin Elisabeth Wilke, Lorrain Nubar, ihres Zeichens Professorin an der Juilliard School New York, die berühmte Eva Lind, Kammersängerin Angelika Kirchschlager, Kammersängerin Vesselina Kasarova, zu deren Kurs sie sogar ein Stipendium bekommen hat – alle sind sich einig: Franziska Roggenbuck ist eine hochbegabte junge Sängerin, die unter allen Umständen gefördert werden muss.

Wir werden sehen, wie ihr Lebensweg weiterhin verläuft – momentan läuft alles darauf hinaus, dass sie ihrem Herzenswunsch auf kurz oder lang nachgeben wird. Sogar Schauspielunterricht (Gigi Pfundmair Studio, München) hat sie begonnen. Wenn das nichts heißt …

PS: Die letzte Möglichkeit, Franziska Roggenbuck 2018 live zu erleben, ist das „Transeamus" am 2. Dezember um 17 Uhr in der Pfarrkirche St. Laurentius in Alteglofsheim!

*Ansichtssache –
Goldenes Kreuz,
Haidplatz.*
Martina Osecky

Wilhelm Amann

LUDWIG VAN BEETHOVEN IN REGENSBURG

Zwei Besuche des großen Komponisten

Am Vormittag des 5. Januar 1787 fuhr um 10 Uhr Ludwig van Beethoven über die Steinerne Brücke in Regensburg ein. Mit der Postkutsche von Nürnberg nach Wien war Regensburg eine übliche Zwischenstation. Rückblickend berichtet das „Regensburgische Diarium" vom 9. Januar 1787 auf Seite 11: „Zur Steinernen Bruck herein: Per ord(inari) Postwagen von Nürnberg, um 10 Uhr, Morgens, Hr. Brühlmeyer, Jurist von Wolfleck, Hr. Bertenhoven, Organist von Bonn, log. im Spiegel."

Der erste Aufenthalt

Dieter Haberl führt in seinem lesenswerten Beitrag ‚Beethovens erste Reise nach Wien – Die Datierung seiner Schülerreise zu Wolfgang Amadeus Mozart' u. a. die verschiedenen Namensgebungen des Musikers auf. Beethoven unterschreibt einen Brief an Joseph W. von Schaden, 1787 mit: „l. v. beethowen, kur(fürstlich)-kölnischer hoforganist". In der Besoldungsliste wird er mit Bethoven angegeben; in den Listen der Postwagen tauchen die Namen Bethoffen, Peethoven, Kurkölnischer Kammervirtuos von Bonn, Bethhoffen, Beethaden, beethowen, Berthoffen u. a. auf.

Ludwig van Beethoven mietete sich im Goldenen Spiegel ein, heute Spiegelgasse 4, damals mit der Hausnummer Lit.-Nr. C 98. Das Haus ist bereits 1329 bekannt, das Gasthaus wurde mindestens seit 1667 „zum goldenen Spiegel" genannt, bis etwa 1875 geführt. Charakteristisch ist der zweiseitig spitz herausragende Erker. Über zwei Stockwerke steigt der gotische Vorbau, der auf einem wandgebundenen, steinernen Erkerfuß ruht. Die romanische Grundsubstanz wurde in Gotik, Barock und Anfang des 20. Jahrhunderts weitergebaut, verändert. Beethoven betrat sein Logement oder Logierquartier am 5. Januar, wie wir jetzt wissen. Die früheste Möglichkeit zur Weiterfahrt nach Wien wäre Dienstag, der 9. Januar, mit dem Postwagen ‚Wiener Cours' gewesen, denn die Personenschifffahrt verkehrte im Winter nicht. Somit wäre Ludwig van Beethoven mit Ankunftstag und Abfahrt mindestens fünf Tage in Regensburg geblieben. Dass er mit einigem Glück früher in einer privaten Kutsche abfahren konnte, ist denkbar. Wahrscheinlicher aber ist, dass er Regensburg später verließ. Für den wissbegierigen jungen Musiker war gerade zu dieser Zeit in den Kirchen und Stiften musikalisch eine Festzeit. War auch hier die Fürstlich Thurn und Taxis'sche Hofkapelle, die mit der Oettingen-Wallersteinischen zu den besten Klangkörpern der Zeit in Süddeutschland gehörte. Zu den musikalischen Glanzpunkten zählten die damals berühmten Musiker in Regensburg und der solistischen Gäste und die mehrfachen Bekanntschaften der Familie unseres Komponisten mit Bonner Hintergrund. Beethovens Großvater Louis (Ludwig) war Basssänger und nicht nur Nachfolger des Bonner Kapellmeisters der Kurfürstlichen Hofkapelle, Joseph Touchmoulin, sondern auch der Taufpate von dessen Sohn Aegidius.

Joseph Touchmoulin ging mit der Familie 1761 – ein Jahr nach der Geburt des Sohnes – nach Regensburg, um die Stelle als Konzertmeister an der Fürstlichen Hofkapelle anzutreten. Vater und Sohn waren erstklassige Geiger, Aegidius zudem Zeichner, Graphiker und Zeichenmeister der Fürstlichen Pagerie. Bedeutsam wurde Aegidius als einer der frühesten Künstler der Lithographie.

Für einen längeren Aufenthalt Ludwig van Beethovens dürften die Grafenfamilie der Grafen von Westerholt aus Regensburg und die Freiherren von Breunig aus Bonn zu werten sein. Für den jungen Beethoven war die Hofrätin von Breunig beinahe eine zweite Mutter. Zwei der vier Kinder, Eleonore und Lorenz, waren Schüler „des Schülers Beethoven". Alle Breunig-Kinder blieben lebenslang Freunde des Musikers; die befreundeten Familien besuchten sich. Freiin Maria Anna Wilhelmine von Westerholt hatte Beethoven im Hause Breunig kennen gelernt. Diese Schülerin liebte er ungestüm und ließ ihr manches Billet (damals kleine, verzierte Kärtchen) mit kleinen Texten zukommen. Es war eine hoffnungslose Liebe, die auch als seine „ferne Geliebte" bezeichnet wird.

Ludwig van Beethoven hatte in Wien regen Kontakt mit dem aus Regensburg stammenden Johann Nepomuk Mälzel. Er konstruierte für den Musikerfreund ein Hörrohr. Erst Klavierlehrer, Instrumentenbauer, dann europaweit berühmter Kunstmechaniker, Automatenbauer, Erfinder

Regensburg, Spiegelgasse 4 – von der Vergangenheit des Hauses als Gastwirtschaft zum goldenen Spiegel kündet heute nichts mehr. Foto: Peter Morsbach

Beethoven als Gast in der Spiegelgasse 4 ist eine Erinnerung wert. Foto: Peter Morsbach

des Panharmonikums, bis heute bekannt als Erfinder des Metronoms und Namensgeber der leider eingestellten Regensburger Musikzeitschrift „mälzels magazin" (1998-2005). Mälzel wandte sich 1813 an Beethoven, ein Musikstück – die Schlacht von Vittoria – für seinen Automaten zu komponieren. Für sein Metronom schrieb Beethoven einen vierstimmigen Kanon mit dem Text: „Lieber, lieber Mälzel, leben Sie wohl, sehr wohl, Banner der Zeit, großer großer Metronom." Nebenbei: Der Vater Mälzels war Instrumentenmacher und Orgelbauer in Regensburg.

Der zweite Aufenthalt

Nach den Forschungen von Dieter Haberl muss die bisher angenommene vierzehntägige Anwesenheit in Wien Beethovens korrigiert werden. Die Eintragungen im ‚Regensburgischen Diarium', dem Wochenblatt der Münchener Zeitung und im ‚Augsburgischem Intelligenz-Blatt' lassen etwa sechs Wochen Wienaufenthalt nachweisen. Für die Reise zu Wolfgang Amadé Mozart ist die Zusammenkunft der beiden mehr als wahrscheinlich, denn Mozart, gerade von Prag zurückgekommen, war in Wien anwesend.

Beethovens zweiter Regensburg-Aufenthalt könnte mit der Aufführung von Joseph Haydns „Die Sieben letzten Worte unseres Erlösers am Kreuz" in der Regensburger Augustiner-Kirche zusammenhängen; die Uraufführung hatte am 26. März 1787 in Wien stattgefunden. Am 7. April schon ist eine Aufführung in Regensburg gesichert. Die Fürstlich Thurn und Taxis'sche Hofmusik, die Nr.1 in deutschen Landen, war eine der ersten Kapellen, die dieses Werk aufführten. Berühmte Musiker und Solisten – teilweise Ludwig van Beethoven bekannt – wirkten mit. Große Werke der Musik konnten damals nur in Musikstädten und Fürstenhöfen gehört werden. Aus unseren CD-Regalen greifen wir aus mehreren Einspielungen das Genehme heutzutage einfach heraus.

Warum Ludwig van Beethoven bereits am 24. April von Regensburg abreiste, könnte mit dem schlechten Gesundheitszustand der Mutter zu tun haben, die am 17. Juli 1787 starb. Auf dem Rückweg von Wien war er am 1. April noch in München und fuhr nach dem Regensburgischen Diarium am 24. April 1787, 11 Uhr, vormittags mit dem Münchener Postwagen „Zum Weyh St. Peter-Thor" hinaus.

Der letzte Schreiber am Peterstor, Johann-Heinrich Praunsmändel, hat Johann Wolfgang von Goethe am 5.

Der Vater, Louis van Beethoven (1712–1773). Kupferstich von Johann Joseph Neidl nach einer Zeichnung von Johann Andreas Steinhauser.
Archiv Wilhelm Amann

September 1786 aus Regensburg „entlassen". In das Rapportbuch schrieb er: „Beim Weih-St. Petersthor hinaus den 5. per Posta Hr. Möller von Leipzig" und womöglich hat Praunsmändel einige Monate später auch Beethoven mit den bekannten Worten aus der Reichsstadt „hinausbefördert".

Ludwig van Beethoven war mit siebzehn Jahren zweimal in Regensburg –1787–. Es war eine überraschende Zahl, denn genau vierzig Jahre später –1827–, starb er, donauabwärts in Wien.

In der Fürst Thurn und Taxis Kunstsammlung (Inv.-Nr. STE 13731) fand sich eine gemalte Totenmaske von József Ferenczy. Es handelt sich um eine weitergearbeitete Totenmaske. Das Bild des ungarischen Künstlers befindet sich – nach der Sotheby's Auktion – jetzt in einer Regensburger Privatsammlung. Das Gemälde, Öl auf Malerpappe, hat die Größe 37,5 x 31,5 cm. Es wiederholt im Originalrahmen das Rot und Gold des Bildes.

Der Kopf Beethovens schwebt auf einem roten Untergrund, auf dem darunter in dunklerem Rot in Versalien BEETHOVFEN steht. Links unten die Signatur: Ferenczy Jòzseph.

Die Kunsthistorikerin des Beethoven-Hauses Silke Bettermann wies auf das verschollene Bild Franz von Stucks hin, der sich auch als Bildhauer länger mit Beethoven befasste. Während bei den verschiedensten Arbeiten Stucks der Kopf des Musikers fast stückweise „lebendiger" wird, bleibt bei Ferenczy die Gestaltung bei Tod und Leben. Seine Intention ist die Vergöttlichung. Zwischen Gold und Silber, wie der Königsfarbe Rot und keinem ausgezehrten Totenschädel, hat eine Apotheose stattgefunden. Es changieren die Farben. Der goldene Lorbeer als Siegerkranz und höchsten Triumph.

Wenn man sich die beeindruckende Zeichnung (März 1827) „Beethoven auf dem Sterbebett" von Josef Eduard Teltscher als auch die packende Zeichnung und die schnellen Ölstudien mit dem gleichen Titel von Josef Danhauser betrachtet, werden die Anliegen der Künstler sofort klar.

Der ungarische Künstler József (Jósef) Ferenczy wurde am 17. Dezember 1866 in Marosvásárhely geboren. In Budapest erfolgte seine erste Schulung bei den Malern Bihari und Karlovsky. Anschließend ging er zum weiteren Studium nach Paris. Zurückgekehrt besuchte er die Meisterschule – wieder in Budapest – bei J. Benczúr. Endgültig ließ sich der Maler in Temesvár als freischaffender Künstler nieder. Für das Komitatshaus in seiner neuen Heimatstadt schuf er die Porträts der Repräsentanten. Das Rathaus der Stadt schmückte er mit einer Bürgermeister-Galerie. Die dortige Piaristenkirche bestellte von Ferenczy vier Bilder aus dem Leben des hl. Josephus Calasantius, die er 1911 ablieferte. Eine Kollektivausstellung seiner Werke erfolgte ebenfalls im gleichen Jahr in Temesvár.

Es ist anzunehmen, dass Beethovens Verklärung als Auftrag von der Fürstin Margarete von Thurn und Taxis stammt. Sie war selbst Malerin, Illustratorin und Bildhauerin. Die Erzherzogin von Österreich, königliche Prinzessin von Ungarn und Böhmen, wurde 1870 in Budapest geboren und starb 1955 in Regensburg. Die Hochzeit mit Fürst Albert von Thurn und Taxis fand 1890 in Budapest statt.

Im Scherenschnitt: der 16-jährige Ludwig van Beethoven. Lithographie der Gebr. Becker, Koblenz, 1838.
Archiv Wilhelm Amann

Literatur:
Thieme/Becker: Allgemeines Lexikon der bildenden Künstler. Leipzig, Seemann 1907f.
Haberl, Dieter: Beethovens erste Reise nach Wien – Eine Datierung seiner Schülerreise zu W.A. Mozart in: Neues Musikwissenschaftliches Jahrbuch, 2006, S. 215–255
Ders., Das Regensburgische Diarium (Intelligenzblatt) als musikwissenschaftliche Quelle. Erschließung und Kommentar der Jahrgänge 1760–1810, Regensburger Studien Bd. 19, Stadtarchiv Regensburg, 2012
Bettermann, Silke: Beethoven im Bild, Bonn: Verlag Beethoven-Haus, 2012
Dies., Franz von Stuck und Beethoven, Bonn: Verlag Beethoven-Haus, 2013
Bauer, Karl: Regensburg, Regensburg: MZ Verlag, 6. Aufl., 2014

Werner Ludwig Sturm

GENERAL LUDWIG VON DER TANN

Ein Leben zwischen Hofpagerie und Kriegsfront

König Ludwig I. war sein Taufpate. Mit dem späteren König Max II. verband ihn eine besondere Freundschaft bis zu dessen Tod 1864. Nach ihm sind in Regensburg eine Straße und eine Schule benannt, früher gab es auch eine Kaserne, die seinen Namen trug. Daher ist der Name Von der Tann vielen in Regensburg geläufig. Doch wie lautete sein Vorname? Wer war der Namensgeber? Ist der Name der Schule noch zeitgemäß? War es doch die Schule, in der Elly Maldaque zehn Jahre gewirkt hat; darüber berichtet Fabienne Englbrechtsmüller in diesem Almanach. Werner Sturm geht dem Leben eines Grenzgängers zwischen Bayern und Preußen nach.

In der Kaderschmiede

Ludwig Samson Arthur Von der Tann wurde am 18. Juni 1815 in Darmstadt geboren. Bereits im Alter von zwölf Jahren wurde er mit dem vier Jahre älteren bayerischen Kronprinzen Max, dem späteren König Max II., bekannt gemacht. Diese erste Begegnung wurde von beiden Vätern, König Ludwig I. und Heinrich Friedrich Von der Tann-Rathsamshausen ermöglicht, die miteinander befreundet waren. Der Vater († 1848) war bayerischer Kämmerer. Mit vierzehn Jahren wurde er in die Kgl. Bayer. Pagerie aufgenommen und entschloss sich für die militärische Laufbahn in bayerischen Diensten. Er wurde Offizier und Adjutant des Kronprinzen Maximilian. In der Pagerie herrschte eine strenge militärische Ordnung. Die Pagen trugen Uniform, die aus einem dunkelblauen Waffenrock mit silberbesticktem Kragen bestand. Dazu kam eine dunkelblaue Kopfbedeckung, und bei besonderen Anlässen wurde der Degen getragen. Für die Absolventen taten sich hervorragende Möglichkeiten für hohe Karrieren in Verwaltung und Militär auf. Allerdings musste die finanzielle Unterstützung durch die Eltern gewährleistet sein. Ludwig Von der Tann hatte außer im Fach Musik überdurchschnittliche Leistungen. Sein Weg führte ihn direkt in die militärische Laufbahn.

Im Rahmen der bayerischen Namens- und Wappenvereinigung wurde der bisherige Name Von und Zu der Tann-Rathsamshausen im Jahre 1868 für ihn und seine beiden Brüder, die ebenfalls die militärische Laufbahn eingeschlagen hatten, der neue Familienname „Von der Tann" beurkundet.

Die militärische Laufbahn

Ludwig Von der Tanns militärische Laufbahn begann 1833 beim 1. Artillerieregiment der Bayerischen Armee. Noch im selben Jahr wurde er zum Unterleutnant, 1840 zum Oberleutnant ernannt und in den Generalquartierstab versetzt. Mit der Ernennung zum Hauptmann (1844) und Adjutanten des Kronprinzen Maximilian wurde er an den königlichen Hof in München beordert.

Im Krieg gegen Dänemark 1848 führte Ludwig Von der Tann in Schleswig-Holstein ein Freischar-Korps aus Freiwilligen, das er in kurzer Zeit zu einem einsatzfähigen Verband zusammenführte und formte. Die Truppe erhielt nach ihm den Namen „Freikorps-Tann".

1850 wechselte er als Oberst und Stabschef in die Armee Schleswig-Holsteins.

Nach seiner Rückkehr nach Bayern diente er weiter als Adjutant König Maximilians II., der ihn zum Flügeladjutanten ernannte, später zum Generaladjutanten und militärischen Berater. 1855 erfolgte die Beförderung zum Generalmajor und 1861 zum Generalleutnant und Generalkommandant in Augsburg. 1866 wurde er Generalstabschef des Prinzen Karl von Bayern. Dieser kometenhafte Aufstieg wäre dem ehrgeizigen Offizier ohne die Gunst des bayerischen Königs freilich nicht geglückt.

Den Deutschen Krieg 1866 beurteilte Von der Tann ablehnend, arbeitete jedoch mit den österreichischen Verbündeten und militärischen Führern zusammen. Nur zu gut kannte er die Stärken und Schwächen der bayerischen und österreichischen Truppen. Persönlich lehnte er diesen sogenannten Bruderkrieg entschieden ab. Der glücklose Verlauf für Bayern und Österreich bestätigte seine Befürchtungen.

Die Beförderung zum Divisionskommandeur erfolgte in München. Er blieb aber weiterhin Generaladjutant am Hof König Maximilians II. In dieser Aufgabe blieb er auch

Ludwig von der Tann-Rathsamshausen, Fotografie von Franz Seraph Hanfstaengl, um 1860.
Quelle: wikipedia commons

unter König Ludwig II. ab dem Jahre 1864. Obwohl er gegen den Krieg mit Preußen Stellung nahm, musste Ludwig Von der Tann 1866 als General an dem für Bayern so unglücklichen Feldzug teilnehmen. Im nachfolgenden Friedensschluss setzte Bismarck durch, dass die in Nordbayern liegenden Gebiete um die Gemeinde Tann an Preußen abgetreten wurden.

Der Deutsch-Französische Krieg 1870/71

Am 15. Juli 1870 beschloss der französische Militärrat die Mobilmachung gegen Deutschland. Die offizielle Kriegserklärung ging am 19. Juli 1870 in Berlin ein. Am Deutsch-Französischen Krieg 1870/71 nahm der General der Infanterie Von der Tann als Kommandeur des I. Bayerischen Armeekorps teil. Er zeichnete sich als militärischer Führer besonders aus, kämpfte mit seinem Armeekorps in der Schlacht bei Wörth, Beaumont und Sedan und leitete den Angriff auf den Ort Bazeilles. Im Oktober 1870 wurde ihm der Oberbefehl über eine Armeeabteilung übertragen, die bei Artenay (Orléans) einen bedeutenden Sieg errang. Im Dezember 1870 bestritt er mehrere Gefechte bei Orléans. In der Schlacht bei Loigny und Poupry erlitt er eine Verwundung am Bein. Nach dem erfolgreichen Sieg über Frankreich wurde Von der Tann in der Heimat als Kriegsheld gefeiert und hoch dekoriert.

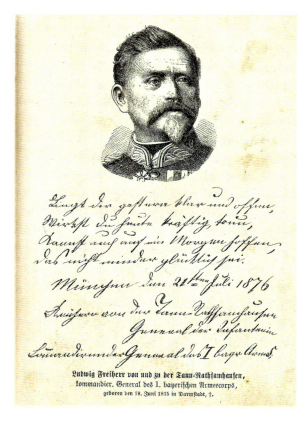

General Von der Tann mit Autograph, signiert 21. Juli 1876.
Quelle: Lutz B. P. Höfer, www.lupano.de/spezielles

Letzte Lebenszeit und Tod des Generals Von der Tann

Mit zunehmendem Alter wurde Ludwig Freiherr von der Tann von Rheuma und Atembeschwerden heimgesucht. Das milde Klima in Südtirol sollte ihm Linderung verschaffen. Dort verstarb er nach einem kurzen Aufenthalt bereits am 26. April 1881 in Meran. Seine letzte Ruhe fand er in einem Arkadengrab auf dem Alten Nordfriedhof in München. Hinter dem Leichenwagen wurde ein Trauerpferd mitgeführt. Vor der Gruft übernahmen sechs Unteroffiziere des 11. Bayerischen Infanterieregimentes Von der Tann aus Regensburg den Sarg. Für den gefeierten Offizier war ein Staatsbegräbnis angeordnet worden. Ein großer Trauerzug begleitete den toten General zu seiner letzten Ruhestätte.

Die Verbindung des Freiherrn zu Regensburg Kommandeur des 11. Bayerischen Infanterieregimentes

Am 28. April 1867 wurde das 11. Bayerische Infanterieregiment in Regensburg an Ludwig Freiherrn Von der Tann übergeben. Er blieb in dieser Stellung als Kommandeur auch als Generaladjutant des Königs und als Divisionskommandeur. Das Denkmal im Ostpark von Regensburg trägt den Namen des Generals und bayerischen Heerführers. Es wurde zum Gedächtnis der Gefallenen des 11. Bayerischen Infanterieregimentes 1905 vom Fürst Thurn und Taxis'schen Baumeister Max Schultze errichtet. Das Offizierskorps selbst gab dazu den Auftrag. Anlass für die Errichtung war das 100-jährige Bestehen des Regimentes. Am 1.Oktober 1805 war es als 13. Infanterieregiment gegründet, aber bereits 1814 in 11. Bayerisches Infanterieregiment umbenannt worden.

Das von Schultze im Park hinter der damaligen Von-der-Tann-Kaserne auf der Nordseite der Landshuter Straße 57–59 errichtete Denkmal besteht aus einem hochrechteckigen Kalksteinsockel, der auf einem zweifach gestuften Unterbau ruht. An der Stirnseite wird dieser von drei Stufen durchbrochen. Auf dem Kalksteinblock wacht ein aus Bronze gegossener sitzender Löwe mit nach vorne ausladenden mächtigen Pranken.

An der Stirnseite befindet sich eine dunkelrote Marmortafel mit der Inschrift:
SEINEN / GFEALLENEN HELDEN / DAS / INFANTERIEREGIMENT / VON DER TANN /
1914 – 1918 / 1805 – 1905.

Der Auftraggeber ist an der Rückseite festgehalten: ERRICHTET / VOM OFFIZIERSKORPS.

Auf der Vorderseite der Marmortafel wurde nach dem Ersten Weltkrieg das Gedenken angefügt. Eine Schräge aus Kalkstein enthält eine Steinplatte für die Gefallenen des Zweiten Weltkrieges: DEN TOTEN DER / 10. INF. DIVISION / 1939 – 1945 / UNSEREN GEFALLENEN / ZUM GEDENKEN / INF. REGIMENT 20

Die Einweihung erfolgte am 16. Juli 1905 in Anwesenheit des Sohnes des Prinzregenten Luitpold, des Prinzen Leopold und des gesamten Offizierskorps.

Das Denkmal zeigt keine Trauer, sondern vielmehr den Heldenmut des Regimentes. Dargestellt wird dies symbolisch durch den wachen und in Bereitschaft liegenden Löwen. Der ruhende, sich jedoch aufrichtende Löwe galt zur damaligen Zeit als Symbolfigur auf Schlachten- und Gefallenendenkmälern.

Die gleiche Darstellung finden wir beim Denkmal der Schlacht von Eggmühl (1809), das zum 100-jährigen Gedenken für die Gefallenen 1909 errichtet wurde. Die Konzeption der Darstellung ist aus der Wilhelminischen Zeit zu erfassen und zu verstehen. Nicht die Trauer über die Toten, sondern der Heldenmut der Soldaten, hier des Regimentes, werden zum Ausdruck gebracht. Symbolisch drückt dies der wache, lauernde Löwe aus. Heute wird

Denkmal des 11. Infanterieregimentes Von der Tann im Regensburger Ostpark (Landshuter Straße 59), von Max Schultze 1905.
Foto: Peter Morsbach

die Erinnerung an die Toten der Kriege, der Opfer von Gewalt und Terror bei den Feiern zum Volkstrauertag in stillen Gedenkveranstaltungen zum Ausdruck gebracht.

Nachleben: Die Von-der-Tann-Straße

Die heutige Von-der-Tann-Straße verlief früher an der Innenseite der Stadtmauer. In diesem Bereich befanden sich die Gärten und Häuser der Regensburger Gemüsebauern, genannt die Krauterer (= Krautanbauer). Der Weg hatte bis 1885 den Namen Krauterweg. Die Krauterer versorgten die Bevölkerung der Stadt Regensburg mit Gemüse. Angeboten und verkauft wurden ihre Gartenerzeugnisse auf dem Krauterermarkt zwischen Domplatz und Bischofshof. 1885 wurde die Straße umgewidmet und nach Ludwig Freiherrn Von der Tann benannt. Er war Kommandeur des 11. Infanterieregimentes in Regensburg, das unter seinem Namen bis zum Ende des 1. Weltkrieges bestand. In der Von-der-Tann-Straße befand sich auch das bekannte Varieté und Kabarett „Von der Tann". Die Von-der-Tann-Schule wurde 1901/02 erbaut.

Nachleben: Ehemalige Kasernen an der Landshuter Straße

Um 1885 begann der systematische Ausbau der Landshuter Straße. Neben zahlreichen Villen und Mietshäusern wurden in den Jahren 1891 bis 1916 auch die Kasernen für das 11. Infanterieregiment Von der Tann und das 2. Chevaulegers-Regiment Taxis errichtet. Trotz heute anderer Nutzung sind die großen Bauten mit dem damaligen Kasernencharakter optisch erhalten geblieben: Landshuter Straße 57, ehemaliges Offizierscasino, heute Sozialgericht, Landshuter Straße 59 ehemalige Von-der-Tann-Kaserne, heute Wasserwirtschaftsamt und Landshuter Straße 61, heute die Pestalozzi-Schule. Im Park hinter Haus 59, dem ehemaligen Exerzierplatz, steht das Denkmal des 11. Ehemaligen Infanterieregimentes.

Nachleben: Der Von-der-Tann-Marsch

Der Militärmusiker und Stabstrompeter Andreas Hager komponierte 1880 einen deutschen Militärmarsch, den er dem General Ludwig Freiherrn Von der Tann widmete und der 1895 zum Paradenmarsch des 11. Infanterieregimentes Von der Tann in Regensburg wurde. Bei der Bundeswehr wurde der Marsch von der Vierten Panzergrenadierdivision, später der Vierten Jägerdivision als Divisions- und Parademarsch übernommen. Dies wurde gepflegt, bis das Heeresmusikkorps 4 am 22. November 2006 außer Dienst gestellt wurde.

Nachleben: S.M.S. Von der Tann

Zu den sieben Schlachtkreuzern der kaiserlichen Marine gehörte auch der Großkreuzer „S.M.S. Von der Tann". Er hatte 911 Mann Besatzung; der Stapellauf war 1909. Der Kreuzer war an den Seeschlachten auf der Doggerbank (1915) und am Skagerrak (1916) beteiligt. Als Ergebnis der Waffenstillstandverhandlungen Ende 1918 musste S.M.S. Von der Tann ausgeliefert werden und wurde mit 73 weiteren Schiffen der deutschen Hochseeflotte in Scapa Flow interniert. Dort versenkte die Besatzung das Schiff am 21. Juni 1919 selbst. 1930 wurde das Wrack gehoben und 1934 abgewrackt.

Zeitlebens ein Grenzgänger

Ludwig Freiherr Von der Tann war in seiner politischen Überzeugung großdeutsch gesinnt.
1864 erklärten Preußen und Österreich an Dänemark den Krieg. Das besiegte Dänemark musste Schleswig-Holstein und Lauenburg an die Sieger abtreten. Österreich wollte einen neuen Bundesstaat schaffen. Preußen setzte jedoch durch, dass Österreich die Verwaltung über Holstein erhielt, Preußen die von Schleswig; Lauenburg wurde von Preußen gekauft. Bismarck verlangte den Kriegshafen Kiel, Durchmarschstraßen in Holstein und die Eingliederung des gesamten Gebietes in den deutschen Zollverein. Dies bot Zündstoff für einen weiteren Krieg, dem preußisch-österreichischen Bruderkrieg von 1866. Bayern kämpfte auf der Seite Österreichs. Preußen drang in Süddeutschland bis in die Gegend von Würzburg vor.

Von-der-Tann-Marsch, handschriftliches Notenblatt.
Foto: privat

In drei Heeressäulen marschierten die Preußen in Böhmen ein. Die Entscheidung fiel bei Königgrätz (heute Hradec Králové), wo Moltke die Entscheidung für Preußen fällte. Durch diesen Krieg hörte der Deutsche Bund auf zu bestehen. Unter Preußens Führung kam es zur Gründung des Norddeutschen Bundes.

Vor allem den Krieg zwischen Preußen und Österreich 1866 beurteilte General Von der Tann als „nationales Unglück". Er fungierte in der bayerischen Armee als General der Infanterie, am königlichen Hof als Adjutant und Berater des Königs. In diesem Krieg auf der Seite Österreichs gegen Preußen erwiesen sich die bayerischen Truppen allein technisch weit unterlegen. Sie waren noch mit Vorderladergewehren ausgerüstet, während die Preußen mit modernen Hinterladern in dem Kampf gingen. Zudem war die bayerische Armee unzureichend erprobt und ausgerüstet. Dies war ein Ergebnis der Sparpolitik der letzten Jahre. Von der Tann hatte diese Militärpolitik über Jahre hinweg scharf kritisiert und das Debakel vorausgesagt. Bayern war gegen die gut ausgerüstete und geschulte preußische Armee völlig unterlegen.

Besonders bei den bayerischen Patrioten stand er unter Verdacht, ein Verräter und preußischer Spion zu sein. Mit dem Erstarken der Nationalstaaten wurde es immer schwieriger und problematischer, Dienste über die Staatsgrenzen hinaus anzubieten. Die Bevölkerung sah in solchen Grenzgängern einen echten Loyalitätskonflikt. Man erwartete, dass die Staatsdiener sich besonders loyal zum Dienstherrn verhielten und die politischen Bindungen zum eigenen Staat hoch hielten. Andernfalls stand man unter strikter Beobachtung. Von der Tann stieg in der Armee und am Hofe in die höchsten Ämter auf, aus politischen Ämtern musste er sich jedoch schon nach wenigen Jahren zurückziehen. Er blieb bis zu seinem Tode an der Spitze des I. Bayerischen Armeekorps. Durch seine Heirat mit der mecklenburgischen Gräfin Anna von Voss (1852) bekam er weitgehenden Einfluss in Mecklenburg und Preußen. In Bayern verstärkte sich jedoch das Misstrauen gegen ihn. Ludwig Freiherr Von der Tann war zeitlebens ein Grenzgänger. Ihm fehlte die politische Heimat zwischen Bayern und Preußen.

Standbild für Ludwig Freiherrn Von der Tann, aufgestellt 1900 auf dem Marktplatz in Tann (Rhön), wo die Herren von der Tann seit dem 12. Jahrhundert nachweisbar sind.
Foto: Tilmann2007, wikicommons

Literaturhinweise
Bauer Karl: Regensburg – Kunst-, Kultur- und Alltagsgeschichte, 6. Auflage, Regenstauf 2014
Peter Joachim: Der Adjutant: Ludwig Freiherr von und zu Tann-Rathsamshausen (1815 – 1881), zwischen Bayern und Preußen, München 2012
Schubert Dietrich: Im Sturme treu – in Treue fest. Das Kriegerdenkmal des 11. Bayerischen Inf. Regimentes von Max Schultze in Regensburg, in: Verhandlungen des Historischen Vereins für Oberpfalz und Regensburg, Band 120, Regensburg 1980, 521-527
https://de.wikipedia.org/wiki/Ludwig_von_der_Tann-Rathsamhausen (aufgerufen 18.08.2018)
https://de.wikipedia.org/wiki/Tann_(Adelsgeschlecht) (aufgerufen 18.08.2018)
https://de.wikipedia.org/wiki/Scapa_Flow (aufgerufen 18.08.2018)

Angelika Sauerer

SIE HIESS EIGENTLICH MARGARETHA

Das rätselhafte Leben der Meisterköchin Marie Schandri

Vor 150 Jahren starb die Verfasserin des Regensburger Kochbuchs. Über eine der berühmtesten Regensburgerinnen ist nur wenig bekannt. Eine Spurensuche ergab, sie hieß eigentlich Margaretha. Sucht man in der Geschichte Regensburgs nach großen Namen, landet man zwangsläufig – und ziemlich bald – bei einer Oberpfälzerin von einfacher Herkunft und mit einem handwerklichen Beruf: der Köchin Marie Schandri. 40 Jahre lang bekochte sie die Haute Volée in der Domstadt. Dann verfasste sie das berühmte „Regensburger Kochbuch" oder gab zumindest ihre Ideen dafür. Wie keine Zweite wirkt sie damit bis heute als eine Markenbotschafterin: Regensburg ist nicht nur die Stadt der Geschlechtertürme und mittelalterliche Handelsmetropole, Ort des Immerwährenden Reichstags und Freie Reichsstadt. Regensburg ist auch eine Stadt des feinen Geschmacks.

Schandris „Regensburger Kochbuch" erschien erstmals 1866, zwei Jahre vor ihrem Tod, und wurde seither an die hundert Mal neu aufgelegt. Schandris Reich war Mitte des 19. Jahrhunderts die Küche der Nobelherberge „Zum Goldenen Kreuz" am Regensburger Haidplatz. Seit dem 16. Jahrhundert logierten in der frühgotischen Patrizierburg aus dem 13. Jahrhundert gekrönte Häupter, Fürsten und Gesandte. Die berühmteste Anekdote stammt aus dem Jahr 1546. Kaiser Karl V. soll im Goldenen Kreuz mit der jungen Regensburger Bürgerstochter Barbara Blomberg einen Sohn gezeugt haben: Don Juan d'Austria, den späteren Helden der Seeschlacht von Lepanto.

Es war also nicht irgendeine Herberge, in der Marie Schandri aus Luhe-Wildenau (Landkreis Neustadt an der Waldnaab) in den 1820er Jahren ihren Dienst aufnahm, sondern das erste Haus am Platz. Das genaue Datum ist nicht bekannt, wie so vieles aus ihrem Leben. Wie hat Marie Schandri gelebt? Wie hat sie ausgesehen? Wie war ihr Auftreten: Temperamentvoll oder ruhig, vergnügt oder ernst? War sie eine strenge Chefin oder eine fürsorgliche? War sie gesellig oder wortkarg? Reiste sie, um ihren Geschmackssinn zu schärfen und neue Aromen zu finden? Artikel über Marie Schandri kommen nicht ohne Fragezeichen aus. Vielleicht ist es auch dieses Rätsel um ihre Person, von dem eine Faszination ausgeht, die immer wieder Menschen dazu animiert, sich mit ihr zu beschäftigen – zum Beispiel den Regensburger Archivar Günther

Das Regensburger Kochbuch (Ausgabe 1924) auf diesem Foto erbte Angelika Sauerer von ihrer Oma, geboren 1901. Als die Autorin noch nicht zur Schule ging, verbrachte sie fast jeden Vormittag bei der Großmutter in der Küche. Sauerer: „Meine Oma war eine wunderbare Köchin. Und so benutzt, wie ihr Kochbuch aussieht, stammten viele ihrer Rezepte sicher von Marie Schandri."
Foto: Tino Lex

Handel, die Schriftstellerin Marita A. Panzer und den Koch Anton Röhrl. Jeder von ihnen erzählt eine andere, und dennoch wahre Geschichte über die Köchin des Gasthofs „Zum Goldenen Kreuz" in der Patrizierburg am Haidplatz.

Bei Anton Röhrl handelt die Geschichte von einer Liebe zum Essen, die – wie sonst? – durch den Magen geht. Bei Marita A. Panzer ist es die Erfolgsgeschichte einer frühen Karrierefrau, die das Privatleben ihrem Aufstieg untergeordnet hat. Günther Handel letztendlich ist derjenige, der das weitgehend unbekannte Leben einer der berühmtesten Regensburgerinnen mit einigen wenigen Fakten belegt, unter anderem mit ihrem Todestag: 10. November 1868 – vor 150 Jahren also.

Gab es sie überhaupt?

Diese Frage stand immer wieder im Raum, denn Marie Schandri hat so gut wie keine Spuren in Akten und Archiven hinterlassen. Zwar notierte die Pfarrei Luhe die Geburten einer Maria (1788) und einer Maria Katharina Schandri (1796). Außer der Namensgleichheit fehlt indes jeder Hinweis auf die Identität. Schandris Lebenswerk, das Kochbuch, erschien 1866 im Verlag Coppenrath, „he-

Marie Schrandris Reich: Das Goldene Kreuz am Haidplatz, zu ihrer Zeit eines der großen Luxushotels in Deutschland.
Foto: Peter Morsbach

rausgegeben von Marie Schandri, ehedem vierzig Jahre Köchin im Gasthof ‚zum goldenen Kreuz' in Regensburg", so steht es auf dem Deckblatt. Das Vorwort unterzeichnete Isabella Coppenrath, die Verlegergattin. Hat sie auch den Rest geschrieben und die Marie nur als Pseudonym erfunden? Günther Handel konnte nicht glauben, dass eine Küchenchefin, die über vier Dekaden in einer Nobelherberge gekrönte Häupter und gut betuchte Bürgersfamilien mit Gerichten wie Artischocken auf Lyoner Art und in Schmalz gebackenen Fröschen verwöhnt hat, nirgends belegbar sein sollte. Marie Schandri war buchstäblich in aller Munde, aber in keiner Akte. „Sie kam nach Regensburg, als das Einwohnermeldewesen noch nicht eingeführt war. Sie hat nie geheiratet und hatte vermutlich keine Kinder", sagt der Archivar aus dem Regensburger Stadtarchiv. Und sie hat sich nichts zuschulden kommen lassen, denn auch im Polizeiregister wird keine Schandri gelistet. Ende der 1990er Jahre tauchte Günther Handel in die Archive ab. Er hatte eine Vermutung. Und er stieß tatsächlich auf die Nachlasssache einer gewissen Margaretha Schandri.

Gedämpfter Biber und in Schmalz gebackene Frösche

Fasanenpasteten mit Trüffeln. Gänseleberpastete vorzüglich. Gesottene und dann glacierte Kastanien. Sauerampfer. Schüh (Jus oder braune Suppe). Oder sogar Biber: Wenn das geschützte Tier heute an manchen Orten ausnahmsweise wegen der Überpopulation gejagt werden darf, findet man im Regensburger Kochbuch das passende Rezept: Gedämpfter Biber, Seite 630. Es steht kurioserweise unter den Fastenspeisen, denn die katholische Kirche hat den Verzehr von Biberfleisch in der Fastenzeit wegen des Fischschwanzes erlaubt …

Schnell wuchs die Zahl der Rezepte von über 800 in der Erstauflage auf gut 2000 in der Auflage von 1915. „Das ist ein Riesenanregungspotpourri auch für heutige Tage", sagt Anton Röhrl, Koch und bis Ende 2016 Wirt der Weltenburger Klosterschenke sowie Chancelier der Chaîne des Rôtisseurs in Ostbayern. Die Bruderschaft des guten Geschmacks hat ihren im 150. Todesjahr von Marie Schandri erstmals vergebenen Preis für Verdienste um die

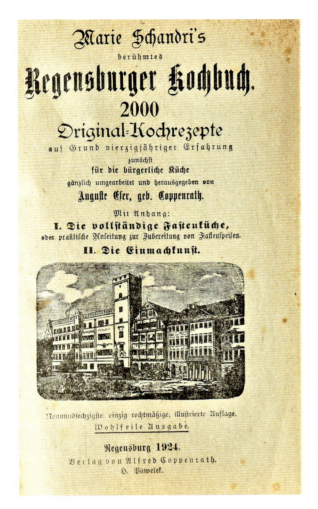 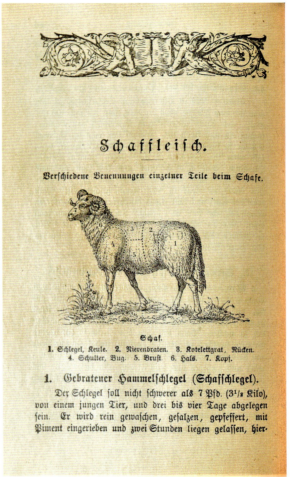

links:
1924 war bereits die 69. Auflage des Regensburger Kochbuchs im Umlauf. Das Deckblatt ziert eine Zeichnung der Herberge zum Goldenen Kreuz am Haidplatz.
Foto: Tino Lex

rechts:
Blick ins Buch: Schaffleisch und Hammelschlegel. Marie Schandri kochte quer durch Schwein, Rind, Schaf, Wild und Geflügel. Auch Fisch, Flusskrebse und Meeresfrüchte tischte sie auf.
Foto: Tino Lex

gastronomische Kultur in Niederbayern und der Oberpfalz nach der Meisterköchin benannt.

Ab und zu hat auch Anton Röhrl sich schon inspirieren lassen. Er weiß, wie es bei der Schandri geschmeckt haben muss: kräftig, herzhaft, buttrig und schmalzig. Saucen, Suppen und Gemüse staubte sie gern mit Mehl. Sie liebte Mehlspeisen und Gebäck, Kompott und Eingemachtes. „Man kann es manchmal nicht eins zu eins übernehmen", meint Röhrl. Und doch merkt er beim Blättern und Lesen, dass „hier jemand kocht, der sensibel mit den Zutaten umgeht". Marie Schandri muss eine Frau gewesen sein, die mit offenen Sinnen durchs Leben ging, die Traditionen pflegte und Neuem gegenüber aufgeschlossen war. Suchte man einen aktuellen Vergleich zur

Lebensleistung einer Marie Schandri, würde man bei keinem Geringeren als dem französischen Meisterkoch Alain Ducasse landen, sagt Anton Röhrl. „Zum Kochen braucht man Gefühl und Liebe", fügt er hinzu. „Beides hatte die Marie Schandri." Und dazu wohl auch Stehvermögen und Durchsetzungskraft.

Eine Karrierefrau

Marita A. Panzer lässt den Blick durch das einstige Reich der Meisterköchin schweifen. Wo das Café Goldenes Kreuz heute Kuchen und Kaffee serviert, wurden früher gebratene Wachteln und Reh-Fricando aufgetragen. Die Schriftstellerin und Historikerin hat der einstigen Küchenchefin des Hauses ein Kapitel in ihrem Buch „Bayerns Töchter" gewidmet. Eingeordnet hat sie Marie Schandri unter den „Erwerbstätigen Frauen".

Panzer ist beeindruckt von der Lebensleistung einer Frau aus einfachsten Verhältnissen, die es an die Spitze der Topgastronomie geschafft hat. Vermutlich hatte sie nicht viel Privatleben. „Das war ein Knochenjob. Sie stand ständig unter Zeit- und Erfolgsdruck", meint Panzer. Zu Tisch saßen gekrönte Häupter wie der bayerische König Ludwig I., Kaiserin Alexandra von Russland und Prinz Gustav von Schweden. Ab 1865 vergnügten sich die Schönen und Reichen auf Bällen im prächtigen Kreuzsaal. Im kleinen Saal konferierten 1866 die Minister des preußischen Kabinetts. König Wilhelm I. war inkognito angereist, begleitet von Otto von Bismarck. „Marie Schandri hat eine erstaunliche Karriere gemacht", sagt die Autorin, deren Frauenporträts auch als Geschichte der Geschlechterrollen – Gender History – zu lesen sind. „Im 19. Jahrhundert unterlagen die arbeitenden Frauen der Unterschicht einer Doppelbelastung: Job und Hausarbeit. In großbürgerlichen Familien hingegen wurden sie vom Berufsleben ferngehalten, es blieb das Dasein als Ehefrau und Mutter."

Letztere waren denn auch die Adressatinnen des Regensburger Kochbuchs.

„Zunächst für die bürgerliche Küche" steht auf dem Deckblatt. Marie Schandri lehrte die Damen des Hauses und deren Köchinnen auch Sparsamkeit, Warenkunde und Hygiene. Karriere war für die Frauen in dieser männlich geprägten Welt von Biedermeier und Gründerzeit nicht vorgesehen. Schandri brach quasi mit den Regeln. Sie stieg aus der Dienstboten- und Küchenhilferiege auf: eine ihren Mann stehende Frau. Der Preis war der Verzicht auf Familie. Der Lohn ein beträchtliches Vermögen.

Das Geheimnis der „Margretha Schandri"

Selbst wenn man sein ganzes Leben lang nicht aktenkundig wurde – beim Tod musste es sein. Günther Handel wusste, dass für alle Nachlassverfahren die Königlich Bayerischen Behörden zuständig waren. Deren Akten aber lagern nicht im Regensburger Stadtarchiv, sondern im Staatsarchiv Amberg. Dort stieß der Archivar auf eine Margaretha Schandri, verstorben am 10. November 1868 in Regensburg und getauft am 16. Juni 1800 in Luhe. Sie hinterließ ihrer Schwester Anna ein Erbe im Wert von 3200 Gulden. In Regensburg hätte man sich damals dafür ein stattliches Anwesen kaufen können, rechnet Günther Handel vor. Dass Margaretha tatsächlich Marie war, geht aus dem Protokoll der Testamentsübergabe hervor. Der Notar schreibt, Margaretha Schandri sei die Köchin des Goldenen Kreuzes gewesen. Auch der damalige Besitzer der Nobelherberge, Karl Peter, bezeugte die Testamentsübergabe. Sie selbst hatte das Testament 1865 in zittriger Schrift mit „Margretha Schandri" unterschrieben. 1999 veröffentlichte Günther Handel seine Erkenntnisse.

Die „Jungfrau Margaretha" war die Tochter eines Wagners und hatte vier Geschwister. Die Mutter hieß Kunigunde, und wenn Anton Röhrl recht haben soll, dann war

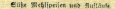

Seitenweise süße Mehlspeisen und Omelettes: Hausmannskost und Fastenspeisen finden sich zahlreich im Regensburger Kochbuch.
Foto: Tino Lex

wohl auch sie eine begnadete Köchin: „Der Ursprung jeder Kochkultur ist der heimische Herd." In Regensburg wohnte Margaretha Schandri in der Rote-Hahnen-Gasse 6 (heutiger Eingang in der Pustet-Passage) – da hatte sie nicht weit in die Arbeit. Begraben wurde sie auf dem Lazarusfriedhof (heute Stadtpark) nach der Aufbahrung im dortigen Leichenhaus. Als Todesursache nennt das Protokoll „Marasmus", was man allgemein mit Altersschwäche übersetzen kann. Beträchtliche Arztkosten deuten auf ein längeres Leiden hin.

Womöglich haben ihre Fans befürchtet, sie könnte ihr Wissen mit ins Grab nehmen. „Wiederholte Aufforderungen, namentlich von seiten einiger meiner Freundinnen, haben mich bestimmt, meine langjährigen Erfahrungen in der Kochkunst in dem hier vorliegenden Kochbuche niederzulegen", heißt es im Vorwort. Es ist egal, ob sie es mit eigener Hand geschrieben oder der Isabella Coppenrath diktiert hat. Mit ihren Rezepten lebt Marie Schandri weiter.

Benno Hurt

HALLO LIEBER SEHR GEEHRTER …

Schwierigkeiten beim Briefe- und Emailschreiben

Eigentlich bin ich spezialisiert auf Anfänge und Schlüsse. Hatte der Deutschlehrer das Aufsatzthema ausgegeben und kauten meine Mitschüler, über die leeren Blätter gebeugt, nachhaltig an den Enden ihres Füllfederhalters, so trafen kurze Zeit später die Bestellungen bei mir ein. Der Zettel, der von Bank zu Bank gereicht, schließlich bei mir landete, enthielt den Auftrag für in der Regel fünf bis sechs Anfänge und meistens ebenso viele Schlüsse.

Aller Anfang ist schwer

Noch immer gehen mir Emails und Briefe, ob Geschäftsbrief, Privatbrief, Liebesbrief, anonymer Brief, leicht von der Hand. Vorausgesetzt, ich komme über die Anrede hinaus. Am Briefanfang und am Briefende kaue ich zwar nicht am Ende eines Füllfederhalters, aber immer öfter und immer länger spreizen sich meine zehn Finger untätig über der PC-Tastatur. Meine Brief- und Emailwelt ist nicht mehr in Ordnung. Nichts ist mehr, wie es vor Jahren einmal war. Mit „Hallo", als hätte mich einer im Bus angerempelt, werde ich heute angesprochen, und mit „Tschüss", als wäre einer im dritten Stockwerk in einen Lift zugestiegen, den er im vierten wieder verlässt, verabschiedet sich der Briefe- bzw. der Emailschreiber von mir. Mit „Sehr geehrter Herr …" bzw. „Sehr geehrte Frau …", mit „Sehr geehrter, lieber Herr …" bzw. „Sehr geehrte, liebe Frau …", mit „Lieber Herr …" bzw. „Liebe Frau …" fingen ordentliche Briefe früher einmal an. Bleiben wir zunächst bei den Anfängen, denn manchmal ist bei mir schon mit dem Anfang Schluss.

Siezt man eine Person auf der Straße, bei einem Empfang, oder war man ihr noch nicht begegnet, wird sie in Briefen und Emails zu „Sehr geehrter Herr" bzw. „Sehr geehrte Frau". Als jungem, unbedachtem Menschen passierte es mir manchmal, dass ich gesiezte bzw. zu siezende Frauen in einem Brief statt mit „Geehrte" als „Verehrte" ansprach. Da von „Verehrte" zu „Begehrte" bei jungen attraktiven Frauen die Fantasie eines männlichen Briefverfassers keinen weiten Weg zurückzulegen hat, da bei älteren, niemals attraktiv gewesenen bzw. älteren, altersbedingt jetzt nicht mehr attraktiven Frauen das Verehrte den süßlichen Beigeschmack von Marienverehrung hat, habe ich als volljähriger Briefeschreiber das „Verehrte" aus meinem Anredevokabular gestrichen.

Der Liebesbrief, in: Fliegende Blätter
Bd. I (1845), S. 55.
Bibliothek Morsbach

»*Sehr zu achtender Herr!
Die eigenartige Anrede dürfte Ihnen die
Gewißheit beibringen, daß der Absender
Ihnen ganz kalt gegenübersteht …*«
Robert Walser (Der Spaziergang, 1917)

Im Zweifelsfalle: „Sehr geehrte Frau"

Die Anrede „Sehr geehrter, lieber Herr" bzw. „Sehr geehrte, liebe Frau" ist Ausdruck eines komplizierten Gefühlsgemenges. Sie hat es in sich. Distanz und Nähe befinden sich in einer fragilen Balance. Wichtig ist immer, dass auch die dermaßen titulierte Person dieses sich über den Umweg des „Sehr geehrter Herr" bzw. „Sehr geehrte Frau" Sich-ihr-Nähern akzeptiert und nicht als respektlos empfindet. Hat zum Beispiel ein 65-Jähriger es bis zum Richter gebracht, wird in aller Regel der 45-Jährige Gerichtspräsident das „Lieber Herr" nicht als plumpe Annäherung verstehen. Der Grat aber, auf dem man, mit „Sehr geehrter" und „Lieber" jonglierend, wandert, ist hoch und schmal. In dubio pro „Sehr geehrter Herr" bzw. „Sehr geehrte Frau" sage sich deshalb vorsichtshalber nicht nur ein Richter.

Gegenüber dem Feuilletonredakteur einer Zeitung habe ich im Laufe unserer Brief- und Emailkorrespondenz, bewusst oder unbewusst, das „Sehr geehrter Herr" zugunsten des „Lieber Herr" verlassen. Mag seine Zusage, meine von dem Format Tageszeitung gerade noch zu verkraftende Erzählung zu veröffentlichen, mich dazu bewogen haben oder der sympathische Gesamteindruck, den der etwas klein gewachsene Mann auf mich bei unserem gelegentlichen Aufeinandertreffen in der Fußgängerzone an Samstagvormittagen machte – ich weiß es nicht. Er hingegen blieb beim „Sehr geehrter Herr".

Von „Lieber" führt kein Weg zurück zu „Sehr geehrter"

In der Folgezeit entspann sich zwischen uns ein zähes Ringen, wobei ich mich schwerer tat als er: Wie von dem „Lieber Herr" wieder herunterkommen auf das „Sehr geehrter Herr", ohne damit einen Stimmungs- oder gar Sinneswandel anzudeuten? Wie dem Redakteur begreiflich machen, dass er mir hintergedankenlos lieber ist als

Der Regierungsrat, in: Fliegende Blätter Bd. 2 (145), S. 135.
Bibliothek Morsbach

Julchen hat viel zu schreiben. Aus: Wilhelm Busch, Die Tante auf Besuch.
Bibliothek Morsbach

Blick von nun an auf die Anrede, fixierte sie, verzweifelte an ihr, wenn sie nicht abrückte von dem „Sehr geehrter Herr", mit dem der Journalist auf Distanz zu mir ging. Aber ich knickte nicht ein. Unser postalischer, virtueller Kontakt entwickelte sich zu einer Art Stellungskrieg. Am 17. Mai erreichte mich erneut ein Brief des Redakteurs. Bereits das Kuvert war handbeschrieben. Der weiche, runde Schriftzug ließ das „Lieber Herr" erahnen. Auf dem Rückweg vom Briefkasten zum Haus riss ich noch im Vorgarten mit erregten Fingern den Umschlag auf. Nicht mit „Lieber Herr", sondern mit „Hallo Herr" war ein Brief überschrieben, dessen Inhalt ich nicht mehr zur Kenntnis nahm. Meine Erzählungen biete ich jetzt anderen Blättern an.

„Freundliche Grüße" tun niemandem weh

Um zu einem Schluss zu kommen: Mit „Mit besten Grüßen …", „Mit freundlichen Grüßen …", „Mit herzlichen Grüßen …" sind Generationen von Briefeschreibern gut gefahren. Wobei mich „Mit besten Grüßen" an einen Romananfang von Heinrich Böll erinnert, in dem eine Sekretärin nach dem Anruf ihres Chefs behauptet, dass in dessen Stimme alle Höflichkeit auf die Formel reduziert gewesen wäre, als hätte er ihr statt Wasser H_2O angeboten. Mit „Mit freundlichen Grüßen" gewinnt man zwar keine Freunde, andererseits tun sie niemandem weh. Mir sind die „freundlichen Grüße" manchmal zu klein und die „herzlichen Grüße" manchmal zu groß. Dazwischen klafft eine Lücke. Peinlich hört es sich an, wenn Unentschiedene krampfhaft versuchen, mit „sonntäglichen", „sommerlichen", „frühstücklichen Grüßen" oder gar mit „grüßlichst" diese Lücke zu schließen.

Auch mit „Mit herzlichen Grüßen" ist nicht immer leicht zu operieren: Hat man in einem Anflug von Leichtsinn oder Sentimentalität großzügig „herzliche Grüße" an eine Person verschickt, die in Wirklichkeit kein Herz hat,

mancher, den ich von jeher, nur weil er demselben Verein angehört, mit „Lieber Herr" anspreche, obwohl die Abneigung, die ich ihm gegenüber empfinde, das „Sehr geehrter Herr" fordert?

Ich war gewillt, in diesem Kampf „Sehr geehrter Herr" gegen „Lieber Herr" nicht nachzugeben. War bis dahin die Mitteilung, die ein Brief, ein Email enthielt, im Brennpunkt meines Interesses gestanden, so stürzte sich mein sei es für Mensch oder Tier, so kommt ein Rekurs auf nur freundliche Grüße einem offen erklärten Sympathieentzug gleich.

Während ich diese Überlegungen ausbreite, bin ich mir allmählich nicht mehr sicher, ob meine Brief- und Emailwelt tatsächlich in Ordnung war. Bekam ich am Ende die eine oder andere Kurzgeschichte postwendend nur deshalb zurück, weil ich die falsche Anrede gewählt hatte? Empfand am Ende der eine oder die andere von mir Angesprochene die in „Lieber" bzw. „Liebe" zum Ausdruck gekommene Nähe als Einschleichbetrug? Je mehr ich, in derlei Gedanken versunken, meinen Brief- und Emailverkehr zurückverfolge, umso mehr geraten mir meine Gefühle durcheinander. Außer Verdacht stehend, der Hallo & Tschüss-Generation anzugehören, frage ich mich: Wird unser Leben nicht leichter mit „Hallo" am Anfang und „Tschüss" am Schluss?

Es ist spät geworden, und ich bin müde. Im Rundfunk verabschiedet sich gerade der Sprecher mit „Zur guten Nacht, mein Freund".

links oben:
Die korrekte „Titulatur" war in vergangenen Zeiten wesentliche Voraussetzung für den Erfolg eines Briefes und wurde in speziellen „Briefsteller"-Büchern gelehrt, wie hier „an Frauenzimmer" in Otto Friedrich Rammlers Universal-Briefsteller von 1840.
Bibliothek Morsbach

links unten:
Auch junge Frauen mussten die richtige Anrede in Briefen lernen. Ausschnitt aus: Amalie Schoppe, Briefsteller für Damen von 1876
Bibliothek Morsbach

rechts:
Auch in diesem Benimmbuch der Nachkriegszeit von 1955 spielt die richtige Anrede bei Briefen noch eine wichtige Rolle.
Bibliothek Morsbach

Autorenfoto: Sonja Jauck

Julia Kathrin Knoll und Rolf Stemmle

ES TUT SICH WAS!

Was das Jahr uns brachte

Regensburg hat inzwischen eine Einwohnerzahl von rund 165 000 erreicht. Das massive Wachstum ist in allen Bereichen spürbar. Die Wirtschaft gedeiht, die Steuereinnahmen sprudeln, der Verkehr verdichtet sich, Wohnanlagen schießen wie Pilze aus dem Boden, das Welterbe zieht so viele Touristen in die Stadt, dass bereits Regulierungsmaßnahmen ergriffen werden mussten. Unterm Strich konnte Regensburg seinen Charme als „Großstadt mit Herz", als „Großes Dorf" bewahren. Die stetige Verschönerung der Altstadt, die Pflege der Denkmäler, aber auch das vielfältige Kulturleben haben dazu wesentlich beigetragen.

Der ungewöhnlich lange und heiße Sommer 2018 bescherte Regensburg Temperaturen bis 38 Grad. Damit brach die Stadt an manchen Tagen den deutschlandweiten Hitzerekord. Indes haben die Unwetter, die über die Stadt hinwegzogen, keine größeren Schäden verursacht. Es ist also von keinen Katastrophen zu berichten! Auch nicht von Mega-Events. Kein Papstbesuch, kein Katholikentag, kein Bürgerfest. Und doch ist jede Menge passiert. Vieles davon hat bereits seinen Anfang in den vergangenen Jahren genommen, vieles wird die Regensburger noch lange beschäftigen.
Aber der Reihe nach.

Enthüllt und eröffnet

Zum UNESCO-Welterbetag am 10. Juni 2018 erstrahlt die Steinerne Brücke endlich in neuem Glanz. Das mittelalterliche Wahrzeichen der Stadt, das sich bereits seit 1146 über die Donau erstreckt, ist die älteste, noch erhaltene Steinbrücke Deutschlands. Umwelteinflüsse sowie die starken Belastungen durch zunehmenden Verkehr hatten dem Bauwerk im Lauf der Zeit allerdings stark zugesetzt. Seit einem Bürgerentscheid von 1997 ist es daher für den individuellen PKW-Verkehr gesperrt, seit 2008 auch für Busse und Taxis. 2010 begann eine umfassende Sanierungsphase. Das Schmuckstück der Stadt und eines der beliebtesten touristischen Ziele verschwand Stück für Stück hinter Planen, die Überquerung der Donau war nur noch über einen Behelfssteg möglich.
In einem festlichen Akt wurde die Brücke am Welterbetag nun wiedereröffnet. Bürgermeisterin Gertrud Maltz-Schwarzfischer und der bayerische Finanzminister Albert

Das Bruckmandl kehrt zurück.
Foto: Stadt Regensburg - Bilddokumentation

Füracker durchtrennten feierlich das Absperrband am letzten Sanierungsabschnitt.

Auch eines der meistgeliebten Wahrzeichen der Stadt, das Bruckmandl, kehrte wieder an seinen alten Platz am höchsten Punkt der Brücke zurück. 2012 hatte die Sandsteinfigur unter bislang noch ungeklärten Umständen ihren rechten Arm verloren. Steinmetze der Dombauhütte hatten das Männchen wiederhergestellt. Es ist bereits die dritte Figur ihrer Art. Das ursprüngliche Bruckmandl wurde schon 1579 zerstört, sein bereits stark verwitterter Nachfolger ist noch im Historischen Museum zu bewundern. Das derzeitige Männchen thronte seit 1854 über der Brücke. Nun blickt es erneut Richtung Dom.

Der Sage nach stellt es den Baumeister der Brücke dar, der mit dem Dombaumeister gewettet haben soll, wer sein Bauwerk als Erstes vollenden würde. Um die Wette zu gewinnen, soll der Brückenbaumeister sogar die Hilfe des Teufels beansprucht haben. Der Höllenfürst half ihm, die Brücke rechtzeitig zu vollenden, wurde aber um seinen Lohn betrogen.

Ob der Teufel sich bei der Sanierung der Brücke gerächt hat? Statt der geplanten vier Jahre dauerten die Baumaßnahmen doppelt so lange und verschlangen rund 20 Millionen Euro.

Ähnlich problematisch gestaltete sich der Bau des Museums für Bayerische Geschichte am Donaumarkt. Eigentlich sollte das Museum bereits in diesem Jahr fertiggestellt sein, ein Brand verzögerte jedoch die Eröffnung. Interessierte Besucherinnen und Besucher konnten den halbfertigen Bau am Welterbe-Wochenende aber dennoch erstmals besichtigen. Nach einem Festakt mit Ministerpräsident Markus Söder öffnete das Museum seine Pforten. Hunderte Menschen standen Schlange, um einen Blick in das umstrittene Gebäude zu werfen. Ein Rahmenprogramm mit Claudia Koreck, Toni Lauerer und anderen Künstlerinnen und Künstlern, sorgte unterdessen für Unterhaltung. Die Fassade, die bereits im Vorfeld für Diskussionen gesorgt hatte, wurde am Vorabend des Welterbetages aufwendig illuminiert.

Regensburg, deine Baustellen

Sie sind überhaupt ein allgegenwärtiges Gesprächsthema, im Positiven wie im Negativen: die Baustellen in und um Regensburg. Sie werden freudig geduldet, weil sie Neues bringen oder Vorhandenes verschönern, aber auch als Symbole der Geldverschwendung und Fehlentwicklung verteufelt. Doch überlassen wir die Bewertung der öffentlichen Diskussion.

Das mit Abstand größte Bauprojekt startete im Februar 2018 im Süden der Stadt und wird voraussichtlich sechs Jahre in Anspruch nehmen: der dreispurige Ausbau der A3 zwischen dem Autobahnkreuz und der Anschlussstelle Rosenhof. Im Zentrum der Arbeiten stand 2018 der Ab-

Brückenabriss an der Baustelle der A3.
Foto: Stadt Regensburg - Bilddokumentation

riss und Neubau von vier Brücken. Hierfür waren drei Vollsperren der Autobahn erforderlich.

Überfällig war die Sanierung von Campus und Tiefgarage der Universität. Stützbalken aus dicken Baumstämmen verdeutlichten den Garagennutzern schon seit Jahren die Dringlichkeit. Im Juni 2018 wurde die wichtige Tiefgarage-West gesperrt. Die Uni-Besucherinnen und Besucher müssen nun über mehrere Jahre hinweg mit massiven Parkplatzproblemen zurechtkommen. Zwei neue Parkhäuser im Südosten des Campus sorgen für ein wenig Entspannung.

Fast überflüssig zu erwähnen, dass auch 2018 das Uniklinikum Regensburg, ein Forschungs- und Versorgungszentrum mit überregionaler Bedeutung, weiter wuchs. Vertreter der Uni Regensburg, der Stadt Regensburg und des Staatlichen Bauamtes legten im Juli den Grundstein für das Klinikumgebäude B5.

Regensburg braucht Wohnungen, um die Wohnungsnot zu lindern und den Anstieg der Mieten zu bremsen. Zwischen den unzähligen Baukränen westlich der Kumpfmühler Brücke, auf ehemaligem Bahngelände, wächst ein neues Viertel, genannt „Das Dörnberg". Hier entstehen über 1000 Wohnungen sowie ein Quartierszentrum mit Hotel, Gastronomie und Ladengeschäften.

Auch am Brandlberg, im Nordosten der Stadt, wird geschäftig gebaut. Zu geschäftig, wie viele meinen; denn statt den ursprünglich geplanten 200 Wohnungen sollen wegen der großen Nachfrage nun knapp 600 entstehen. „Nachverdichtung" heißt das Zauberwort. Schon die Großbaustelle erzeugt erhebliche Verkehrsprobleme. Die Alt-Brandlberger befürchten nach Fertigstellung einen Verkehrskollaps.

Gefährliche Begleiter der Baumaßnahmen waren etliche Blindgänger, schlummernde Zeugnisse der über zwanzig Bombardements der Alliierten in den letzten Kriegsjahren. Die Baustellen am Dörnberg-Gelände und an der A3 waren wegen ihrer Nähe zur Bahnlinie und dem ehemaligen Messerschmittwerk in Neutraubling besonders betroffen. Beispielsweise musste am 21. August 2018 die Autobahn wegen einer 250-kg-Fliegerbombe komplett gesperrt werden.

Kein zweites Bauvorhaben hat in Regensburg so viele Diskussionen verursacht wie das Kultur- und Kongresszentrum (RKK) am Kepler-Areal zwischen Bahnhof und Maximilianstraße. Was die einen als notwendigen Faktor für die Stadtentwicklung hervorheben, wäre für die anderen eine Fehlinvestition, die zudem unverantwortliche Folgen für Natur und Verkehrsinfrastruktur hätte. 2018 schwoll

„Wohnen mit Weitblick" lautet der Werbeslogan für das neue Wohnviertel „Das Dörnberg".
Foto: Stadt Regensburg – Bilddokumentation, Stefan Effenhauser

Sanierung und Neugestaltung der Wahlenstraße
Foto: Stadt Regensburg - Bilddokumentation

der Disput zum wiederholten Male an. Eine Initiative konnte einen Bürgerentscheid durchsetzen.

Unstrittig, ja sehnlichst erhofft ist der Plan, ein viertes Hallenbad zu bauen. Als Standort ist das Areal der Prinz-Leopold-Kaserne hinter dem Josefskrankenhaus vorgesehen. Zudem soll Regensburg eine Leichtathletik-Halle bekommen.

Die verkehrsmäßige Umstrukturierung und Verschönerung der Altstadt ist in Regensburg ein immerwährender Prozess. Der Schwerpunkt der Baumaßnahmen lag 2018 auf der Neugestaltung der Wahlenstraße. Der unverzüglich aufflammende Disput über die Platzierung von Sitzgelegenheiten zeigt das Spannungsverhältnis auf, in dem sich die Stadtsanierung zwangsläufig bewegt. Die Interessen der Gastronomen, Tourismusbetreiber und feierlaunigen Altstadtbesucher treffen auf das Ruhebedürfnis der Anwohner. Gegenseitiges Verständnis muss großgeschrieben werden, will man beiden Seiten gerecht werden.

Eine Baustelle ganz anderer Art ist aus dem Dörnbergpark geworden. Die beliebte Grünoase zwischen westlicher Altstadt und Justizgebäude musste Ende 2017 bis auf weiteres gesperrt werden. Grund ist der starke Befall der Bäume mit Phytophthora und anderen Pilzen, was zum Absterben der Bäume und daher zu Sicherheitsrisiken führt. – Gute Besserung, lieber Dörnbergpark!

Shalom Regensburg

Die Mitglieder der jüdischen Gemeinde freuen sich 2017 über ein besonderes Ereignis: Der Rohbau der neuen Synagoge steht, im Oktober konnten Gemeindemitglieder, Freunde und Förderer Richtfest feiern.

Die jüdische Gemeinde in Regensburg existierte bereits im 10. Jahrhundert und ist damit eine der ältesten im deutschsprachigen Raum. 1519 wurden die Juden aus der Stadt vertrieben, die Synagoge auf dem heutigen Neupfarrplatz zerstört. Erst 1912 konnte ein neuer Bau eröffnet werden. Das vom Architekten Joseph Koch geplante Jugendstil-Gebäude zierte jedoch nur wenige Jahre die Stadt. 1938, in der sogenannten Reichskristallnacht, wurde es von den Nationalsozialisten zerstört. Seit den 1960er Jahren befand sich an seiner Stelle ein Mehrzweck- und Gebetsraum, der im Zuge des Neubaus abgerissen wurde. Das Gemeindezentrum, das die Zeit des Nationalsozialismus überstanden hatte, wurde umfassend saniert.

Mit dem Richtfest liegt der Bau der Synagoge im Zeitplan. Im Februar 2019, genau 500 Jahre nach der Zerstörung des ersten Gotteshauses, soll das Gebäude eröffnet werden. Im Herzen der Altstadt wird die mittlerweile rund 1000 Mitglieder umfassende Gemeinde dann ein neues religiöses und kulturelles Zuhause finden.

Menschen in Regensburg

In der Leitungsetage des Theaters Regensburg unterhalb von Intendant Jens Neundorff drehte sich 2018 gleich zweimal das Personalkarussell. Die bisherige Schauspielchefin Stephanie Junge zog es zurück in ihre Heimatstadt Düsseldorf. Als Nachfolger konnte Klaus Kusenberg gewonnen werden, der seit dem Jahr 2000 das Schauspiel des Staatstheaters Nürnberg leitete. Die Position des Generalmusikdirektors, die Tetsuro Ban acht Jahre sehr erfolgreich innehatte, war nach seinem Weggang über die

Richtfest der neuen Synagoge.
Foto: Stadt Regensburg - Bilddokumentation

Kulturpreisträger 2018
Klaus Caspers.
Foto: Stadt Regensburg - Bilddokumentation

Spielzeit 2017/2018 hinweg vakant geblieben. Im Juni 2018 stellte der Intendant nun einen neuen Leiter des Musiktheaters vor: Chin-Chao Lin. Er wechselte vom Staatstheater Meiningen an die Donau.

Der Kulturpreis der Stadt Regensburg ging 2018 an Klaus Caspers. Geehrt wurde er für sein Lebenswerk. Der 78-jährige Regensburger schafft eindrucksvolle Gemälde und Skulpturen. Die Liebe zu seiner Heimatstadt hat ihn zudem zu einem Vordenker der Stadtentwicklung gemacht, indem er die Bürgerfeste 1975 und 1977 initiierte, außerdem das „Brückenfest" 1985 sowie ab 1998 das „Fest im Fluss". Viele Regensburger lernten durch ihn, einen anderen Blick auf ihre Stadt zu werfen, jenseits vom Leitbild einer autogerechten City.

Zu gratulieren ist auch dem Tennisstar Julia Görges sowie dem Team des SSV Jahn Regensburg.

Julia Görges hat sich mit der Mannschaft des TC Rot-Blau Regensburg in die Bundesliga gespielt. Mit kraftvollen, mitreißenden Matches schaffte sie zudem den Einzug ins Halbfinale von Wimbledon, in dem sie in einem spannenden Kampf gegen Serena Williams dann aber in zwei Sätzen unterlag. Nichtsdestotrotz ist sie in den Top Ten der WTA-Weltrangliste angekommen – und sie hat Regensburg in Tennisfieber versetzt.

Daumen nach oben auch für die Mannschaft des SSV Jahn Regensburg. Sie hat sich in der 2. Bundesliga etabliert und den 5. Tabellenplatz errungen.

Das Haus Thurn und Taxis freute sich im September vergangenen Jahres über Nachwuchs. Maria Theresia und ihr Ehemann Hugo Wilson bekamen ihre zweite Tochter Maya. Fürstin Gloria wurde somit zum zweiten Mal Oma.

Das politische Geschehen blieb auch 2018 spannend: Der Prozess gegen den suspendierten Oberbürgermeister Joachim Wolbergs sowie drei weitere Angeklagte begann im September. Das Landgericht plant 70 Verhandlungstage. Die Beschuldigten müssen sich wegen des Verdachts der Vorteilsannahme und Vorteilsgewährung sowie von Verstößen gegen das Parteiengesetz verantworten. Der Vorwurf der Bestechlichkeit gegen Wolbergs wurde bereits im März fallengelassen.

links:
Die Regensburger Bürger engagieren sich politisch.
Foto: Rolf Stemmle

rechts:
Erste Regensburger Engagementmesse in der Continental Arena.
Foto: Stadt Regensburg - Bilddokumentation

Im Zuge des Wahlkampfes zur Bundestagswahl hielt Kanzlerin Angela Merkel im September 2017 eine Rede auf dem Domplatz. Die Reaktionen der Zuhörer fielen erwartungsgemäß kontrovers aus.

Allgemein zeigten sich die Regensburger im vergangenen Jahr politisch besonders engagiert. Insgesamt vier Demonstrationen gegen das im Frühjahr beschlossene Polizeiaufgabengesetz zogen durch die Stadt, eine AfD-Kundgebung im März erntete massiven Gegenprotest. Zudem demonstrierten Bürgerinnen und Bürger für Weltoffenheit und gegen „Hass und Hetze".

Das bürgerschaftliche Engagement wurde bei der Ersten Regensburger Engagement-Messe herausgestellt. Über 60 Vereine, Interessengemeinschaften und Organisationen präsentierten in der Continental Arena ihre Arbeit. Parallel fand im Messetrakt der Erste Stiftertag statt, bei dem verschiedene lokale Stiftungen vorgestellt wurden.

Regensburg trauert um Philipp Graf von und zu Lerchenfeld. Der CSU-Politiker, der als langjähriger Landtags- und Bundestagsabgeordneter viel für die Region bewirken konnte, starb im Alter von nur 65 Jahren an Krebs.

Kultur, Kultur, Kultur

Die Veranstaltungskalender der Regensburger Medien quellen über.

Die etablierten Festivals locken Weltstars nach Regensburg. Bei den Thurn-und-Taxis-Schlossfestspielen 2018 waren beispielsweise Anastacia, Bryan Ferry, Jamie Cullum sowie die Sopranistin Diana Damrau zu Gast. Zu erleben war auch Puccinis „Tosca". Bei den Odeon-Konzerten im Audimax der Universität spielten und dirigierten Klassikgrößen wie Grigory Sokolov, Julia Fischer, Thomas Hengelbrock, Igor Levit, Mischa Maisky und Sir John Eliot Gardiner.

Zu den Highlights im Jahresprogramm zählten am Pfingstwochenende wiederum die „Tage Alter Musik", die

Bürgermeisterin Gertrud Maltz-Schwarzfischer liest beim MärchenWeekend des Schriftstellerverbandes ihre Lieblingsmärchen.
Foto: Rolf Stemmle

Fans der Szene aus aller Welt in die historischen Aufführungsorte lockten. Mendelssohns „Lobgesang-Sinfonie" mit den Regensburger Domspatzen und Concerto Köln eröffnete den Konzertreigen.

Der Spielplan eines Hauses wie dem Theater Regensburg muss provozieren, bereichern und gute Unterhaltung bieten. Viel Beachtung fand die Medea-Inszenierung von Constanze Kreusch sowie die Uraufführung der Oper „Banalität der Liebe" von Ella Milch-Sheriff. Dass die ursprünglich vierakige Fassung von Puccinis „Edgar" erstmals wieder in Regensburg erklang, war ein Ereignis von musikgeschichtlichem Rang. Die Unterhaltung kam ebenfalls nicht zu kurz: Künnekes „Vetter aus Dingsda" sorgte für ein volles Haus.

Jazzweekend, Stummfilmtage, Kurzfilmtage, Palazzo-Festival, Turmtheater, Statttheater, Unitheater, Musikverein Regensburg usw. usw. Allein die Namen der Veranstaltungsreihen und Orte wecken bei den kulturinteressierten Hiesigen und ihren Gästen Erinnerungen an beeindruckende Erlebnisse und Genüsse. Unmöglich, sie einzeln hervorzuheben; es ist aber wichtig zu erwähnen, dass sie das facettenreiche Bild der Regensburger Kultur unverzichtbar bereichern.

Beispielhaft sei das „MärchenWeekend" des Schriftstellerverbandes Ostbayern herausgegriffen, das im Mehrgenerationenhaus in der Ostengasse für große und kleine Märchenfreunde Lesungen, Theater, Vorträge und jede Menge märchenhafte Aktionen bot. Auch Bürgermeisterin Gertrud Maltz-Schwarzfischer stellte ihre Lieblingsmärchen vor.

Eine Kunstaktion im Herbst 2018 zum Thema „Geschichte und Gegenwart der Stadt Regensburg" darf nicht unerwähnt bleiben, denn sie zeigt anschaulich die starke Vernetzung Regensburgs mit dem osteuropäischen Donauraum. Ideen, die elf Künstlerinnen und Künstler im „Danube Art Lab", einem Zentrum für interdisziplinäre Kunst und Kultur aus dem Donauraum, entwickelt haben, wurden im öffentlichen Raum präsentiert. Installationen, Performances und Multimedia-Darbietungen ermöglichten ungewohnte Perspektiven auf altbekannte Objekte.

Die Straßenbahn kommt (wieder)!

Gute Nachrichten für Straßenbahn-Fans: Am 28. Juni 2018 fiel im Regensburger Stadtrat die Entscheidung für die neue Stadtbahn. Die Abstimmung ist das Ergebnis einer langwierigen politischen Diskussion. Bereits 1996 hatten die Grünen das Thema „Tram" in ihrem Wahlkampf erstmals aufgegriffen. Nun soll die Stadtbahn den Verkehr in der Innenstadt entlasten und für bessere Luft und weniger Staus sorgen. Geplant sind zunächst zwei Linien: eine zwischen Wutzlhofen und Burgweinting, die andere zwischen Alex-Center und Klinikum. Die Option auf eine Ausweitung in den Landkreis bleibt offen. Bis zu 3000 Fahrgäste pro Stunde soll die Stadtbahn transportieren können. Zu Beginn des 20. Jahrhunderts fuhr bereits eine Tram durch die Stadt. Sie wurde 1964 stillgelegt und durch den Busverkehr ersetzt. Mit der neuen Stadtbahn beschreitet Regensburg also „alte" neue Wege. Straßenbahnfans müssen sich aber dennoch gedulden: Die ersten Linien sollen frühestens 2030 den Betrieb aufnehmen können.

Die alte Regensburger Straßenbahn.
Foto: Stadt Regensburg - Bilddokumentation

DIE AUTORINNEN UND AUTOREN

Wilhelm Amann
Bibliothekar. Geboren 1940 in Regensburg, wo er 2016 auch verstarb. Von 1973 bis 1983 Gasthörer am Institut für Kunstgeschichte der Universität Regensburg. Zahlreiche kunsthistorische Veröffentlichungen von Monographien, Ausstellungskatalogen, Zeitschriften- und Zeitungsbeiträgen, Jahrbüchern, Künstlerkatalogen, Buchbeiträgen usw. Ständiger Mitarbeiter am internationalen Künstlerlexikon Eintrag in „Kürschner Deutscher Sachbuch-Kalender 2001/2002 f."

Lorenz Baibl
Geboren in Landshut. Studium der Geschichte und Anglistik in München und Edinburgh. 2008 bis 2012 Mitglied der Graduiertenschule am Exzellenzcluster „Religion und Politik in den Kulturen der Vormoderne und der Moderne" an der Westfälischen Wilhelms-Universität Münster. Nach Absolvierung eines zweijährigen Archivreferendariats beim Landesarchiv Baden-Württemberg und an der Archivschule Marburg ab Dezember 2014 Referent beim LWL-Archivamt für Westfalen in Münster. Seit 1. Dezember 2016 Leiter des Stadtarchivs Regensburg und des Amts für Archiv und Denkmalpflege der Stadt Regensburg.

Maria Baumann
Dr. phil., Leiterin der Kunstsammlungen des Bistums Regensburg und Diözesankonservatorin. Geb. 1965 in Neukirchen b. Hl. Blut, Studium der Vergleichenden Kulturwissenschaft/Volkskunde und Religionswissenschaft sowie der Kunstgeschichte; berufliche Stationen: Redakteurin bei der Mittelbayerischen Zeitung, freie Kulturjournalistin, Leiterin der Radio- und Fernsehredaktion, anschließend der Öffentlichkeitsarbeit des Bistums Regensburg, ab 2001 Ausstellungskuratorin und wissenschaftliche Mitarbeiterin im Diözesanmuseum.

Melanie Brunner
1980 in Regensburg geboren, Ausbildung zur Bankkauffrau und Wirtschaftsfachwirtin, seit 2011 bei der Stiftungsverwaltung der Stadt Regensburg beschäftigt. Initiatorin und Projektleiterin der Aktion Kinderbaum. Ab 2019 Jugendschöffin beim Amtsgericht Regensburg.

Werner Chrobak
Dr. phil. Stadtheimatpfleger. 1948 Geboren in Flossenbürg/Oberpfalz. 1959–1968 Humanistisches Gymnasium Weiden/Opf. 1968–1979 Studium der Katholischen Theologie und Geschichte an den Universitäten Regensburg und Münster i. W. 1979 Promotion an der Universität Regensburg über „Politische Parteien, Verbände und Vereine in Regenburg 1869–1914". 1979–1981 Ausbildung für den Höheren Bibliotheksdienst an der Bayerischen Staatsbibliothek in München. 1981–2013 Bibliothekar an der Bischöflichen Zentralbibliothek in Regensburg. 1987–1994 1. Vorsitzender des Historischen Vereins für Oberpfalz und Regensburg. Seit 1998 Ehrenamtlicher Heimatpfleger der Stadt Regensburg. 2014 Brunnenpreisträger des Geschichts- und Kulturvereins Regensburg-Kumpfmühl e.V. Seit 2017 Ortskurator der Deutschen Stiftung Denkmalschutz für Regensburg und Oberpfalz

Gerhard Dietel
Geboren 1953 in Münchberg/Oberfranken. Studium der Mathematik in Regensburg bis zur Promotion 1981. Seit 1980 Studium der Musikwissenschaft in Regensburg und Würzburg; Promotion 1987 mit einer Dissertation über stilistische Tendenzen in der Musik Robert Schumanns. Tätigkeiten als Dozent für Mathematik, Kirchenmusiker und Musikpublizist. Buchveröffentlichungen: „Eine neue poetische Zeit" 1989, „Musikgeschichte in Daten" 1994, „Wörterbuch Musik" 2000.

Michael Eibl
Direktor der Katholischen Jugendfürsorge (KJF) der Diözese Regensburg e. V. Geboren 1961 in Beratzhausen. Ausbildung: Studium der Diplom-Pädagogik an der Universität der BW; Offiziersschule in Hannover und Idar-Oberstein; Fernstudium Entwicklungspsychologie an der AKAD München; Studium der Sprecherziehung an der Universität Regensburg. Berufliche Stationen: Bei der Bundeswehr Kompaniechef und Ausbildungsleiter für den Offiziersnachwuchs. Seit 1992 bei der KJF; bis 2003 Fortbildungsreferent, ab 1994 zusätzlich Pressereferent, ab 1999 zusätzlich Qualitätsmanagement-Beauftragter, ab 2003 Abteilungsleiter Berufliche Rehabilitation, seit 2006 geschäftsführender Direktor. Ehrenamtliche Tätigkeiten: u. a. seit 1997 Marktgemeinderat in Beratzhausen, seit 2008 Kulturreferent Markt Beratzhausen, seit 2013 1. Vorsitzender des Kuratoriums Europäische Kulturarbeit.

Fabienne-Angela Englbrechtsmüller
wurde 1991 in München geboren. 2011 absolvierte sie ihr Abitur am Ludwigsgymnasium München und begann ein Lehramtstudium (für die Fächer Geschichte, Deutsch und Sozialkunde) an der Universität Bayreuth. 2014 wechselte sie dann an die Universität Regensburg.

Erich Garhammer
Prof. Dr. theol.
Geb. 1951 in Röhrnbach/Bayer. Wald, studierte in Regensburg Theologie und Germanistik. Nach dem Staatsexamen und dem Diplom pastorale Praxis in der Diözese Passau. 1989 Promotion an der Universität Regensburg. 1991 Berufung an die Theologische Fakultät Paderborn auf den Lehrstuhl Pastoraltheologie und Homiletik, im Jahr 2000 an die Universität Würzburg. Seit 1.

April 2017 im Ruhestand, lebt in Würzburg und Regensburg. Sein besonderer Forschungsschwerpunkt gilt dem Gespräch und der Auseinandersetzung mit der modernen Literatur. In seinen Büchern u.a. „Zweifel im Dienst der Hoffnung. Theologie und Poesie" (Würzburg 2011) beschäftigt er sich mit dem Anregungspotential der Literatur für die Theologie. Zuletzt zwei Veröffentlichungen zu Papst Franziskus: „Und er bewegt sie doch. Wie Papst Franziskus Kirche und Welt verändert" (Würzburg 2017) und „Der Chef. Die jährliche Therapie an Weihnachten" (Würzburg 2018).
Schriftleiter der Zeitschrift „Lebendige Seelsorge" und Herausgeber der Reihe „Studien zur Theologie und Praxis der Seelsorge".

Heiner Gietl
Jahrgang 1955, Studium der Betriebswirtschaft, 1980–2016 selbstständiger Verleger.

Ludwig Haas
Geboren 1949 in Passau, Studium der Fächer Englisch, Geografie, Deutsch, Pädagogik und Psychologie für das Lehramt an Realschulen in Regensburg und Manchester/England, Erziehungsberater an der Europäischen Schule in Luxemburg, Konrektor an der Realschule am Judenstein in Regensburg. Zahlreiche Veröffentlichungen zu Themen Schule, Erziehung, Jugend, Sport, Reisen. Seit zehn Jahren Schöffe am Landgericht in Regensburg, fünf Jahre als Schöffe in der Jugendkammer, fünf Jahre als Schöffe im Erwachsenenstrafrecht.

Theresa Häusl
Geboren 1986 in München, 2006–09 Ausbildung zur Kirchenmalerin, 2009–15 Studium der Kunstgeschichte, Bildenden Kunst und Ästhetischen Erziehung sowie Anglistik an der Universität Regensburg und der Università degli Studi di Udine, Friaul/Italien. Seit 2016 Promotionsstudium im Fach Kunstgeschichte, gefördert durch die Franz-Marie-Christinen-Stiftung; ebenfalls seit 2016 wissenschaftliche Hilfskraft bei den Kunstsammlungen des Bistums Regensburg.

Benno Hurt
Autor, Richter a.D.; 1941 in Regensburg geboren, studierte in München, Kulturpreisträger der Stadt Regensburg, „Friedrich-Baur-Preis", verliehen von der Akademie der Schönen Künste, München. Prosa, Lyrik, Schauspiel, Essay. U. a.: „Frühling der Tage" – Erzählband (Carl Hanser Verlag, 1965), „Vor dem Leben" – Schulgeschichten von Thomas Mann bis Heinrich Böll (Nymphenburger Verlagshandlung, 1965), „Aussichten" – Lyriker des deutschen Sprachraums (Biederstein Verlag, 1966), „Dein Leib ist mein Gedicht" – erotische Lyrik aus fünf Jahrhunderten (Scherz Verlag, 1970), „Jahreszeiten" – Erzählband (MZ Buchverlag, 1998), „Poggibonsi auf Kodachrome" – Gedichte (editon lichtung, 1999), „Der Samt der Robe" – Erzählungen aus der Justiz (edition lichtung, 2002). 7 Romane, zuletzt „Die Richterin" (2014, dtv). Theaterstücke: „Freies Geleit" (Uraufführung 1987), „Weinzwang" (Uraufführung 1990), „Wer möchte nicht den Wald der Deutschen lieben!" (Uraufführung 1991). Publikationen in Fachzeitschriften und Funk. Veröffentlichte Fotos in allen namhaften Fotozeitschriften und in Kulturmagazinen, seit 1979 Ausstellungen im In- und Ausland.

Regina J. Kleinhenz
Studierte zunächst Kirchenmusik in Regensburg (Examen mit Auszeichnung), danach folgte ihr Hauptfachstudium Gesang an der Musikhochschule Würzburg bei Prof. Ingeborg Hallstein. Solistisch wirkt sie v.a. mit Barockmusik in verschiedenen Formationen. Sie ist außerdem als Klavierbegleiterin und als Gesangspädagogin (Uni Regensburg) tätig.

Julia Kathrin Knoll
1980 in München geboren, kam nach Regensburg, um dort Germanistik, Italianistik und Pädagogik zu studieren – und blieb der Stadt bis heute treu. Sie ist Mitarbeiterin verschiedener Regensburger Museen und Autorin in den Genres Romantik, Jugendbuch und Historischer Roman.

Josef Ernst Köpplinger
Geboren in Niederösterreich. Studium an der Hochschule für Musik und Darstellende Kunst in Wien, Seminare in New York und London. Ein erstes Festengagement erhielt er durch Marietheres List an die Städtischen Bühnen Regensburg. Für das Musicalfestival Schloss Prugg/NÖ wurde er zum jüngsten Intendanten Österreichs berufen. 2004–2007 Schauspieldirektor am Theater in St. Gallen 2007–2012 Intendant des Stadttheaters Klagenfurt. Mit der Spielzeit 2012/2013 hat Josef E. Köpplinger die Intendanz des Gärtnerplatztheaters übernommen. 2013 Verleihung des Kulturpreises Bayern. Gastregien an der Hamburgischen Staatsoper, Volksoper Wien, dem Theater in der Josefstadt Wien, Grazer Opernhaus, Wiener Staatsoper, Opéra national du Rhin, New National Opera Tokyo u.a.

Tina Lorenz
M. A., geboren in Berlin, seit mittlerweile 12 Jahren in Regensburg. Studium in Berlin, Wien und München, dazwischen ein Jahr beim United Nations Environment Programme (UNEP), danach Assistenzen an verschiedenen Theatern. Von 2012 bis 2017 Dozentin für Theatertheorie und -geschichte an der 2. Regensburger Schauspielschule (nach der ersten in 1804) Akademie für Darstellende Kunst Bayern, 2017 bis 2018 Dramaturgin am Landestheater Oberpfalz und ab September 2018 zuständig für digitale Kommunikation am Staatstheater Nürnberg. Stadträtin inmitten des Wahnsinns seit 2014. Zusammen mit Judith Werner Betrieb des Theaterkritikblogs „Samt&Selters" (2015 bis 2017), nach ausführlichem Quellenstudium die mit Abstand höflichste Kritikunternehmung, die das Theater Regensburg je hatte.

Andreas Meixner
ist Mitgesellschafter des renommierten Klassiklabels SPEKTRAL und dort Produzent internationaler CD-Produktionen. In seiner Profession als Konzertveranstalter übernimmt er 2012 die Kammermusikreihe PRO MUSICA EICHSTÄTT im Spiegelsaal der Residenz und ist zudem seit 2017 künstlerischer Leiter der KONZERTE SALLERN in Regensburg. Darüber hinaus ist er Herausgeber der REGENSBURGER MUSIKEDITION, für die er 2013 mit dem Kulturförderpreis der Stadt Regensburg ausgezeichnet wurde. Als Bariton konzertiert er als Mitglied professioneller Vokalensembles in ganz Europa. Für das Feuilleton der Mittelbayerischen Zeitung ist er seit 2014 als Konzertkritiker tätig, seit 2016 für die Süddeutsche Zeitung und die Fachzeitschrift OPERN-

GLASS. Lehr- und Gastvorträge führten ihn an die Hochschulen in Jena und Regensburg.

Peter Morsbach
Prof. Dr. phil, Kunsthistoriker, Publizist und Verleger.
Jahrgang 1956. Abitur am AAG in Regensburg, Studium der Kunstgeschichte, Klassischen Archäologie in Regensburg, Freiburg und Bamberg. Honorarprofessor für Denkmalpflege, Kunst- und Architekturgeschichte an der OTH Regensburg. Mitinhaber des gleichnamigen Regensburger Verlages. Zahlreiche Publikationen, besonders zur regensburgischen und bayerischen Kunstgeschichte. Seit 2014 Herausgeber des Regensburger Almanachs.

Thomas Muggenthaler
lebt in Regensburg, ist Politikwissenschaftler und Journalist beim Bayerischen Rundfunk, Schwerpunkt Zeitgeschichte. Er hat unter anderem das Buch „Verbrechen Liebe – von polnischen Männern und deutschen Frauen: Hinrichtungen und Verfolgung in Niederbayern und der Oberpfalz während der NS-Zeit" (Viechtach, 2010) geschrieben, ist Autor eines gleichnamigen Hörfunk-Features und wurde für den Film „Verbrechen Liebe" 2015 mit dem Bayerischen Fernsehpreis ausgezeichnet. Thomas Muggenthaler hat mit diversen Hörfunkfeatures, einer Fernsehdokumentation und dem Buch „Ich lege mich hin und sterbe' – ehemalige Häftlinge des KZ Flossenbürg berichten" (Stamsried, 2005) auch wesentlich zur Aufarbeitung der Geschichte dieses Konzentrationslagers beigetragen.

Matthias Nagel
Kontrabassist; Geboren 1955, aufgewachsen in Bensheim/Hessen, verbrachte seine Gymnasialzeit am Musikgymnasium Regensburg. Nach dem Militärdienst, u. a. im HMK4 Regensburg, Studium der Schulmusik und Kontrabass an der staatlichen Hochschule für Musik in Freiburg/Breisgau mit Diplomabschluss. Seit 1982 Engagement im Philharmonischen Orchester Regensburg als Solokontrabassist. Seit 1995 Erforschung und Dokumentation der Geschichte des Regensburger Orchesters mit der Veröffentlichung des Buches „Thema und Variationen; das Philharmonische Orchester Regensburg und seine Geschichte" 2001. Etliche Beiträge zur Regensburger Oper im Almanach.

Gerd Otto
Jahrgang 1940, aufgewachsen in Regensburg, studierte Volkswirtschaftslehre und Politische Wissenschaften an der Universität München. Nach Jahren freier Mitarbeit in der Sportredaktion von Tages-Anzeiger und Mittelbayerischer Zeitung trat er Ende der Sechziger Jahre als Wirtschaftsredakteur in den Verlag der Mittelbayerischen Zeitung ein, deren Chefredakteur er von 1985 bis zu seiner Verabschiedung im Jahre 2005 war. Als Redakteur der Wirtschaftszeitung des MZ-Verlages ist Gerd Otto nach wie vor im Journalismus aktiv. Dazu veröffentlichte er in den letzten Jahren zahlreiche Bücher, darunter „50 Jahre Zukunft – Der Regensburger Siemensstandort" (Friedrich Pustet Verlag), „Global Player" oder auch „Olympisches Ostbayern. Die Sommerspiele" und „Olympisches Bayern –100 Jahre Skisport" (alle drei im Forum Verlag Dr. Wolfgang Otto).

Heribert Prantl
Prof. Dr. jur. Dr. theol. h.c. Heribert Prantl ist gebürtig aus Nittenau/ Oberpfalz. Er ist Mitglied der Chefredaktion der Süddeutschen Zeitung, war dort 25 Jahre lang Leiter des Ressorts Innenpolitik; er leitet heute das neue SZ-Ressort Meinung. Der Text fußt auf eine Festrede, die Prantl im März 2017 beim Wirtschaftsclub Nordoberpfalz in Weiherhammer gehalten hat.

Stefan Reichmann
Geboren 1966 in Regensburg, Schriftenmalerlehre, Kirchenmalerlehre, Meisterschule für Kirchenmaler und Vergolder in München, Fachschule für Farbtechnik in München, Staatsinstitut in Ansbach, seit 1996 Lehrtätigkeit. Typografische Arbeiten überwiegend für Gedenktafeln, Kurator verschiedener Ausstellungen sowie zahlreiche Publikationen und Veröffentlichungen zur lokalen Kunst- und Kulturgeschichte, regelmäßige Mitarbeit beim Regensburger Almanach.

Angelika Sauerer
geboren 1967, stammt aus Pfaffenhofen an der Ilm, hat zwei Kinder und lebt mit ihrem Mann in der Regensburger Altstadt. Die Redakteurin betreut das Wochenend-Magazin „nr. sieben" der Mittelbayerischen Zeitung. 2012 veröffentlichte sie zusammen mit dem Fotografen Uwe Moosburger „Regensburg – Lebenslinien einer Stadt" (Pustet-Verlag). Sie studierte Diplom-Journalistik in München und besuchte dort die Deutsche Journalistenschule (DJS).

Michael Scheiner
Geb. 1953 in Lohr am Main, 1973–77 Studium in Regensburg, danach einige Jahre als Sozialarbeiter tätig. 1987–99 journalistische Tätigkeit und Volontariat in Regensburg und Passau, später als freier Journalist unterwegs. Seit 1978 Tätigkeiten überwiegend in der Presse- und Öffentlichkeitsarbeit, in der PR-Beratung im sozialen, kulturellen und kirchlichen Bereich und aktiv im Bereich Kulturmanagement.

Christine Schimpfermann
Planungs- und Baureferentin
Dipl. Ing., Architektin und Stadtplanerin, DASL, BDA a.o.
Nach dem Architekturstudium an der TU München war Christine Schimpfermann als Architektin und Stadtplanerin in freien Planungsbüros tätig. 1998 trat sie in die Stadtverwaltung Reutlingen ein und wurde 2001 zur Amtsleiterin des Stadtplanungsamtes gewählt. 2001 bis 2005 war sie zusätzlich Geschäftsführerin des Nachbarschaftsverbandes Reutlingen-Tübingen, der für die regionale Flächennutzungsplanung zuständig ist.
Seit Oktober 2005 ist sie Planungs- und Baureferentin und berufsmäßige Stadträtin bei der Stadt Regensburg.

Albert von Schirnding
Schriftsteller; Geboren 1935 in Regensburg. 1953 Abitur am Alten Gymnasium in Regensburg, Studium der Altphilologie und Germanistik in München und Tübingen. Von 1958 bis zur Pensionierung im Jahr 1997 Gymnasiallehrer für Griechisch und Deutsch, zugleich als Schriftsteller, Literaturkritiker und Essayist tätig. Mitglied der Bayerischen Akademie der Schönen Künste, Leiter

der Abteilung Literatur von 1991 bis 2004. Mehrere Preise, darunter der Deutschen Akademie für Sprache und Dichtung, Schwabinger Kunstpreis für Literatur (beide 1982), Ehrengabe der Bayerischen Akademie der Schönen Künste und Kulturpreis der Stadt Regensburg (2006). Neben zahlreichen Gedichtbänden veröffentlichte er u.a. „Herkommen" (1987), „Maske und Mythos" (1990), „Posthorn-Serenade" (1992), „Halbkreise" (1997), „Literarische Landschaft" (1998), „Vorläufige Ankunft" (2010) und „Sappho. Und ich schlafe allein" (2013). Lebt auf Schloss Harmating bei München.

Hanna Specht
Geboren 1974 in Breslau; studierte Kunstgeschichte und Archäologie an der Universität Erlangen-Nürnberg. Verheiratet, Mutter von zwei Kindern. Seit vielen Jahren Gästeführerin bei kulttouren e.V., Domführerin sowie Museumspädagogin in den Museen der Stadt und den Kunstsammlungen des Bistums Regensburg. Zuletzt 2017/2018 Kunstinventarisation für das Domkapitel Regensburg.

Rolf Stemmle
ist gebürtiger Regensburger. Zunächst konzentrierte er sich auf das Theater, seit einigen Jahren schreibt er auch Prosa und Lyrik. Zudem beschäftigt er sich mit klassischer Musik. Er verfasst Einführungsliteratur zu Opern und komponiert Kammermusik. *www.rolf-stemmle.de*

Werner Sturm
Rektor a. D.
Geboren 1941 in Thalmassing (Lkr. Regensburg), nach dem Abitur Studium an der Pädagogischen Hochschule in Regensburg. Erste und zweite Staatsprüfung für das Lehramt an Grund- und Hauptschulen. Zuletzt Rektor einer Grund und Hauptschule im Lkr. Kelheim. Lehrbeauftragter am Lehrstuhl für Didaktik der Geografie an der Universität Regensburg. Ehrenvorsitzender des Heimat- und Kulturvereins Bad Abbach. Zahlreiche Veröffentlichungen an der Universität Regensburg im Fachbereich Geografie, der Schriftenreihe des heimat- und Kulturvereins Bad Abbach und des Staatl. Schulamts Kelheim.

Reiner Vogel
Journalist
Geboren 1953 in Regensburg. 1979 Gründungsmitglied der BR-Regionalstudios Niederbayern/Oberpfalz in Regensburg. Vorher Studium der Betriebswirtschaft. Bis 2018 Mitarbeiter des Bayerischen Rundfunks als Reporter, Moderator und Autor von Sendereihen wie „Bilder aus der Heimat", „Sendung aus der Provinz" oder „Landradio Ostbayern". Daneben Verfasser von heimatkundlichen Features wie: „Vom Wesen des Oberpfälzers". Seit vielen Jahren auch als Buchautor tätig. Zuletzt erschienen: „52 faszinierende Orte und Sehenswürdigkeiten in Niederbayern und der Oberpfalz" im Südost-Verlag. Regelmäßiger Autor des „Regensburger Almanach."

Hubert Hans Wartner
Geb. am 18. August 1945 in Regensburg, Konrektor a. D.
Abitur am Albrecht-Altdorfer-Gymnasium, Regensburg, Wehrdienst, Studium für Lehramt an Grund- und Hauptschulen an der Erziehungswissenschaftlichen Fakultät der Universität Regensburg. Tätigkeit als Klassenleiter überwiegend in der Hauptschuloberstufe, vor allem im Schulamtsbezirk Regensburg-Stadt; Ausbildungslehrer, Praktikumslehrer. Mitarbeit in der Lehreraus- und Fortbildung, Zweitprüfer für das Erste Staatsexamen an der Universität Regensburg, Zusammenarbeit mit dem Institut für Schulpädagogik und Bildungsforschung, München. Lernmittelgutachter für das Staatsministerium für Unterricht und Kultus, fachschriftstellerische Tätigkeit. Pressearbeit für den Bayerischen Lehrer- und Lehrerinnenverband auf lokaler, regionaler und Landesebene. Mitbegründer und 1. Vorsitzender des Geschichts- und Kulturvereins Regensburg-Kumpfmühl e. V. (GKVR). Zahlreiche Veröffentlichungen zu heimatkundlichen Themen und Herausgeber der Publikationsreihe „Der Vitusbach", Mitarbeit an der sechsten, überarbeiteten Auflage des Regensburg-Klassikers von Karl Bauer. Seit 2017 Mitglied und Medienbeauftragter des Ortskuratoriums für Regensburg und Oberpfalz in der Deutschen Stiftung Denkmalschutz (DSD). Träger der Auszeichnung „Stadtschlüssel" der Stadt Regensburg, 2018.

Claus-Dieter Wotruba
Der gebürtige Regensburger, Jahrgang 1966, wollte von klein auf Sportreporter werden. Nach dem Abitur 1985 am Albrecht-Altdorfer-Gymnasium in Regensburg begann er ein Volontariat beim Sport-Kurier in Augsburg, dem bundesweit erscheinenden Fachblatt u. a. für Eishockey, und blieb dort bis 1991. Im Anschluss kehrte er nach Regensburg zurück und ist seither Mitglied der Sportredaktion bei der Mittelbayerischen Zeitung, wo er die Höhen und Tiefen des EV Regensburg genauestens verfolgt. Zusammen mit Christian Harteis und Felix Jung verfasste er über den EVR auch das Buch „EVR-Fieber". Zum Jugendsport hat der 52-jährige MZ-Redakteur von jeher als lizenzierter Fußballtrainer, der über 20 Jahre bei mehreren Vereinen Teams aller Alters- und Spielklassen betreute, eine besondere Affinität.

Anton Zimmermann
1949 in Kempten/Allgäu geboren. 1962 Umzug nach München. 1968 Abitur am Max-Planck-Gymnasium München-Pasing. 1968/69 Studium an der LMU München. 1969 bis 1970 Bundeswehr. 1970/71 Kabelträger und Regiehospitant in den TV-Studios Unterföhring. 1971 bis 1977 Studium der Psychologie an der Uni Regensburg. Abschluss als Diplompsychologe. 1977 bis 1979 Studium der Medizin. Ab 1979 Diplompsychologe bei der Bayerischen Gesellschaft für Psychische Gesundheit. Leiter des Sozialpsychiatrischen Dienstes bis 1992. 1992 bis 1998 persönlicher Referent der Intendantin an den Städtischen Bühnen Regensburg. Seit 1998 selbstständige Tätigkeit als Diplompsychologe und freier Journalist.